長城形態圖志

嚴欣強　嚴共明　著

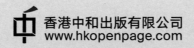

香港中和出版有限公司
www.hkopenpage.com

總目

序言
在長城上讓我折腰的嚴欣強

李少白

從九十年代初，我就開始爬長城，拍攝長城了！起因是，我發現有相當多的攝影家是因為長城拍的早、拍的好而出名的。長城是一個重大的題材，也是一個非常豐富的攝影礦藏，我也很想借長城這個偉大的平臺使自己的知名度得以提高。有一次在拍攝長城的過程中，結識了讓我很欽佩的攝影家翟東風。當我讚賞他的長城攝影成就時，他卻謙虛地搖頭，說擔當不起，並說我誇他的話應該用於另一個人的身上才合適，此人名叫「嚴欣強」。說來也巧，就在翟東風讓我知道拍攝長城有一個叫嚴欣強的達人後，第二天我就在北京箭扣長城的一個敵樓內遇到了嚴欣強先生。從此，我就和嚴先生成了朋友。我認識嚴先生之後，很快就受到了打擊和刺激。我是一個很要強，也很自信的人，在長城上爬上爬下的結果，除了積累了一批從數量到質量上都相當驕人的片子外，還在內心裡儲蓄了志奪天下的豪氣。可是當我看到嚴欣強所拍攝的照片後，我卻泄了氣。這些照片讓我感到自己真有些夜郎自大，因為他的那些照片很多是我不僅未見，甚至是未聞的。我醒悟到，面對長城，面對真正熱愛長城的攝影人，我還遠遠不夠，要想在長城上爭雄，還得把嚴欣強先生當成老師，當成對手。從此，我只要有時間，總是不放過機會追隨着他去爬長城。嚴先生胸懷寬廣，不因我爭強好勝、把他當成對手，而對我排斥拒絕，而是主動地向我提供有關拍攝長城的信息、知識、經驗，而且只要有可能就帶領着我去長城，尤其是那些我從未接觸過的長城，他更是力爭讓我能隨他前行，並且介紹我加入了中國長城學會，認識了更多的長城專家，得到了更多的了解長城的機會。

雖然如今在拍攝長城上我已可以算功成名就了，但是我在嚴欣強面前依然還是要折腰。不僅在拍攝長城上，他是我最尊敬的老師，而且至今仍是我拍攝長城的最強大的對手之一。他雖然是學美術出身的，但他拍攝的長城照片，不喜歡玩光弄影，不喜歡用雲啊、霧啊、雪啊、花啊來給長城塗脂抹粉，而是非常平實地描繪了長城的本來面目。他的照片多數看來頗平淡，但平淡卻是一種高級。就在那些貌似平淡的長城圖像中，我分明看到了長城在嚴欣強心中偉大、崇高的位置，又清楚地看到了在長城巨大的軀體上，閃着嚴欣強溫和、親切、摯愛的目光。

希望廣大的讀者看了嚴先生的長城照片和讀了我對他的介紹，即便不折腰，也能對他有一個深度地了解：他是一個真正持久熱愛長城的人，而且知道如何將對長城的愛轉化成有價值的照片的人！

李少白

中國當代著名攝影家。1942 年出生於重慶市。曾就讀北京體育學院足球專業，畢業於北京郵電學院無線電技術專業。先後任《大眾攝影》、《中國攝影》、《攝影與攝像》等雜誌的編委，並任中央民族大學現代圖像藝術學院客座教授。

李少白先生是一位堅持從人本主義的審美角度展現、詮釋中國傳統標誌性建築（群）的攝影家。出版了《李少白攝影作品選》、《神秘的紫禁城》、《偉大的長城》、《走進故宮》、《中國長城之最-司馬臺長城》、《長城野韻》、《看不見的故宮》、《看不見的長城》等多本書冊，視角獨特，影響深遠。

李少白的長城和故宮攝影作品曾在北京、上海、臺灣等地展出，並在法國、德國、日本、愛沙尼亞、瑞士、美國等國展出。

前言

兩千年來，在中國北方，伴隨着農業文明和遊牧文明衝突與交流的歷程，築高牆、修長城幾乎貫穿了整個中國古代歷史，也見證了中華民族的誕生與壯大，中國人可以說是世界上修築長城歷史最長的民族。如果説毛主席的「不到長城非好漢」濃縮了國人的英雄情懷，那麼《義勇軍進行曲》則將長城深深譜入了我們的國魂。

相信每個首次登上長城的朋友都曾經被長城那磅礴的氣勢所震撼。有的人因為這種震撼，踏上了走遍長城之路，用雙腳和時間來證明他對長城的熱愛。也有人因為這種震撼拿起了畫筆或相機，用作品表達長城在他心中的美。我們父子二人也是因為這種震撼，產生了對長城的好奇。自 1984 年以來，這份好奇心一直驅使我們帶着求知的心態，不斷探索長城。

最初，走上長城，攀到高處，只见綿延的長城望不到盡頭，我們以為已經了解並觀賞了長城，回家後會在拍攝的照片後面寫下時間和地點來作為記錄。但隨着實地考察長城所收穫的知識越積越多，我們才發現這只是「看到」了長城，而不是「觀賞」了長城。如何「消化」這些觀察所得並將其變成「營養」，成了一個難題。如何才能從更高層次來歸納不同地段長城的特點，以及我們的感受上的差異呢？經過多年的摸索，我們漸漸體悟到，只有從藝術的角度去觀察長城，長城的特點才能被發現和觀賞。

那麼，藝術的本質是什麼？藝術的本質是在客觀事物中發現美的規律。畫家從繪畫藝術的視角去觀察長城，攝影家以攝影藝術的角度去觀察長城，而若想全面、系統地將人類對長城美的感性認識提升到藝術高度，就勢必要格外關注長城的細節以及其形態構成。

作為經典古建築，長城的建築本身蘊含了大量的細節，相關領域也早有中國古代建築專家在努力研究，在這裡我們無意班門弄斧 —— 然而，長城上豐富多樣的牆、臺、門、樓、雕刻該如何欣賞，又絕非「古建築」三個字可以簡單涵蓋，因此亟需一套系統學說與之相配。

同樣的，自從新中國重新融入世界大家庭，作為最有特點的「外交名片」，長城得到的關注熱度不斷上升，而對長城的理解和認識也迫切需要深化。介紹長城的書籍可謂不少，但多是以歷史、旅遊或攝影為主題。時至今日，仍缺少一本聚焦長城的細節的著作，系統性地幫助讀者領略長城的形態之美。

關於「長城的形態美」這個概念，我們所獲得的啟發最早來自於《中國藝術教育大系》中由辛華泉先生著述的「形態構成學」。其中對構成的目的、形態的分析等論述令人思緒豁然開朗。

「長城形態説」就是適應新時代長城觀賞與研究的新發展而產生的。它以長城建築為研究對象，從三維空間的角度，觀察長城形態的各種構成元素以及組成方式。在本書中，我們歸納整理了過去幾十年來觀察長城所積累的豐富資料，抽取其中類同的部分，並用形態構成的方法比對其異同，力求將長城的形態美分類歸納、清晰有序地介紹給讀者。期望令大家不但能從藝術的高度來觀賞曾經看過的長城，還能留意到長城上許許多多不曾被關注的細節之美。

第一篇　長城的牆

▲ 甘肅永昌的土城牆　呂　軍攝

甘肅省永昌縣金川峽的明長城高達 6 米多。牆頭寬不到 1 米。這段長城多處牆根酥化，一反下寬上窄的梯形截面。這段長城牆根內縮嚴重，土牆截面如同出土青銅殘矛的短柄矛頭，遠看十分高大，近看搖搖欲墜。

▲ 甘肅永昌毛卜喇的土堡門

甘肅省永昌縣金川峽西的毛卜喇明長城斷斷續續，遺存的牆體高達 6 米多。斷豁處多呈土埂狀。毛卜喇有個帶殘圍牆騎着長城的大墩。大墩圍堡東牆有一堡門洞，門洞外遍生荒草，道路湮滅。門洞內堆積着塌落的土塊。從土塊斷面看已有些年頭了。土長城的天敵是雨雪浸泡，無人維護的土長城在風雨中必然會發生損毀。

▼ 山西朔州威遠堡土堡牆

山西省朔州市右玉縣威遠堡是明長城體系中的一個軍事重鎮。古堡的夯土牆還保持着 10 米的高度。老城的束門和南門被徹底拆成大豁口。水泥小馬路從殘破的甕城穿過。南門兩側的夯土牆開裂坍塌。村民採取的措施是沿着水泥小馬路修葺帶垛牙的矮磚牆，以防即將塌垮的夯土牆危及安全。村民對夯土牆的整體坍塌趨勢束手無策。

◀ 甘肅高臺許三灣古城土堡牆　呂　軍攝

甘肅省高臺縣許三灣古城離許三灣村不到三里地。古城北有一個帶殘圍牆的大墩。古城只有一個南門。南門外有高 8 米多的甕城。城南門和甕城門已是豁口。甕城牆外多處開裂，甕城牆根堆積塌落的土塊數量頗多，估計超過兩輛大型卡車的裝載量。

▶ 甘肅嘉峪關外的夯土牆　呂　軍攝

嘉峪關是明長城西端最大的關城。明洪武五年（公元 1372 年）築土城。明弘治八年（公元 1495 年）在土城以西建嘉峪關西關門的門臺及門樓。明正德元年（公元 1506 年）在土城上建東西門臺及門樓。明嘉靖十八年（公元 1539 年）用磚包砌西關門臺及羅城（整個土關城的馬道、垛牆也用磚砌築）。有七百多年歷史的嘉峪關，在近六十年中得到了保護和維修，既是明長城最西端的代表，也是明長城夯土牆的典型。

第一章 　土城牆

根據建築施工材料，長城可分為土牆、石牆、磚牆。

「甘肅，寧夏，陝西三省長城都是土沙城牆，經長期風雨腐蝕已經基本坍塌。」中國第一位職業探險家劉雨田先生 1984 年開始獨自徒步明朝萬里長城，他事後回憶：「只有山丹，鹽池還留有一些比較完整。」

同在 1984 年，秦皇島工人董耀會、吳德玉和張元華三人從山海關老龍頭出發，由東向西沿長城徒步考察，並用一年半時間走到了嘉峪關。事後三人以「華夏子」筆名合著《明長城考實》。書中對西北長城現狀記述多為「圮坍嚴重」、「存毀多半」、「成堆狀土脊」、「僅為土埂狀遺跡」。據我們多年在畫冊中翻看和實地田野長城考察，他們的記述都是客觀如實的。

與石牆、磚牆相比，土牆在明長城總長度所佔比例大、修建時期早，但是因為旅遊的發展和國人現在對長城的熱愛，土城牆是在承擔不起這份重擔。歷史原本、真實的樣貌才是應該被尊重善待的。

▼ 甘肅嘉峪關的土坯牆

嘉峪關高大的城牆，除了西門臺和西羅城是用磚包砌，關城、甕城和長城主線牆，都是夯土牆。嘉峪關的牆頂馬道和垛牆為磚砌，磚垛牆以下是土坯（未經燒製的泥塊），掉了牆皮的地方，都可以看到土坯的存在。嘉峪關牆高 9 米，再算上 1.7 米高的垛牆，總高 10.7 米。嘉峪關是長城夯土牆中最神氣的代表，其關城牆因不斷的維修，現在是（長城夯土牆）保存最完好的狀態，在河西走廊的荒灘上顯得雄偉醒目。

▲ 甘肅永昌的夯土牆

甘肅永昌金川口長城。金川口長城沿山谷而建，遠看長城體態明顯，近看酥蝕斑斕。這段長城是牆體尚在，垛牆不存。長城牆頂已無法站人。

▶ 甘肅永昌的夯土牆　呂　軍攝

甘肅這段長城質量最高。在牆頭明顯看到有垛牆，使長城向背的方向感十分明確。在土築城牆能有保存至今的土築垛牆這一點是十分珍貴的。

◀ 陝西定邊的土長城

從陝西省定邊縣到甘肅省蘭州市，高速公路邊有與高速路毫不相干的遊覽提示：「明代長城」。按提示看去，長城似乎無心站立，全趴下了。看不出一點垂線，橫直的地平面攤着一串巨大的鼓丘，蜿蜒看不到盡頭。這是目前明長城的真實狀態，這一段還不是保存最差的土長城。

▲ 陝西神木的土長城　羅　宏　攝

陝西省神木縣解家堡質量差的土長城，呈現酥垮的狀態。

◀ 陝西府谷新民堡的夯土牆　羅　宏　攝

陝西省府谷縣新民堡質量好的土長城，還能看到完整的牆立面。

▶ 山西偏關的夯土牆　郭茂德 攝

偏關縣老營堡的夯土牆還保持着 8 米的高度。這是一段雖然高大，但正在坍塌的土長城。

▼ 山西河曲的夯土牆　山雪峰 攝

在河曲縣，長城沿着黃河岸邊而立，基本保持着原有高度，但牆體分段塌垮。

▶ 山西偏關的夯土牆　熊啟瑞 攝

在山西，明長城也有內外之分。外長城位於山西省與內蒙古自治區的交界線上。內長城沿偏關縣柏楊嶺、神池縣、代縣、繁峙縣、靈丘縣分佈。內長城也有很多很完整的高質量遺存地段，但偏關縣教兒墕鄉柏楊嶺這一段長城，是山西土長城中保存較差的地段之一。

▼ 山西朔州的夯土牆　郭茂德 攝

山西省朔州市高石莊鄉沙家堡的牆體立面完整。但牆體以柱樣開裂塌垮。

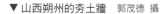

▶ 山西朔州的夯土牆　羅　宏攝
山西省朔州市阻虎鄉正溝村的夯土牆有厚度欠高度。酥垮成緩坡的夯土長城。

◀ 山西山陰的夯土牆
山西省山陰縣的夯土牆有高度欠厚度。已是臨危狀的夯土長城。

▼ 山西寧武的夯土牆
山西省寧武縣大水口的夯土牆基寬 5 米牆高 6 米，人部分完整。

◀ 山西大同的夯土牆
山西省大同市新榮區鎮河堡的夯土牆基寬 10 米有餘，牆內面斜垮成坡，牆外面還有 6 米高立面的夯土牆。

▶ 山西陽高的夯土牆　山雪峰 攝

陽高縣孫仁堡鄉守口堡兩側的地形險要依舊。守口堡長城夯土牆大都保持 6 米高。夯土墩臺也比較完整。陡峭山崖上的長城成了今天山西省大同市長城發燒友靈感的匯集地。。每當春花遍野，或是大雪初霽時，不光「晉」字小臥車塞滿了路邊，其中甚至還有不少「蒙」字、「京」字牌的小臥車來湊熱鬧。

◀ 山西朔州的夯土牆　山雪峰 攝

位於山西省與內蒙古自治區交界的朔州市，長城都是夯土的。看不出長城兩邊的土地有什麼區別，樹木、莊稼，甚至民居看起來都差不多，但站在長城上，你能想像當年長城外有一股巨大的力量在虎視着這一切。當年，這列與田地極不協調的大牆就是防禦這股力量的屏障，那力量就是遠在天邊，但如同寒風一樣可以隨便吹遍大地的蒙古騎兵……歲月散盡，蒙古騎兵的子孫過上了新的生活，而阻擋鐵騎的高牆在春雨、清風中一點點地鬆散，回歸天地。

◀ 山西天鎮的夯土牆　龔建中 攝

天鎮縣李二口的長城用土夯築，即把土堆在固定的夾板中夯實。萬里長城所經過地區的土質差別很大。多年的雨水沖刷，土少砂多的部分就散開、脫落，土牆就溶出大大小小的麻坑，成了長城的「天花牆」。

▶ 山西天鎮的夯土牆　龔建中 攝

在天鎮縣榆林口的山坡上，長城保持着原厚舊高，但季節洪水把長城攔腰衝斷，連長城的基礎也衝開了。長城是人修的，而自然的力量有時壓倒了人的力量。

▼ 河北赤城的夯土牆

河北省是長城大省，但夯土長城並不多。直到今天仍然高大、堅硬的夯土牆長城，只在赤城縣八里莊有一處。

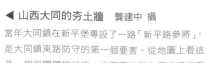
◀ 山西大同的夯土牆　龔建中 攝
當年大同鎮在新平堡專設了一路「新平路參將」，是大同鎮東路防守的第一個要害。從地圖上看這是一個很關鍵的地方，從實際地形上看這裡幾乎無險可用。從現存的長城看當年確實下了不少功夫，這是很典型的山西長城。因為現代當地人不需從長城上取土掘地，長城僅是自然地風化，保存狀況是山西長城中比較完好的。

▶ 北京延慶的夯土牆　丁　岩 攝
北京在永樂皇帝時成為明朝的首都。明長城按九鎮劃分，北京由薊鎮和宣府鎮兩個鎮拱衛。從修造水平和質量來說，這兩個鎮是明長城中數一數二的。圖中延慶區外炮長城的夯土牆至今未被發掘和開發。這是北京明長城中唯一的夯土築長城，應該是非常寶貴，亟需認真保護。

▼ 河北懷安的夯土牆　呂　軍 攝
懷安縣的長城大部分是石堆牆，在渡口堡鄉桃溝村才能看到幾處夯土牆。夯土牆雖然塌垮酥化，但夯土層面還清晰。

▶ 河北懷來的石城牆　張　俊 攝
懷來縣廟港長城的石城牆在當地有「樣邊」之稱。意思是非常高級，達到榜樣的水平。其實此處砌長城的石頭大小沒有嚴格尺寸，也未精雕細刻。牆立面石頭並不平整，疊砌石縫也不嚴格成行，但大段保留了石垛牆。在石砌牆長城中因少有而被人們所喜愛。

第二章　石城牆

石城牆就是用石質材料壘砌的長城。石長城的材料，從砂岩、花崗岩、頁岩、到河灘石都可以採用。明長城修築時通常就地取材，而石材體積有大小之別。巨大的石塊需要眾人利用斜坡、撬槓使其翻滾就位，稍次則要多人繩捆肩抬使其到位，一人可以搬動就算小石塊了。

根據實地考察，石城牆用的石料有精加工、粗加工、不加工之分，石城牆保存狀態與石料加工水平、砌石黏合灰漿質量關係很大。至今保存如初的石牆必是兩者達標，而石料粗糙、灰漿糊弄的石牆肯定經不起風雨。垮成石壟狀的長城也是歷史的真實寫照。

從形態角度，石城牆可分兩類，平頂牆與封頂牆。平頂牆，牆頂平齊又可供人員在牆頂活動，並配有垛牆（石砌或磚砌）。封頂牆，牆頂斷面為三角形。上無垛牆，不可站人也不易攀爬。從石牆立面效果可以看到有石縫成行的平面牆、石縫成行的毛面牆、石縫不成行的平面牆及石縫不成行的毛面牆四類。

第1節　石縫水平成行的平面牆

石縫成行的平面牆，其建築要點之一是石料砌縫水平規矩，不論牆體高低起伏蜿蜒，砌縫始終保持平行；要點二是每塊石料加工精細，以致單塊石料在石牆砌合中都保持了與相鄰石塊的協調一致，使石牆立面總體保持平整。在牆體彎曲之處，每塊石料都恰到好處地整理了凹凸，使石牆立面彎曲得光滑順暢，遠看效果如刀切斧削一氣呵成，令堅硬石料砌建的長城呈現出奇妙的力度。

精加工的條石砌牆對石料開採及選用有嚴格的尺寸要求。石料外面四邊需要垂直，石塊厚度要統一。疊砌的城牆石縫平行，牆面平整，石縫嚴密，渾然一體。人工的精緻與自然地貌產生強烈的反差。這類高標準、高質量的精加工石牆只在重要地段和重要關口附近使用，並非大面積鋪設。其中比較典型的地段包括北京延慶的石峽長城、八達嶺長城、水關長城、關溝中間的居庸關長城、大莊科香屯長城、懷柔西水峪長城。另外，在河北的易縣紫荊關關城，淶源縣的烏龍溝關城也能看到。

▲ 山西偏關的平面石牆　孫國勇 攝

在老營堡東門的甕門外發現了一段還保留至今的完好的石砌牆面。該石牆用的石料比八達嶺的條石小，規格尺寸統一如同磚壘。讓人吃驚的是牆面雖呈斜面卻十分整齊，雖經幾百年風雨、氧化，還能保持着光潔感覺。這樣的石城牆在山西只有老營堡東牆有幾十米遺存，它證明山西也有極下功夫、石縫成行的高級石牆。

▲ 河北涿鹿的平面石牆　嚴共明 攝

位於涿鹿縣的長城中，馬水長城最神秘，不論文物考古還是長城旅遊都是有意躲開這一段。馬水長城的石牆也是按八達嶺長城規格修築。從局部表面上看很難區分二者。

◀ 河北易縣的平面石牆　山雪峰 攝

易縣紫荊關北的石頭牆。從每塊石高低的嚴格一致，從每層石縫的平行筆直，從石牆面的總體的平整，可以看出來，這段石牆從選料、加工、施工，到最後的效果，都是石牆中規格最高的，和長城中最頂級的部分——北京八達嶺長城完全一樣。能在距京幾百里以外的山溝中，出現這樣一段高水平石牆，實在罕見！

▲ 北京延慶的平面石牆　李玉暉　攝

延慶區石峽東長城，從建築技術到最後完成的效果，應該說與八達嶺長城是一樣的。人們找不出來這段長城與八達嶺長城有什麼不同，都是那麼整齊，具有氣勢。八達嶺長城是守衛關溝通道的第二道防線，石峽長城是八達嶺長城的側翼，該段長城內無道路通往北京。

◀ 北京延慶的平面石牆　嚴共明　攝

八達嶺長城的石牆在明長城的石牆中是規格最高、施工質量最好的。每塊巨型條石五個面均以90度相接，主面鑿平。砌築時按水平碼放，石縫水平成行。因為長城牆體隨山勢起伏，形成巨大生動的曲線，而石牆的石縫卻在巨大的曲線內描出工整的水平細線，造成一種強烈的反差對比。自然的野性與人工的理性構成一種悅目而震撼的效果，長城磅礴的氣勢與沉靜的細節組合令人讚歎。

▶ 北京延慶的平面石牆　黃東暉 攝

延慶區香屯長城石牆和八達嶺長城石牆質量似乎相近。因該段長城外山勢更高，其氣勢顯然不及八達嶺長城。

▲ 北京延慶的平面石牆　嚴共明 攝

水關長城比八達嶺長城地勢起伏更大。石牆條石從山谷低底完全水平依次向高處砌築。該段長城質量和八達嶺長城在同一等級。

▼ 北京懷柔的平面石牆　馬 駿 攝

懷柔區西水峪長城石牆不比八達嶺長城石牆質量差。只因不在交通要道，沒有重重關口。名氣雖不及八達嶺長城，但在位於北京的長城中算得上一流水平，是絕對值得去看的長城。

第 2 節　石縫成行的毛面牆

同為石縫成行的牆體類型，毛面牆與石平面牆的不同之處在於石料接縫以及石牆立面的平整程度。因為毛面牆石料的加工程度不如平面牆精細，稍顯粗糙的石縫不如平面牆石縫平直。雖然石縫大體上成一條直線，卻不十分嚴格，做工稍差的，石縫就起起伏伏了。同樣受加工不夠精細的影響，石料砌出的牆立面是凸凹不平的，似乎是施工者放棄了對精細工藝的追求。

這種形態的石牆在山西、河北、北京有廣泛分佈，其中較典型的是慕田峪長城。慕田峪關並非軍事要衝，由此關進出長城比較繞路，故不為商旅兵家看好，歷史上也沒有大的戰爭記載。筆者懷疑其建築規格故而較八達嶺、古北口等要塞為低。修建慕田峪長城時，用這些公差較大的石塊砌起來的牆，雖然也保持了行距，但石縫比較隨意，並不追求齊平，特別是石塊的主面沒有特意加工，導致其牆立面比八達嶺的牆立面毛糙，不夠精緻。不過，這種石料加工及砌築的方式，也令石縫成行的毛面牆體多了幾分天然厚重的感覺。

◀ 北京懷柔的毛面石牆　嚴共明 攝

懷柔區慕田峪長城石牆雖然石縫成行，但沒有保持水平。牆立面比八達嶺長城石牆毛糙。

▲ 山西平定固關的毛面石牆　熊啟瑞 攝

山西是長城存留的大省，但未見到保存完好的石塊疊砌的城牆，現存牆體材質以土為主，磚、石牆體遺存很少。固關的石牆施工時，每層增加石塊，層與層之間的差異一目了然。因石塊外面不鑿平。石縫雖然成行，長城立面卻極毛糙。

▶ 陝西府谷的毛面石牆　呂 軍 攝

府谷縣是一座據黃河岸崖而立的山城。石砌的城牆存留七成。這是陝西省內長城的珍貴遺存。（六個城門居然都還存留有門洞，也是個奇跡。）石牆為大石塊疊砌，石料加工尺寸很嚴謹，石縫十分整齊。牆體對敵的一面石料並不找平，牆面粗糙，給人一種結實、厚重感。

▶ 山西平定的毛面石牆　郭茂德 攝

平定縣固關甕城的高牆均為塊石疊築，大小不均。但石層清楚，説明在施工前對石料有要求，在施工時是按層碼放，因此，三丈高的石牆結實、耐用。凡路經此處的行人都會對此關的堅固高大留下深刻印象。

▼ 山西偏關的毛面石牆　熊啟瑞 攝

偏關縣柏楊嶺是山西內外長城的交匯地，稍高於地面的牆體，多為石堆狀，偶有石塊包砌的石牆，又多為雜樹叢木所困，難以拍攝。圖為用規格不統一的條石砌成的一段偏關長城石牆，可看出石縫成行，牆面並不平整。

▶ 河北涿鹿的毛面石牆　方　明 攝

在涿鹿縣有一段長城。除「長城小站」的朋友在網站上介紹過，再沒任何人或著作提起過這段埋在歷史裡的寶貴遺存——龍字臺長城。

羊圈村龍字臺長城存留的六個敵樓中三個敵樓還保存着原來的樓匾。這些門匾的存留使現在的人可以憑此明白當時長城敵樓的順序。非常寶貴。

龍字臺長城的牆面並不十分平整，較為毛糙。每個塊石向敵的一面四邊加工平整。

◀ 北京懷柔的毛面石牆　吳　凡　攝

懷柔區黃花城長城的青石體積都相當大，要兩個
人才抬得起來。這樣大的石頭在這麼高的山上，
只能就近取材。前人開石時是憑藉估算，開下來
稍稍加工就碼放上牆了。可以看出石塊是按層碼
砌，但石縫不保持水平。

▶ 北京延慶的毛面石牆　徐寶生　攝

在疊砌長城的牆體時，有兩種方法：一種是順坡
砌，這樣石牆的石縫與山坡平行，長城如同沿坡
而爬的巨蟒。而另一種不考慮坡的陡斜，從最低
處開始時就水平疊放，山坡不管多大多陡，石牆
逐層水平砌上去。這樣，石牆的石縫不是沿順山
坡爬，而是一層層水平往上疊砌。

◀ 北京密雲的毛面石牆　山雪峰　攝

密雲區古北口一帶的長城，只要沒有被拆光，就
能看到基本都是磚包的大牆。石砌的牆只有古北
口臥虎山西北有。臥虎山西側的石牆石塊尺寸不
大統一，大石疊幾層，再以小石疊幾層，這樣石
塊行距並不一致的石牆，在其他地方的長城很少
見到。

▶ 北京密雲的毛面石牆　嚴共明 攝

司馬臺長城靠近水庫的部分，牆體是用粗加工的
毛石疊砌，石牆面並不平整。石塊大小不規範，
能看出按層碼砌，但石縫沒有保持水平成行。

◀ 河北遵化的毛面石牆　山雪峰 攝

清王朝定都北京後，在馬蘭峪修造長城內的陵
園。而馬蘭峪山上聳立着明朝的長城對於清王朝
陵園當然被視為忌諱。因此，馬蘭峪明長城被徹
底毀壞。馬蘭關殘存的石牆牆面相對比較平整，
石縫雖不十分平直，但層次清楚。

▶ 河北撫寧的毛面石牆　高玉梅 攝

撫寧縣羅漢洞關是長城在當地的重要通道——界
嶺口關西側的一個小關口。羅漢洞長城石牆採用
的石料體積巨大，很難再加工。石料來源有限，
一半改用磚砌。石料不用嚴格加工，只要一面能
拼接成石牆立面即可。如何運用不規則石料，也
是一種智慧。

第 3 節　石縫不成行的平面牆

把石料加工成規則的六面體，只要使它們的長寬高基本一致，疊砌到長城上的石料長接縫自然就會成行。

若石料收集後不經加工，在多面體的狀態下就疊砌到長城上，石料的接縫就很難成行或有規律的狀態。石縫不成行的石牆在長城上比比皆是。

石縫成行的平面牆分為平面和毛面兩類狀態，受此啟發，我們發現，石縫不成行的石牆也有平面和毛面兩類狀態。

石縫不成行的平面牆之所以「平」，是築牆工匠在砌牆時，把每塊不規則的石料上相對平整的石面砌築在向外對敵的立面上，或者是把不規則的石料預備安放後，對外側立面給予一定的加工，使長城石牆立面基本平整。

充分利用每塊不規則石料上僅有的平面，或者是只把每塊不規則石料加工出一個可供與其他石料拼接的平面，是石縫不成行平面牆的寶貴亮點。如此可將長城的石料加工成倍地提高效率、縮短工期，克服石匠勞力不足的問題。

▲ 山西繁峙的平面花石牆　山雪峰 攝

繁峙縣韓莊長城是山西省少有還保留的石砌牆。繁峙縣韓莊村 108 國道南北各有六座保存狀況好壞不一的敵樓。因有的樓門還保留編號樓匾，可推測為茨字貳拾貳號到茨字叄拾肆號。韓莊長城石牆的石料大小各異、石縫紋亂，石牆立面卻相當平整。臨敵面絕無攀爬借力之處。

◀ 河北淶源的平面花石牆　山雪峰 攝

淶源縣白石山長城的石牆亦是利用不規則的大小石塊疊砌，包括主牆上的垛牆也是如此。這種築牆的辦法，淶源縣長城多處可見。需要強調的是長城臨敵的牆面十分平整，敵方攀爬很難找到可利用的地方。

▲ 河北赤城封頂式平面石牆　明曉東 攝

赤城縣獨石口長城是封頂式石牆存留得最完整、最長的一段。在大量現狀已是石堆、石壘的長城遺存中，能看到這樣高大、完好的石牆真讓人感到寶貴和不易。這種石牆的石料都不大，一個人一次可抱起四、五塊。用這樣的小碎石塊，疊砌起兩人高的石牆，還不用石灰勾抹石縫，可以看出技術還是很高的。

▶ 北京密雲平面花石牆　姚泉龍 攝

密雲區牆子路是明朝長城防禦體系所設置軍事指揮管理體系中的一個等級名稱。整個長城體系只分為十一個鎮，每個鎮下統若干路，牆子路就是薊鎮下的一個路。牆子路長城在密雲也是很有特色的地方，保存較為完好，在垛牆上有字跡清楚的文字磚。

◀ 北京平谷的平面石牆　張 驊 攝

整體而言，平谷長城的保存現狀在北京各區縣中是最差的。平谷的長城多為石塊壘砌，沒看到一段保存完好的。只有平谷金海湖地區的紅石門長城還能看到保持有石牆立面的石砌牆，石垛牆僅有零星遺存痕跡，比延慶的八達嶺長城、懷柔的慕田峪長城，密雲的司馬臺長城差遠了。

▶ 河北撫寧的平面石牆

河北明代長城可分為冀東、冀西北、冀西南三部分，其中冀東長城牆體的建築標準、整體保存狀況好於後二者。例如，在撫寧縣葷子峪東山最高處，有這樣一段高大完整的石牆，牆頂磚垛牆完好，箭孔依次排列，不規則的石塊壘砌完整。石塊拼接的牆立面達三人多高，十分平整，在花石砌長城中，應是十分罕見的。

◀ 河北秦皇島的平面石牆　黃東暉 攝

三道關是山海關到九門口關之間長城的一個險要關口，以在山谷溝坡中修了三道石牆而得名。其中第三道因山崖陡峭最難修建。如今前兩道石牆都只存殘跡，只有第三道還保持着歷史原貌。

第4節　石縫不成行的毛面牆

我們本以為有前面的三類石城牆形態，就可囊括石長城形態的全部了，不想，在歸納石縫不成行的石牆照片時，發現還有一些雖然與石縫成行中的毛面牆形態特點接近，但石料平面不明顯，不夠平整，甚至還保持河灘鵝卵石的凹凸。這類石牆牆面實在夠不上「平整」二字，我們才因此歸納出第四類石牆，即石縫不成行的毛面牆。

石縫不成行的毛面牆從形態上有三個特點：一，砌牆石料加工程度最少，很多都保持着石料原始自然狀態，這樣可以省去巨大的石料初加工、精細加工的工作量，甚至可以捨去石匠的隊伍；二，由於石料的不規則，石料之間相互捏合咬吻較差，表現在石牆立面石料接縫存在巨大的縫隙，對牆體的牢固程度產生直接影響；三，在這四類石牆中，石縫不成行的毛面牆牆體規格最低、存留最少，有此類石牆存在的地段，其長度也非常有限，對於僅有的存留，其狀態也常令人歎息。

▲ 河北淶源的毛面石牆　孫國勇 攝

在淶源縣長城中，白石山長城以敵樓完整密集、牆體存留完好成為精品。這段牆是從長城主線向南「甩出」的一段石壘牆，對白石口村有一點保護意義。從這段石牆可以看出，長城石牆的修築，因時間、修造者不同，質量水平、工藝水平和最後效果就會大不相同。

◀ 河北懷安的毛面石牆　王　虎 攝

懷安長城是河北外長城與山西長城的交接位置，從地理位置上看很重要，但存留狀態卻不敢恭維。山西的長城遺存基本是夯土牆，河北的則多是石砌牆，精華地段有磚包牆存留。懷安長城是河北長城的最西端，石牆高不足兩米，斷面呈錐狀，用碎石乾壘。大部分已塌成石堆，只有零星未坍塌者還能看出原石牆的牆斜面。

◀ 河北懷來的毛面石牆　山雪峰 攝

用可搬動的石塊把山崖臨敵面的石壁加高疊成
牆狀，在山崖頂上碼出平面，再疊出可作防禦的
石垛牆，還砌出可觀察敵情的望孔。這段石牆在
懷來縣長城的石牆中是最驚險的一段，足以令人
讚歎。

▼ 北京密雲的毛面石牆　馬 駿 攝

密雲區黑關堡北山勢陡立，陡崖下的石牆用料不
是從山上開採，而是從河灘裡搬來。在河北、北
京一帶，長城石牆用河卵石的不多。掌握了用圓
河石築牆技術的工匠自然充分利用自然資源，
搬來就用，否則只能開山取石，那樣自然麻煩
得多。

▲ 北京密雲的毛面石牆

明朝長城所設的十一鎮中，薊鎮長城下分三協，每協下又分三到四路，曹家路當年統領軍士也得上萬，
總轄二十二個關堡，五十多個敵樓，控制着一百六十多里的長城。曹家路殘存的關堡北牆，證明當年
地位不低。石牆用料有塊石也有河灘石，這樣疊出的牆面，有的石頭帶棱帶角，有的石頭圓頭圓腦，
石牆有兩人多高，牆面雖然並不平整，但若想爬上去，這圓頭圓腦的石頭手摳不上，腳蹬不住，對防守
方是非常有利的。

▲ 北京密雲堡牆上的毛面石臺

密雲區遙橋峪堡只有一個堡南門，堡城四方角上
各有一個角臺。砌牆的石頭都是從河灘裡搬來。
以這些圓溜溜的石頭砌牆已是不易，砌角臺就更
難了。但築牆的工匠想了個辦法，角臺的三個
角邊用穩定性好的塊石疊好，這樣有三個角邊箍
着，把這些圓河石擠在裡面，疊成了城角臺。

▶ 遼寧綏中的毛面石牆　山雪峰 攝

遼寧省長城的石牆保存下來的不多，綏中縣前所
鎮永安堡鄉錐子山長城是遼寧省境內長城的精
華。蔓枝草長城也在錐子山長城保護範圍內，蔓
枝草長城山上還有三個帶石區的敵樓。山坡下的
石牆是用巨大的塊石砌成，碼砌時不講究石層縫
呈水平，也不追求牆立面的平整；石縫沒有白灰
勾抹。牆立面雖然粗糙，但至今高大結實完整。

第 5 節 塌垮成壟埂的石牆

如果指着這些攤在山坡上的碎石堆說，這就是明長城的石牆，估計會傷害一些愛長城的朋友的感情。我們第一次看見時，也不願意相信這就是長城。

經過前後十多次考察，我們從北京市懷柔區的九眼樓向北過延慶區永寧，從白河堡到河北省赤城縣，長城幾乎把赤城縣從南向北縱穿，再從獨石口拐向南，從龍關鎮西窯出赤城縣。接下來，長城沿宣化區向西過張家口市，再沿萬泉縣北界和西界到懷安縣西桃溝，所見的長城都是這個狀態。只有赤城縣獨石口，萬全縣洗馬林附近幾處長城石牆還保持原狀。

以上所說的長城，是明朝長城九鎮中宣府鎮統轄修造的地段。歷史上這裡戰事不斷，但這段長達 600 多千米的石壘長城就是這個狀態。

垮成石壟堆的石牆也是長城，只是不好拿來當做形象代言。其實這也是歷史，也是當年施工人員的作品，經歷了數百年風雨的石牆，呈現這種狀態，也是一種真實，我們應當接受，也該欣賞這種蒼涼。

▲ 河北萬全南的石堆牆　李　炬　攝

河北長城在沿尚義縣與萬全縣交界處延伸。萬全縣西南長城上的墩臺多數截面為圓形。板山長城是萬全縣長城的南頭，這段石堆牆裡還有幾處沒垮的石壘牆，截面為錐三角形封頂式，與赤城縣獨石口長城的封頂式石牆樣式一致。

◀ 河北懷安的石堆牆　張　驊　攝

河北長城在懷安縣渡口堡鄉向西與山西長城相接。該段長城現存墩臺還有臺圖。桃溝長城，是河北長城石堆牆的最西端。

◀ 河北萬全的石堆牆　李　炬攝

河北省萬全縣西邊洗馬林長城上的墩臺有截面呈
方形的磚包臺，臺門券上亦有臺圖，部份刻字還
保持原狀，但石牆多是石堆狀。

▼ 河北萬全的石堆牆　鄭　嚴攝

河北長城沿萬全縣與張北縣交界與宣化縣的長城
相連。萬全縣北邊的長城是河北長城中當年設計
規格最低、如今毀壞最嚴重的地段。該段長城如
同點綴在荒野上的石壘堆，不用蹬上石堆牆，站
在石堆下兩邊已可互望。

▲ 河北宣化的石堆牆　黃東暉 攝

宣化縣長城偏西經過一山，當地人稱呼人頭山。應該是從某個角度看，與人頭外形相似之故。人頭山下有一個較完好的磚包臺，該段石牆也已垮成石堆狀。

▶ 河北宣化的石堆牆　黃東暉 攝

河北長城在宣化縣大白陽堡一線最大的特點，是二十多個截面呈方形、頂面下開門的磚包臺。該段石堆牆也垮成石堆狀。

◀ 河北張家口的石堆牆 張 驊 攝

張家口北壩底村附近的一段長城，墩臺和石牆都毀壞嚴重。若不是還高大的墩臺土芯作為存留的證明，你不敢相信它腳下與荒草混雜的碎石堆就是長城。

▶ 河北崇禮的石堆牆 黃東暉 攝

河北長城從宣化向赤城延伸，經過崇禮四臺嘴鄉。在明朝修建長城時，這三個縣都歸宣府鎮，所以崇禮縣長城與宣化縣長城一樣，石牆多為石堆狀。

◀ 河北赤城的石堆牆 馬 駿 攝

因要探尋河北赤城縣龍門所鄉的「盤道界樓」（詳見第四篇第三章頁 291），沿着石堆狀的長城走了半天才找到。該鄉附近的長城石牆都是這類狀態。

◀ 河北赤城的石堆牆　張 驊 攝

冰山梁位於河北赤城縣獨石口東。因其地勢在赤城地區較高，氣溫較低而得名。長城在冰山梁沒有一處完整，全都垮成石灘堆狀。

▼ 河北赤城的石堆牆　王宗藩 攝

獨石口是長城在赤城縣最重要的關口。因為一段保存極好、截面為錐三角形封頂式的石壘牆，獨石口在長城石牆建築形式裡獨佔一席。其實獨石口長城石牆總體說是完好的少，塌垮的多。圖為緊鄰着不太長的完好石壘牆邊上的石堆牆。

▼ 河北撫寧的石堆牆　呂　軍攝

背牛頂在撫寧縣祖山南麓。該段地勢環境艱險，山崖陡、山谷深、林木密。該段長城的敵樓和石牆多有損壞，山林中的石牆呈石堆狀，任由植被掩蓋。

◀ 河北赤城的石堆牆　呂　軍攝

河北省長城在赤城縣虎叫村南山與北京延慶長城相接。虎叫長城的磚包實芯臺多有殘破但未完全坍塌，石牆則已全部垮成石堆狀。北京延慶至懷柔「九眼樓」的長城在明朝同為宣府鎮統轄。從虎叫到「九眼樓」長城石牆全都是圖中的狀況。

▶ 河北撫寧的石堆牆　馬　駿攝

北京東邊的河北長城在明朝歸薊鎮統領，在規化、設計、施工方面，薊鎮長城都比宣府鎮長城要強一些。薊鎮長城石牆也有塌垮地段，但連續幾里都垮了的不多。圖中撫寧縣梁家灣長城石牆在山梁凹處垮成石堆狀。

▶ 河北遷安的磚石面牆　張　驊攝

河北遷安河流口長城分為河東、河西兩段，此為河西保存最好的地段。總體而言，這一帶長城的保存狀況是越靠近村莊越差。離開村邊田地，長城才逐漸顯出痕跡。隨山勢升高，開始有裸露石塊的牆面，石砌牆基上厚厚的包磚被大量扒開拆走。只有到了更高處，才能看到完好的磚石面牆，在包磚牆體的根部，有三至八層水平鋪砌的大條石。

第三章　磚城牆

明代早期長城築牆多利用長城附近各種砂土、岩石，經過挑選加工成為城牆的建築材料。明中期（自嘉靖時期）後則開始在維修加固長城時使用磚，並把原有的土築石砌的城牆用磚包砌，磚比土坯結實，又比石塊容易加工，方便規劃，是修築長城的上等材料。但前提是長城附近必須有大量適合製磚的土，以及足夠的燒磚燃料。隨着磚的產量不斷提高，至萬曆時期磚砌城牆達到鼎盛。

經過多年實地考察，我們在今天的甘肅省、青海省、陝西省、寧夏回族自治區極少見到磚包牆長城。山西省尚有少量磚包牆殘存，而北京市、河北省東部長城的磚包牆存留則較多。這不禁令人產生兩個疑問，一是明朝磚包牆普及較晚，是否因此導致有些地段從未包磚？二是西北地區大量的土長城遺存，以前是否曾經全面包磚？要想找出答案，需要從文獻以及考古的角度進行更詳細的調查。

第 1 節　磚石面牆

長城的磚面牆有兩個類型：一類是從牆根到牆頂垛牆通體用磚，牆基石頭不明顯，粗看牆面是單純的磚面牆。另一類是從牆根起用方石壘，少的兩三層多的可至牆腰，長城主體牆面下半為石砌，而上半用磚砌，這樣的牆面半磚半石，外觀不同於純磚面牆，可謂磚石面牆。這種半磚半石的磚石面牆在北京和河北東部（在明朝為薊鎮）多有存留，而在赤城、懷來等縣（宣府鎮）以及淶源縣（真保鎮）、山西省內則很少見到。

磚石面牆現存的地區和長度比磚面牆還要少，就以北京市地區長城東起平谷區，西出門頭溝，經過了六個區，但是只有懷柔區長城上才有。懷柔區長城從青龍峽起，十五個地段中只有五個有磚石面牆分佈，還不到該區長城總長的一半。

◀ 河北撫寧的磚石面牆　呂　軍　攝

撫寧縣黃土嶺長城在九門口東邊。墩臺、敵樓多數還能看出區別。長城的牆有用石砌也有用磚砌，保存完整的非常少。圖中的磚砌牆保存狀況尚算不錯，僅是磚垛牆毀壞。牆面上半用磚下半用方石水平砌。因施工技術不錯，磚下的方石保持著原狀。

▲ 河北遷安的磚石面牆　黃東暉　攝

遷安河流口長城大部分是磚石面牆。河流口西邊三個敵樓之間的磚石牆保存還完整。同是牆面上半磚下半用方石。可以看出方石加工不精，水平砌的技術也差一點兒，和黃土嶺長城一比效果就不同。

◀ 山西天鎮的磚石面牆　龔建中 攝

山西長城上磚下石的牆只在樺門堡南牆可以看
到，牆面極其完好，是山西很罕見的一處存留。
《明長城考實》介紹了樺門堡，提到此堡有磚券堡
門和殘存包磚。我們是根據《考實》的介紹才找
到這個一無人居住二無公路相通的山頂上的廢堡
子。樺門堡南牆下由九層紅色方石水平砌，施工
技術高超。上用磚砌，磚面多處酥化。

▼ 北京懷柔的磚石面牆　任樹垠 攝

懷柔區鐵礦峪長城的磚石城牆與天鎮縣樺門堡南
牆的石城牆明顯不同。主體牆身下半部的條石不
是水平砌，而是順坡砌。上半部用磚，也是順坡
砌。磚垛牆也是順坡砌。

◀ 北京懷柔的磚石面牆　任樹垠 攝

懷柔區旺泉峪長城磚石城牆下半部用條石，是水平砌。上半用磚，亦是水平砌。完好無損的磚垛牆則是順坡砌。

▲ 北京懷柔的磚石面牆　韓正文 攝

懷柔區撞道口長城很有特色，首先此地有一個名副其實的關門洞，關門洞內外各有一塊門匾。門洞北口上的石區刻着「鎮虜關」三個大字，門洞南口上的石區刻題着「撞道口」三個大字，撞道口因此得名。此段長城的磚石牆，是用大條石先沿山坡水平砌出一人多高，然後用磚接着砌，包括用磚砌出磚垛牆。

▶ 河北遷安的磚石面牆　黃東暉 攝

從河北省遷安縣河流口長城垮塌的磚石牆，可以看出晚期、早期長城兩種牆體。早期的長城用不規則的石塊疊砌，被晚期的磚牆包砌。晚期的外磚牆下用規則的方石疊砌。方石牆和外磚都是水平砌。牆頂的磚垛牆已經消失。

◀ 河北遷安的磚石面牆　山雪峰 攝

遷安縣大龍王廟長城。該段長城保存狀況比白羊峪長城（所謂的大理石長城景區）更為完整，大段磚垛牆還多數保留。這樣完整的磚石牆在整個河北省的長城中都是少見的，這是大龍王廟長城的特色。

▼ 北京懷柔的磚石面牆　韓正文 攝

懷柔黃花城的長城被修復了一段，其上磚下石的磚石牆保存極完好。

▶ 遼寧綏中的磚石面牆　山雪峰 攝

九門口長城因有九個過水的橋洞俗稱「九門口」。因靠近山海關，在歷史上只要山海關有戰事，九門口就一定會被波及。明末李自成的軍隊在這裡與吳三桂部苦戰一場，其後清軍入關，大順軍大敗而逃，成了李自成從興向衰的轉折。

第 2 節　磚面牆

磚面牆不同於磚石面牆。磚石面牆從牆面可看到上半部為磚、下半部用石砌。而磚面牆的牆面可看到從牆根到垜牆都是磚砌，比磚石面牆的牆面簡潔光淨。磚面牆是長城建築史中的晚輩，又是長城建築史上的頂峰。磚面牆長城是在土面牆、石面牆、磚石面牆長城的基礎上發展而來的。磚面牆長城因材料規範，黏合性強，進一步提高了長城建築質量。磚塊的使用為長城提供了表現細節的手段。長城的垜牆、垜口、關門門洞，也因此結實了許多。磚面牆長城比土面牆、石面牆長城更精緻，然而磚面牆長城的遺存也比土面牆和石面牆長城要少。

在山西省明長城只有山陰縣的白草口到新廣武村的山梁上斷斷續續保留着磚面牆。在北京市明長城存留最長的一段磚面牆在密雲區，從古北口的臥虎山向東，過蟠龍山、龍峪口、金山嶺，到司馬臺水庫東第八個敵樓止。河北省存留最長的一段磚面牆在撫寧縣，從程山東向羅漢洞、界嶺口，到箭桿嶺止。

▲ 甘肅嘉峪關的磚垜磚樓土牆　呂　軍攝
嘉峪關的西門內是關城。關城東西城門各有甕城。關城四角各築一角臺，角臺上各築一角樓。角樓對外每面各開一樓窗，對內面開一樓門。站在關城外角臺下，可以看到角樓和牆頂垜牆為磚砌。高大的關城為土夯築。

▶ 甘肅嘉峪關的磚面牆
嘉峪關的西門外是荒涼的戈壁灘。嘉峪關西門是明長城西端第一個關門。關堡最初是以土夯築，在築關 134 年後，才用磚把三個關門臺和西門兩側的羅城用磚包上。圖為嘉峪關的西門及西門側的羅城，西門的門臺和羅城的牆面都是磚砌。

▶ **陝西榆林南城門甕門磚面牆**

榆林古城為陝西省留下來一處十分寶貴的明代磚面牆。榆林市因為著名的鎮北臺坐落當地，地位獨特。雖然近年重建了古城的西牆，但南城牆、東城牆和東城門基本上是原有的狀態。

◀ **山西大同的磚面牆**　呂朝華 攝

大同市新榮區鎮河堡長城，存留了一段氣勢非凡的磚面牆。根據當地老人説這是侵華日軍為修建據點炸牆取磚留下的斷壁殘垣，這也是山西古城牆保存下來最奇怪的一種狀態，又是最值得現在的人們對歷史作反思的一種狀態。

▶ **山西代縣的磚面牆**　山雪峰 攝

山西長城的存留多為土牆，少量石牆，磚面牆極其罕見。白草口的磚面牆，完好得連垛牆都還能見到，十分寶貴。這段長城是萬曆三十三年（1605）巡撫御史李景元率眾所建，牆高 8 至 10 米，垛牆高 1.7 米左右，牆頂三層磚鋪面，寬 4 米，這段總長十多里的牆，如圖中完好的不足兩里。其餘連磚都已經消失，只存土芯。

◀ **河北灤平的磚面牆**　嚴共明 攝
金山嶺長城在上世紀八十年代被修復開發，成了河北長城的金字招牌，所有長城攝影名家，都有到此拍攝作品的經歷。
金山嶺長城的磚面牆在長城全線中首屈一指。金山嶺長城還具有一些八達嶺、慕田峪長城沒有的亮點：一、敵樓形態構造多樣；二、在陡坡牆體多處設置障牆；三、在適當的地段設置平時利於邊民進出，戰時利於軍隊活動於牆內外的小闕門洞；四、長城磚上有製造年代和製造單位的壓印文字。

◀ **北京密雲的磚面牆**　嚴共明 攝
北京古北口長城分蟠龍山長城和臥虎山長城。雖然都是磚砌牆，但是破損的多，完整的少。磚垛牆非常罕見。

▶ **北京密雲的磚面牆**　方 明 攝
牆子路在明朝為薊鎮所轄，是一個路城。可惜古路城的城牆和城內古蹟全都拆沒了，只有牆子路山上的長城保存較好。牆子路長城最寶貴的是牆磚上有製造年代和製造單位的壓印文字。北京的長城牆磚上發現有文字磚的，只有懷柔大榛峪附近，密雲司馬臺左右，以及牆子路。其中牆子路長城的文字磚品相最好。

▶ **天津薊縣的磚面牆**　方　明　攝

黃崖關長城是天津市在 1984 年修復的一段明長城。黃崖關在北齊時就有割據者修建的界牆，規模不大，質量不高，明朝時在此基礎上做了加高加固。修復黃崖關時，復建了八卦關城，以及山上的太平寨過牆門。新修復的磚面牆與金山嶺、牆子路長城的磚面牆不一樣，單獨開闢了黃崖關長城的風格。

◀ **河北遷安的磚面牆**　馬　駿　攝

遷安縣五重安鄉的馬井子長城有一段長約 200米、裡外均是青磚的磚面牆。此段磚面牆兩頭都是石砌牆。該段十幾里的長城中只有這一段 200米的磚面牆。它不在關口處，位於山頂部分，很顯眼。為什麼偏偏要在這裡建這麼一段磚面牆，不得而知。

▶ **河北遵化的磚面牆**　馬　駿　攝

河北遵化的長城多為石砌，本來應該有磚面牆。然而被拆被挖，所剩無幾。在喜峰口的山頭上還能遇到沒被毀掉的零星磚面牆，這段磚面牆臨陡崖疊砌，與山崖渾成一體。這是長城利用地形、借用地勢的建造理念一個很珍貴的實例。

▶ 河北撫寧的磚面牆

界嶺口關城的的東、西山頭上各有一個月城，這一形制屬於長城遺存的孤品。西月城門洞垮塌一半，而東月城門洞基本完好，並且月城門洞下的關牆上還有一個出入關城的過牆小門洞，也十分完好。界嶺口月城雖有特色，但其磚面牆處於自生自滅的殘破狀態。

▲ 河北遷安的磚面牆 龔建中 攝

遷安徐流口是遷安縣最東邊的一個山口，徐流口西邊是遷安縣的名關 —— 冷口關，此關在抗日戰爭和解放戰爭中均為軍事要地而屢經戰火。因為戰火，原磚面牆已大面積毀壞，目前僅呈殘留狀態，完好的不多了。

◀ 河北撫寧的磚面牆 龔建中 攝

在撫寧縣城子峪長城，垛牆大段保持完好。從城子峪到董家口，是撫寧縣長城磚面牆體的代表性地段。

◀ 遼寧綏中的磚面牆

綏中縣九門口長城是以橫跨河流、似橋一般有
九個水門洞的水關而得名，這裡以前還有一個名
字：一片石關。九門口關是山海關西北另一個地
勢平緩的內外通道，是山海關側翼非常重要的關
口。歷史上很多戰事都先在九門口爆發，然後才
在山海關展開，所以該處長城毀壞嚴重。現在的
城防設施幾乎都是為了開發旅遊重新復建的，其
磚面牆沒有一點歷史的滄桑感。

▶ 河北秦皇島的磚面牆

明清以至近代以來，角山長城也是經歷戰火最
多的長城地段之一。清軍入關，民國初年軍閥
混戰，抗戰時期日軍侵略華北，都曾在此爆發戰
事。角山長城又是新中國重新修復長城最早的地
區之一，現在是山海關居民晨練的健身公園，長
城幾乎被新磚、水泥、軟線霓虹燈包裝一新，當
年的軍事要地完全變成了旅遊經濟產業的活動場
地。角山長城修復的磚面牆不太長，兩頭殘破的
長城與之對比強烈。

▶ 河北秦皇島的磚面牆　黃東暉 攝

山海關老龍頭長城伸向大海。這段面向大海的磚面牆可以看出垛牆是新磚，其餘多是舊磚，基本保持了歷史原貌，做到了修舊如修。

◀ 河北秦皇島的磚面牆　張　鵬 攝

山海關向外的東門，不光有甕城，在甕城外還有一道羅城，並且羅城的關門外又再設一道甕城。這麼複雜和用心，只有嘉峪關西門可有一比，其他部分長城的關口再沒見過。

最初修築該處羅城時，磚牆並沒有修得與東門甕城一樣高。後繼者加高了牆體，於是東羅城的牆體立面就有了上下兩排牆頂石棱線。後來的施工者忽略了馬面的收分應為斜面，改用垂直的辦法向高處續砌，以致立面出現了鼓凸。

▶ 河北撫寧的短橫障牆

在整個河北省的長城中只在撫寧縣董家口長城的「孫家樓」南看到了兩段完好的短橫障牆。南段的南頭是山峰為屏障的山險牆。北段的北頭是董家口長城最南段的敵樓「孫家樓」，敵樓內有標牌注明此為「孫家樓」。「孫家樓」的北邊還有一道短橫障牆。

第四章　短橫障牆

在長城主牆外沿，建有高於牆頂的矮牆，一般稱為垛牆，內沿的稱為為宇牆。從形態的角度觀察，還有一種橫砌在長城主牆頂上的短牆。這種障礙牆橫砌在長城主牆頂上，一頭與垛牆相接，另一頭跟宇牆之間留出供士兵來去的通道。短橫障牆上，高低開設垛孔，供守衛士兵觀望、射殺敵人。其功能是為了加強牆頂面的防禦，滯止敵方登上牆頂後的活動。

長城垛牆形態可分為水平的牙形垛牆和斜坡上的齒形垛牆。跟短橫障牆相接的垛牆多是齒形垛牆。障牆與斜坡上的齒形垛牆相接的方式，又可分為「齒尖接」和「齒窩接」。「齒尖接障牆」是從齒形垛牆尖頭部位橫砌出一道障牆，「齒窩接障牆」則是在齒形垛牆的內角窩處橫砌出障牆。

短橫障牆只在北京市密雲區和河北省灤平縣、撫寧縣等少數地區可見存留。全國其他地段的長城，即便坡度再陡、保存再完好，也不曾見到。筆者懷疑短橫障牆並非明朝建長城時制度規定的產物，而是工匠的個性化創造。

▶ 北京密雲的短橫障牆　張　驊 攝

密雲區古北口五里坨關已垮塌。關東坡有十四道
短橫障牆全都有裂縫，最高處裂縫最大。這是一
個很危險的信號，表示此牆已大段開裂。十四道
短橫障牆裡僅一道還完整。可看出原有四個垛
孔，上下各一，中間兩個，是障牆單面垛孔數最
多的。

◀ 北京密雲的短橫障牆　嚴共明 攝

密雲區古北口臥虎山東坡的短橫障牆，可見共有
十一道矮橫障牆殘跡。臺面外側的短橫障牆沒有
一堵完整。萬幸是障牆下的水平臺面很明顯。
十一個臺面之間有一條兩人寬的梯道。這種障牆
使進攻者爬上長城後不能順利沿牆擴大戰果。每
一道障牆都可被防守軍士利用來繼續戰鬥，成為
進攻者的障礙。

▶ 北京密雲的短橫障牆　山雪峰 攝

密雲區古北口五里坨關西坡的十一道短橫障牆，
比東坡的短橫障牆完整許多。橫障牆的牆面完
好，牆面上的四個垛孔亦完好。可惜與之相依的
垛牆全部從根垮掉。

◀ 河北灤平的短橫障牆　呂朝華 攝

金山嶺長城「庫房樓」現在已改稱「將軍樓」。金山嶺長城於 1983 年開始修復，其中將軍樓最先修好。將軍樓北坡長城牆上有九道短橫障牆，全部為重新修復。每道短橫障牆上只開了一個垛孔。

▲ 河北灤平的短橫障牆　山雪峰 攝

從古北口到金山嶺垛磚口之間，長城有十個關口，龍王谷關是其中之一。這是龍王谷關東障牆。長城臨敵一面垛牆已全部垮塌，反而於水平臺面上橫着的障牆還保持站立，像墓碑一樣。這段障牆每垛均有三個垛孔，垛孔分佈是上面兩孔，位於肩高位置；下面一孔，位於腿膝部。

▲ 河北灤平的短橫障牆　孫國勇 攝

金山嶺沙嶺口過牆洞東西各有一樓室垮掉、僅存樓座的方臺。沙嶺口西方臺的東邊坡下有一段新補修的短橫障牆。新修橫障牆的牆頭與外垛牆頭同高，每面障牆只開一個垛孔。新修的比老物件樣式簡單。

▶ 河北灤平的短橫障牆　山雪峰 攝

在後山口關門洞西有一段短橫垛牆存留完好，均可辨認，能數出十五道短橫障牆，在金山嶺長城中是最多的。一般橫垛牆頂應與對外垛牆頂一樣高，而這段橫障牆都比外垛牆矮四層磚，這是此段障牆的一個特點。此段短橫障牆是金山嶺長城的寶貝。

▶ 北京密雲的短橫障牆　丁　岩　攝

司馬臺長城位於金山嶺長城東邊，明朝都歸古北路統管，兩段長城本是一脈相承。在障牆樣式上，司馬臺比金山嶺長城多　些。本圖是位於司馬臺水庫東，1991 年新修復的陡且窄的一段短橫障牆。七道短橫障牆，牆面上的垛孔有三個的，也有四個的。

◀ 河北灤平的短橫障牆　山雪峰　攝

金山嶺長城黑樓西有八道短橫障牆，最高的一道被毀平。現存的七道每面開三個垛孔，高處兩個，低處一個。低處的孔口大，高處的孔口小。

◀ 河北灤平的短橫障牆　山雪峰　攝

金山嶺長城高尖樓西有八道短橫障牆。這段短橫障牆完全是明朝老物件，沒有一點修復的痕跡。八道短橫障牆全部留存，僅在牆頂小有破損。每個牆面上開了四個垛孔，垛孔內口大於外口。

▶ 北京密雲的短橫障牆　嚴共明 攝

在司馬臺長城的東十三號樓向東方神臺看。這裡
是司馬臺長城最窄的地段之一。所築的長城單邊
牆也不是一條直線，而是順山崖走向取勢。單邊
牆在山崖上的每個拐點，都有一道僅能藏住一人
的窄橫障牆，障牆寬才 1 米。每道障牆的高、低
開了兩個垛孔。

▲ 北京密雲的短橫障牆　劉　萌 攝

在司馬臺長城的東方神臺向東十三號樓看。山崖
起伏使長城必須先築石臺，再用磚築薄牆。在牆
內本還可通行的地方加築了短橫障牆，障牆石臺
階邊是沒有保護的山崖。長城的薄牆開三排垛
孔。這段窄橫障牆，反映了當年設計者的擔心和
智慧，為長城的多樣留下了珍貴的實料。

▲ 北京密雲的短橫障牆　嚴共明 攝

在司馬臺長城的東方神臺向西看，臺西有六道短
橫障牆。其中五道牆的牆頂分水磚都還完好。橫
牆高近 2 米，寬 1 米 5。每面牆上下各開一垛
孔。短橫障牆腳下是山石築的石臺。石臺邊是落
差 30 米的山崖。

◀ 北京密雲的短橫障牆　王　虎　攝

大角峪長城最精彩的地方就是這段臨陡坡而立的十八道短橫障牆了。此牆臨溝底部有兩個走水的門洞。因為長城所爬的山崖壁立，障牆水平臺蹬面積窄小且數量密集。狹窄的水平臺蹬面積小到兩個人須相擁着才能擠得進去。然而這樣窄的橫障牆，每垛還開了上、下兩個垛孔。也因為陡峭，臺階踏面狹窄，極易踏空失足。

▲ 北京密雲的短橫障牆　嚴共明　攝

牆子路長城陡峭處都築有水平臺蹬，臺蹬都築有用以防護的短橫障牆。可惜的是能看出來的水平臺蹬不少，防護臺蹬的短橫障牆卻要扒開荒草去找。圖中這五階水平臺蹬很明顯，但短橫障牆卻毀壞得只剩下可憐的殘跡。

▲ 河北撫寧的短橫障牆

在整個河北的長城中只有撫寧縣董家口長城還存留了兩段完好的短橫障牆。南段是十一道短橫障牆。短橫障牆不與外垛牆同高,略低一頭,有兩人身寬。每道垛牆高低居中的地方都有一個垛孔。此十一道短橫障牆存留極其完好,在長城短橫障牆存留裡為最好的一處。

◀ 河北撫寧的短橫障牆

河北省的長城經過的險山、陡坡不少。在沿山勢起伏築牆時,會利用水平面臺蹬來分解陡坡的艱難。在撫寧縣的板廠峪,有幾段長城在陡峭處築有水平臺蹬,卻看不見防護臺蹬的短橫障牆。撫寧長城上這樣的陡牆不少,而短橫障牆沒有作為一種常規辦法使用。

◀ 河北撫寧的短橫障牆　馬 駿 攝

董家口長城北段短橫障牆本有六道,現存留完整的有五道。短橫障牆的頂與齒形垛牆的牆根相接,說明齒形垛牆更安全,可以依靠。短橫障牆外側是戰鬥方向。為什麼只在董家口長城修築了兩段短橫障牆,今天沒有人知道答案。

▶ 遼寧綏中的山險牆　山雪峰 攝

明長城的遼東鎮長城和薊鎮長城接合點在河北省撫寧縣錐子山。薊鎮長城從山海關北上,到錐子山向西奔小河口而去;遼東鎮長城從遼寧省綏中永安堡鄉的蔓枝草東來,在錐子山與薊鎮長城相接。所謂相接處是錐子山山崖頂一石砌臺。山崖陡坡西邊可見西去的磚包牆,山崖東石崗下可見到東來的石砌牆,山崖南坡是從山海關北來的石砌牆。錐子山以其陡險構成了山險牆。

第五章　山險牆

山險牆是當年的長城建造者利用自然地勢起伏，把有形的長城牆體與難以通行的高崖深谷接合起來，並借用山崖天險作為長城的牆體，以山為牆。這種以天險構成的屏障就稱為山險牆。

並非所有的自然險阻都可以成為山險牆。該險阻必須位於長城線上，而該處的長城牆體走向非常明確，人工牆體止於山崖上下，山崖承擔的防禦功能十分清楚。

在農業文明時代，最重要的財富就是可以收穫糧食的土地、人丁以及可被搬運的農作收穫物。長城將適宜耕作的土地圍起來，控制住一切生活物資交流。把憑藉武力掠奪財富的遊牧民族拒之牆外，就達到建城的目的了。

高山斷崖對遊牧騎兵的阻礙其實絕對大於長城牆體的作用。把有利防守的自然地勢變成長城體系的一部分，這種借助自然力量來屈人之兵的智慧令人感歎。

◀ 甘肅嘉峪關的山險牆

明長城的西頭是屹立在討賴河畔的明長城第一墩。討賴河河岸與河水落差近三十米，河岸峽谷彎彎曲曲，不利於軍事調動。借助這種天然的地形限制，高高的河岸成為長城的組成部分，使天險為人所用，巧借地勢為山險牆。

▶ 山西和順的山險牆

山西省與河北省交界處有一道沿着太行山分佈的長城，黃榆關是其關隘之一。黃榆關面對山西一側地勢較緩；面對河北一側則坡陡路彎險境處處。黃榆關隘口兩側長城的石牆延伸到人馬無法翻越的陡崖即止步，險惡的山崖成為長城的擴充部分。若想了解長城如何利用自然地形險惡，這裡是一個極好的例證。

▶ 山西和順的山險牆　郭茂德 攝

支鍋嶺關在山西省和順縣到河北省邢臺縣交界處。關南是無法上下的山崖，關西是高聳九天的石壁，關牆與石壁銜接，過關的小路就在這石壁下的坡面上。支鍋嶺關因關城門洞完整、關門洞石匾署有當年管關的上級官員的姓名而特別寶貴。利用巨大的石壁成為城牆，絕對是最驚人的傑作。

▼ 山西繁峙的山險牆　劉 鋼 攝

繁峙縣韓莊有一段保存完好的明長城。完整的磚敵樓及完整的石砌牆，使韓莊長城在山西長城中具有重要價值。有意思的是，這麼完好的長城並沒有延伸很長，而是左右都與大山相接，以山險為牆了。

▶ 河北淶源的山險牆　王盛宇 攝

淶源縣邊根梁長城的牆、樓保存應算完好。但向東到山腰處即戛然而止，這並不是長城斷了，而是高山大石的險惡，代替了石牆的防禦功能，它們就是長城了。這類自然界的山峰巨石被明朝長城設計者利用收編，成為無需修造而可以使用的一部分，山險也可以當牆。

▼ 河北懷來的山險牆　王　虎 攝

水頭長城東西向分佈並不是很長，扼守着懷來山梁通往永定河的山路。這段長城並不與西面沿河城長城相接，而是借助人馬無法攀爬的大山為障，使從北方進犯北京的人馬只能沿山溝南下，下到沿河城的關防捱打。

◀ 北京懷柔的山險牆　嚴共明 攝

懷柔區鐵礦峪長城中有一段山險牆。按說此段山勢並不十分險峻高聳，但規規矩矩的長城就修到坡根止住，兩段長城夾住一個大饅頭似的山包，山頭成了長城的替代品，以山為障成牆。筆者在這裡曾多次嘗試從山包上爬過去，發現十分困難。因為與長城相接的山包石十分堅硬光滑，舉步艱難，只能設法繞山而過。

▼ 北京密雲的山險牆　黃東暉 攝

北京密雲白道峪長城，地勢陡峭，長城建築一直延伸到山崖邊緣，並借用無法築牆的山崖天險來象徵長城的延伸。圖中的 3×3 眼敵樓建在落差大於近 80 米的山崖上，敵樓兩邊不再築牆，巨大的山崖就是一道長城，起到與長城近乎一樣的防禦作用，這是充分利用山崖的險勢造牆。

▶ 北京密雲的山險牆　鄭　嚴　攝

密雲的長城有一段是沿着白河大峽谷的東岸據險而立，當年歸石塘路所轄。要説北京長城中水平落差之最，山勢險惡之最，要屬白河峽谷了。筆者沿山脊在幾個敵樓中穿行，並未發現有任何石牆或磚牆的殘跡。倒是曾多次在山崖中尋找判斷從哪裡可以上下進退，若是判斷錯誤，在天黑之前還找不到脫離險境的辦法，麻煩可就大了。這樣難以攀爬的山崖確實起到了阻礙的作用，無需再修牆，大山已經是牆了。在這種地形面前，對山險牆的理解最容易。

▼ 北京密雲的山險牆　鄭　嚴　攝

密雲區不老屯鄉東駝古，深溝兩側山頭上都有敵樓，兩側陡坡卻未見一點長城的石牆或磚牆。山崖比石牆還有震撼力，山崖就是長城的牆。

▶ 北京密雲的山險牆　黃東暉 攝

長城從北京密雲白嶺關到大角峪，只在地勢較低的山窪處修石牆，山口處築磚牆，而在地勢險惡的山崖尖，只建敵樓不再修牆。利用攀爬困難的山崖作為牆體延伸。圖中的敵樓鎮守在左右都是60米落差的山崖上，而險峻的山崖代替了長城的牆。

▼ 河北興隆的山險牆　馬 駿 攝

興隆縣榆樹底黑溝，兩邊山勢逐漸險惡，讓人望而生畏。這段長城大部分就是利用山險，在視野開闊的山尖處建敵樓，而不再築牆。山崖的兇險和山崖上的敵樓已融和成一個很有震攝力的場景。面對這種山險牆，真正了解大山的威力、又珍惜自己體力的行人是絕對敬畏的，山下的平路才是最好的選擇。

▶ 北京密雲的山險牆　劉建光 攝

密雲區新城子鎮關門堡，扼守在吉家營堡通向霧靈山長城外的一個溝口處，與遙橋峪堡隔山而立。兩堡之間的山頭上有四個敵樓，樓與樓之間無牆。但關門堡東的第一個敵樓東西都有石牆，西牆與關門堡相聯，東牆與東山崖相接。關門堡東山的山勢險惡，不用說馬隊步兵，就算行人徒手都很難攀登。所有想穿越長城的商賈行人，一看這山勢就明白只能扣關上稅，想從山上繞過去肯定行不通。這種繞不過去的惡山，就是長城的一部分。

▼ 北京密雲的山險牆　呂朝華 攝

密雲區新城子鎮大角峪長城以險著稱。大角峪溝底東西皆有寬厚石牆。待翻上山尖後，只見敵樓不見石牆。爬這種惡山，累還在其次，危險是首要充分考慮的。險山是長城的牆，稱之山險牆很貼切。

▲ 北京密雲的山險牆　韓正文 攝

密雲區新城子鎮遙橋峪南溝，敵樓據高而立。敵樓四周不見任何長城的牆體。圖為站在溝底的敵樓向山梁上的敵樓望去。兩樓之間攀爬困難，不用費勁再修牆體——沒人願意在這發起挑戰。

◀ 北京密雲的山險牆　丁人人 攝

遙橋峪南溝低處的敵樓臨溝據守。這是一座1×2眼敵樓。雖說臨近溝底，但敵樓下的山崖也仍有三十多米高。敵樓四周沒修城牆，因為所在的位置，對敵樓的攻擊無處着力，而敵樓守衛落石放箭卻都不費力。這裡山崖比城牆更具威力。

▶ **河北撫寧的山險牆**　張　驊　攝

凡是到撫寧縣黑龍頭山探尋長城的人都能明白，
這裡不用修牆，這裡的山崖陡險是任何人也無法
穿越的。在整段撫寧長城中，由於地勢山崖的突
變，山險牆的分佈還有多處，但明確的石牆與山
崖相接時戛然而止，這一處是比較典型的。

▼ **河北盧龍的山險牆**　呂　軍　攝

盧龍縣長城最東的關隘為重峪口關。重峪口關向
西，長城牆體延伸到圖中山頂破 3×3 眼敵樓便
停止了，從該敵樓再向西，只見山頂上的敵樓延
續，卻不再築牆。圖中陡峭的石崖代替了長城，
石崖就是長城。

▶ 河北撫寧的山險牆　呂　軍　攝

在葦子峪到花場峪最高的山梁上，陡峭的山崖中
忽然有一段極完好的石砌牆。牆體寬厚，頂面
的磚垛牆也保留完整。在此，長城內外兩邊的地
勢都比較平緩，是一個可以歇息或組織進攻的地
方。而這段石砌牆的兩頭則崖石高聳，腳下陡
險，沒有着力的地方。正是這樣一段完好的石
牆，把山梁最高處嚴密的封鎖起來，使山梁上的
隘口堵死。把高山聳崖的阻礙作用充分發揮出來。

◀ 河北撫寧的山險牆　呂　軍　攝

撫寧縣葦子峪關南長城只有不足百米的碎石牆和
一座敵樓，然後就是驟起的石崗。向南去的長城
在山崗上左盤右旋，向着柳觀峪的「雙樓」蜿蜒
而去。一般遊客都會被這陡壁嚇住，只能駐足驚
歎山石兇險，其實他們正是被山險牆攔住了。

▼ 河北撫寧的山險牆　山雪峰 攝

花場峪關是一個山谷兩邊都保留着完整磚包牆的
關門。花場峪關長城在河谷有兩道，外道長城還
加築有兩個石砌墩臺。花場峪關長城向南止於高
坡石崖根，利用關南的高山作牆。

▲ 河北撫寧的山險牆　呂 軍 攝

花場峪長城跨過山溝，溝底偏南為一石臺緊臨一
磚樓；溝北為巨崖，崖頂有一 3×4 眼磚樓，溝
口還有一兵堡殘址。從 3×4 眼樓南望，山勢驟
起。長城從磚樓向南沿山勢築了近百米，之後就
借陡而止了。從遺存來看，此處山口兩邊都利用
了山險牆這一防禦理念。此溝內大小河石亂堆，
均被急流沖刷得乾乾淨淨，可知雨季裡這處山溝
會非常不安全，而山谷兩側的敵樓就守着河石站
立了幾百年。

▲ 河北撫寧的山險牆　嚴共明 攝

板廠峪長城「楊來樓」向西 60 米石牆盡頭有一
石砌小墩臺。墩臺緊靠着石筍山崖，從這處石墩
臺到高處敵樓，充分利用山崖，沒有築牆。長城
在此不算中斷，壁立的石筍山崖被當作長城的石
牆，即山險牆。

▼ 河北撫寧的山險牆　呂朝華 攝

板廠峪「穿心樓」北山崖為巨大石筍群，敵樓之
間全憑經驗摸索上下。作者曾經走過兩次，從照
片裡找不出已經走過的路。這個山險牆比砌築的
長城更有威懾力。

▶ **河北撫寧的山險牆**　馬　駿 攝

撫寧縣董家口長城向南與城子峪長城中間隔一陡
峭的大山，這座山上沒修長城，但比長城還難逾
越。大山成了長城的組成部分。

◀ **河北撫寧的山險牆**　郭茂德 攝

撫寧縣小河口長城往東到錐子山，應是撫寧長城
的精華地段，因為人們現在看長城都是從攝影和
繪畫的角度來判斷，長城所在的山形越險峻，長
城才顯得越雄偉。此段長城的特點是稍微厚實的
山尖就有　個敵樓，敵樓之間山脊陡峭、處處危
險，以山險為牆不言自明。

▶ **北京延慶的磚垛牆**　黃東暉 攝

北京八達嶺長城是長城磚垛牆保存最完好的地
段。八達嶺長城主牆用方石水平砌，磚垛牆卻是
沿主牆頂順坡砌。垛牆的磚線和垛牆頂線，與主
牆頂線和山坡保持平行，沿着地勢起伏，順暢生
動，有一種人工建築與大自然結合貼切的美感。

第六章　垛牆

垛牆是指在長城主牆的頂面上臨敵一側用來保護戰鬥或巡視人員的矮牆。

垛牆以垛牙為間隔，開設垛口和垛孔。自主牆頂面計算，垛牆一般 1.5 至 1.8 高。從其牆腰部向上開設一人肩寬的垛口。兩個垛口之間的護牆為垛牙。垛牙一般比垛口寬。

在垛牆的根部、垛牙的腰部開設可以瞭望和射箭的垛孔（關於垛孔的形制，後面有專篇介紹）。

長城主體牆有土、石、磚三種不同的材料形式。垛牆由於是一種附牆，材料一般和主體牆統一，但據實地考察也有特例：嘉峪關關城是土牆上建磚垛牆；八達嶺、慕田峪和北京懷柔長城多是在石牆上建磚垛牆。

由於突出於主體牆頂部，並且相對薄弱，垛牆更易因戰爭、自然風雨損毀。垛牆尚在的長城，絕對屬於保存完好的。垛牆保存得越長，長城就越完好。這幾乎是不用爭辯的評判標準。

第 1 節　土垛牆

土垛牆是長城各類垛牆中「輩份」最大的。這類垛牆在青海省、甘肅省、寧夏回族自治區、陝西省、山西省分佈廣泛，它與夯土牆相伴而生。

土垛牆由於不如磚石垛牆般能經受風雨，故留存狀況很差。根據實地考察發現，土垛牆只在甘肅省永昌縣金川西村、寧夏回族自治區永寧縣三關口、陝西省陽高縣守口堡等地保存相對完整，其中甘肅省金川西村的土垛牆最接近歷史原狀。

土垛牆近年得到了重視與修復。以嘉峪關為例，其東門外的東閘樓兩側，原有的封頂式夯土牆均被加蓋了裝飾性的垛牙，而垛牙採用的風格卻是波斯風格的半圓形。另外，由甘肅省內農民企業家出資修復的「懸壁長城」，也全部修建了土質垛牆，其垛牙與垛口，造型則酷似京劇中的戲臺背景。

土垛牆修復過程中最令人擔心的就是用磚垛牆來代替，這違背了歷史真相，與「修舊如舊」的觀念也是相悖的。

◀ 甘肅嘉峪關的土垛牆

嘉峪關由內外兩個城組成。外城的夯土牆高 3.8 米、底寬 1.5 米、頂寬 0.65 米。外城東閘門兩邊土牆上的垛牆是近幾年新修的。垛牆與外城牆頂一樣厚，垛牆裡沒守衛者落腳的地方。垛牙呈半圓形，有中亞風格，與明長城其他部分的垛牙不同。

▲ 甘肅嘉峪關的土垛牆

甘肅省嘉峪關市的懸臂長城是由一位熱愛長城的企業家自費復建的。新修的懸臂長城垛牆先用土坯疊後再抹泥。從實際情況看，這種保留有垛孔的土垛牆，經不起雨水浸打。遙想當年，守城的軍士，一定是隨時維護修復，每逢下雨之後，必得挑泥巡牆，及時修補，方可保得土垛牆完好。

▶ **甘肅敦煌的土垜牆**

甘肅境內的長城基本為土築，經過幾百年的風吹雨打，破敗塌垮處處可見，多數地段的土長城，牆頭風化到如同牛脊馬背。位於北工村的「壽昌城」的土牆保存相對較好，雖經風化酥蝕但依舊高大，只是土垜牆幾乎無存，但零星殘存的垜牆也是極寶貴的證據。

▼ **甘肅高臺的土垜牆**

甘肅省許三灣古城的土牆還有 8 米高，在土牆頂還可看見零星的土垜牆痕跡。

▲ **甘肅永昌的土垛牆**　呂　軍攝

甘肅省內最好的明長城遺存，筆者認為是在永昌
縣。《明長城考實》一書中也專門提到，這裡的
長城上可以罕見地看到土垛口殘存。我們爬上長
城夯土牆，看見高不及半米、厚度小於半米的土
垛牆。在陝西、山西、寧夏各地土長城上幾乎沒
有見過這樣的遺存。

▶ **甘肅永昌的土垛牆**

雖然在《明長城考實》一書中沒有提到，但筆者
認為，永昌西的土垛牆比毛卜喇的土垛牆更完
整。殘垛牆高 1.5 米有餘，厚近 1 米。稍有不足
是這段牆多處斷垮，好壞反差較大，不如毛卜喇
長城的殘垛牆穩定連貫。

▲ 甘肅永昌的土垛牆

在甘肅省永昌縣金川峽，能看見高大的夯土牆和「漢長城文物保護」的石碑。從斷裂的牆縫處爬上去，發現這段長城不僅高大、寬厚，牆頭外沿的土垛牆也十分高大，近一人多高，垛牆根近 1.5 米厚。在土築長城中，這是保存最完好的一段土築垛牆了。其中還有一個細節應該強調：這段長城的土築垛牆雖然很高很厚，卻沒有在垛牆上留垛口和挖垛孔。這是否與此牆所處區域軍情不多、戰火稀少有關？現在無法判斷。但此形制明顯不同於石、磚所築的垛牆。

▲ 甘肅永昌的土垛牆剖面　呂　軍　攝

甘肅省永昌縣金川峽有很長一段長城與公路相依，公路沿着長城外側修築。沿着公路駕車觀賞長城十分便利。我們發現，土築長城是分段施工，在段與段的相聯部分施工質量較易出問題，易損毀。這給現在爬長城的「驢友」留了一個可供上下的縫路，也為後人了解土長城留了個剖面。我們可以清楚地看到，土築長城是用黃土一層一層夯實壘積起來的。而垛牆是在主體牆外，立着再起一層，逐步夯實，直到超過主牆，成為垛牆。這一層從用料到夯築，都比主牆更用心用力。

▶ 山西陽高的土垛牆　龔建中　攝

山西省長城土築的多於石築的。幾乎沒有見過有土垛牆的殘留，只在陽高縣守口堡長城東山上發現有遺存。這段長城兩邊地勢陡峭，長城牆頭的內外沿都有土築垛牆。土垛牆高的有 1.5 米，低的有 0.6 米。內沿垛牆似乎有垛口的痕跡。

第 2 節　石垛牆

石垛牆是長城石砌牆頂派生出的一類矮牆，由不規則的石塊砌成，但上面有規律地分佈着的垛口和垛孔。

那些散佈在自然山野的普通石塊，被築牆工匠們集中運用，於是散漫被匯聚成了力量——石垛牆就是築牆者智慧與創意的結晶。

與石垛牆相伴的石長城，多為石縫不成行的平面牆或毛面牆，有的石垛牆上也會混雜大量的泥土，似乎更應稱其為「土石垛牆」，但因為在垮塌的牆斷面中可以看出還是石塊居多，泥土只為填縫隙用，故仍把「土石垛牆」歸在石垛牆類下。

石垛牆耐風雨的程度遠遠超過土垛牆。在山西平定的固關長城、河北淶源的烏龍溝至白石山一線，以及懷來廟港到水頭村的山脊上，北京懷柔河防口、大水峪，密雲司馬臺的仙女樓東側，北莊鎮乾峪溝，天津薊縣黃崖關，河北撫寧板廠峪、葦子峪，山海關區的三道關，都可以見到保存相對完好的石垛牆。

▲ 河北懷來的石垛牆　劉建光 攝

廟港長城的石垛牆大段保存完好，這才可以看出石垛牆的垛牙寬度基本保持一致。砌垛牆的石塊不像城磚長短固定易於計算，石垛牆寬度保持一致，顯示出施工的技術高超。寬窄統一、連貫不變的石垛牆與山巒自然起伏形成對比，展示出理性之美。

◀ 河北懷來的石垛牆　黃東暉 攝

在河北省張家口地區長城中，懷來縣廟港長城是石砌牆保存得最長的一處，其石砌牆頂上的石垛牆也大部分完好，因此被張家口地區長城愛好者熱捧為樣本邊牆——「樣邊」。懷來長城在明代歸宣府鎮轄制，廟港長城的石垛牆在宣府鎮長城中保存最完好。

◀ 山西平順固關的石垛牆　王獻武 攝

固關長城在山西是老字輩的長城地段。在春秋早期此地為中山國，為了爭奪生存空間，在固關山口和兩側修築了城垣。歷史無論如何演變，固關在山西川源巨大的地貌中，一直是一個通行要道的關口，也就必然成為統治者維護一方的必守之地。如今旅遊興起，長城又找到了新生的理由，各地均紛紛修復長城。固關地區花了大錢，修復了固關的關城關樓，以及兩邊山上的石牆。圖中是固關東山新修復的石垛牆。細心的讀者會發現，此石垛牆與本書所記錄舊存的石垛牆樣子差了不少。

▼ 河北淶源的泥石垛牆　嚴共明 攝

淶源縣長城絕對是河北省明長城的富藏。敵樓、關堡、石匾額，其存有量和完好度，都在河北長城中佔有數一數二的位置。淶源長城垛牆多為石、泥混合或以石為主。圖中烏龍溝長城垛牆為泥石混合，還用膏泥抹平。

◀ 山西靈丘的石垛牆

靈丘縣蕎麥茬長城的石垛牆，用料片石多，塊石少。垛牆已損壞，仍保持方形。石縫間灰泥流失，縫隙寬大。

▼ 河北淶源的石垛牆

淶源縣口了溝長城的石垛牆整體形態均已毀成半圓形。垛牆面石塊拼接平整，石縫間灰膏填抹得光潔。

◀ 河北淶源的石垛牆

白石山長城敵樓多有損壞但都還有個大形，沿山頭站立架子基本不倒。在林立的敵樓中間，長城牆頭斷斷續續留有石垛牆。垛牙較完整，垛牆面粗糙。

◀ 河北淶源的石垛牆

作為淶源乃至冀西長城的精華，烏龍溝長城敵樓損壞小，往往只限樓頂垛牆和哨房。這段長城的垛牆全都是石垛牆，多數保留着垛牙。石料大小不等，全靠大量的石灰黏合，才砌出平整的立面。已蝕化的垛牆頂還保留着用泥土和石塊堆出的護頂分水斜面。烏龍溝長城順山勢起伏，但在斜坡上的石垛牆還保留着石料水平疊砌出的層次。

▶ 河北淶源的石垛牆

站在石窩長城主牆上近看石垛牆，發現垛牆才齊胸高。垛孔開在垛牆根。石塊拼接的垛牆面不夠平整，石縫間灰膏多有缺失。

▶ 河北淶源的石垛牆

淶源長城石垛牆，因材料來源不同，建成後質量與建築風格也多少有所不同，但能保留最原始狀態，或能讓現在的考察者一覽原貌。筆者掂量再三，認為湖海長城的這處石垛牆是原始狀態。

▲ 河北淶源的石垛牆

插箭嶺長城的巨石所砌主牆和小碎石所砌垛牆。石垛牆幾乎保持着原狀，不同大小的石頭，主次分明。長城施工如何利用材料，即便是外行來看，也能明白當初施工的原理。

▶ 河北淶源的石垛牆

寨子清長城沒有完整的石垛牆。圖為寨子清長城較好的石垛牆，垛牆牙尖缺失，垛牆石料大小差別較大，疊砌時還注意逐層補平。

▲ 河北淶源的石垛牆

淶源縣湖海長城還能看到存留至今的石垛牆，以
保存程度分類，排在保存較好類。即便如此，湖
海長城也有塌垮處，石垛牆也隨基塌垮。

▶ 河北懷來的的石垛口　黃東暉 攝

懷來縣大營盤長城石垛牆的垛口用塊石砌成。垛
口的立面保持着原狀，可以看出當年修建長城的
工匠是怎麼利用石塊平面拼合出垛牆和垛口的
立面。

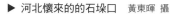

◀ 河北淶源的石垛牆

寨子清長城的石垛牆，少有的完整，很長的一段
石垛牆上垛牙一個不少。全部垛牙上卻沒有開一
個垛孔，很少見。該處石垛牆是非常少有的無垛
孔的石垛牆。

▶ 北京密雲的石垛牆　吳　凡　攝
圖中的石垛牆，在「仙女樓」東，用不易加工成形的火山岩石塊疊砌，然後用高質量的石灰膏抹縫。在整個密雲的長城中，此段石垛牆質量最高，保存完好。完整的「仙女樓」「望京樓」屹立在高聳的山崖上，組成氣勢非凡的畫面，讓人讚歎喜愛。

◀ 河北淶源的石垛口　錢琪紅　攝
淶源縣寨子清長城石垛牆的個別石垛口還保持原貌，石塊縫隙的白灰膏僅少量存留，石垛口的口底有毀壞痕跡。

▶ 北京密雲的石垛牆　嚴共明　攝
密雲區北莊長城多是山險牆，只在乾峪溝村北有一小段石砌牆。石砌牆上鋸齒狀石垛牆還有存留，石垛牆上還能看到垛孔。乾峪溝村南還有一段石砌牆，大名「五十一蹬」。可惜每蹬的石垛牆只存殘跡，比村北這段石垛牆保存差遠了。

▶ 天津薊縣的石垛牆　吳　凡　攝

天津市在上世紀八十年代投巨資修復了黃崖關長
城的關城和束山上的太平寨長城。太平寨長城有
一段石砌牆和一個石砌圓敵臺，建築風格與明長
城的石牆多有不同。因為山脊狹窄，這段石牆可
以讓人行走的牆面幾乎和石垛牆一樣寬。在垛牆
的牆頭上用白灰做了一層牆頭蓋，防止雨雪水的
侵蝕。石垛牆用此方法，僅此一例。

▲ 河北撫寧的石垛牆　龔建中　攝

撫寧縣平頂峪長城的亮點是山梁上的磚包牆，十
分完整，在撫寧長城中十分罕見寶貴。在這段磚
包牆低處的長城牆沒有磚包，而是石砌。好在這
段石砌牆得以保存，雖然參差不齊，但能讓人判
斷出當年的防禦方向。

▼ 河北遷安的石垛牆　山雪峰　攝

遷安縣大龍廟向白羊峪方向有很長一段上砌磚垛
牆的石砌牆，而圖中這段白色石塊疊的石垛牆使
大龍廟長城比白羊峪長城多了些特色。大龍廟長
城還有一個特別之處：另有一道石砌的複線長
城，可惜已垮成石壠狀。

◀ 河北撫寧的石垜牆　王盛宇 攝

撫寧縣董家口長城是近年當地自發修復的地段之一。這裡長城以磚包牆為主，並且磚垜牆基本完好。在董家口大部分磚包牆中，居然有一段地勢狹窄不易築牆的地段，保留了一段完整的石砌牆，而且石牆上的石垜牆也十分完好。石砌牆比磚包牆要窄得多，寬僅容兩人。這是充分利用自然山形地勢的一個辦法。

▶ 河北撫寧的石垜牆　龔建中 攝

撫寧縣破城子堡北山山形陡起，在山崗兩邊均已不能攀爬的山梁上居然疊着石牆，而且主體牆外沿還有殘破的石垜牆，主體牆內沿還留有保護人員的宇牆殘跡。

◀ 河北撫寧的石垜牆　山雪峰 攝

撫寧縣葦子峪長城的敵樓都還保存着大致的形態。葦子峪長城的石垜牆很有特色，厚 1 米、高 1.2 米，有垜口，無垜孔。有意思的是這段石垜牆延伸至遠處的山頭上，居然還有幾段完好的磚垜牆。這種低處是石垜牆、高處是磚垜牆，讓人不得其解。在撫寧長城中，還是難得與珍貴。

◀ 河北撫寧的石垛牆　嚴共明　攝

撫寧縣板廠峪長城以「楊來樓」為界，楊來樓以西的長城是磚垛牆，以東的是石垛牆。磚垛牆大部分保存完好，石垛牆保存遠不及磚垛牆。板廠峪的石垛牆工藝粗糙。

▼ 河北撫寧的石垛牆　黃東暉　攝

撫寧縣三道關長城這一段石垛牆幾乎保持原狀，石垛牆的垛口和垛牙很少缺損。疊砌講究，主體牆外面疊砌平整，一看可知當時的工匠作業十分認真。其外觀和質量讓人留下深刻印象。

第3節　磚垛牆

前文說過土垛牆是在夯土牆上派生出的。石垛牆則是在石砌牆上派生出的，雖然磚垛牆的「輩份」比土垛牆和石垛牆要晚不少，然而磚垛牆卻並不只出現在磚砌牆面頂部。在甘肅嘉峪關的夯土城牆上，磚垛牆取代了土垛牆。在河北省懷來縣陳家堡羅鍋城的石砌牆上，磚垛牆同樣取代了石垛牆。北京延慶八達嶺長城是石縫水平成行的平面石牆，懷柔慕田峪長城是石縫不水平成行的毛面牆，而其頂部的垛牆卻都是磚垛牆。在懷柔的大榛峪、箭扣，密雲古北口的臥虎山西側，均可以見到保存完好的磚垛牆，而其下部的主牆都是石砌牆體。

因為明長城城磚的長寬厚薄有統一規制，為磚垛牆規矩的形態定下了基調。磚垛牆與主牆的磚縫線隨着牆體起伏產生靈動的美感。磚垛牆上的垛孔也因砌磚層數不同而出現有規律可循的變化，而磚垛孔眉磚也為磚工匠石展雕刻技藝釋放了空間。如果說土垛牆蘊含着原始的蒼涼，石垛牆展示着建築智慧和技藝，那麼磚垛牆則令氣勢宏大的長城充滿了精緻細膩。

◀ 北京延慶的磚垛牆　黃東暉 攝

北京境內的長城由延慶區八達嶺向西，過石硤關，進入河北省懷來縣。在山勢起伏和緩的地段，長城主牆頂的磚垛牆多為牙形。磚垛牆沿牆頂順坡砌，磚縫呈波浪形狀。

▼ 北京懷柔的磚垛牆　吳 凡 攝

懷柔區旺泉峪長城的石砌牆頂有磚垛牆。坡陡處磚垛牆為鋸齒形，牆磚沿牆頂水平砌，並開有內高外低向下的垛孔。

第1目　牙形磚垛牆

　　之所以在磚垛牆中還要細分一類「牙形垛牆」，是因其不同於起伏的齒狀垛牆，每個垛牙都側接垛口，遠看如長城牆頭分佈着一排平頭的板牙。山勢陡斜之處，無論牙形垛牆的頂線如何傾斜，其兩側垛口卻能砌得與水平面垂直，但也些牙形垛牆旁的垛口會遷就垛牆斜頂，保持與垛牆垂直。

　　長城的蜿蜒高大，體現出了力量美，而其頂部規律分佈的垛牙則展現了工匠營造的韻律美。連續的垛牙由此在各類圖籍中化身為長城最簡潔的象徵。

▲ **甘肅嘉峪關的牙形磚垛牆**　呂　軍　攝

嘉峪關是明長城西端規模最大，也最壯觀的關城，從始建到完善前後用了二百多年。明亡後清朝還繼續利用此關城，清史記述前後三次維修加固。新中國大修過五次，小修無數。嘉峪關城牆頂的牙形磚垛牆則極為簡單。

▲ 山西代縣的牙形牆　岳　華　攝

雁門關關城近幾年修復一新。關城西門北坡的磚包牆沿坡而上，磚包牆內外兩側均砌有牙形磚垛牆，這與北京市慕田峪長城一樣。

▶ 山西山陰的牙形磚垛牆　錢琪紅　攝

位於山陰與代縣兩縣與代縣兩縣交界處的白草口是廣武長城的西端，雁門關的前沿陣地。（也許是保留的太完好了，有人說這段是清朝建的，但沒有具體文字證明。至少還是在明長城上的遺存吧。）白草口長城現存的磚包牆上只有小段牆頂還有磚垛牆，也因為這點磚垛牆，使其成為山西省長城遺存最寶貴的地段。

◀ 北京延慶的牙形磚垛牆　高玉梅 攝

水關長城在八達嶺長城東南方,現在全名為八達嶺水關長城。水關長城主體牆是石縫水平成行的石砌牆,垛牆是順牆頂平行的牙形磚垛牆。垛牆磚縫與牆頂線平行,但牆頂是連續的磚臺階。

▼ 北京延慶的牙形磚垛牆　高玉梅 攝

八達嶺長城的牙形磚垛牆和水關長城的磚垛牆大小規模一樣。八達嶺長城主體牆頂和水關長城不同,斜坡上用方磚順坡漫接。垛牆磚縫基本與牆頂方磚面平行。垛牙的兩個角都呈 90 度。當長城牆頭水平整齊時,垛牆自然水平;長城若沿地勢略有起伏蜿蜒,磚垛牆隨主牆起伏蜿蜒,單個的牙形磚垛牆會巧妙調整,以保持垛牆與主牆的起伏蜿蜒相隨。

▶ 北京懷柔的斜牙磚垛牆　錢琪紅 攝

懷柔大榛峪長城牙形磚垛牆不同於前述的牙形磚垛牆。此段磚垛牆頂線順着主牆看是一條同高的牆,垛牆頂為平行於主牆的牆頂面,但在斜邊上垂直開垛口,使得垛牙的兩個角一個大於 90 度,一個小於 90 度,磚垛牆呈斜牙形。

▶ 北京懷柔的牙形磚垛牆　嚴共明 攝

懷柔區撞道口東坡的長城,存留完好程度不在慕田峪長城之下。圖中這段牙形磚垛牆是順坡與牆頂平行砌。長城主體牆頂盡是荒草雜木,垛牆的頂沿磚和牆頂的分水磚都是老物件。

◄ 北京懷柔的牙形磚垛牆 李玉暉 攝

懷柔區西水峪長城的主牆用磚順坡砌。磚垛牆沿主牆頂繼續順坡砌。磚垛牆頂線與主牆頂線和山坡保持平行，垛牆的垛孔與垛牆的垛口底及磚垛牆頂線保持平行。

▲ 北京懷柔的牙形磚垛牆 劉建光 攝

懷柔區西水峪長城的磚垛牆比黃花城的磚垛牆略瘦。垛孔位置在垛口底線上，垛牙左低右高，是順坡砌的磚垛牆。

▲ 北京懷柔的牙形磚垛牆 嚴共明 攝

懷柔區黃花城長城的牙形磚垛牆，僅牆頂分水磚碎了一塊，其它均完好。垛孔左右居中，高低位置在垛口底線下，是非常端正標準的牙形磚垛牆。

► 北京延慶的牙形磚垛牆 黃東暉 攝

北京八達嶺長城的主牆用方石水平砌，磚垛牆卻是沿主牆頂順坡砌。磚垛牆頂線與主牆頂線及山坡保持平行。

◀ 北京懷柔的牙形磚垛牆　嚴共明 攝

懷柔區慕田峪長城在 1987 年的維修工程主要是
關於敵樓的，其主體牆和磚垛牆大都完好。後人
發現，其對內對外兩邊垛牆都一樣，被人稱為雙
面垛口牆（其實懷柔長城很多地方如此）。垛牆
頂線與地表平行，表現了地面的起伏。

◀ 北京懷柔的牙形磚垛牆　黃東暉 攝

位於黃花城的牙形磚垛牆，其頂線為近似波浪的
起伏線條。左垛牙寬五塊磚，右垛牙寬三塊半
磚。垛牆磚縫雖然與垛牆頂線平行，但土牆頂是
新修的水平磚臺階。左垛牙的垛孔是兩塊磚，右
垛牙的垛孔是五塊磚。牙形磚垛牆形態生動而具
有活力。

▲ 河北撫寧的斜牙磚垛牆　呂 軍 攝

撫寧縣葦子峪長城的垛牆，不是呈方齒形，而是
呈斜牙形。磚垛牆在斜坡牆頭卻採用水平碼砌，
斜垛牙與水平磚縫造成兩種線條交織的另有一種
感覺。此斜牙形垛牆寶貴之處在於垛口下有一
垛孔，而垛牆中也有一垛孔，垛牆上開兩種垛孔
的地方非常少見（因為垛牆是長城上最易毀壞部
分），物以稀為貴。

◀ 河北灤平的牙形磚垛牆　山雪峰 攝

金山嶺長城的牙形磚垛牆，最大的特點是垛牆上
沒開垛孔，在每個垛牙根都有一個巨大的石孔，
大小如臉盆，牆外還嵌築凹槽。這種形制的凹
槽，只在金山嶺、司馬臺有留存。垛牆的垛口為
內外八字斜面，垛牆頂分水磚為三角形。

▶ 河北撫寧的牙形磚垛牆　黃東輝 攝

平頂峪長城主體牆的包牆磚是水平砌,主牆砌成後再砌磚垛牆。然而磚垛牆卻是沿着主牆頂面碼砌,結果主牆磚縫是水平的,牆頂面是斜的。磚垛牆的牆頂線與主牆頂面平行,牙形垛牆的磚縫是斜的。兩種不同方向的磚縫組合出一種很有意思的紋理效果。

◀ 河北撫寧的牙形磚垛牆　龔建中 攝

城子峪長城是撫寧長城中最容易爬的一段。此段長城所處地勢比董家口或平頂峪相對平緩,敵樓損壞並不特別嚴重。城子峪長城只在離村莊最遠的地方還保留着磚垛牆,磚垛牆全部為牙形狀,沒有齒形磚垛牆。在靠近村莊的地方,長城損毀嚴重。

◀ 河北撫寧的牙形磚垛牆　嚴共明 攝

站在垛牆邊,可以清楚地看到垛牆完全順着主體牆頂面砌築,垛牆磚縫及垛牆頂線隨着長城牆頂面起伏。牙形垛牆頂有三角形分水護頂磚。垛口為內外八字斜面,垛孔沿着垛牆根、左右居垛牆中排列。這些都是明代遺留,沒有後人加工改動過,是真正原樣的明代垛牆。

▶ 河北撫寧的牙形磚垛牆　呂 軍 攝

撫寧長城破城子堡北山的敵樓是錐子山到董家口中間最高的，得名「東高樓」。東高樓的西坡一路呈 45 度斜下，長城也沿山脊西下，在這裡保留了一段非常獨特且完好的斜牙形磚垛牆。垛牆垛口的夾角一個為鈍角，一個為銳角。垛牆也還是牙形，但成了斜牙形磚垛。如此形狀的磚垛牆是明代遺存，而不是後人發揮亂來的，所以特別珍貴。

◀ 遼寧綏中的斜牙磚垛牆　王 虎 攝

從九門口到錐子山二十幾里的山上，石砌牆多，磚包牆少。圖中的磚垛牆是斜牙形垛。垛口垂直開，不與垛牆頂線成垂直角度。垛牆一邊為鈍角，一邊成銳角。這種垛牆垂直垛口給人一種非常穩定、結實的感覺。垛牆完全保持着當年的歷史原貌，也沒有一點人為或自然損壞的痕跡。

▶ 遼寧綏中的斜牙磚垛牆　熊啓瑞 攝

綏中縣小河口長城留存的牙形磚垛牆只有兩段，一段在溝口西坡，還有一段已接近破城子東高樓。這段牙形磚垛牆完全順着主牆頂面平行砌，由於牆頂面上下起伏，左右彎曲，垛牆也就上下，左右跟隨，如同有生命一般。以左右位置看，垛孔居垛牆正中；以上下位置看，沿垛牆根分佈。

▶ 遼寧綏中的牙形磚垛牆　王獻武 攝

九門口長城是 1985 年遼寧省綏中縣重修開發的
旅遊景區，有意思的是長城上的文物保護石牌卻
為河北省文物局立。重建的磚垛牆有牙形垛，也
有齒形垛，還另有一些變化靈活的形態。新修的
牙形磚垛牆十分規整，垛頂有護頂磚，垛口底有
垛底石。垛孔沿垛牆根設置，左右對稱，居牙形
的垛牆正中，一垛一孔。

◀ 河北秦皇島的牙形磚垛牆　方　明 攝

從圖中可以看到山海關角山長城主體牆有加高的
部分。新修復的磚垛牆與主牆頂面平行砌成牙形
磚垛牆，對內的宇牆卻砌成鋸齒形垛牆。此段垛
牆的垛孔是每一垛牙下有兩個垛孔，垛孔高四層
磚。這種位置佈局和大小形狀獨一無二，因為是
新磚，可以判斷為現代人的功勞，至於這種位置
佈局樣式依據何在，不得而知。

▶ 遼寧興城的牙形磚垛牆　呂　軍 攝

遼寧興城史載為寧遠州城，是明朝山海關防線指
揮官駐防地。明末這裡發生過幾次大的血戰。現
在的西、南兩門，仍有門樓和甕城。雖然多次維
修，也許有點走樣，但基本保持歷史原狀。經過
修復的南門甕城上的磚垛牆，寬垛牆、窄垛口與
明長城其他地段樣式一致，而垛孔置於垛牆根，
守城人想要利用垛孔觀望，彎腰或蹲下都不行，
非得趴下方可通過垛孔向外看。

第 2 目　齒形磚垛牆

齒形垛牆與水平均勻分佈、由垛口間隔開的牙形垛牆不同。這類垛牆常見於地勢起伏變化劇烈的地段。遠看此類垛牆為連續 90 度角，如同鋸齒密佈，故將這種無垛口、沿斜坡保持尖角的垛牆稱為齒形垛牆。其特徵是牆頂分水磚保持水平，垛牆側沿始終保持垂直，垛頂的寬度和高度則因地制宜。

齒形垛牆並非全由磚砌，石垛牆上也有齒形垛牆存留。在北京密雲司馬臺東的「天梯」，就是齒形石垛牆。

▲ 北京懷柔的齒形磚垛牆　宇　鳴 攝

懷柔區大榛峪長城，在地勢陡急的地段其磚垛牆多採用齒形樣式。此段垛牆連續有十四個齒牙，單個齒牙寬橫一塊磚，豎高五至八塊磚。是小尖連續的齒形磚垛牆。

▶ 北京懷柔的齒形磚垛牆　宇　鳴 攝

位於北京懷柔西柵子村西的「北京結」，是明朝內長城與外長城的東交匯處，其北坡是箭扣（又稱「澗口」）長城落差最大的地段。此段長城磚垛牆也是小尖連續的齒形磚垛牆。從北京結高處到山崖低處，連續齒牙有三十五個之多。

▶ **山西代縣的齒形磚垛牆**　錢琪紅 攝

山西代縣的白草口長城因山勢陡峭，不能修築太
厚的牆，只能沿石坡砌了一道磚垛牆。磚垛牆
隨坡度變化遞次升高，使每個牙尖磚牆如同鋸齒
狀。磚垛牆齒牙橫寬有四塊磚，豎高都為八塊
磚。每個尖牙垛牆上還開有垛孔。

▼ **山西平定的齒形磚垛牆**　熊啓瑞 攝

娘子關長城，齒形磚垛牆有三十一個之多。齒牙
豎高都為八塊磚，橫寬為兩塊磚或四塊磚。細看
有修補過的地方，但歷史老照片證明新修補符合
舊物規矩，沒有走樣。

▲ 山西代縣的齒形磚垛牆　錢琪紅 攝

山西省代縣雁門關城曾多次修繕，現已開發為旅遊景區。這是 2012 年剛剛修復的關城西牆。有意思的是，與娘子關長城比較，後者的齒形磚垛牆是對敵面才修築，對內一面修的是齊胸高的平頭宇牆；而新修復的雁門關城牆頭對內對外都修建成齒形磚垛牆。

▶ 河北懷來的齒形磚垛牆　方 明 攝

陳家堡長城的磚垛牆保存完好長度，在懷來縣長城中可排第一位，圖中這段齒形磚垛牆完好程度在陳家堡長城中則可排第一位。此段齒形垛牆每個齒豎高七層磚，橫寬兩或三塊磚，連續有二十一個齒尖。齒形垛牆的護頂分水磚大多數保留。

▲ 北京延慶的齒形磚垛牆　山雪峰 攝

延慶區石峽長城，對敵一面的磚垛牆是齒形磚垛
牆。此齒形垛每個齒豎高八層磚，橫寬四塊磚。
以齒形磚垛牆而言，這是標準大小，屬於中等齒
形。磚垛牆低處開有垛孔，垛孔高為兩層磚，寬
為半塊磚。

▼ 北京懷柔的齒形磚垛牆　姚泉龍 攝

懷柔區大榛峪長城對外、對內磚垛牆都是齒形磚
垛牆。在坡緩處，齒形豎高為四層磚，橫寬兩塊
磚；在坡陡處，齒形豎高為六層磚，橫寬一塊磚。
垛孔就無法一垛一孔，而是三齒兩孔，或四齒兩
孔了。

◄ 北京懷柔的齒形磚垛牆　任樹垠 攝

懷柔區西水峪長城，對外磚垛牆殘破嚴重，對內
磚垛牆保存極好。對內磚垛牆亦是齒形，齒形
豎高均為五層磚，橫寬三塊磚，大小一致，非常
規範。

▶ 北京懷柔的齒形磚垛牆　任樹垠 攝

懷柔區旺泉峪長城因有五個完好的 3×5 眼大敵
樓，非常寶貴。旺泉峪長城完好的磚垛牆多為牙
形磚垛牆，僅在旺泉峪溝口長城驟然起伏，溝兩
邊的磚垛牆變為齒形垛牆。

◀ 北京懷柔的齒形磚垛牆　吳 凡 攝

懷柔區箭扣束長城的齒形磚垛每垛豎高五層磚，
而垛橫寬一塊磚。垛孔也不是一個垛齒內開一個
垛孔。兩垛孔之間上有五個齒尖。此段磚垛牆塌
垮部分仍逐年擴大。

▼ 北京懷柔的齒形磚垛牆　吳 凡 攝

箭扣長城本身有許多獨具特色之處。在平緩處，
長城牆面可容五人並行，而狹窄之處就只可一人
上下。箭扣西長城最窄的地段因為特別陡而且坡
長，長城如同一架登天的梯子，被一些長城愛好
者稱為「小天梯」。完好的長城如此狹窄而且如
此陡斜，可為懷柔區長城之最。

◀ 河北灤平的齒形磚垛牆　丁　岩　攝

此為金山嶺「將軍樓」東南位置上的一段磚垛牆，
嚴格地說是主體牆的內牆，即一般稱為「宇牆」
的牆。但金山嶺長城對宇牆下了很多功夫，一是
盡量設置牆孔，多時可分佈高、中、低三排；二
是在坡度較大的地段，宇牆改砌為齒形磚垛牆。
齒形磚垛豎高六層磚，橫寬四塊磚。坡轉緩時，
齒形磚垛牆在一個齒形垛上開兩個垛孔。這點是
金山嶺長城特有的。

▲ 北京密雲的齒形磚垛牆　山雪峰　攝

密雲區古北口白河川東邊的丘嶺地貌有個美名，
叫「蟠龍山」。白河川西山比河東山高了許多，因
山形似臥虎而得名「臥虎山」。在中國文化中，這
一山川口兩邊是蟠龍和臥虎，那自然為兇險之地
了。臥虎山西的長城牆體上的磚垛牆是古北口長
城唯一的磚垛牆存留，而且其齒形磚垛牆的齒牙
基本完整。

◀ 北京密雲的齒形磚垛牆　姚泉龍　攝

密雲區牆子路長城，齒形磚垛牆每齒豎高十層
磚，橫寬四塊磚，屬於超大型齒形垛牆，比金山
嶺長城的還大。牆子路長城的齒形磚垛牆齒面
平直，如同巨大的鋸條，一口氣連續三十四個齒
牙，基本完整無缺。

▶ 河北撫寧的齒形磚垛牆　張 驊 攝

撫寧縣板廠峪長城於 2002 年經過整修（挖去生長在長城上的雜樹，清理淤土，少量修補臺階），開放為旅遊景區。板廠峪長城磚垛牆多有存留，以牙形垛牆為多，其間偶有齒形磚垛牆。因齒形寬大，每齒形垛豎高為十二層磚，橫寬四塊磚，規格不同於別處長城而值得留意。

▲ 河北遷西的齒形磚垛牆　呂 軍 攝

遷西縣潘家口長城主牆低處靠近水面的為磚包牆，高處靠近山頂的為石砌牆。完整的磚砌垛牆非常罕見，此段磚砌齒形垛牆是潘家口長城唯一存留。垛牆齒牙高低寬窄並不統一，齒牙上的垛孔高低分佈也有變化，成為遷西縣長城齒形磚垛牆的代表。

▼ 河北撫寧的齒形磚垛牆　孫國勇 攝

撫寧縣葦子峪長城的磚垛牆存留很少，粗估計不到葦子峪長城三十分之一。此段磚垛牆，圖片左側用角磚砌垛口，是牙形垛牆的特點，而右側稍高處的垛牆立面用平磚砌，又體現了齒牙磚垛牆的豎邊。牙形垛牆和齒形垛牆從豎邊用磚就有區別。

▼ 河北撫寧的齒形磚垛牆　張　驊　攝

板廠峪長城景區將此段長城命名為「倒掛長城」。
長城在山石坡中碼砌，沿陡石順坡遞次建十多個
方形磚臺。在磚臺中間開一條窄僅一人寬的梯
道，有稱「踏步」。磚臺外側砌出方形高垛牆，垛
牆頂與上臺根相接，遠看都是垛牆連續的尖角。
此段齒形垛牆每齒高十六層磚，寬三塊半至五塊
半磚不等。垛孔左右位置居垛牆中。

▲ 遼寧綏中的齒形磚垛牆　孫國勇　攝

這是 1985 年新修的綏中縣九門口長城磚垛牆。
垛牆頂都有護頂磚，垛口底有垛底石。此齒形垛
高五層磚，寬三塊磚。垛孔高低位置大至在人的
腰部上下。

▼ 河北秦皇島的齒形磚垛牆　呂　軍　攝

秦皇島角山長城殘破的齒形磚垛牆。角山長城在
修復時只到此為止，殘破的齒形磚垛牆增加了磚
垛牆的變化，讓遊人感覺到垛牆樣式的豐富。

第3目　組合型磚垛牆

長城的牙形磚垛牆最明確的特點是每個垛牙兩邊都有垛口，沿垛牆頂線與垛口底線都與長城頂面保持平行。長城的齒形磚垛牆最明確的特點是沒有垛口，以齒尖點連續成線和齒根點連續成線與長城頂面保持平行。長城的組合型磚垛牆比前兩種要複雜，縱觀有垛牙頂線、垛口底線、齒尖點、齒根點連續成線，初看眼花撩亂，細看構思巧妙，結構合理。

因形態差異，確需在牙形與齒形磚垛牆外，單獨來介紹組合型磚垛牆。

▲ 北京延慶的組合型磚垛牆　黃東暉 攝

組合型磚垛牆由於有垛口，確定了磚垛牆的寬。同為四塊磚寬，這與普通牙形磚垛牆的寬度是一致的，不同點在於組合型磚垛牆的垛頂又分成高矮兩段。本圖中有的垛牆頂是高段兩塊磚，低段也兩塊磚，有的高處三低處一，也有的高處一低處三，變化豐富。當年施工者真是下了工夫。

▲ 北京延慶的組合型磚垛牆　任樹垠 攝

香屯東坡第五個樓北邊的石牆上的磚垛牆是極其珍貴的一段。此段磚垛牆上規律分佈的垛口貌似牙形垛牆，然而從垛頂線看卻有高有低。（因頂上護頂三角磚全無，並有多處人為拆毀。）至少可以判讀每垛頂可分兩段，一高一低成為兩個齒尖。每垛四磚寬，十四層磚高，按說體量不大，屬小巧型。每垛於垛根居兩垛口中有一垛孔，為一垛一孔形制。難得可貴的是此牆兩邊均為此樣式垛牆，這在宇牆節中還會有所涉及。

◀ 北京延慶的組合型磚垛牆　黃東暉 攝

北京市延慶區大莊科鄉香屯長城，東坡的磚垛牆是長城磚垛牆極其珍貴的一段。從八達嶺長城基本完整的磚垛牆來看，牙形磚垛牆頂構成一條平線，而香屯長城組合型磚垛牆的牆頂為階梯線。延慶區石峽長城的齒形磚垛牆牆頂不開垛口，但香屯長城組合型磚垛牆在牆頂開有垛口。

◀ 北京懷柔的組合型磚垛牆　錢琪紅 攝

青龍峽長城可以稱為懷柔長城的東頭，青龍峽東坡有三段完好的磚垛牆，且樣式都不一致，圖中這段位於最東邊坡上，按有垛口應為牙形垛歸類。垛牆為九塊磚寬，兩個垛口之間的一個垛牙上的牙頂分成五到六個小齒牙。每一垛牆開三個垛孔，高孔於高齒尖中心部位，低孔靠在低垛口根開，中間一個垛孔左右居垛牆中，高低齊垛牆根，還與左右兩垛孔的低位孔相持平，能做到這點，應該是疊垛牆前設計好了，否則不會做到如此規律。

▶ 北京懷柔的組合型磚垛牆　林　煥 攝

這段磚垛牆從垛頂線看，呈齒線狀，但每一垛又都自成一牙垛狀，因臨高一邊垛牆還開了一個垛口。此段牆主體牆沿坡築成了逐坡的大臺蹬，臺蹬邊有窄磚梯道上下，現在臺蹬損毀形已不十分清晰，細看尚可分辨。每蹬的對敵面為一垛牆，垛牆兩邊均設垛口，只是高低差距很大，兩個垛口中高位垛口為其對應蹬臺所用，而低位垛口為低處蹬臺所用。

▲ 北京懷柔的組合型磚垛牆　錢琪紅 攝

北京懷柔鐵礦峪組合型磚垛牆。鐵礦峪長城位於大榛峪西大樓長城西，黃花城長城的東邊，大部分損毀，只有臨三岔村溝西坡有一段幾近完整的磚垛牆。這段牆初看應歸為鋸齒形垛牆，細看在密集的小齒（寬不足一塊磚，高四層磚）有五個磚垛口（原來以為是場損），再細看，能看出來垛口底位置很低，幾乎接近主牆面，已到垛牆根的位置了。兩個垛口之間是一個垛牙，一個垛牙的頂分成五到八個小齒牙。這種大牙頂含小齒牙存留的特別少。

◀ 北京懷柔的組合型磚垛牆　王　虎　攝

此段長城垛牆完整地段都可以看出來是牙形垛制
式，唯一不同地段是蓮花池溝西坡第二個三眼樓
坡下的一段磚垛牆。從連續的垛口可以判斷這
段磚垛牆有牙形垛的特徵，但從牆所在的坡度及
主體牆的牆面棱磚看，完全是齒形垛的基礎。可
惜現存垛牆的頂面大多殘碎，幾乎無一完整，齒
形垛的樣式體現得並不充分。每個垛口下邊，於
垛牆根都有一個垛孔，兩個垛口之間還設一個垛
孔，垛牆基為齒狀，而垛頂可能有五個齒尖。

▲ 北京懷柔的組合型磚垛牆　錢琪紅　攝

青龍峽東坡一段完好的磚垛牆，其樣式非常有
趣。每垛頂有多個齒尖，多者可達十個，每垛開
有多個垛孔，分佈也不甚規則。

◀ 北京密雲的組合型磚垛牆　錢琪紅 攝

北京市密雲區小水峪東坡另一段完好的磚垛牆。每垛牙僅四塊磚寬，每個垛牙的頂為三個齒尖。（有的一齒僅半塊磚寬。）每個垛牙開三個垛孔，底孔沿垛根開，高孔於高齒尖中心部位。這段垛牆有兩個密集：一、垛孔密集，二、垛齒密集。

▼ 河北灤平的組合型磚垛牆　山雪峰 攝

河北省灤平縣金山嶺長城在將軍樓（舊稱庫房樓）分出一支向北的探牆（有稱支線牆）。此段牆是虎皮石疊砌，但垛牆為磚砌。以開設垛口而言，此應歸入牙形垛，每垛牙僅八塊磚寬。垛牆頂分砌五或六個齒尖，臨垛口的齒牙上又設垛孔。在垛牆根又開一個大垛孔，且左右不居中。

▶ 河北遵化的組合型磚垛牆　鄭　嚴　攝
河北省遵化縣洪山口長城的垛牆。有兩點需強
調：一、此段磚垛牆內外均為垛口牆，而非一面
垛牆，一面宇牆。二、在每個牙形垛牆頂不是平
頂，而是砌成兩臺。本來此段垛牆每牙為四塊磚
寬，然而垛頂分成兩臺，齒寬就兩塊磚。兩臺頂
磚高低差四層磚。每個垛口之下設一垛孔。

▼ 河北撫寧的組合型磚垛牆　鄭　嚴　攝
河北省撫寧縣板廠峪長城的磚垛牆。齒形垛牆感
覺很清楚，每齒形牆頂又開一垛口，四個牙垛的
頂線相距甚大，足有一人多高，若以齒論，可謂
巨齒了。（一齒竟有十五到二十七層磚之高。）
有意思的是四垛牙寬也不相同，低處垛牆寬四塊
磚，而最高一垛竟寬至八塊磚。這是在鋸齒形垛
牆頂開垛口的組合型磚垛牆。

▲ 河北撫寧的組合型磚垛牆　鄭　嚴　攝
河北省撫寧縣夕陽口長城完整的磚垛牆。垛口
為缺角異形磚豎砌，低垛口的頂比高垛口的底還
低。完整的垛牙頂分成了六個齒尖，每齒之上護
頂的三角形分水磚邊還在。這是在垛牙形垛牆頂加
鋸齒形的組合型磚垛牆。

▶ 河北撫寧的組合型磚垛牆　李玉暉 攝

撫寧縣黃土嶺長城有很短一段完整的磚包牆，其上的磚垛牆也十分完整。此段垛牆的兩個垛口之間特別寬。這樣的寬垛牆頂為齒階狀，每齒寬兩磚，一垛之上有六個或八個齒牙，每個垛開兩個垛孔。這種樣式在河北省的長城中非常罕見。

◀ 遼寧綏中的組合型磚垛牆　熊啓瑞 攝

遼寧省綏中縣九門口長城是新近復建的。這是九門口臨近水關的磚垛牆，從垛牆頂線看像是齒形，但每垛齒之間均有垛口，並且垛口石也為階梯線，每垛於垛根設一垛孔，高低位置僅齊於腳面。

▶ 河北秦皇島的組合型磚垛牆　熊啓瑞 攝

河北省秦皇島角山長城新修復的磚垛牆多是牙形垛牆。但在此處，牙形垛牆頂改為齒形垛，也可以看作是在垛齒牆頂再開一個垛口。以牙形磚垛看，左起的垛牙窄，右邊垛牙寬。以齒形磚垛看，左起的垛齒豎高，右邊垛齒牙豎低。可見新修復的角山長城頗下了工夫，組合型磚垛牆得到了傳承。

第4節 宇牆

用於防守的高牆，在長城遺存裡有兩大類形。一種是封頂式，即不管這類牆用什麼材料，土、石或磚，也不論它有多長、多高、多寬，牆的最高部分不能站人。不論防守者，還是進犯者，都無法利用牆的高度從上向下打擊對方。

而另一類是可在牆頭站立，甚至可以縱馬，或多人並行。在這種高牆上，就必須於牆沿兩邊再築矮牆。對外一側矮牆開垛口、垛孔，稱之為垛牆，用於防禦、打仗。對內一側矮牆用於防止守牆人員跌落。以往書中多稱此類牆為「女牆」或「宇牆」。因與垛孔功能不同，宇牆矮小且簡單。筆者在考察長城過程中，發現長城的宇牆本來就遺存不多，各地長城宇牆的樣式規矩還各不相同。簡單的宇牆無垛口及垛孔，高約九層磚（含牆頂分水磚）。嘉峪關、雁門關、娘子關、居庸關、山海關等處的皆是如此。複雜的宇牆無垛口但有垛孔，高約十四層磚，上有高中低三種位置的垛孔，在北京密雲古北口到司馬臺一帶可見。還有一類宇牆，把長城牆頂外延的垛牆，在內沿上複製一遍，可稱此類為「雙面垛牆」。

▲ 河北灤平的宇牆　孫國勇 攝

金山嶺長城，新修復的宇牆與對外的牙形磚垛牆相對而立。宇牆無垛口，但開設高中低三種位置的垛孔。宇牆沿牆頂馬道順坡砌，算上牆頭護頂分水磚有十四層磚高，在新修復的長城對內宇牆裡屬於偏高的。

◀ 北京延慶的宇牆　山雪峰 攝

北京市延慶區石峽長城在八達嶺長城西南方，現在全名為八達嶺古長城。長城主體牆是石縫水平成行的石砌牆。對外垛牆是沿牆頂水平砌的齒形磚垛牆。牆頂馬道是延續的磚臺階。對內宇牆與牆頂線平行，順坡砌成無垛口無垛孔的矮牆。

▲ 甘肅嘉峪關的宇牆　呂　軍 攝

甘肅省嘉峪關的磚垛牆在新中國時代多次修補過。對外用於防守、打仗的磚垛牆為二十五層磚碼砌，高 2 米左右。對內一側保護守牆人員防止跌落的宇牆為十層磚碼砌，高 1 米左右。宇牆上無垛口、垛孔。牆頭馬道不足 2 米寬。

◀ 山西大同的宇牆　嚴共明 攝

山西省大同古城新垛牆，圖中右邊是以牙形垛設置的磚垛牆，為十七層磚碼砌，近 2 米高，圖中左邊是由九層磚碼砌的宇牆。似乎看不出有什麼問題，甚至還能發現新牆還使用水泥，能使建築更牢固應是件好事。新建的大同古城比嘉峪關的牆頭寬了許多。

▶ 北京延慶的宇牆　嚴共明 攝

北京市延慶區八達嶺水關長城作為八達嶺長城的側翼，按理說建築規矩和樣式應該比較一致，但不管是後來復修的還是原來殘存的宇牆，確實與八達嶺的不一樣。水關長城內外兩邊全是牙形垛牆，兩邊垛都高為十六層磚，都有分水護頂磚。垛牆頂線保持與牆頭馬道坡面平行。

▼ 北京昌平的宇牆　鄭　嚴 攝

北京市昌平區居庸關長城的主牆是沿着老牆舊痕跡上翻蓋的。磚垛牆的規模樣式，看得出來是依照八達嶺長城復建，宇牆也是如此。圖中的齒形垛牆高二十一層磚。垛磚依水平砌，垛牆齒形頂成水平線。主體牆臺階很寬。宇牆沿主體牆面平行斜砌，僅高七層磚，沒有垛口和垛孔，完全依照八達嶺長城宇牆的規矩。

▶ **北京延慶的雙面垛牆**　任樹垠 攝

北京市延慶區大莊科鄉香屯長城，再向東即是懷柔區長城。香屯長城東坡的磚垛牆是長城磚垛牆極其珍貴的一段，內外兩面均為靈活型磚垛牆，可惜的是對內宇牆的靈活型磚垛牆多有殘缺，沒有對外禦敵面的靈活型磚垛牆完整。

▼ **北京懷柔的雙面垛牆**　黃東暉 攝

北京市懷柔區渤海鎮西大樓長城蜿蜒於山脊。長城外是荒山野嶺，長城內山腳下村落多多。此圖右為長城外，左為長城內。從長城的垛牆看，兩邊都是牙形磚垛牆，分不出內外。

▼ **北京懷柔的雙面垛牆**　黃東暉 攝

北京市懷柔區神堂峪溝東坡長城，保留着完好的磚垛牆。長城對外一面是開設垛孔的齒形磚垛牆，對內一面也是齒形磚垛牆，只是垛孔少，齒形磚垛牆的體積也小了一些。

◀ 北京懷柔的雙面垛牆　劉建光 攝
北京市懷柔區慕田峪長城東邊在大角樓向南分出
一段支線長城，當地人稱「禿尾巴邊」。在支線長
城南端的磚垛牆大部分完整，可以看出兩邊都是
牙形磚垛牆。

▼ 北京懷柔的雙面垛牆　任樹垠 攝
北京市懷柔區渤海鎮旺泉峪長城，保存完好程度
可與慕田峪長城相比。旺泉峪是內線長城，此段
長城東北有從「北京結」到張家口直至嘉峪關的
外線長城。長城磚垛牆修成雙面牙形垛牆。

▼ 北京懷柔的雙面垛牆　嚴共明 攝
北京市懷柔區慕田峪長城在被修復開放時，長城
專家強調，慕田峪長城的特色之一就是雙面牙形
垛牆，極其漂亮。慕田峪長城大角樓東邊為蓮化
池村，古為亓（音同齊）連關。大角樓西邊長城
的垛牆每垛牙為十八層磚高，四塊磚寬。垛口深
七層磚。

113

▲ 河北灤平帶射孔的宇牆　王　虎　攝

河北省灤平縣金山嶺長城於對外一面磚垛牆高處開垛口，垛牆根設置了擂石孔。對內一面的宇牆沒有垛口，但開有高、中、低三排牆孔。這種分佈三排牆孔的宇牆只在司馬臺長城和金山嶺長城有遺存。

▲ 北京密雲的雙面垛牆　山雪峰　攝

北京市密雲區古北口臥虎山西北支線長城是古北口地區唯一保留着磚垛牆的地段。圖中長城右邊是長城外側，左邊是長城內側。對內一面本該修宇牆的地方，完全改為與對外一面相同，裡外均為齒形垛牆，這是離金山嶺長城最近而不同於金山嶺長城宇牆的地方。

▶ 北京密雲的雙面垛牆　姚泉龍　攝

北京市密雲區牆子路長城，對外磚垛牆存留較多，對內宇牆大部分殘缺。圖中長城的右邊是長城內側，右邊的磚垛牆應是對內的宇牆。宇牆現高十三層磚，垛寬七塊磚，每垛設三個垛孔。兩個高部位的垛孔緊挨着垛口，一個低部位的垛孔居垛牆正中，緊臨垛牆根，齊主體牆面磚棱線。這點存留還能反映出宇牆原貌，頗為寶貴。

▶ 天津薊縣的宇牆　吳　凡　攝

天津市薊縣太平寨長城是近年新修復的，修復時參照了八達嶺長城的樣式，還盡量保留了北齊長城的石砌牆和石砌圓敵臺。太平寨長城對內一側的宇牆，現高十二層磚（將近於人的胸部，不到肩部），沒有垛口。嚴格說這樣修復沒什麼錯誤，但宇牆之高，看得出是加大對現在遊客安全的一種保護。

◀ 河北撫寧的雙面垛牆　龔建中　攝

河北省撫寧縣平頂峪長城完整的磚垛牆，完全不同於八達嶺、山海關的長城垛牆有內外之分，而與慕田峪長城的磚垛牆形式一致，內外兩邊全部為垛口牆。筆者判斷左邊是長城內，右邊是長城外。

▶ 河北撫寧的宇牆　馬　駿攝

河北省撫寧縣董家口長城，其修復工作是盡量保持長城原樣的典範。董家口長城的障牆、樓門石刻、多望孔的「哨樓」，在撫寧長城中都是一絕。長城的高大垛牆和低矮的宇牆均是歷史遺存。圖中的宇牆高才五層磚，但護頂的分水磚居然全都不缺，說明此段宇牆完好程度很高。

▲ **遼寧綏中的宇牆**　山雪峰 攝

遼寧省前所城是明朝山海關外的一個重要軍事據點。在明朝時，明軍與後金軍（暨後來的清軍）曾在這裡交鋒。前所西門甕城新修的對內宇牆高七層磚，屬於比較高的，對經營旅遊而言，對遊客保護的作用更大。宇牆無垛口，也無牆孔，看得出來簡單了一些。

▶ **河北撫寧的宇牆**　呂　軍 攝

河北撫寧葦子峪長城以祖山公園東門分為南北兩段，敵樓多數完整，長城牆體保留原高，但對外磚垛牆存留不多，宇牆也幾乎絕跡。這是在葦子峪長城南段發現的一小段完好的宇牆，荒草灌木中露出保持原狀的宇牆頂分水磚，如同粗大蚯蚓，撥開荒草能露出三層磚。宇牆實際原高不會超膝蓋。

▼ 遼寧綏中的宇牆　山雪峰 攝

遼寧綏中小河口山口西坡長城，對外的齒形垛牆高十四層磚，每個垛牆牆根處有一垛孔。殊為不易的是，對內的牆沿上還存留着大段宇牆，宇牆的護頂三角形分水磚也有一些存留。宇牆連護頂磚才五層，極矮，可坐而不可依靠。由於是真正明代存留，更為寶貴。

第二篇　長城的門

▼ 裝飾豪華的隨牆式門　嚴秋白 攝

北京故宮外東宮的北門是一高牆之下的隨牆式過牆門，極盡奢華裝飾之能事。門面按房屋式中最高級的宮殿樣式做。採用琉璃構件貼門樑、斗拱、瓦攏、廡殿頂房脊。門柱用白石砌束腰須彌座。四個描金邊六方門簪。豎門匾上滿漢文並列題寫「貞順門」。

▲ 樣式普通的隨牆式門　楊文宴 攝

北京市先農壇是明清兩代帝王祭祀先農諸神的地方，其東院太歲殿的西牆開設一牆洞式（隨牆式）門。牆高門低，未做任何裝飾。看着簡樸，實際用料都很奢侈。

◀ 高大豪華的琉璃牌樓　劉天樂 攝

山西省大同市法華寺山門外的琉璃牌坊，是典型的追求奢侈、營造繁華氣派裝飾性的柵欄式大門。

▶ 明十三陵有房頂的臺洞式門　孫國勇 攝

北京市十三陵大紅門遠看似是房宇式門，細看乃是實心磚臺內砌三個門洞，上加實心屋頂的臺洞式門。

▲ 高大寬敞的房宇式門　孫國勇 攝

山西省大同市華嚴寺廟的山門面闊五間，進深三間。屋頂採用最高等級的廡殿頂。殿中塑有四大天王像，又稱天王殿。內供四大天王塑像高 5.2 米。為中國古代寺廟山門規模最大者。

▶ 樣式樸素的房宇式門　余 浩 攝

山西省大同市善化寺是創建於唐代開元年間的一所佛教寺院。進出門開在山門的東側。進出門面闊三間，進深一間。屋頂採用等級一般的硬山頂。

▶ 新建成的水泥彩牌樓　楊健武 攝

北京密雲曹家路建成的水泥彩牌樓。曹家路在明代長城九鎮的薊鎮歸西路協守。當年的路城西門舊址現在是一個水泥彩牌樓，起到標識作用。牌樓西是村外，牌樓東是村內。牌樓標識了地界在何處起始。

◀ 莊嚴肅穆的石牌坊　劉 煥 攝

北京市地壇是明清兩代帝王祭祀地神的地方。祭祀壇圍牆四面的大門是漢白玉石牌坊，這四座大門還有個名稱：「欞星門」。統一的白色調襯托出素雅的氣氛，漢白玉石材顯示着等級之高。漢白玉牌坊與祭祀地神的尊崇氣氛合拍。

▶ 北京先農壇改建後的北門　孫國勇 攝

先農壇北門是個在磚臺內砌門洞，上加實心屋頂的臺洞式門。現為了能通過車輛擴大了門洞。

▶ 北京故宮午門　呂朝華 攝

北京故宮午門本是明代皇城的南門，不是長城上的城門。因為午門是城門中規模最大、等級最高者，所以我們不妨先看一看。

一、北京故宮午門門洞寬可五人橫排同行，門洞高可騎馬舉旗。二、北京故宮午門本身城臺巨寬，開了五個門洞，若以可佔幾個門洞寬，我認為城臺有二十五個洞寬。臺高為兩個門洞高。可謂長、寬巨大的門臺。三、午門城臺上門樓是最龐大的。有崇樓五座，正中為九間開，漢白玉欄殿基，重檐廡殿頂，東西兩側為四座重檐四角攢尖方形亭樓，俗稱五鳳樓。

第一章　完整的大型城門

長城的主要功能是保護長城內側的安全、利益和財富，但社會的經濟活動和人口流動又必須在長城阻擋的防線上留出便於管理、適合各種往來的出入口。這種軍民兩用又有經濟價值的設施，在長城的不斷發展中，演變成大大小小的城門。筆者在尋訪長城時看到，長城關口中最關鍵的建築就是城門。

在中國古代建築中，門的類別可分為四大類：一臺洞式，二房宇式，三附牆式，四柵欄式。這四類幾乎是共生的。根據統治者的需要，等級制度的完善，門成為古代建築的一個大科目。臺洞式的典型結構是門洞以拱券頂的形態砌在寬大的門臺裡。門臺上建有單層或多層屋頂的門，樓門臺向外的一面門洞券頂上必須設一個刻有大字的石匾。人們多以此石匾的題字稱呼此城門。

一般人可能認為在長城有一個關口就有一個城門。如山海關，大家都以為就是山海關關城的東門，即掛着「天下第一關」匾的這個關門。再如嘉峪關，大家也都認為是嘉峪關關城的西門，即在門洞上石匾額刻着「嘉峪關」三個大字的城門。實際上，山海關在東門（天下第一關）外還有甕城門、羅城門。羅城自己還有甕城門和南北側門。想出東門，那還有三道門要走。反過來從東門向河北，那還有兩道城門要走。進出一個山海關要穿過六個城門。長城從海邊老龍頭到角山，山海關是中心。兩側還有南北水關、南北旱門關、南海口關、鐵門關、寧海城、威遠城，沿着長城數，關門不止八座。長城之長是最大的特點，城門洞之多是第二個特點。

城門的大小區分

明長城總共有多少個城門？沒有確切的統計數字。從形態的角度來觀察長城的城門，無非大、中、小三類。新修復的城門無殘缺，特徵明顯，歸類比較容易些。殘破嚴重者，特徵缺失，歸類難度大些。但不妨礙我們用形態的眼光去判斷，使對城門形態認知條理更清晰。

判斷城門大小可有三個依據，城門的門洞、城門臺、城門的門樓，有些可能不大不小，難以判斷，所以本書先大型後小型，餘下的為中間型。

最簡單的判斷一，城門洞的大小。是高？低？寬？窄？可分大門洞（大門洞高可容騎手持豎旗坐在馬鞍上進出，洞寬可達容五馬並行的規模。山海關東門又稱鎮東門，即門樓上掛着「天下第一關」的那座，這個城門門洞高 7.5 米，寬 5.7 米）；小門洞（洞高限騎手必須下馬，旗矛順平，洞寬只容單人牽馬通行。山西省山陰縣、代縣的白草口還保留着一個完好的小門洞）。

判斷二，門臺的大小。用門洞與門臺比較，門臺寬可達幾個門洞來衡量。極寬的門臺可容置二十五個門洞。如北京故宮午門（當然這是最寬的）。一般門臺橫寬可達三個門洞。小門臺也就僅兩門洞寬。城門臺高低也用城門臺下所開的門洞來比量，而高的門臺可有三個洞身高，如山西省娘子關長城的南門，雁門關的南門，都是門臺有三個洞身高。一般門臺為兩洞身高。矮小的門臺，也就一門洞高。門券磚後就是臺頂了。

判斷三，城門樓的大小。按規矩，城門臺上是一定會有一座城門樓，而其從樣式上又可分文武兩類。文式門樓房檐下是木柱，木柱後是木質隔窗。木柱前是環廊扶欄。武式門樓史稱箭樓，房檐下只有光潔的磚牆，上佈洞眼式的箭窗。文式門樓的大小，可以從高低層數、屋檐的寬窄、每層有幾根木柱來進行判別。武式門樓的大小則可以從高低有幾層、箭窗的寬窄、每層有幾個箭窗來判斷。

▲ 甘肅嘉峪關西門

嘉峪關西門是從長城西端排序數第一個大城門。門洞高 6 米、寬 4 米、深 25 米，都屬於最氣派最威風之列。可五馬並行，人騎在馬上可舉着旗出入。門臺厚 25 米，高 10.5 米（近兩洞身），寬 30 米（可佔七個洞身）。門樓為歇山頂三層三檐，城門樓三開間，兩間進深，二、三層為欄格式，一、二層帶環廊。門洞上有石門匾，上刻清代乾隆帝所題寫「嘉峪關」三個大字。

◀ 山西代縣雁門關南門　董耀會 攝

雁門關南門門洞上有石匾，上刻「天險」二字，據傳說為武則天題寫。雁門關南門門樓雖為新近復建，門臺的尺寸基本沿用老基礎。一、城門洞是可容人騎馬，立旗五馬並行的大門洞，二、城門臺為七身寬，四洞身高（這是罕見的高門臺了）。門樓不算巨大，單檐二層樓、歇山頂。城門樓三間開，兩間進。門樓一層有環廊，門樓二層有木匾，為當代長城專家羅哲文先生題寫「中華第一關」。

◀ 山西忻州偏關復建南門　山雪峰 攝

山西省偏關南門也是近幾年復建的。門洞寬大，與山海關鎮東門的城門洞一樣，但城門臺寬僅為五個洞身，高為兩洞身。城門樓是二層重檐歇山屋頂。重樓三開間，一間進深，一、二層帶有環廊。門洞上方的門臺磚牆上嵌有黑石門匾一塊，從左向右浮雕行楷「偏頭關」三個大字。南門外是偏關城唯一的小廣場，長途車、大貨車都在這裡停車，上、下人貨，小吃攤，遊販也展開買賣，完全沿承了中國農業文明的商貿方式，在城門下做買賣。

▼ 山西右玉殺虎口復建關門　呂朝華 攝

殺虎口在山西與內蒙交界處。是一處地勢最平坦的長城關口，無險可依據，完全靠人工築高牆。明代的關門早就毀於戰亂，2003 年當地政府開始復建這個著名的長城關口。新關為兩個巨人的包磚墩臺，中間以橫橋連接，墩上各有一個單檐歇山頂重層，三開間一間進深的望樓，兩墩之間橫樑有一巨大石匾，上有羅哲文先生題「殺虎口」三個描金大字。

123

◀ 山西陽泉固關復建西門　呂　軍　攝

山西固關也是 2000 年由當地村民在文物專家指導下照原樣修復。城門洞高可容人騎馬舉旗，洞寬可三馬並行。城門臺高卻為兩個洞身，關門洞緊挨着山崖根，門臺寬只三個洞身。門洞內僅是一條可容一車通行的夾道，據當地人講，此關因坡緩可通車輛，而娘子關因坡太陡只通人馬。關門樓為單檐歇山頂，二層樓三間闊一間進，一層帶環廊。在門洞上方的石塊砌牆上有石門圖一方，凹刻「固關」兩個大字，在門樓二層屋檐下又懸一木匾，上有描金「固關」兩個大字。

▶ 山西大同南門「永和門」　嚴共明 攝

山西大同南門在 2009 年復建，由八座城門、四座甕城組成。永和門是南甕城最南端箭樓下的大門。永和門的門臺有兩個門洞高、五個門洞寬。箭樓高三層，每層南開八個箭窗。門洞上有門匾一方刻有「永和門」三個大字。屋檐下懸一木匾，白底黑字「勢塞乾坤」。此門箭樓大小不在嘉峪關西門、山海關東門之下。

▶ 山西大同東羅城的「和陽門」　劉　萌　攝

山西大同東門也是 2009 年復建，由三座城門、一座甕城外套一座羅城組成。三個城門洞上的石匾都刻着「和陽門」三個大字。此城門是羅城最東面的城門 —— 即東羅城箭樓下的大門。城門的門臺有兩個門洞高、五個門洞寬。箭樓雙檐佈設兩層箭窗，每層八個箭窗。頂檐下懸一木匾黑底黃字「京師藩屏」，二檐下懸一木匾，白底黑字「東瞻白登」。此門比大同南門「永和門」略小，木匾多一塊。

▼ 山西大同東門正門「和陽門」　嚴共明　攝

大同東門的正門、甕城門、羅城門的城門洞上的石匾都刻着「和陽門」三個大字。此城門是跨在大同城東牆上的城門。正門的門臺有兩個門洞高、九個門洞寬。門樓為三層三檐磚木結構，五間闊三間進。一層帶環廊。東面抱廈三間闊一間進。三層屋檐正中各掛一木匾。一層木匾黑底黃字「山川敏秀」。二層檐下一木匾，黑底黃字「國鳳蔚起」。頂檐下的木匾白底黑字「巍然重鎮」。東門的正門與南門的正門規格樣式相同。

▲ 河北正定南門　山雪峰 攝

河北正定古城的南門近年復建。門臺有兩個半門洞高、七個門洞寬。門樓兩層，五開間闊，兩間進深。一層帶環廊，二層帶圍欄。門洞上有石門匾一方，刻着「三關雄鎮」。

▶ 河北宣化南門　郭 峰 攝

宣化在明長城體系中是北京之下的九大防區之一的鎮指揮部所在，規格比居庸關高得多。宣化南門是按舊有模樣復建的，周圍已面目全非。

宣化南門門洞寬 5 米，可五馬並行。門洞高 5 米。門臺有十一個洞身寬，有兩個多洞身高。門樓也甚寬大，重樓五開間，一間進深。二層樓五開間，一間進深。一、二層帶有環廊。樓頂為單檐歇山頂。宣化南門門臺之寬僅比午門的門臺小一些。

▲ 河北秦皇島山海關「鎮東門」　王京秋 攝

山海關鎮東門門臺（寬 43 米，高 12 米）以門洞
寬 5.7 米計，門臺有七個洞身寬；以門洞高 7 米
計，門臺有近兩個洞身高，是個典形的大門洞大
門臺。鎮東門有甕城，甕城門上卻沒有門樓。所
以鎮東門身兼二職：門樓對外一面為箭樓式，
二層門樓，厚牆，每層均設兩排箭窗，每排均設
九個箭窗；對內為隔扇門窗樓閣式。這種兩式合
一，只山海關東門城樓一處。

▶ 北京昌平居庸關南門　黃東暉 攝

嚴格來說這不是明代居庸關南門應有的模樣。從
居庸關北門在歷史老照片中的影像看，南門也應
是一層，三間小門樓。但現在重檐、重樓，一層
帶有環廊，二層帶廊有廊欄，面闊三間，進深一
間，制式與當年京城的永定門一樣。居庸關當年
只是一個路城，怎麼可以和京城的城門一樣大？

▶ 河北井陘涼溝橋關關門　熊啟瑞 攝

河北井陘涼溝橋關始建於明，清代增修。門洞低
矮，人不可騎馬過。門臺亦低矮，以至於門洞上
無置石匾位置。石匾不在門洞正上方，挪到門
臺側邊。上刻「金湯鞏固」四字。款署同治二年
（1863 年）。

第二章　完整的小型城門

決定城門大小的因素，筆者覺得有三個。

一是受修建時該地在整個防禦體系中的等級和規格限制，要塞開設大型城門，而偏僻小道上則多開小型門洞。所以長城防線上的鎮城、路城、衛城、堡城的城門模樣大小是一大事。牢固與否是另一回事。

二是受當地經濟實力的限制。築城之地若經濟較好，富戶較多，就與窮鄉僻壞大不一樣。

三是受地理條件限制。是開闊的平地，還是陡峭狹窄的山谷，是位於和緩的坡梁還是險惡的山崖斷壁，關鍵還需有施工場地。幾百年過去了，這些城門，飽經戰火和自然風雨，能保持下來應算是奇跡。小城門，首先是門洞小。然後是門臺小。如果還有門樓，門樓也小。這三個小，才能說這是小城門。長城上最小的關門，在龍泉關到娘子關的一線的內長城上，位於河北省平山縣觀音堂鄉古榆樹村。關門門臺向外的一面，有石匾刻着「威遠」兩個大字。

▶ 山西平順虹梯關關門　王獻武 攝

虹梯關不在「太行八陘」之內，就是排出十六陘也數不到這裡。從山西向河北有一條河「霓虹河」，在此地從太行山穿淌而下。明朝內長城關口一般都以黃澤關為最南端。虹梯關是明朝嘉靖戊子年設立（公元 1528 年），當時的內閣首輔還來此巡查過，因此把虹梯關列入明朝關防設施是可以的。

此關坐落於山崖僅有的一崖灣邊上。關門一邊是羊腸盤坡小道，另一邊是絕壁聳天。上下只能一路縱隊行進，在關門附近因地面狹窄無法展開攻打的隊形。

整個關門為當地石料砌築，門洞寬高都為 2 米有餘，深不足 2 米，門臺如同一道厚石牆，不像一座石城門臺。門洞券係用鑿好的形石拼接出石門券邊。門洞上有一塊石匾，從右向左深挖刻出「虹梯關」三個大字。此地雖不缺石材，但門臺因緊挨山崖建築而得極窄，只有 1／4 門洞寬。這是在長城關門中，門臺與門洞比例中最單薄的一個典型。

▼ 山西和順支鍋嶺關關門　熊啓瑞 攝

支鍋嶺關是山西省和順縣松煙鎮到河北省邢臺縣漿水鄉古道上的關口，此關的名份很不得了。一般的關城門洞都有門匾，應該刻有關名，或是刻有振奮士氣的題字。在太行山上長城的諸關門中，只有此關門上留有一內容豐富的石匾。上書大字從右向左為「支鍋形勝」四個大字，匾右手竪寫「總督薊遼都御史楊□巡撫保定都御史孫□整飭大名兵備副史姜□」（姓氏以下部分風化嚴重，無法辨識。）在此石匾上刻字的官員均屬河北而非山西，說明此關軍事上歸河北統領。

此關城門洞較小，高僅 1.8 米。門臺為五個洞身寬，二個門洞高。門臺厚超過寬，這是一個形體比例規範，建築形制也規範。門匾上字分大小，關名和相關的官員名皆備，唯缺少刻製年代。《考實》查證，史書記載為嘉靖二十一年（公元 1542 年）建。支鍋嶺關城門從形制上是個小關，又是一個很規範的關門。

▲ 山西和順黃榆關關門　熊啟瑞 攝

太行八陘之外，還有一些山間險道，商家視為難途，而當地百姓往來卻是近道，軍事上一定要做為安全的命門扼控。這些自古爭戰之地在明朝內長城上都成了險關要塞，有名字的可以數出十多處。黃榆關是山西省和順縣土嶺鄉大雨門村與河北省邢臺縣冀家村鄉的營里村之間一條可通人馬的古道，也是馬嶺關與支鍋嶺關間的一條偏僻古道，此關不守絕對談不上嚴防，守住此關就等於控制住南北四十里的防線。本圖從山西省地界看黃榆關，關城門全部用塊石疊出，因殘破塌垮太多，已看不出完整的模樣。從存留部分看門臺寬不夠兩個門洞，高也僅比門洞多三層石頭。這是小城門洞和小城門臺最簡單的樣子。

向山西省一面門洞是用大石料鑿成形料拼成門券拱券，向河北省一面的門洞券用磚砌，一券二伏。

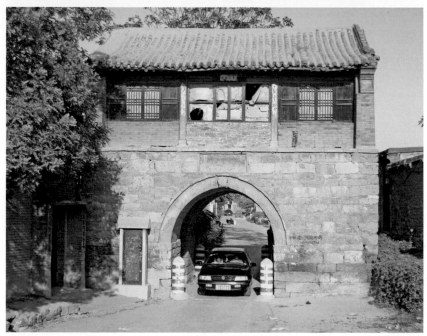

◀ 河北井陘東土門關西門　山雪峰 攝

井陘是太行八陘中的第五陘，在中國軍事歷史上是一個兵家必爭之地。自秦到清，不計小打小鬧，發生在井陘關的你死我活的血戰，可以查到十七次。

這樣一個重要的戰略據點，城門卻不大。現在東土門只殘留一個西城門。門洞很窄，小汽車經過時必需小心慢行，才不至於刮傷。如此小的門洞是開在一個兩邊比門洞寬不了多少的門臺裡。門臺約三個門洞寬，高度僅比門洞略高一點，有個放門匾的地方。石匾是清朝雍正八年所置，上書「鎮威述先閣」。不大的門臺上滿滿當當地坐落着一座門樓，三開間的屋牆齊着門臺的外沿，門洞裡還有凹置門板的門洞膛，門臺外還有石疊的蹬頂臺階。

▼ 山西陽泉葦澤關東門　山雪峰 攝

緊挨着娘子關的地方有還有一個葦澤關，我是从李少文先生《圖文長城‧山西卷》所知的。其實很多關隘建築時修建都考慮了「進可攻、退可守」的原則，而葦澤關與娘子關就是依託地勢的建築典範。

在葦澤關看到了兩個完整的小關城門。圖為東頭的，小門洞小門臺，門臺上被門樓坐滿。與娘子關二道門一樣三開間。門樓面向關內一面帶廊，關外一面無廊。因為門洞是個直筒子，沒有安門軸的設備。

▲ 山西平定娘子關中門　山雪峰 攝

娘子關有一南臨大坡的南關城門和面向葦澤關的關東城門。娘子關堡城唯一的一條小街中間似乎有一座過街樓。圖中的中門，又是娘子關東門的二道門。這個門洞不是平直筒子，而是前寬後窄，門洞上有卡門軸的石耳，其實這是又一道關門！

門洞寬僅有 2 米多，門臺寬容不下兩個洞身。門臺高僅比門洞多四分之一高，小門臺上蓋的門樓也是滿邊齊沿地坐住了。有意思的是這個門樓不光是三開間，還是前後帶廊，屋頂脊上多一寶瓶，從設施上講，就不是樓而是閣了。從城防設施來講，有這一個門總是多一分準備，萬一關東門出了問題，或自己堡內有什麼內亂，控制住這個門，對某些人而言，安全就多了一些保護，這也是在亂世時不得已的辦法。

▼ 河北鹿泉西土門關東門　山雪峰 攝

井陘東口兩邊山坡各設一個防守堡城。溝東為東土門，溝西為西土門，西土門的堡城門兩個都在。城門洞大小一定是舊尺寸，寬僅有 2 米多，高近 3 米。石壘的門臺大小與東土門西城門相同，寬不超過三洞身，高不到一個半洞身。這樣一個小門臺上也是建了一個齊邊齊沿的「大門樓」，雖然單層單檐，但樓身寬與臺寬一樣，樓高與臺高也差不多。這樣比例的關門後來才發現是山西特有，這座土門關也沿用了。

門樓也是硬山屋頂、三開間寬、一間進深的小門樓。門樓上掛一木匾上有三個大字「土門關」，門臺為石砌，門洞為石拱券，門洞上有石匾一塊，題寫着「山輝川媚」四個大字，意在讚美山川讓人喜愛、留戀。門洞下河卵石鋪的路面，石面精滑，為路人千百年踏磨留下歲月的痕跡。

▼ 山西繁峙神堂堡東門　劉 鋼 攝

繁峙縣神堂堡西有韓莊明長城，東有牛邦口明長城，正位於兩段明長城防線中間。從韓莊到茨溝營、牛邦口，這三個軍事據點都要經過神堂堡，按說地理位置十分重要。神堂堡舊城僅有的堡東城門和堡西城門，都在原址，是按原樣重建的。

門洞寬僅有 2 米多，高不足 3 米。門臺寬不足三個洞身，門臺高僅門洞上再高出一門匾，整個門臺以條石砌，門洞券另用石券砌，門洞上一石匾上凹刻「神堂堡」三字。

▼ 山西繁峙茨溝營東門　劉　鋼　攝

繁峙縣茨溝營堡，這個明朝駐軍堡據傳是由女兵駐守，所以蓋了一個娘娘廟「碧霞祠」，裡面供奉的神仙，是解衣給嬰兒餵奶的婦女泥塑。

茨溝營的堡城門形式也很特別。門洞小，僅 2 米多寬。門臺僅有三個門洞寬。這樣一個小門臺，卻蓋了一個和門臺同樣寬的門樓。門樓僅一間進深，三開間寬，成為小型城門的標準樣式。門樓因太窄，竟然還搭一廊，續在了門臺外，用木柱支撐，建築方法如同雲貴地區的臨街樓閣。

▼ 河北阜平龍泉關西甕城門　王盛宇　攝

龍泉關在明長城體系中是山西河北兩省古道上的一個重要關口。龍泉關在明正統二年（公元 1437 年）建關，至嘉靖二十五年（公元 1546 年），不斷修建。本有內外兩城，內城有東西兩甕城，今只一西甕城門還保留。整個甕門從券門洞看基本完好，門洞券磚為五伏五券，門臺完全磚包，寬可容三個洞身，高（因塌垮較多）也接近三個洞高。從殘面可以看出門洞開口是由門臺斜立面向內凹的，但找不到有門扇的痕跡。

▼ 河北平山孤榆樹關　山雪峰 攝

河北省與山西省之間的太行山隘口中，在龍泉關南，平山縣還有一偏道，為山西省盂縣向華北的通道，亦有一關名為「孤榆樹隘口」。

關門洞高不足 1.8 米，門洞特窄僅寬 0.6 米。門洞中間有一用整石加工成的門框，還深刻着門軸窩。門臺寬厚三米多，高 5.5 米。門臺於門洞東側接石牆的高度有進二層小室的樓門，樓室頂木樑已無。門臺頂垛牆基本完整。整個門臺全部為石砌，如同一個立方體。門臺南面的門匾上，有嘉靖二十一年各位官員署名的功德匾。北面還有一門匾，上石刻「威遠」二個大字。

▶ **陝西府谷引正通堡東門外**

陝西省府谷縣引正通堡是個據高臨川、已廢棄的
古堡。唯一的堡門三順三伏磚券僅剩半個。門洞
內積土，使得洞高不足 1.5 米。門臺包磚全無，
幾乎垮盡。堡四邊土牆尚有 2 米高。

◀ **陝西府谷清水堡南門外**　　羅　宏　攝

陝西省府谷縣清水堡位於清水川西坡，西高東
低。堡的東牆早就讓位給民居和道路建設，堡南
牆和堡南門還在，南門甕城有殘跡。堡南門可看
出是三順三伏磚券。門洞寬僅可過一輛電動三輪
車。門臺包磚全無，門臺尚有 4 米高。

▶ 陝西神木臥虎寨南門外

陝西省神木縣臥虎寨本是個保護墩臺的圍堡。長城墩臺為加強安全而在四周築起圍牆，圍牆上再開設帶門臺的堡門。有的墩臺騎圍牆而建，把墩臺無門的一面突出在圍牆之外，墩臺只有一半受圍牆保護，臥虎寨的墩臺就屬於這類騎圍牆墩臺。其堡門由條石砌築，門臺及門洞都還完整。門洞寬度兩米，高不足兩米。門臺寬達三個門洞，高有兩個門洞。石砌的門洞券上有一石門匾，上刻「臥虎寨」三個大字。

◀ 河北張家口「威遠臺」南門　張 驊 攝

從高鴻賓先生《張家口的長城》一書中得知張家口市東榆林區有一個空心大墩臺。找到實物一看，發現是一個四面均有六個樓窗的大敵樓。敵樓有堡牆，只圍了半個樓，樓北半個在圍牆外。圍牆南邊開一堡門，樣式完全合乎明代城門的規範。據當地官員介紹，大敵樓頂上原有廟有石碑，所刻文字記載為明萬曆年間之事。南邊的堡門洞寬僅可容二馬並行。門洞矮得人只能下馬牽馬進出。門臺不及兩個洞身寬，門臺高卻有三個洞身高。門臺兩邊的牆包磚已被扒光，只剩門臺包磚。門臺頂垛牆無存。門臺上有沒有門樓也無跡可考。還能看出來是門洞外是券拱半圓頂。門洞上抹了灰膏，底下有一石匾刻着「威遠臺」三個大字。

▶ 北京密雲江米城東門　鄭　嚴　攝

江米城在北京市密雲區新城子鎮塔溝村南，古跡內無人居住。江米城四周石砌牆高度多在 2 米以上。只設一個東門，磚砌門洞 2 米多寬，近 3 米高。磚包門臺毀壞嚴重，可看到亂石壘就的門臺芯。圖中右邊山上有長城敵樓，站在此城內，可將東南方向山上所有的敵樓盡收眼底。

◀ 北京懷柔鷂子峪堡門　王京秋　攝

北京市懷柔區鷂子峪堡在撞道口關外，現在仍然為村民所居住。僅有一個堡門，是村民每天出入的唯一通道。從門外看沒有門臺，門洞為三順三伏磚券，砌在條石構築的石堡牆裡。門洞底為石鋪路面，被踏磨得光滑平溜。門洞券南口石牆上有一石匾刻着「鷂子峪堡」四個字。石匾左右均有款署，因風化無法辨認。

▶ 北京密雲關上堡北門　黃東暉　攝

明長城薊鎮下屬十一路中有個牆子路，現在是北京市密雲區大城子鎮的一個村莊。牆子路村東有個關上村，為牆子路城外長城線上的城防古跡。關上村現仍為村民所居住，村內有一古城門向北開。磚砌門洞近 4 米寬，4 米多高。磚包門臺達三個門洞寬，兩個多門洞高。三順三伏的磚券上有用兩塊石拼接的大石匾，刻着「牆子雄關」四個大字。

第三章　中型城門

本篇先從大型城門開始，然後再介紹小型城門。大城門肯定有大的用處，小城門有其小的理由和難處。至於不大不小的城門則放在本段文章介紹。這類中間規模的城門在筆者看來有以下兩個特點。

其一是配屬大城門，做為附屬，在規模尺寸上要有一個收縮和主次的「禮讓」。重要的大門多有甕城、羅城護衛，這些甕門羅城門在尺寸規模上，一般要小於主門或正門。

其二，萬里長城關城門多多，扼守地段有重輕難易之分。從現存數量就可看出，中型城門其實是正常標準配置。這些城門似乎差不多，但又不完全一樣，儘管明朝的軍事建制繁雜細密，但這與工業文明的標準規範終究是兩回事。

歷史上軍事衝突是家常便飯，而長城上這些關口總是首當其衝。雖然太平盛世時也會有一些政府官員以修復被毀壞的古建築來表示自己的功績，但歷史上總是毀的多、恢復的少。

第 1 節　有門樓的中型城門

前文介紹過，判斷城門的大小，要先看城門洞，後看城門臺，再看城門樓。

城門洞寬可容三馬並行，即為中型城門洞。與之配套的城門臺基本上都是城門臺寬可置三個城門洞，高可容一個半城門洞。中型城門樓應該是二層樓高，一層面闊三間，進深一間，現在修復的中型門樓基本沿用這個模式。

本書把存有城門樓的中型城門歸為一節，意在證明在明長城的城門樓中，建築制式並不嚴格。城門樓雖然非常重要，建造者的初衷肯定願其氣派體面，但從存留下來的例子中不難看出，其實際形態受到不少因素影響和限制。嘉峪關的甕城的甕門樓、東閘門的門樓，老照片中娘子關的南門樓、居庸關的北甕城門樓都只有一層，面闊三間，有的才面闊一間，與小型城門比都還小了一些。

通過存有城門樓的中型城門，便可以了解長城城門形態之豐富。那些保留着時代痕跡的城門樓，為我們修復長城提供了寶貴的參考依據，千萬不要用現在的體面氣派掩埋了這些特點。

▲ 甘肅嘉峪關東甕城門外

嘉峪關的關城又稱內城，東西各有一個大城門。東西城門外各配有一座甕城，每座甕城各自有一甕門，均不與內城門直通。東甕城的門臺和門洞為磚砌，而城牆為土夯。門臺在頂上與城牆齊平。土城牆收分大，而磚砌門臺收分小。門臺在土牆頂面鼓了出來，顯出門臺的角色。門臺上滿邊齊沿蓋了一個門樓。門洞寬 4 米，高近 5 米，門洞為五順五伏券頂。門臺極窄，只為兩洞身寬（門洞兩邊臺為一窄柱狀），但高卻為三個門洞高。門洞上有一石匾，刻着「朝宗」，表示不忘朝廷、忠於皇帝。

門樓為懸山頂，對外一面有柱廊。門臺垛牆規格比甕城垛牆窄小一倍。垛口與內城垛口一致，但垛孔位置與甕城垛孔的中間高位孔不同，是每個垛牙中間低於垛口底的位置。作為配套設施，嘉峪關甕門的大小、寬窄都做到了主次分明，從視覺搭配上讓人覺得井然有序。

◀ 甘肅嘉峪關東甕城門內

◀ 新疆伊犁惠遠古城「來安門」　黃東暉 攝

新疆維吾爾自治區伊犁哈薩克自治州霍城縣惠遠古城的來安門，始建於清光緒十年（1884年），為中原建築樣式。面闊三間、進深一間，帶環廊的門樓，重檐歇山頂，磚砌門臺，門洞券頂和門臺垛牆都有些走樣。

▼ 河北萬全黑石堰堡南門　李玉暉 攝

如果不是在門洞裡發現有安置門扇的橫膛，外來人都會以為這是座過街樓。門洞寬3米多，高4米。門臺有三個多洞身寬，低於兩個洞身高。門樓為單檐歇山頂，面闊一間，進深一間，南有窄門廊。門洞券上有一石匾，被糊了水泥五角星。

▼ 甘肅嘉峪關東閘門

嘉峪關的關城東面對內有一城門名為東閘門。由三十六根方木柱支撐的方門洞高4.2米，寬3.8米，深10.6米。門臺有條石砌築的基礎，磚包門臺壁。門樓為單檐硬山並圓山頂，門樓面闊三間，進深兩間。門樓檐下掛一木匾，黑底黃字題寫「天下雄關」四字。

◀ 山西代縣雁門關復建西門　陳曉虹 攝

雁門關西門是關城的輔門，2010 年在西門遺址原地復建。門洞寬 4 米，高近 5 米。門券為五順五伏磚券頂。門臺有五個多洞身寬，兩個半洞身高。門樓為重樓單檐歇山頂，一層磚牆帶環廊，只有一門，二層開三個方窗。檐下掛一木匾上書「威遠樓」三字。門臺北面門洞上有石匾一塊，上刻「生傑」二字。

▶ 山西平定娘子關東門外　熊啓瑞 攝

從南門外看娘子關，是高居陡坡之上的雄關。但在東門外看娘子關，就成了俯視。以致娘子關的東門必須加高，才有一點守衛者俯視對方的心理優勢。最後東門的高度有了，東門的翼牆卻沒有同樣加高，於是娘子關東門臺成了一個與相邊城牆脫離、鶴立雞群的高敵臺。門洞寬 3 米高 4 米，門券為四伏三順磚和料石板成券頂。門券上有石匾一方，兩行字上為「直隸」小字，下為「娘子關」大字。門臺寬可容六個洞身，高達四個洞高。是長城門臺中高寬比例中的「高個子」了。門臺上有一新小門樓，進深一間，面闊三間，歇山瓦頂，向城內一面門樓有門廊。如此小的門樓，與南門的兩層大門樓極不般配。

▲ 河北懷來雞鳴驛西門外

雞鳴驛堡城只有東、西兩門，把安全和便利因素
揉在了一起。東西兩門大小規模一致，門洞都是
三順三伏券頂。門洞寬可出三馬、門洞高至人可
不下馬。門臺左右各一前凸馬面，寬度只能估計
為五個洞身寬，門臺高為兩個半洞高。門樓為重
檐歇山頂，一進三開。新修的垛牆，於每垛牆根
開一大垛孔。

◀ 河北懷來雞鳴驛東門外

雞鳴驛是明朝宣府鎮唯一現存的重要軍驛，也是
當時京師之西最大的驛站，還是中國現存最大保
存最完整的古代驛城。因附近有座山為唐太宗命
名雞鳴山，明朝在此築驛站就以山名為驛站名。
驛站發展和安全需要築起堡城，又以驛站名為城
名。這樣以功能作用得名的城堡在歷史上並不多
見。驛站有官署、驛館、馬號，有相應的供給服
務設施，還有飯館、旅館、票號、商鋪、鐵匠鋪。
文武官上香的文昌宮、真武廟，馬隊馬號祈福的
馬王、馬神廟，百姓求人身安全興旺的碧霞娘娘
廟……多達十幾個，使得因驛而發展成一個門類
齊全的小城鎮。

143

► 北京昌平居庸關復建北甕門內

居庸關本是卡在關溝中的一個要塞，只有南北門。南門比北門地勢寬，北門位於關溝最窄地段，溝兩邊均為陡壁，北甕門幾乎就是一道重牆。北門與北甕門兩門洞都是南北向開，但並不沿一條軸線建，而是錯開。由北甕門進，向南似乎撞牆，再偏東方可入北城門。這有軍事的想法，也有風水的道理。北甕門洞寬 5 米高 6 米，規模實在不小。但門頂磚券還是三伏三順，數字不大，不同一般的是磚券下還有一伏一順石門券，從質量和數量都有了變化。甕門門臺北面門洞券上有漢白玉門匾一塊，上刻「居庸關」三個大字，是明代景泰年間維護長城的珍貴佐證。門樓是新建的單檐歇山頂、二層箭窗的門樓，這與抗日戰爭時侵略者拍攝的相片中的一層門樓完全不同。

▼ 北京密雲古北口復建北門內　孫國勇 攝

北京市密雲區古北口堡位於臥虎山長城和蟠龍山長城組成的防線內。古北口堡舊設東門、南門、北門。2017 年修復一新的北門是北京市密雲明長城裡唯一有門樓的城門。門樓為重檐歇山頂，一進三開帶環廊。新修的門臺護牆沒有修垛口。

▶ 河北秦皇島寧海城北門外 呂 軍 攝

寧海城是老龍頭身後長城的第一座堡城。1988
年重建時，也修復了寧海城的西門和北門。寧海
城的北門洞寬4.5米，高7.15米，尺寸不算小。
門洞磚券頂為三順三伏，這個數在門洞磚券上是
中等。北門的門臺是南面對內凸出，北面與外牆
齊平，從城外看不出有城臺。這是個不大的門
臺。在門洞上有門匾，上刻「寧海城」三字。北
門上新建的門樓為箭樓樣式，單檐、黑瓦、歇山
頂，僅一層。面北有四個方形箭窗。按門樓的規
模來説，絕對屬小型的，但門洞不小。

▼ 山海關東羅城「服遠門」內 張 鵬 攝

山海關東門外羅城，向北名「襄龍門」，向南稱
「渤海門」，向東為「服遠門」，只服遠門外有甕
城。新修復的服遠門門樓為重檐歇山頂，二層面
西為三間欄窗，另三面為磚牆箭窗。門洞寬5米
高近6米。門臺三個洞寬一個半洞高，門臺不
大，門洞較大，門樓規格特高。

▶ 遼寧葫蘆島興城西門內

葫蘆島興城建於明宣德三年（公元 1428 年），城牆設有東南西北四門。城門外築有半圓形甕城，老城西門洞為三順三伏磚洞券（比七伏、五伏都小一號）。門臺西面的門洞上有門匾一塊，在此門洞邊的牆上，還有石匾一塊。因天色灰暗，無法看清上刻文字。但這兩匾下有一新補銅板，上寫此門為「永寧門」。門樓為近年重修，重層、單檐、歇山頂，門樓一進三開間，一層有迴廊。

▼ 遼寧省興城南門外　呂　軍 攝

綏中縣興城的南門也是近年修復，大小樣式和西門相同。門臺寬容四個洞身，高達兩門洞高。門洞寬 4 米，高 4 米多。甕城在正對城門洞方向開豁，修了公路。偏在一旁的甕城門洞裡安裝了鐵柵欄，門鎖住不通。門臺內西有登城馬道，有圓山脊金柱馬道門一座。門內有「古城南門售票處」。南門匾字跡不清，史料查明為「延輝門」。

第 2 節　無門樓的中型城門

在城門臺根開門洞，在臺頂上建木製門樓，以此有臺洞式門樓，其最早的證據見於甘肅麥積山石窟的北魏（公元 386 年）壁畫上。明代長城修建工藝和規模達到頂峰，城門的數量與質量也是空前絕後。爾後的三百餘年中，長城由盛而衰。長城上的城門，除了位於旅遊景區的得到了適當維護，其餘的都在自然消亡，城門臺上的木製門樓更是首當其衝。

受篇幅限制，本書展示的無門樓的中型城門，僅是現實遺存的一部分。這些中型城門經過三百多年時光和社會變遷兩重加工，有着無法複製的殘破，是寶貴的歷史遺存。其中也有些是在「愛我中華，修我長城」號召之後得到維護的，但並未修復城門樓，是缺乏原狀參考？還是缺乏資金或施工技術？

「修我長城」不該是簡單地恢復重建，更不是脫離歷史原貌更新升級換代。客觀地研究這些城門現狀的出現原因，合理採用維護材料和技術，盡量保護其現狀，才是對歷史的尊重。

▼ 山西朔州平魯古城西门外　山雪峰 攝

山西省朔州市平魯古城西門的門洞寬 4 米，高近 5 米。門臺包磚只存一半。門臺的殘餘夯土芯還有兩個門洞高。甕城殘牆已不成形。

▶ 陝西榆林常樂堡東門　山雪峰 攝

常樂堡現存東門和西門，都極完整。西門已被沙堆掩埋了一半，只露半個門洞券，東門及東甕門都是 2 米高條石基礎，180 度大扇面似的三順三伏磚券門洞頂。門洞寬 4 米，高近 6 米。東門門臺裡外包磚十分完整，連臺頂沿際磚還在，但與甕城牆連接部分毀壞嚴重，夯土芯裸露。東甕門南面門洞券上還有一匾，上刻「惠威」兩個大字，為清代乾隆年刻，但城門是明代的珍貴遺存。

▶ 陝西榆林建安堡南門外

建安堡牆基本完整。堡內仍有村民居住，但廢棄
的舊窯洞也不少。堡中有一座新修過的鐘鼓樓，
鐘鼓樓南有一個沒了門臺垮了中腔的堡南門。殘
存的門後筒與門前筒成了兩個筒券，中間露天。
從殘存的門柱和筒券可以看出原門形狀，至少也
是 4 米寬，近 6 米高，門洞頂為三順三伏磚券頂。

▼ 陝西榆林常樂堡西甕門外

陝西省榆林市常樂堡西甕門，180 度大扇面似的
三順三伏磚券門洞頂，門洞寬 4 米，高近 6 米。
整個門臺裡外面包磚十分完整，連臺頂沿際磚還
在。不過，與甕城牆連接部分的現狀非常差，夯
土芯裸露，缺乏保護。城門是明代的實物，在榆
林地區是極其寶貴的遺存。

◀ 山西偏關滑石澗堡南門外

山西省偏關縣滑石澗堡，堡四角有角臺。全堡只一南門，沒有甕門殘跡。堡牆下半為條石，上半為包磚，堡南門臺亦如此。門臺上還有一座石碑，碑座花紋豐富生動，字跡也十分清楚。南門洞寬 3 米多，高近 6 米。門洞頂為三順三伏磚券頂。磚券之上有一石匾，上刻「鎮寧」兩個大字。門臺有五門洞寬，門臺因損毀，不到兩個門洞高。

▼ 山西河曲舊縣堡東門外　呂　軍 攝

山西省河曲縣舊縣堡是黃河邊上的一個古城堡。此地因一座古廟「海潮庵」而名氣較大。舊縣的西門沿坡高處建立，門洞裡的門道就是一陡道。站在門裡，腳面比門外洞頂還高。出了城門，回頭看不見門裡門道高處。這種臨坡築門，利用斜坡加大防守一方的優勢，是設計選擇門址者的高明之處。門洞寬近 2 米，門口裡 3 米多，門頂為三順三伏磚券頂，門外口僅一順一伏券。門外因在堡牆拐角，無門臺設置。牆有兩洞高，門洞券有凹面和一門匾，因整個牆面蝕毀嚴重。

▼ 山西偏關水泉堡西門內　呂朝華 攝

山西省偏關縣水泉堡，在明朝可謂「邊關」，是真正的險惡之地。也正是由於位處來往頻繁之路邊，現在水泉堡人丁興旺，戶戶炊煙。水泉堡西門明顯小於東門，寬僅 2 米，高不足 3 米。門洞頂為一順一伏磚券頂，此門因堡牆包磚被拆導致門洞短了一截，露出門洞內安放門扇的橫券。從這可以看出，水泉堡這個偏門的門洞當年建造時很規矩，設計和施工還是很講究。這個殘存的西門洞絕對是一個很好的歷史建築教材。

▶ **山西天鎮保平堡東門外**　龔建中 攝

山西長城最北端為平遠頭堡。沿長城向南為新平堡，新平堡再南十里是保平堡。因無水源，居住生活不便，堡內原居民都搬遷到臨近水源的地方。保平堡成了一個待開發的古蹟。堡四面牆基本完整。全堡僅有一東門，感覺似有甕城，但痕跡不多。門洞 4 米寬，6 米高，幾乎沒有門臺。門洞兩邊只有似柱的磚柱。門洞磚券上有石匾一方，刻有「鎮雲」兩個大字，匾上有仿木垂花柱頭兩個。

▶ **山西偏關老營城東甕城門內**　山雪峰 攝

老營城於山西長城是一處很重要的軍事據點。分南北兩城，南城有東、西、南三個城門，並都有甕城。圖為老營城東門甕城的城門。因牆面被拆，可看出門券為三順三伏。門券內立壁為條石砌，大小、寬窄與東門一致。門券內立壁一邊有兩個門栓洞石，比別的門洞多一對。

◀ **山西天鎮樺門堡東門內**　龔建中 攝

山西省天鎮縣樺門堡是個荒廢多年的堡子。此堡周不及一里，堡四角有角臺。堡西牆上有一廢樓遺址。東有一堡門，堡門外還有一更小的外城殘址。城四周均有殘存的包磚牆，南牆更為完整。除無垛牆，在山西天鎮長城中，這是最完整的一段磚石牆了。從堡外東邊看，堡東門幾乎被塌土掩埋。從堡內看效果比外邊好些，門洞 4 米寬，還可以看出來。門洞為三順三伏磚券頂，很清楚，但洞券上和門洞兩邊都為塌土和荒草。我們 2010 年來時，在紅土溝村一老鄉家還見到過「樺門堡」的石匾，3 年後再去，已人匾兩無，只能扼腕長歎。

▲ 山西陽高鎮邊堡東門修復前　張翅飛 攝
山西省陽高縣鎮邊堡只有東西兩門。東門外還留
有甕城牆殘跡，東門內門洞上留有裝飾磚花，十
分寶貴。東門洞高近 6 米，寬 4 米。門洞兩邊各
有兩洞身寬的門臺（即門臺為五洞身寬），因門臺
頂亦毀，不見垛牆，無門樓殘跡，但仍有兩洞身
高，仍屬大門臺的規模。

▶ 山西陽高鎮邊堡東門修復後　黃東暉 攝

▼ 山西陽高鎮邊堡西門修復後　黃東暉 攝
「長城鄉」在山西陽高縣。陽高縣二分之一的明
長城都在此鄉境內，稱長城鄉也不過份。現在的
國家出版地圖上都明確的印着「正邊堡」然而我
在堡中村委會的大牌子上看到「長城鄉鎮邊堡」。
和河北懷來橫嶺鄉的「鎮邊城」是同一個意思。
用有份量的字，以求能確保平安，壓住戰亂。

▶ 山西陽高鎮邊堡西門修復前　劉民主 攝
鎮邊堡通公路的村水泥道從堡西門下通過。鎮邊
堡西門南有重建的小廟一座，廟北有古樹一棵。
西門雖破敗不堪，但僅是殘垣斷壁也氣度非凡。
堡西門的門洞寬 4 米，高近 6 米。只是門洞券中
心塌垮，使門洞更像一個無頂的高屋。西門殘臺
現在仍還十分高大，這是在山西所見殘存的堡門
中最高的。

◀ 河北淶源烏龍溝西甕門外　馬　駿　攝

烏龍溝堡是河北省淶源長城保存最完整的古堡。其南、西兩門和甕城甕門都還在。堡西甕石門券上的石匾刻着「鎮朔門」三個大字。門臺和門洞全部用精緻的石塊砌築，這種選材與修葺的風格，不禁令人想到紫荊關的北門。

◀ 河北赤城金家莊東門外　馬　駿　攝

金家莊在河北省赤城縣西邊的炮梁鄉，該村有南山崗上一個帶樓匾的磚砌敵樓（第三篇會另文介紹），另外，金家莊的東門殘留至今。此東門除門洞附近破磚殘留，堡牆只有土芯，包磚已被剝得乾乾淨淨。

金家莊東門洞寬 4 米，高 5 米多，門洞頂為五順五伏磚券頂。門洞南有凸牆面疑是甕城牆。門臺寬幅也無法判斷，門臺高為兩個門洞尚可判斷。門券凹面上有門匾的殘窩，匾已無存。

◀ 河北赤城清泉堡西門外　李沐心　攝

清泉堡是赤城縣委明曉東先生向我推薦的。青泉堡因堡內有甘甜清水湧出的古井而得名。古堡只有東西兩城門，雖然東門的門臺門洞尚存，因門洞上四個石門簪均斷缺而大不如西門。西門門臺也是裂縫多處，但已有村民自覺動手維護，補磚、抹縫，使古跡得以保護。西門門洞寬 4 米多，高 6 米。門臺寬五洞身，高兩個多洞身。門洞上四個門簪端面花紋各不相同。石門匾嚴重風化，字跡全無。門匾有磚雕仿木匾框，小有損壞。

▶ 河北赤城松樹堡北門外　馬　駿　攝

松樹堡是赤城縣馬營鄉的一個小村子，是一個地圖上找不到的小地方，可就是這個不大的堡子還留有一個堡北門。不光門洞完整，門洞上還有一門匾。上面三個浮雕大字「松樹堡」十分清楚完好。此匾有三條上下款，記錄了始建和復建的時間，是一塊極具文物價值的門匾。此堡北門洞寬近 4 米，高接近 6 米，深 8 米。在門洞裡有一裝置門板的門腔。門洞為直筒券，沒有外小內大之分。門洞頂為五順五伏磚券頂。此門臺寬可容五個門洞，高有近兩個洞高，門洞西甕城殘芯還有 6 米厚，3 米高。

▲ 河北宣化小白陽堡南門外　陳曉虹 攝

小白陽堡是河北省宣化區李家堡鄉的一個小村子。堡南門磚包門臺寬五洞身，高兩洞身。門洞寬 4 米，高 6 米，是大門洞。門洞頂為五順五伏磚券頂，門券上有一對菱芯方柱浮雕卷紋刻大理石門簪，大理石門匾上刻着「朝陽門」三個大字。到此門前的人肯定會被其高大平整的氣勢所吸引。

▶ 河北懷安西洋河堡東門外　龔建中 攝

懷安縣是河北省緊挨着山西省的一個縣，西洋河堡是該縣重要的軍事支點。西洋河堡三個堡門原來都有甕城，現在甕城都開膛修路，堡牆的磚也基本都扒光了。西洋河堡的門還都在。東門的頂為五順五伏磚券頂，門洞上有一看不清字跡的石匾。東門的甕城殘芯不如北門的甕城殘牆高。

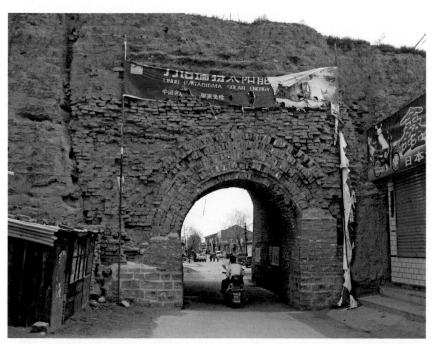

◀ 河北懷安渡口堡西門外　李玉暉 攝

懷安縣渡口堡是洋河北岸一個明朝長城防線內的軍事據點。渡口堡西門命運比東門好，東門已拆光了，西門裡外原來的包磚都呈殘破風化狀。西門內是渡口堡的商業街，一般農村市場運轉的商店這裡幾乎都有。西門洞寬近 4 米，高 5 米多，門洞頂是五順五伏磚券頂。門臺已大體破損，但門臺土芯高還能看出有兩個洞高。

河北省萬全縣右衛城只設南北兩門。城南門為「迎恩門」，門洞深 18.7 米，寬 4.3 米，高 7.5 米。南北門皆有甕城，甕城門皆向東開。建國以來，該城曾在 1983 年和 1990 年兩次重修。

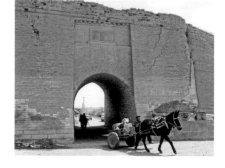

◀ 河北萬全洗馬林堡西門外　黃東暉 攝

河北省萬全縣洗馬林堡原有四個堡門，現只存南門、西門，且不見甕城殘跡。西門的門臺四個洞身寬，兩個多洞身高。門洞五順五伏磚券頂。門洞券頂上有一石匾，上面刻字風化無法辨認。

▲ 河北淶源獨山城堡西門外　馬 駿 攝

獨山城堡位於河北省淶源縣水堡鎮唐河東岸。只有一個堡門，向西開。門洞寬近 4 米，高 5 米多。門外沒有甕城。門臺五個洞身寬，兩個多洞身高。門洞券頂距離門臺頂之間有一石匾，上面圓槽凹刻着「獨山城」三個大字。

▶ 河北涿鹿馬水堡西門內　嚴共明 攝

馬水堡是河北涿鹿縣一個長城上的關堡。關堡北門外即為長城外，進入北門就是進入長城。從西門走出去，就是穿過長城了。關堡因沿山間曲折的古道而建，無法修成正方形。西門因公路從關堡邊上盤繞萬幸得存，但是宏大氣勢的關門門臺全扒乾淨了，只有一個門洞磚券豎立在村中的道路邊。門券旁還有一走水的水洞已接近淤死。馬水關是河北涿鹿長城一線名關，以現在這個樣子，只能證明生活在長城邊上的人對它是如此冷漠。長城保護是一個很困難的命題。

◀ 北京昌平長峪城南堡東門外　鄭　嚴攝

北京市昌平區長峪城現存南北兩個堡。北堡先建，現只存一座石砌壘、帶甕城的北門，甕城門已成豁口。南堡只有個磚包帶甕城的東門，甕城門還存外口券。南堡東門新整修後只有門洞底路石為老物件，其它均為新材料，一片新氣象。

▼ 河北懷來十八家堡南門外　王　虎攝

從官廳水庫向南，往外井溝村方向，路上可看見當年長城外的一個古堡殘門，即懷來縣十八家堡南門。老堡子的南門由於體量巨大，遠看就是一個大土堆。再細看有個門洞的磚券，是四順四伏磚券頂，因為太結實，不好拆而殘存。門洞北口裡被當地老鄉利用作置放雜物庫房，而將門洞南口用土坯封死。整個門臺的包磚或石都已搬拆乾淨。如果門臺有磚包，這個門臺高度一定會在 6 米以上，這可是個高大的門臺。

▼ 北京昌平長峪城南門內　王盛宇 攝

長城從北京市延慶區八達嶺向河北省懷來縣鎮邊城蜿蜒，經過北京市昌平區一座重要的關城。明正德年間在此先築了南城，到萬曆年間又向北在山谷河邊築了北城，兩個關城如今僅存有一個帶甕城的城門。北城甕城已成豁口狀，南城甕城門門臺尚在，門洞外口磚拱券已垮，門臺上的門樓自然無立足之地，結果是甕城門像一座拱橋橫在甕城的圍牆上。

▶ 河北懷來鎮邊城東門外　劉　煥攝

河北省懷來縣鎮邊城城堡，在明朝時駐守武官是比參將低兩級的守備。鎮邊城堡原有南、北、東三個城門。南門已拆光，北門及北甕門現為大豁口，只有東門尚存，最完整。門洞深 9 米，寬 4 米，高 4 米多。門臺三個洞身寬，兩個多洞身高。門洞三順三伏磚券頂。門臺對外門洞券上有一石匾，刻着「鎮邊城」三個大字。

◀ 北京門頭溝沿河城西門外　嚴共明 攝

北京市門頭溝區沿河城在明朝時建城較晚。沿河城有東、西、北三門，東門現為大豁口，北門是一無門臺、無門樓的過牆洞。唯有西門保留了五層條石疊根、磚包門臺，而門洞則由型石拼接成券。門洞西口洞券上有一大理石門匾，刻有「永勝門」三個字，無左右款署。門臺四個洞身寬，兩個多洞身高。無門樓和臺頂垛牆，也無甕城殘痕。

▶ 北京延慶八達嶺關城東門外

北京市延慶區八達嶺關城有東、西兩門。西門匾刻有「北門鎖鑰」四字，款署嘉靖己亥仲秋（公元1539年）。東門匾刻有「居庸外鎮」四字，款署萬曆十年（公元1582年）。兩門相距不到百米，時間跨度四十年。門洞寬4米多，高近7米。門臺五個洞身寬，接近兩個多洞身高，無門樓。因最早開放，多次維修，八達嶺關城東門成了標誌性的長城建築。

▼ 北京懷柔河防口新建城門外　張翅飛 攝

北京市懷柔區河防口新修的城門門洞巨大，寬5米，高6米多，可過新型旅遊大客車。門臺兩個洞身寬，一個多洞身高。門臺南北面各有一大理石門匾，同樣刻着「河防口」三個字。門臺頂垛牆五個垛牙，與八達嶺東門的八個垛牙對照，可看出新老的不同。

▼ 北京懷柔磨石口關殘門外　徐寶生 攝

懷柔區大榛峪村長城有一個「響水湖景區」，在景區大壩東河灘上有個長城的殘門洞，是磨石口關的關門。門洞東西向，門臺幾乎垮光，門洞僅存頂券，遠看以為是古橋。門洞內淤土有2米多厚。門洞北牆體西壁石面尚清楚，門洞南牆已全無。景區為了招攬遊客，把水壩南邊長城上的敵樓修復了一座，清理了近500米牆體。不過，山谷中殘存的關門才是這個景區中最寶貴的古跡。

▲ 北京密雲黑關堡北門外　馬　駿　攝

黑關堡在北京市密雲區五虎水門北。黑關老堡只設一北門。如今堡內全是莊稼地。北門的門臺南面還有形，可看出四個洞身寬，一個多洞身高。門臺南面垮成斜草坡，全憑門洞殘券提醒路人這有一處古跡。從新聞報道中得知黑關老堡的北門和北牆被修復，但沒修門臺和北牆的垛牆。

◀ 北京密雲遙橋峪南門外

北京市密雲區新城子鎮的遙橋峪堡只有一座南門。古堡現已改造為農家樂大集，家家接待吃住。古堡由河石壘成堡牆，磚包門臺、門洞都是老物件。門臺頂垛牆與門洞上的門匾則是新近裝修的。門匾上「遙橋古堡」四字貼金，與古樸的城門形成了巨大的反差。

▲ 北京密雲白馬關堡南門外　馬　駿　攝

北京市密雲區現存的明朝城門匾上還有「關」字的有兩處，白馬關堡南門為其一。白馬關在密雲區馮家峪鎮，古堡現已改造，堡內不見村民走動。古堡只設一南門，門洞2米多寬，高近3米。門洞五順五伏磚券頂上一灰色石匾刻有「白馬關堡」四字。門臺頂垛牆缺失多年。

▶ 北京密雲吉家營西門外　鄭　嚴　攝

北京市密雲區新城子鎮的吉家營堡南北門走水，東西門走人。東西門外口都有門匾。東門匾字跡不清。西門匾可認出「吉家營城」四個大字。西門已修補整齊。門臺五個洞身寬，兩個洞身高，但沒有修臺頂垛牆。

157

▶ 河北遷西徐太傅城甕城西門　劉民主 攝

河北省遷西縣喜峰口關東，有一明代古堡，史料稱其「徐太傅城」。古堡內雜木荒草叢生。古堡南門外有一極小的甕城，甕城西門外是陡壁。西門洞幾近淤死，門洞寬不足 2 米，兩順兩伏磚券頂，沒有門匾。

▲ 河北遷西青山關堡南門外　黃東暉 攝

河北省遷西縣青山關堡現在已完全成為旅遊景區，堡中原居民已全部遷居他處。青山關堡只有南北兩門，堡南門上有石匾上刻「青山關」三個大字。南門門臺包磚蝕化嚴重，門臺頂無垛牆，任憑荒草覆蓋。

▲ 河北遷西徐太傅城東門內　劉民主 攝

徐人傅城的東門因面對長城內，沒修甕城。東門的三順三伏磚券頂還在，門洞下可過人，有 2 米高，近 2 米寬，其餘拆毀嚴重。東門內是高地，東門外是山谷斜坡。

▲ 河北遷西徐太傅城南門外　劉民主 攝

徐太傅城南門比甕城西門寬了不少。門洞仍為淤土掩埋，門洞頂可認出是三順三伏磚券頂。門臺無形。

▶ 河北撫寧箭桿嶺堡西門外　張 驊 攝

河北撫寧箭桿嶺堡是界嶺口東的一處關口。此地長城內外地貌差別較大，內側為平地良田，外側為窮山惡水。箭桿嶺關堡僅存西門，門臺殘缺。門洞內的條石基礎有六層，門臺的裡外門臉都垮了，僅有門腔後券一段尚存。該門為三順三伏券頂。安置門扇的門洞高腔也垮了，存留的門栓洞石顯示，在這塊石頭以外還有一段門洞壁。有人在門券頂補抹了灰膏，防雨水浸擾。

◀ 河北撫寧董家口堡南門外　山雪峰 攝

河北省撫寧縣董家口堡只有一個堡南門。堡子裡仍生活着村民。堡南門是村中體態最大、最老的建築。門臺老態龍鍾，砌石縫裡灰膏盡失，包磚鹼蝕酥化。可看出五順五伏磚門洞券和門匾殘凹。門洞 4 米寬，近 5 米高。

▼ 河北遷安冷口關南門外　宇 鳴 攝

冷口是遷安縣長城關防中一個著名的關口。新中國成立前，此地一直戰爭不斷，是兵家必爭之地，也是戰史名關。冷口關的明朝遺存少得可憐，唯一可見的是南門，門臺已垮到呈一薄牆狀。原來 14 米深的門洞，現僅殘存 2.5 米，似一堵牆皮。門洞寬 4.4 米，高 5 米，洞頂為四順四伏磚券頂，也不完整。門臺兩邊塌垮，已看不出原來模樣。

◀ 河北盧龍劉家口關門內　黃東暉 攝

盧龍縣劉家口關是個很有特點的關門樓。關門沉坐在山谷最低處，只要有雨來，山谷北邊的水都走此關門洞下洩。關門洞的門臺上沒有通常木架結構的門樓，而是純磚券結構的敵樓，並且是五箭窗的大敵樓。敵樓頂上還有一個垮了的哨房，現只存牆基。這樣一層開一個高大的門洞，二層兩面均為箭窗，三層為哨房（樓南面門洞上還有一方石門匾）的關門樓，在明長城中，除山西代縣新廣武還有一個，再找不到第二個存留，所以十分寶貴。

▲ 河北撫寧界嶺口堡東側門內　王盛宇 攝

界嶺口關堡現存五個老城門洞可供參觀。最大的在洋河東岸，門洞路面鋪了水泥，可通卡車。另外四個分別是關堡東山頭和西山頭的月城城門，以及東西月城旁邊關堡內牆上的出入門。圖為東山出入門內側。門洞內口殘高 3.5 米，寬 2.5 米，進深 3 米。門洞外口高 2.8 米，寬 2 米。洞券為五順五伏磚砌，規格相當高，但砌磚風化破碎嚴重。此出入門沒有門臺和門匾痕跡。

◀ 河北盧龍劉家口堡東側門外　宇鳴攝 攝

盧龍縣劉家口堡城基本毀盡。《盧龍塞略》中記述，劉家口堡城有東、南、西三堡城門，其中南、西二門已毀，不可辨。東門在關堡東山敵樓的西南角，應該是一個山上偏門，規模較小。門洞外口寬 1.5 米，裡口寬 2 米。洞口高 2 米，門洞深近 5 米，門洞頂為三順三伏磚券頂，從順伏層數上也不算少了。2003 年時，曾在該堡內見到房院三處，但不見有人居住，已完全荒棄。

▶ 河北撫寧城子峪堡南門內　山雪峰 攝

撫寧縣城子峪古堡唯一殘存的南門。城子峪堡內村街道已鋪水泥，村民活動設施完善。在白牆紅瓦中還有一座危在旦夕的古城門。南門的門臺基礎基本完整，完全是大塊石灰岩疊砌。而門臺上半部磚砌部分，基本被掃蕩一空。整個門洞磚券頂，本應是深 10 米三順三伏的磚券頂，如同危橋，不足 1 米寬。磚券頂上還有一些原來的泥上材料。這是我看到最危險的古跡。2015 年時聽說已修復。

▼ 河北撫寧界嶺口西門內　黃東暉 攝

界嶺口自古就是撫寧縣長城中一處軍事扼守爭控的要地。界嶺口關城臨河設關西門，西門以東為關城內。西門洞外口高 4.7 米，內口高 5.5 米，門洞進深 9 米，寬 6 米。門洞頂為五順五伏磚券頂。門臺外層磚已剝離碎垮。門洞兩邊的凸出部分全部無存。從門洞內可以看出門洞外沿被拆去，立框擴寬了，但門洞的基石還在。

▶ 河北灤平磚垛子關過牆門　張 和 攝

「磚垛子關」在明萬曆初年編纂的《四鎮三關誌》上提到，於史料說是個很正規的關口。從實地考察看，在河北省金山嶺長城上山梁凹處。關門洞位居一個墩臺西側長城牆下。關門洞的外口三順三伏磚券頂上沒有門匾。門洞外口寬 1.28 米，高 2.26 米，門洞內口寬 1.65 米，高 3.22 米，門洞內口比門洞外口尺寸大。門洞邊墩臺頂上修復的哨樓高達兩層。從墩臺哨樓之高大可斷定此處是金山嶺長城的防守重點，但從關門洞上無關樓、無關名區，關門洞設在長城牆下來看，此關門僅符合一個過牆門的特徵。

第四章　　過牆門

長城主牆上還有一種樣式簡樸的過牆門值得關注。

這種過牆門是洞穿長城主牆的最小的一種門。門洞周圍的牆面與長城牆體齊平，沒有凸起的過牆門臺。門洞拱券上也沒有門匾。所開門洞的長城牆頂位置也不設門樓，哪怕是一件小小的哨房也沒有。但這種過牆門通常鄰近處有一座敵樓。極個別的也有離開敵樓獨自開在城牆根的。

這種過牆門門洞之窄，往往僅可供單人通過。門洞之矮，則僅有一人高，

長矛、旗桿等等，須平持方可通過。

不過這種過牆門也有不簡單之處。一是過牆門連接着一條往來長城內外的小路，內通戌邊堡寨，外通遊牧聚落，為戌守兵士巡護和長城兩側的民眾活動提供方便。二是城門洞有內外口之分。內口的寬高與門洞拱券一致，外口則比門洞拱券窄矮。外口內側的門洞壁上還有安裝門框的磚洞，以及固定門閂的閂窩。這種過牆洞曾經裝有可閂閉的門板，以擋住不速之客。

在甘肅省永昌縣毛卜喇長城一個大墩堡旁邊，我們看到了一個開在長城上的過牆洞。以現在而言，長城越完整，對生活在當地的居民來講就越不方便。這道高牆極大地限制了長城內外的活動。而這個洞口緊臨墩堡，應是一個受守衛長城軍士控制的出入長城之地。

▼ 山西代縣白草口的過牆門 錢琪紅 攝

在山西省代縣白草口村東山長城上仍保留一個完好的過牆門洞。雖然門洞上的垛牆已垮完，門洞上也無門匾，但門洞內外口均完好。這個門洞外口寬僅 1 米、高 1.8 米。洞頂為三順三伏磚券頂。門洞內巷道寬 1.5 米，高 2 米，洞頂內口為兩順兩伏磚券頂。門洞內外均為地勢平緩的開闊地，而整個白草口長城只此一處。

▶ 山西天鎮李二口的過牆洞 龔建中 攝

在夯土長城上很少看到有過牆門洞，但在墩臺的圍牆上發現過過牆門洞。李二口長城是山西天鎮長城裡牆體較高大的地段之一，現狀最好的高度近 6 米，牆頂寬 1.5 米，可以在上面行走，但幾乎沒見過土質的垛牆。這個過牆洞。高不過半人，寬 1.5 米，大牲口肯定過不了，但人可彎腰穿行。此牆厚有 6 米。只能在此存照，作為了解土築長城也有過牆洞的資料。

▲ 河北淶源烏龍溝堡北門外　黃東暉 攝

烏龍溝古堡在淶源縣長城中可算極其寶貴。古堡有南、西、北三個堡門。南、西堡門還附加甕城和甕門，甕門上還有石門匾。烏龍溝堡南、西門都可三馬並行，人不必下馬通過。烏龍溝北門卻很小，僅容兩人並行或一馬通過。北門洞頂內口為平頂，外口為石券頂。按舊時說法天圓地方、天大地小。門洞口內小外大，內外口不同十分罕見。

▲ 河北懷安渡口堡西墩圍圈門　明曉東 攝

河北省懷安縣渡口堡是長城線內一個很重要的據點。渡口堡西有一巨大墩臺，墩臺自己有一圈高 3 米厚 2 米的夯土圍牆，圍牆南面有一過牆門洞。因全部為土築，受雨水侵蝕，土牆損毀嚴重，門洞亦破敗不堪。門洞沒有任何磚石輔助，僅為於土牆上掏挖而成，形狀近似一個下大上小的三角形。因塌土墊高地面，門洞寬、高都僅一米多。是這個大墩臺土圍牆唯一的出入門洞。

▲ 河北張家口的小北門外　明曉東 攝

張家口在明朝是宣府鎮長城下屬的 68 個關中的一個關口。本有東、南兩個正式的城門。北牆中段與南門相對位置有一戶大馬面式城臺。（臺下沒有門洞）此寬大城臺的西牆根有一小過牆門洞。門洞寬 2.3 米，高 2.5 米，深 6.5 米。門洞外面採用明代城門式樣，凹面、在三順三伏磚券頂上有一門匾，上刻「小北門」。此門洞形制與東門和南門完全不同。沒有門樓，也沒有甕城，但又是不同於一般的過牆門洞，至少門匾上有字。

◀ 河北懷來廟港的過牆門　曾傲雪 攝

此過牆門位於一個大馬面北，馬面向西凸出。在馬面向北有一薄牆，擋在門洞西。整個廟港長城主牆全部為白色雲石疊砌，這個過牆門洞內口為兩順兩伏磚券頂。門洞外口緊縮。極有特色的是外口券是用片石砌成的三順三伏券。只是現已垮了最低的一層順伏石券。此門洞寬不足 1 米，高不足 1.6 米。門洞上方，石塊疊砌的垛牆保存尚好，包括垛口以及牆根的垛孔都很完整。

◀ 北京懷柔慕田峪「鷙門」外　嚴共明　攝

我在本章開頭為過牆門確定了三個「無」：無門臺、無門匾、無門樓。但在慕田峪東南山梁上的「禿尾巴邊」長城上存留一過牆門，有字跡清楚的門匾，上刻「鷙門」，門洞上有房屋山牆遺存，亦即這個門洞有門匾、有門樓。磚包門臺平面與石砌牆體齊平，並還做出凹面的門券額，且門洞內外牆頂的垛牆仍十分完好，甚至超過了金山嶺的幾個過牆洞。

「鷙」是屬於鷹類的大鳥，飛得高，性格兇猛。以鷙名命此門，取其所在位置高險，並且不易奪取，含義所指，寄託十分明確。

▼ 北京懷柔箭扣的過牆門內　呂　軍　攝

在慕田峪到箭扣的長城上有幾個探出長城牆外的敵樓，本書歸為「探樓」，當地人稱之為「刀把樓」。其中一個在西柵子南，現在也是遊人登城的必經之地，暫稱之為南探樓。

南探樓樓礎西的長城牆體上有一過牆門洞。門洞頂為磚券兩順兩伏。門洞為石巷道中空式，無頂。此門洞所設位置，不被後人看好和利用，門洞內外均無走動痕跡。倒是在此門洞東，遊人來來往往，走出一條很合適的遊人便道。

◀ 北京密雲水石滸「小城」北門外

密雲區古北口長城向西進入陡坡險溝地區。這裡人跡罕至，卻有一明朝兵堡，當地人稱「小城」。華夏子三人 1986 年考察時還看到有三戶村民，我們 1992 年考察時已不見人跡。此城因在山坡上，分成了南高北低兩部分。兩個小城門均開在西牆上，進門必須先爬坡。南門於坡高處，門底基高於北門門頂。兩門都是磚券拱頂，為三順三伏券，門柱為塊石疊，門額仍為石疊，均無門臺。兩門都是開在堡牆上的過牆門。北門內外都是斜坡，現在淤積嚴重。小城是密雲長城中最小最完整的荒棄堡子，與江米城堡可稱為密雲長城上的兩顆小珍珠。

▶ 北京密雲古北口的過牆門內　馬　駿　攝

在古北口蟠龍山長城緊臨五里坨關西還有一過牆門。長城上的過牆門洞，為防止門洞裡的洞道被踏塌，多鋪磚或石，使門洞上、下均保持完整結實。在關閉門扇時，沒有空隙，利於防守安全。但這個門洞，在長城的地基上竟然踏磨出一條半人多深的石溝，關門的門板若關閉，人可彎腰從門板下出入。門洞已被升高了。更有意思的是門洞兩壁各有一完整磚券門洞，西面的門洞被齊洞壁砌死封嚴，而東壁券門內是一梯道，有磚臺階向上，成一券室後被砌死，按說本是一通向牆頂的梯口。我曾為此爬上長城從牆頂尋找這兩個券道出口，均無所獲。這是一處修建初期預設了梯道，並建好了低處梯道券門，但在施工後期取消了梯道，從上面全部封死的半截子工程。

◀ 北京密雲水谷寨口過牆門外　干盛宇 攝

從北京市密雲區曹家路大角峪關到黑谷關長城，
在山梁窪長城有一過牆門，是一個開在大敵樓旁
邊的門洞。門洞沒有單獨的門臺，緊挨着的敵
樓大體形態還完整（但每個樓窗都破得比樓門還
大）。門洞外口為五塊型石拼成的石拱券，門洞
裡三順三伏的磚券洞頂還在。因穿過此門洞的小
路通向水谷寨，故此門洞得名水谷寨口。

▲ 河北灤平沙嶺口的過牆門內　丁 欣 攝

沙嶺口長城外是金山嶺景區，長城內山下為沙嶺口村。沙嶺口過牆門洞本是當地往來的便捷之路，這
個門洞如同立體交叉的十字路口。過牆門洞分內外門，兩門中間無券頂，露天，左右都是磚砌階梯的
登城梯道。梯道兩邊沿着垛牆和宇牆根各有一牆頭便道。從長城上欲進出可走磚砌階梯，欲沿長城移
動可走牆頭兩邊便道，為從沙嶺口收兵或出兵提供便利。

在《金山嶺長城》中介紹：此過牆門洞外寬 0.93 米，高 2.34 米，洞頂為二順二伏磚券頂。門洞內寬
1.29 米，高 2.95 米，深 1.2 米。（頁 134 ）

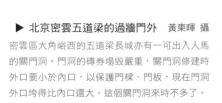

▶ 北京密雲五道梁的過牆門外　黃東暉 攝

密雲區大角峪西的五道梁長城亦有一可出入人馬
的關門洞。門洞的磚券塌毀嚴重，關門洞修建時
外口要小於內口，以保護門樑、門板，現在門洞
外口垮得比內口還大。這個關門洞來時不多了。

◀ 天津薊縣太平寨的中空過牆門　吳　凡　攝

天津市薊縣黃崖關長城，分山下關城和山上太平寨兩部分。山上的太平寨，有一個中空的過牆門洞。門洞為東西向，南北為上牆梯道。中空內牆壁上有天津各界捐資單位和個人的刻名石碑。此中空過牆門，東為外門，寬不足 2 米，高 2 米，門洞頂為二順二伏磚券頂。與此門相對，4 米之外為西門，是長城內門。與東門不同，為一順一伏磚券頂，大小與東門一樣。此門位於太平寨東山梁最窪處，便於人員出入長城。此門南山為黃崖關長城最高處。長城只修到山腰陡處，後僅以山為障，南山崗十分險惡不易登頂。

▲ 河北省徐流口的過牆門洞外　龔建中　攝

河北省盧龍縣徐流口長城上還有個小型的過牆門洞，開在山梁凹處垮了的敵樓西邊。這段長城牆包磚最外一層被整片地扒下來，現在的過牆洞是門臉後的門道部分，門洞左邊的門門洞石可以顯示已經損失的深度。過牆門洞頂為橫石，門洞裡還有柱石撐着橫石樑。門洞裡還未淤死。有大石頭可做門頂橫樑石時，築城者就不用磚做券，這樣省時省力。

◀ 河北遷安大龍廟的過牆門外　龔建中　攝

河北省遷安縣大龍廟長城主牆多用石塊壘基，然後起磚砌牆，再用磚砌垛牆。大龍廟這個過牆門洞門柱部分全為白色石塊，門頂為兩順兩伏磚砌券頂（牆頂垛牆已毀），使人感覺是白石柱托着一個扇形的磚券拱，有一種造型美感。此門洞寬不足 1 米，高不到 2 米，屬於極小的過牆門洞。這是遷安長城僅存的三個過牆門洞之一，又完全不同其他兩個。

◀ 河北遷西榆木嶺的過牆門外　劉民主　攝

河北省遷西縣榆木嶺長城為南北走向。這個過牆門洞在村南山崗上十分顯眼，遠看以為是一個雄關屹立鎮守一方，走到跟前才看清楚，這是一個沒有門臺、沒有門匾、沒有門樓的過牆門洞。過牆門兩面的長城牆皮都被拆得很破碎，但門洞仍完好。門洞寬近 2 米，高 2 米多，洞頂為三順三伏磚券頂。門洞東為陡坡，門洞西為斜坡。從門道看，門東為牆內，門西為牆外。而長城本身是東為外西為內。所以這個門不是長城主線門，因為在此門東，還有一道牆，向東防守。

▶ 河北撫寧界嶺口的過牆門內　李玉暉 攝

撫寧縣界嶺口的第五個過牆洞，位於羅漢洞堡西坡頂一個敵樓的東根背靜處。此門沒有門臺，也沒有門匾，僅存門洞筒券頂為二順一伏磚券，門洞外側門頂低了門洞頂六層磚，為兩順兩伏磚券頂，門洞內碎磚堆積。

◀ 河北撫寧羅漢洞堡東過牆門內

長城從撫寧界嶺口向西直至盧龍，都是山脊或山梁上築小關口。其中從界嶺口到程山的牆體上開有五個過牆門洞。這種過牆洞級別的小關門，有的連個名字都沒有。圖中的過牆洞實際上是羅漢洞堡東便門。此門無門臺和門匾，但相對保存較好。此門有兩個特徵，一是門洞內券尚完整，可看出其外口券頂為一順一伏磚。二是門洞外口低內口高，門道為石疊臺階。

◀ 河北撫寧羅漢洞堡北門外　李玉暉 攝

羅漢洞堡北門洞開在長城主線牆體上，寬 1.5 米，高 3.5 米，進深 5 米。門洞外口洞頂只剩一順一伏磚券。堡北門東有一馬面。此堡以長城作為堡北牆，外牆全部用磚砌，牆基為條石。門北通向大羅漢洞村。

▶ 河北撫寧拿子峪的過牆門外

長城從義院口向西經拿子峪，向花廠峪、車廠峪
延伸。拿子峪長城在明朝時有堡城，古堡有牆有
門，在山溝處應有關防設施，現都無跡可尋。在
拿子峪溝北第一個垮了一半的敵樓北邊，長城主
體牆上有一過牆門洞。雖然有一定破損，但仍
完整，在撫寧長城的過牆洞中，這個可以算最完
好的。

▼ 河北撫寧界嶺口東過牆門內　宇　鳴　攝

在界嶺口東邊山梁上，長城主牆上有一個過牆門
洞。在荒草中可見一磚券拱洞貫穿土石壘，站在
土石坡根才能看出這是一個過牆門洞磚券頂。長
城主牆塌毀，過牆門被牆土掩埋，只因磚砌的券
洞塌毀速度慢於牆土芯，所以殘存。門洞頂殘磚
券，高不及半人，僅為小動物避曬避雨之地，當
地農民、牧羊人都已無法利用。

▶ 遼寧綏中九門口圓墩甕牆門外

綏中縣九門口關內有一座頂上長了大松樹的圓敵臺。敵臺的門距離地面 6.95 米，門下圍一圓形甕城。
甕城南面牆根開一過牆門，門寬 0.72 米，高 1.96 米，保存完好。

▼ 河北秦皇島山海關西北過牆門外

山海關城四門俱全且還有羅城，有甕城甕門。當年修山海關城時，肯定考慮過不能坐以待斃，得為自己
留個後活路，於是就在修建高大的關城時，修了幾個不起眼的小門洞。現代人稱之為「水門洞」、「暗門
洞」。這個小門洞外無門臺和門匾，寬窄得只容兩人，也不能容人在騎馬通行。此門外口已多有毀壞，
但插門栓的洞石還在，證明這個門洞舊時有門扇，可關啟。以此門洞之窄小，與「天下第一關」之寬大
的對比鮮明。這個過牆洞有五順五伏磚券洞頂，這在所有的過牆洞裡規格是最高的。

▶ 甘肅嘉峪關西門內上牆門

嘉峪關城西城門柔遠門的登牆馬道下口有一順牆
開、懸山屋頂上牆門。屋頂五條脊均有刻花。
屋脊上還有吻獸。此門東側 90 度角有一道影壁
牆。在嘉峪關長城當地文物部門稱此其上牆門為
「門樓」。這是上牆門中樣式最高級的。

第五章　上牆門

此類上牆門在當年是只供守城和維護長城的人員出入的，進入此門有梯道可直通牆頂。其設置也包含防止閒雜人員或奸細登上長城的功能。

上牆門不同於過牆門，後者是貫穿長城牆體的門洞，其防禦方向是長城外側。過牆門洞對長城內側不設防。而上牆門的防禦方向則是長城內，門洞上的門板對着長城內側，這一點從登城梯道旁的門閂窩便可看出。平時此門為人員登城提供便利，一旦需要，此門便受守城人員掌控，門板緊閉，登城變得困難。

因此它是守護城上將士安全的重要措施。

上牆門存留狀況完全取決於所在地段長城的存留狀況。若主體牆已塌毀，絕對找不到上牆門的痕跡。我們僅在河北、北京等長城保存較完好的地區，發現了這類門的存在。一般上牆門都臨近一個敵樓或挨着通向長城內村莊的路口。方便軍士、役夫上下長城。在山西、陝西，土石長城多塌得不成模樣，沒有遇見和發現完好或可以見證歷史的上牆門。

第1節　上牆門的位置
第1目　開在長城牆根的上牆門（低開上牆門）

從還存在的上牆門裡可以看到上牆門所開設的位置有三種。

一、開在長城牆根的上牆門，簡稱「低開上牆門」。

二、開在長城牆頂的上牆門，簡稱「高開上牆門」。

三、開在長城牆腰的上牆門，簡稱「腰開上牆門」。

開在牆根的上牆門最顯著的特徵是門檻與長城牆根高低齊平，上牆門內外的地面高度統一。從保存完好的上牆門內側壁上，可以看到鑲嵌門框的磚洞以及插門閂的門窩。上牆門內為一拱券，券左右各有一道露天梯道連接牆頂。或者是根據地形限制，只在門內一側築梯道。

開在牆根的上牆門有兩個優點，一是因這種上牆門的登城梯道建在牆內，人員上下時可左右扶靠，多些安全保障。二是牆內梯道佔用長城空間體量，從築牆備料的角度，節省了一定的建築材料。

開在牆根的上牆門分佈也有特點。從北京市延慶區大莊科的香屯向西，經八達嶺水關長城、八達嶺長城，直至延慶區石硤的花家窯長城，上牆門都是開在牆根，但北京市懷柔區的長城上牆門就有的開在牆腰，有的開在牆頂了。

◀ 陝西榆林鎮北臺低開上牆門　曾傲雪 攝

在陝西明長城殘破遺存中未見過一個完整的上牆門。榆林市鎮北臺是近年修復的，是長城墩臺中體量最大、最高的。臺基每邊都有六十多米長，總高三十餘米。在第一層圍牆東面有一門臺，牆根開一上牆門洞，是上下進出鎮北臺的門洞。內為磚砌臺階，直通鎮北臺第一層圍牆的頂面。門洞寬近 2 米，高近 3 米。門洞上有一匾窩，無門匾。此門為三順三伏磚券頂。

▶ 河北懷來大營盤低開上牆門　方 明 攝

河北省懷來縣大營盤長城，圖中這樣的上牆門有五個，這是最完整的一個。門楗上三層大石塊仍在，門頂以更長的石料做門楗。進門洞直行為登城石臺階梯道。長城石牆頂面的沿線石還在，只是垛牆沒有了。

▲ 北京延慶石峽的低開上牆門　李玉暉 攝

延慶區石峽長城有幾處保留完整的長城上牆門。
這個地段沒人修補，完全是明代的遺留。這個開
在牆根的上牆門，牆頂面的宇牆十分完整，比鄰
近的「殘長城景區」修補過的還完好。這段牆石
料與八達嶺長城一致，門券所用三塊券石都比
「殘長城景區」修補牆體所用的石材體量更大，加
工的質量高，因地點荒僻，雜木叢生。

◀ 河北懷來水頭村低開上牆門　王　虎 攝

河北省懷來縣鎮邊城長城西端有一城堡，鎮守在
山梁上。此圓形城堡東面開一城門，供守城者出
入。城堡南面有一開在牆根的上牆門洞，寬 0.7
米，高 1.5 米。門洞頂為兩順兩伏磚券，嵌在石
牆內。門洞裡右拐為登城梯道，可登上牆頭。

◀ 北京延慶水關長城低開上牆門

八達嶺水關長城開在牆根的上牆門，建築方法採
用石梁平頂，而不用磚券頂或石券頂。門頂上仍
有一層石塊。雖然取石方便，門柱卻沒有用長條
石和壓柱石，說明石材不易加工。因為這裡並不
開放，當年通過此門下山的山路已不可尋找。

▲ 河北懷來陳家堡低開上牆門　陳小瑩 攝

這個開在牆根的上牆門完全用磚砌，但長城是石
塊砌，門券頂上就是長城頂面。門券上面垛牆
仍完整，說明此門十分完好。門頂為兩順兩伏磚
券，證明此門規格不是最低的。

◀ 北京懷柔鐵礦峪低開上牆門　徐寶生 攝

懷柔區鐵礦峪長城，牆面為石縫成行的石砌牆，
疊牆石塊粗糙。開在牆根的上牆門用的是石門
柱，壓柱石上門券改為磚券頂和磚包牆面，券頂
上距牆頂面還有幾層磚。門券為一順一伏磚券
頂，表示此是一道普通的上牆門。

◀ 北京懷柔旺泉峪低開上牆門　黃東暉 攝

北京市懷柔區旺泉峪長城牆體下用條石，上用磚
包。此上牆門的門柱立石還被壓柱橫石嵌住。
門頂為兩順兩伏磚券頂，但有損壞。門上垛牆完
整。這是個門外口券頂破損的上牆門。

▶ 北京懷柔箭扣低開上牆門　王　虎 攝

「擦邊過」是北京箭扣長城最特殊的一段長城。
石砌牆從幾個高聳的石尖上跨過，傳説這裡還
用上了鐵梁架設在山石之間以承擔石牆。「擦邊
過」西南的第一個敵樓實際就坐在山崖下的石窩
邊上。敵樓北長城根開了一個可進出長城的上牆
門。此線長城主牆全為石砌，垛牆為磚砌。此上
牆門為磚砌，門頂為一順一伏磚券頂，門券上三
層磚就是長城頂面了，宇牆十分完整。

▲ 北京延慶香屯低開上牆門　張翅飛 攝

圖為北京香屯長城的一部分。從上牆門開在牆
根、門頂上即是垛牆根可以判斷此牆對內不太
高。此門左右也是塊石砌的長城牆面。門柱石
為長城牆面的方形砌牆石，可以看出這是另一種
建築方法，根據當時實際材料有所調整。此門的
一順一伏磚券頂，也説明香屯長城上牆門的級別
普通。

▲ 北京延慶八達嶺低開上牆門　黃東暉 攝

在八達嶺長城上，幾乎是每座敵樓旁都有一個上
牆門，並且均開在牆根。圖中的上牆門位於景區
南五樓的南邊。門開在長城石砌牆對內一側。門
頂的拱券用一整塊石料鑿成，分內外兩道。外口
緊小，內口寬大。拱券石搭在長城牆之上。其上
有順牆頂面斜砌的磚宇牆。拱券石與宇牆的空隙
則用磚沿長城石牆水平砌築。

◀ 北京懷柔慕田峪低開上牆門　王　虎　攝

北京市懷柔區禿尾巴邊長城有一個方形敵臺，長城立面都是石砌牆。這個上牆門是開在長城的內側，因牆高大所以上牆門高還不到牆的一半。此上牆門下半截由砌牆石組成，上半截用磚砌。門券下有三層磚頂替壓柱橫條石。門券為三順三伏磚券頂，門券之上全用磚砌，為下石上磚組合的上牆門。

▼ 北京密雲馮家峪低開上牆門　方　明　攝

北京市密雲區馮家峪鄉的西白蓮峪長城是密雲長城中少見的主牆比較完整的地段。此段長城的西南為馮家峪長城，北為白馬關長城，也都有大段的石砌牆，但都不如這一段完整。也許因為牆比較完整，這種依附於牆體的上牆門才能完整。這段長城牆體用大小不等的黃色大石頭砌築，而上牆門完用磚砌，圖中是一個開在石牆面卻完全用磚砌的上牆門。

▲ 北京密雲古北口低開上牆門　丁　岩　攝

北京市密雲區古北口臥虎山長城有一段障牆殘跡，外垛牆多已垮，但每障的臺基還很完整。在這段障牆東的牆根，保留着一個上牆門。這段長城牆體完全用磚砌，此上牆門柱為十七層磚，較高大。門頂為一順一伏磚券頂，屬小數券。門券上還有宇牆痕跡。這是一個開在磚牆面磚砌的上牆門。

▲ 北京懷柔青龍峽低開上牆門　徐寶生　攝

北京市懷柔區青龍峽長城東坡第一座完好的敵樓東邊，石塊壘的長城牆根上有一個完整的上牆門。這段長城牆體為不規矩的石塊所壘。在石壘牆開上牆門，除門頂為一順一伏磚券頂，所有立面均為石塊。門券上還有兩層石頭，此門內向敵樓方向為石壘石階。附近垛牆已毀，但牆頂面新近修補齊了。

◀ 北京密雲蔡家店低開上牆門　馬　駿　攝

北京密雲區蔡家店東溝北山上有兩道長城。北邊一道為磚包牆，南邊一道為石砌牆。南邊石砌牆應早於北邊磚包牆，損毀程度也大於北邊磚包牆。南邊石砌牆無敵樓，證明早期明長城還不善於建築和使用敵樓。這個石砌門洞頂為橫石梁。密雲長城石砌牆不少，但石砌的上牆門洞，目前為止僅看到這一個。

▶ 北京密雲司馬臺低開上牆門　陳小瑩　攝

在密雲區司馬臺長城望京樓東的「聚仙樓」下，磚包牆上有一似是甕窯的遺存。側看是一門洞，但其內為黃土夯實，非室非洞。其實這是一個上牆門洞的半截子工程。聚仙樓山南有條小道通向該門洞。此門洞形制尺寸與金山嶺長城上的磚券門洞完全一樣。門內洞壁十四層磚，門頂為二順二伏磚券頂，門券上七層磚後為宇牆。這是一個沒有實際用途的門，但為開在磚牆面用磚砌的上牆門留了個樣本。

▲ 河北灤平金山嶺低開上牆門　丁　欣　攝

在河北金山嶺長城磚垛子關東邊有一個大磚臺，名為東方臺。臺東長城內側牆根有一個上牆門（城牆上的宇牆可以證明這一側是長城內）。門洞不貫穿牆體，進門後兩側都為登城磚梯道。從圖中可見，門洞僅為牆高的一半。從門右完整的牆面與不夠完整的牆面來看，此牆內有空心和實心之分。實心牆被沉積酸雨所腐蝕，而空心部因風乾較快，腐蝕作用較弱。

▶ 河北遷安馬井子低開上牆門　馬　駿　攝

河北省遷安長城的西端有個馬井子村，該村北山上的長城有一小段磚包牆。不知是什麼原因只修了這麼一段，並且不在低處修，而是在山頂上修。因為是磚包，形整且牢固。在一里多長的磚包牆內開了三個上牆門洞，門洞寬近 1 米，高 1.8 米，門洞頂為一順一伏磚券頂。這段磚包牆，留下了磚砌主牆、磚砌垛牆、磚砌垛孔及磚砌上牆門的完整信息。

第2目　開在長城牆頭開的上牆門（高開上牆門）

前面所列的上牆門均開在牆根。這類上牆門最顯著的特點是進了門迎面是大牆，必需轉身走臺階才能登上牆頭，站在垛牆後面向長城外探望。

開在長城牆頭的上牆門與此不同。因為有些地段長城內外地勢差別極大，長城外地面是與長城牆根相接，但長城內地面已與長城牆頂面差不多高，長城利用了地勢的坡度。因此長城對內開門就開在了牆頭，進了上牆門，就到了長城牆頂面，迎面就是長城垛牆。上牆門的根腳已與長城牆頭同高。

▲ 北京懷柔旺泉峪高開上牆門
北京市懷柔區旺泉峪長城的上牆門有六個之多。以開在牆頭上而言，圖中這個上牆門並不太典型。從長城內的山坡上看（門下還有磚石構成的臺階），此門的腰中間與牆的頂際磚棱線相接，在齒形垛牆裡開了一個上牆門，此門的門底腳與長城的宇牆根為同一坡面。

◀ 北京懷柔慕田峪高開上牆門　呂　軍　攝
北京市懷柔區慕田峪長城最北的出入口，就是利用了一個開在牆頭的上牆門。長城內地勢比長城牆頂還高。進了此上牆門，就到了長城牆頂面，迎面就是長城垛牆。

▲ 北京懷柔箭扣高開上牆門
在北京市懷柔區箭扣斜坡上的長城，垛牆仍採用牙形垛而非齒形垛。牙形垛的頂面沿山斜度保持與牆坡斜度平行，而這個上牆門自成一格，不與左右垛斜頂一致。上牆門的底腳與長城內的小路相接。

◀ 北京懷柔牙形垛牆高開上牆門

圖為北京的一段長城，圖中上牆門底腳與長城的宇牆根為同一高度。垛牆為斜牙形，門頂上的分水磚有缺失，門券為一順一伏券磚頂。從上牆門內外亂生的樹木荒草，便可知此門已無人出入。

▼ 北京懷柔齒形垛牆高開上牆門

圖為北京的一段長城，圖中上牆門設在齒形垛牆中間。上牆門門柱為十三層磚，門券為一順一伏券磚頂。門內牆頂比門外山坡略高，門底腳下的山石上有一條小路。

▲ 北京懷柔「北京結」高開上牆門

「北京結」上的上牆門。圖左邊的長城是從慕田峪而來、向圖右邊八達嶺而去的內線長城；而以臺階形式鋪下來的牆面，是奔向河北張家口、山西、內蒙交界方向的外線長城。這裡是內線長城與外線長城的分界點。在內長城向外的垛牆上有一上牆門，開在牆頂面上，與慕田峪「刀把樓」西的那個上牆門形制一樣，但此門未曾維修過。門左垛牆為齒形，門右垛牆為牙形，門下的垛牆為橫窄、長豎的密集齒形。此門是一個長城地段分界門。

◀ 北京懷柔箭扣高開上牆門　任樹垠 攝
這個上牆門的牆頂分水磚為三塊。門券只是一順
一伏券，門券順磚十七塊，門柱十三層磚。由於
老牆磚質量好，不見丁點風化痕跡，成了保存效
果最好的牆頭開上牆門。因無人維護，門口已被
野樹擋住。

▲ 北京懷柔營北溝高開上牆頭　呂 軍 攝
北京市懷柔區營北溝北山的一個上牆門。此處宇
牆多數已不完整，但這個上牆門卻較完整，突出
醒目。上牆門的門檻與長城的宇牆根處於同一水
平。門檻下有七層大石和舊磚所疊的臺階。以此
門推斷，此門向南肯定有一條修長城時可上下山
的小路。至少此門可以告知附近長城內的人員，
應向此門靠攏，才能方便地登上長城。

▲ 北京懷柔慕田峪高開上牆門　嚴共明 攝
北京市懷柔區慕田峪大角樓西的上牆門開在宇牆
上。上牆門的門檻和長城內宇牆根處於同一水
平。磚砌的上牆門有石門框和壓柱石。門券高出
宇牆，成一門牆。門洞外有新修的青磚臺階，並
且有矮護梯牆。這是最典型最完整的高開在牆頭
上的上牆門。可能是 1986 年維修時又建的，門
券上還有用方磚搭砌出的三角分水牆頂。

◀ 北京懷柔慕田峪高開上牆門　張 宴 攝
北京市懷柔區慕田峪「刀把樓」高處的上牆門。
「刀把樓」伸探出主線長城，與主線長城佈局成
「丁」字形，在橫豎接點上設置一上牆門。上牆門
的門檻和主線長城外垛牆根處於同一水平。為了
防守，多設制了一道門。這樣開在牆頂的門不多
見。這是 1986 年復建的。門券上也有分水磚，
但沒有石門柱和壓柱石。

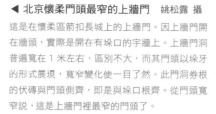
◀ 北京懷柔門頭最窄的上牆門　姚松露 攝

這是在懷柔區箭扣長城上的上牆門。因上牆門開在牆頭，實際是開有垛口的宇牆上。上牆門洞普遍寬在 1 米左右，區別不大，而其門頭以垛牙的形式展現，寬窄變化使一目了然。此門洞券根的伏券與門頭側齊，即是與垛口根齊。從門頭寬窄說，這是上牆門裡最窄的門頭了。

▶ 北京懷柔窄門頭的上牆門　劉天樂 攝

圖為北京的一段長城，圖中是站在長城裡側通過上牆門向長城上看。上牆門口裡還有馬道地表方磚顯露。這個上牆門的門洞券頂上分水磚僅剩一塊。門頭比上圖門頭左右寬了半塊磚。若評判分級，算是窄門頭的上牆門。

▶ 北京懷柔標寬門頭的上牆門　陳元志 攝

這是站在長城的垛牆根通過上牆門向長城內看。上牆門內崖石下為箭扣溝谷。上牆門左右垛牆遭到毀壞。上牆門的門洞券頂分水磚還有四塊半，僅右角缺一塊磚。門洞券根伏磚到垛口根有一塊多一點磚。以上牆門門頭寬窄來說，是標準寬門頭上牆門。

◀ 北京懷柔門頭較窄的上牆門　陳元志 攝

此上牆門開在敵臺的東門臺階下外。上牆門為一順一伏券磚頂，門頭左邊缺角，分水磚少了兩塊。門洞券根伏磚距門頭外沿不足一塊磚。此上牆門的門頭可歸為較窄門頭上牆門。

▶ 北京密雲門頭較窄的上牆門　唐少文 攝

這是北京市密雲區古北口長城唯一牆頭開的上牆門。此上牆門開在長城內側，進門就站在長城頂面。此上牆門南本有一敵樓，但已垮掉。上牆門門洞上的垛牆為齒牙形。以門洞券根到門頂上垛口根有兩塊磚寬來看，是個寬門頭的上牆門。

第3目　開在長城牆腰的上牆門（腰開上牆門）

　　在長城上還能看到有一類既不是開在牆根，也不是開在長城牆頂面，而是開在長城牆腰的上牆門。

　　開在長城牆腰的上牆門最明顯的特點是上牆門與地面不挨着，在可以修臺階的地方就修個連通地面的臺階，在缺乏安全感的地方就不修臺階，用可回收的木梯或繩梯連通地面。這種上牆門裡面還不到長城牆頭，需走幾步臺階方可到達長城牆頭。此種樣式的上牆門在北京市懷柔區慕田峪長城上可以見到。

▲ 北京懷柔旺泉峪腰開上牆門

在北京市懷柔區旺泉峪東坡能看到一段向南的支線長城。此段長城有兩座 3×4 眼樓保存較好。在偏西的敵樓邊有一個開在長城牆腰的上牆門。此門頂為二順二伏磚券，門券頂上面是垛牆根。門檻距地面 4 米多高，門檻下有當年的登城磚石臺階及兩邊磚砌護欄。此段長城牆體由石砌和磚砌牆組成。這個上牆門開在石砌牆體之上、磚砌牆之內。上牆門內左右都是爬高的磚臺階。

▶ 北京懷柔旺泉峪腰開上牆門　呂 軍 攝

在懷柔區旺泉峪東坡有三座 3×5 眼樓，每座附近都有一個上牆門。最西的 3×5 眼樓附近的上牆門是開在牆根的上牆門，另外兩座 3×5 眼樓附近的上牆門都是開在牆腰的。這是中間的 3×5 眼樓東，開在牆腰的上牆門。門檻距牆根 2 米多高，門檻下當年的登城磚石臺階已塌垮成堆，長着荒草樹木。

▼ 北京懷柔箭扣腰開上牆門　呂　軍　攝

北京市懷柔區前扣長城，這個上牆門因長城內外
落差不大本應開在牆根，但城牆內梯道位置是岩
石不好開鑿，就在牆腰開上牆門。門檻距地面 3
米多，沒有臺階配置。上牆門下半截在石牆中，
上半截在磚垛牆中。門頂一順一伏磚券，門券頂
與垛牆頂齊。這個上牆門下半石疊上半磚砌，是
牆腰開上牆門的又一例。

▲ 北京懷柔「北京結」的腰開上牆門

北京內外長城結點有一座石疊大敵臺。此敵臺東長城上原有兩棵松樹，現在只剩一棵了。這個結點上
有兩個上牆門，向北的開在牆頂，出此門長城向北通向九眼樓往張家口方向而去。在敵臺西長城內面
還有一個上牆門，通向長城內的南坡。使此臺東、西、南、北都可通行。這個上牆門頂為一順一伏磚
券頂，開在垛牆根牆頂面磚際線下，而門壁以磚砌在石疊的牆體中。門檻距地面還有一米多，沒有臺
階，下牆者跳下即可，上牆者就要手腳並用地攀爬了。這樣易出難進，肯定是當年設計人員的良苦用心。

◀ 北京懷柔慕田峪腰開上牆門　鄭　嚴　攝

北京市慕田峪長城開在牆腰的上牆門。此門檻距
長城裡側地面 2 米多高，門外用巨型條石疊上牆
臺階，臺階兩邊砌了護牆。門的下半截開在石牆
上，以磚砌成門柱框；門的上半截砌在垛牆裡。
門券頂為一順一伏磚券，門頭非常寬。長城垛牆
根磚棱線位於此門中間腰部。為典型的開在長城
牆腰的上牆門樣式。

▶ 北京懷柔慕田峪腰開上牆門　呂　軍　攝

北京市懷柔區慕田峪長城，多處用白色石灰石疊
砌。此上牆門檻距長城內地面近 3 米高，用石塊
疊出上牆臺階。上牆門的下半截在石牆中，上半
截在磚垛牆中。現在為防遊客逃票，慕田峪長城
管理處把此門給砌死了。

▼ 北京密雲古北口腰開上牆門　山雪峰 攝

北京市密雲區古北口臥虎山西山梁上長城牆多
殘破，卻有一個完整的上牆門。此門的門檻其實
已接近地面，但一順一伏磚券卻冒犯了牆面磚棱
線，門券開到垛牆部分。這個上牆門開得不上也
不下，只好歸為腰開上牆門類。此段長城主牆為
花石牆，上牆門專門用磚做門壁和門券，所以比
較結實，得以存留。

▲ 北京密雲古北口腰開上牆門

北京市密雲區古北口蟠龍山長城東頭有一關口，
此關東邊有一上牆門，開在牆頂磚棱線之下。門
檻距牆根基石不太高，也就 2 米，位置也算居中
了。問題是此牆內地面非常陡，坡落差近 6 米
多，上下很不方便。

▶ 北京懷柔慕田峪腰開上牆門

北京市慕田峪長城的一處上牆門，從門頂的磚券
可以看出，它位於垛牆根的牆頂磚棱線之下。但
此門下有十幾級臺階才能走到城牆內的坡地上，
說明此門開在牆中位置。這個上牆門頂為二順二
伏磚券，但門壁為塊石疊砌，是個開在石牆裡下
石上磚構成的上牆門。

◀ 河北遷西喜峰口腰開上牆門　馬　駿 攝

在遷西縣喜峰口長城古關的東堡「徐太傅城」牆上，有一個對內的出入城堡的上牆門。此上牆門寬僅一米，門柱十一層磚，高不足 1.7 米，此門雖小，門頂券還是兩順兩伏的磚券項。此門下距牆根有近 2 米高，在門外是極窄的崖沿，不熟悉地形者根本找不到辦法，不知如何移動才可攀下石崖陡壁。這個上牆門出入十分困難，並且危險。

▼ 河北撫寧羅漢洞腰開上牆門　黃東暉 攝

在撫寧縣界嶺口長城西的羅漢洞關，有幾個開在牆根的上牆門，只有這個上牆門開在牆腰上。門頂距離牆頂面近兩米多高。門底有完好的門檻石，距離地面近兩米高，若不放梯，上下肯定困難，這實際是一種有危機意識的自我保護辦法。門下無上下臺階。

▲ 河北秦皇島角山北水關腰開上牆門　張　鵬 攝

角山長城的北水關邊上的上牆門。這個上牆門開在長城對外的一面上。在修復北水關北邊的敵樓時，在樓座的殘礎裡發現有個門道，修復者樂得做好事，按門道殘跡復原了這個上牆門。但清理長城腳下的淤土後，發現此門離地面 3 米有餘，沒梯子根本別想上。此門上還有券窗兩個。這種不上不下的位置，與開在牆根底線上的門比對，應算是開在高處，但又離牆頭還差得遠，所以歸在中間的類別裡。此門為二順二伏券磚頂，門柱十三層磚，門檻是一塊高一尺半厚一尺的大石塊。修復者把上牆門修復得沒走樣。

第 2 節　上牆門的形態

上牆門的形態，可以根據其建於何種材料修砌的牆體上和門框材料差異而細分出六個類別。砌在石牆的上牆門有石門框、磚門框以及半磚半石框的三種。而砌在磚牆上的上牆門，遵循同樣的原則，也可以分成三種。

石門框上牆門又可分為平直門頂和拱券頂兩種。拱券頂之下，還有單塊石材或三石構成門頂兩類。單石拱券門頂的形態也有兩種變化，一種是門頂石的上、左、右均為直邊，下側為半圓弧，另一種是把整塊石材鑿成彎月狀弧形。

在磚門框和半磚半石門框中，若是磚砌拱券，有三順三伏券、二順二伏券、一順無伏券的，還有在石拱券上疊加磚砌順伏拱券的。上牆門磚砌樣式變化多樣，展現出明代工匠的個性與特色。

還有一類在城門登城馬道上修築的管控門，也應歸入上牆門類。這類馬道管控門有設在臨近牆頂處的，也有設在臨近牆根的。以嘉峪關的登城馬道管控門為例，當地人稱為「馬道門樓」，直觀地反映了其功能與形態。

◀ 陝西榆林南門的上牆門

陝西省榆林城南門的登牆馬道坡頂有一小門，把馬道與榆林城牆頭隔開。此門實際是一個開在牆頭的上牆門。小門上有硬山式屋頂，屋頂的五條脊均有刻花，屋脊上還有吻獸，門楣有兩個門簪。在有屋頂的上牆門中此門規模比嘉峪關的上牆門小許多，但等級不算低。

▼ 遼寧葫蘆島興城西門上牆門　呂　軍 攝

遼寧省興城西門的登牆馬道坡根有一個門，是興城牆頭與興城地面的阻斷關閉處。此門實際是一個開在牆根的上牆門。上牆門上建有山式屋頂，屋頂樣式與遼寧省南部民居屋頂相同。在有屋頂的上牆門中此門規模比榆林城南門的上牆門略大些，但樣式樸素無華。

第 1 目　石牆上牆門的形態

　　觀察上牆門的形態，應該把視野擴大些，連同門周邊的石牆一並觀察。

　　前文介紹過長城的石砌城牆至少有四種形態，呈現着四種不同形式的宏大背景的線條組合。不同材料組建的上牆門則在這圖畫中組合出具體的局部紋理。大背景與小局部的線條搭配，構成了上牆門的形態。石縫成行的平面牆的幾何線條，烘托出石拱券門理性精緻的特點，而石縫不成行的毛面牆上不規則的野性曲線，則令砌築於其上的磚拱門充滿活力。

◀ 河北遷安石牆毛石頂上牆門　黃東暉 攝

河北省遷安縣冷口長城大多是石砌牆。並且是石牆立面不平整、石縫成行的石砌牆。此上牆門全用大石塊疊成。門洞高不足 1.6 米，深近 3 米。門道內側高外側低呈坡狀。大石塊雖然表面粗糙，不過門洞的立面和洞頂卻工整。最不可思議的是此上牆門開在長城石牆的禦敵面上。

▲ 北京延慶石牆石券頂上牆門　鄭 嚴 攝

八達嶺長城石牆在萬里長城中用料及加工都是最高等級的。這個開在石砌牆的上牆門建築質量也是最高的。門券為整石鑿刻成形，長城牆石為與門券石和壓柱石都嚴絲合縫。八達嶺景區這樣的上牆門不下十個，都是這種規格和樣式，遊人一般不會對這個上牆門單獨欣賞，但此上牆門嚴密的結構也是構成八達嶺長城的一部分，也成為中國長城偉大或氣勢的細節之一。這是高質量上牆門的代表。

◀ 北京延慶石牆石券頂上牆門　李玉暉 攝

此上牆門位於八達嶺古長城石砌牆上，由三塊型石拼成門拱券。門券石四周都是砌牆石。門券旁的石材都加工到與石券弧線吻合，難度極大。

▶ 河北懷來石牆毛石頂上牆門　方 明 攝

大營盤長城因石塊立面平整光潔、石縫成行被樹立為當年的樣板工程。這一帶類似的上牆門共有六個，這是最完整的一個。可以看到此上牆門的門柱完全由砌牆石組成，而這要事先規劃好。

◀ 北京懷柔花石牆磚砌上牆門　呂　軍　攝

北京市懷柔區鐵礦峪長城牆體為不規則的毛面石砌成，垛牆為磚砌，但是磚砌垛牆有成段殘缺。這個開在不規則石砌牆面的上牆門的門壁和門券全都用磚砌，門壁柱為十五層磚砌，門券為兩順三伏磚券頂，夾在門壁柱中間。這種樣式非常少見。

◀ 河北淶源石牆巨石頂上牆門　呂　軍　攝

眼前這段亂石乾疊、工藝粗糙的石牆是河北省淶源縣邊根梁長城的一段。石牆立面不平整，石縫不成行，工藝質量不高的上牆門內已塌垮，搭上牆門的石塊只進行了粗加工。門楣是塊巨大的毛石，門壁石還保持着原狀。

▲ 河北懷來石牆磚券頂上牆門　王　虎　攝

河北省懷來縣水頭村南山上有一個屯兵堡，此堡面東有一供人馬出入的堡門。在此堡南面牆根有一個僅可一人出入的上牆門。整個堡為塊石砌牆。此上牆門僅門洞頂用兩順兩伏磚券，門券之上仍有五層石塊，說明堡牆之高。此門內為磚砌登城巷道，門口內有當年裝門框和插門閂的磚洞。這個砌在石牆裡磚石結合的上牆門，表現出當年石匠的築牆技術。

◀ 北京懷柔石牆磚券頂上牆門　任樹垠　攝

北京市懷柔區旺泉峪長城因牆體保存完好，每個敵樓邊上的上牆門也都完好。有牆根開的，有牆頭開的，也還有牆腰開的。此段長城主牆為塊石砌牆，上牆門的門壁由六層石塊構成，門頂為兩順兩伏磚券頂，磚門券所佔的位置是在垛牆部分。

◀ 北京懷柔石牆磚券頂上牆門　山雪峰 攝

北京市慕田峪南的禿尾巴邊長城有四個完好的上
牆門。這個上牆門在拐角臺北、長城主牆的西
邊。此段長城牆體為加工平整的塊石，石縫成行
砌築。上牆門裡用磚砌門內立面和登頂磚臺階，
門壁柱為砌牆料石，門頂為三順三伏磚券頂，門
洞頂面仍為磚砌。長城牆立面有兩個門洞高，
牆頂還有帶垜口和垜孔的垜牆，這是一個下石上
磚組合上牆門。

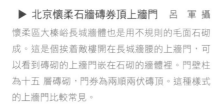

▶ 北京懷柔石牆磚券頂上牆門　呂　軍攝

懷柔區大榛峪長城牆體也是用不規則的毛面石砌
成。這是個挨着敵樓開在長城牆腰的上牆門，可
以看到磚砌的上牆門嵌在石砌的牆體裡。門壁柱
為十五 層磚砌，門券為兩順兩伏磚頂。這種樣式
的上牆門比較常見。

◀ 北京懷柔石牆磚券頂上牆門　呂　軍 攝

在慕田峪長城可以看到各種上牆門，前文已介紹
過了幾個。從這個上牆門門頂的磚券可以看到它
位於垜牆根的牆頂磚際線之下，但此門檻下有十
幾階臺階才能走到城內的坡地上，説明此門開在
牆腰位置。這個上牆門門壁有石門柱和壓柱石。
壓柱石上有六層磚，一順一伏磚券頂。這是個開
在石牆裡由石門柱、壓柱石和磚券頂構成的上
牆門。

◀ 北京懷柔石牆磚券頂上牆門　田麗華 攝

北京市懷柔區黃花城這個挨着敵樓開在長城牆根
的上牆門下半截三層塊石，上半截全為磚砌，門
洞頂用兩順兩伏磚券。宇牆沒有修復，是修復者
為營造歷史殘缺感刻意為之。

第2目 磚牆上牆門的形態

磚牆上牆門的大小形態與前文介紹過的過牆門幾乎相同。只因為與石牆上牆門的概念呼應,不可遺漏,故單獨成目,確認此類上牆門的存在。

與石牆上至少有四種紋路形態不同,磚牆的紋路則因城磚尺寸的統一而顯得較為單一,使得磚牆上牆門與周圍牆面的組合也較為固定。

若上牆門採用石材搭建,跟磚牆面反差醒目,給人穩固的感覺。若採用磚砌拱券,則可藉構成拱券的順伏數量來判斷建造者在細節上傾注了多少努力。

▲ **磚牆石券頂石門柱上牆門** 王京秋 攝

北京市懷柔區撞道口長城磚包牆大部分完整如初。此段長城有六個開在牆根的上牆門,三個有損壞,另三個完好。這個上牆門開在磚牆根,門柱和門券不用磚砌而用石砌。門柱立石,壓柱橫石以及門券石採用同樣色澤花崗岩。門券為三塊型石拼成,石門券上沒有磚券嵌套,而是與磚牆的橫磚接合,辦法比較簡單。

◀ **磚牆磚券頂石門柱上牆門** 田麗華 攝

河北撫寧拿子峪長城磚包牆立面大段完好,但只看到一個開在牆根的上牆門。其門券是一順一伏拱券頂,門柱用壓柱石和門柱石。

▶ **磚牆磚石券頂石門柱上牆門** 呂 軍 攝

這個上牆門也位於撞道口長城,磚牆面基本完好。門柱立石和壓柱橫石、門券石都比前一個門的規格秀氣。三塊型石拼成的門券外還有另一順一伏磚券,應該是建築的需要。

▶ 磚牆一順磚券頂上牆門　黃東暉 攝

遼寧綏中錐子山東側的長城在歸屬上應為遼寧省，歷史上是遼東鎮統轄。現在錐子山東的長城遊覽道路極好，長城保護卻極差。這個開在磚牆上的入牆門位於一座垮了一半的敵樓邊上，門柱為八層磚，門券為一順磚券頂。歷史存留的入牆門在遼寧省長城目前就發現這一處。

▶ 磚牆一順磚券頂上牆門　呂　軍 攝

這個開在磚牆上的上牆門位於河北省角山旱門關南長城牆腰。上牆門洞絕對是明代原物。門柱為六層磚砌，門券為一順磚券頂，看得出來券磚為後補的新磚，老門券應為一順一伏磚券頂。因是添補伏磚不好砌，就用一順磚交差了，修舊如舊並不容易。

▼ 磚牆一順磚券頂上牆門　金　戈 攝

箭扣長城牆體多為石塊砌，垛牆為磚砌，而且是長城牆頭內外都是磚垛牆。這個開在磚垛牆下的上牆門門柱有十三層磚，門券只有一層順磚，沒有伏磚，門券磚中間已有兩塊脫垂。這是上牆門裡最簡單的磚券樣式。

▲ 磚牆方石門頂磚門柱上牆門　宇　鳴 攝

河北省遷安縣白羊峪長城磚包牆立面大段完好，能看到五個開在牆根的上牆門。其中四個是磚砌門柱和門券，只有這個上牆門門券不是磚砌，而是用一方形石板鑿出券弧，砌在磚牆裡的門頂部位。這種外方內圓的門頂石在白羊峪長城敵樓門上還有幾處，而上牆門能用這麼大的石料僅此一處。

▲ 磚牆二順二伏券磚券頂上牆門　劉青年 攝

北京市懷柔長城在旺泉峪東坡有一段向南的長城支線。此段長城支線有兩個上牆門，保存較好，均是開在磚砌牆面上。兩個上牆門都有當年的門下磚石臺階。偏西的上牆門所在的長城牆面磚質量大不如偏東的上牆門，其門柱為十六層磚砌，磚券頂為二順二伏券，門券頂距牆頂面磚際線還有四層磚，牆頂垛牆全部無存。

▶ 甘肅嘉峪關懸臂長城新水門　呂　軍 攝

嘉峪關長城附近有一段由農民企業家自費維修的長城，並藉此開發了一處名為「懸臂長城」的旅遊景點。其中修復了帶垛的牆體、一個扼守關口的墩堡和一座跨河而建的巨大水關。從修復效果看，水關的噱頭是第一位的，壯觀好看、讓遊客喜歡是復建的宗旨，至於軍事上是否利於防守、旱時如何防人、雨期如何引水，則全憑聘請的專家設計，而能否真正反映歷史原貌似乎是次要的。

第六章　水門

長城上開設的水門可分兩類：一類是架在四季有水的河流上的水門，只有流水不斷地通過此門，正常時候人畜都不會走這種門。如北京的古北口、天津的黃崖關、河北的九門口。另一類是建在山谷裡，或是位於坡地的關堡低處，在遇暴雨時，可排山洪，而無雨時可過行人。如河北省井陘縣岸底關、北京市密雲區洪桐峪關、河北省遷西縣青山口。

水門的功能是排水，但水門還要防賊，更要防匪。在排水的城門裡安置防賊防匪設備的水門才稱為水關，這樣水關與水門就很容易區分。

水門作為軍事建築，受到山洪衝擊的頻率比炮火攻擊的頻率要高，山洪衝擊的力量也比炮火攻擊的力量要大，水門因此更易損毀，也就讓我們更加珍惜那些還能輪廓尚存的長城水門了。

在懷來水頭以及八達嶺西還會見到被淤死的水門。長城設計者對老天爺的脾氣估計不足，山洪泥石太猛淤塞了門洞，導致一面完整有形，另一面無跡可尋。

▲ 山西平定固關水門　山雪峰 攝

太行山中的長城關口——固關,有一專門走水的
水門。此門洞寬 5 米多,高 4 米多。門洞券為型
石拼擠,門洞分內外口,內大外小。洞頂外券石
上有鎮水獸石刻,十分精美生動。固關復建後,
修復者把水溝改成暗道,到水道下游盡頭又有雙
門洞水門一座。此水門為石砌基礎,石砌券洞,
水門石牆則改為磚包牆。其上是一廟式門樓。當
年我去時,此門樓還未考慮讓哪位神仙入駐,所
以此廟也還未定名。

◀ 河北井陘岸底關水旱兩用門　山雪峰 攝

太行山深谷中,明長城的關口多是控制人馬的旱
關。岸底關是碼在山谷底的人水兩用關口。因時
代發展公路已從山腰修建,給位於溝底的關門留
了個保存的機會。此關門洞西內壁即為山崖石
根,關門洞由疊砌石牆構成門臺。門洞內券頂還
有門扇立軸耳石座,洞腰則有門閂的插窩。門洞
北面洞券上有石門匾一塊,因風化嚴重無法辨認
字跡。其實此溝並非重要通道,但能下如此大的
力量建如此規模的關門,說明當時築城門的設計
和施工人員是認真和負責的。

▼ 河北易縣紫荊關北水門　董耀會 攝

紫荊關矗立在拒馬河南岸，扼守住關南向華北平原的山口。關城騎在山崗之上，從此關通過，至少要過三個關門洞才能繞出去。但山雨洪水不會繞道，只會順着溝坡下泄，所以在紫荊關專門走水的關門也有三個，最典形的就是在關北門邊上的水門。紫荊關北門又名「河山帶礪」門，有兩套匾額。在關門東牆根可以看見只露出一個眉頭的門券石洞，淤土快把水門掩埋。此水門分內外口，內口門券石上刻有鎮水獸。水門洞上牆體內有個券室，券室地面有石質提閘穿道，估計當年水門的鐵閘由此券室的券棍提降。水門外口應是排水溝，此溝橫在紫荊關北門前，增加了關門前地形的複雜程度。

▲ 北京門頭溝沿河城北水門　丁人人 攝

門頭溝區沿河城是駐守在永定河河邊的一座古城。沿河城南高北低，有東、西兩門供人馬出入。古城北牆臨河有一水門，是雨季為古城排水之門。

古城南牆全為山石壘砌，北牆用料以河灘石為多。水門券用花崗岩鑿成型石拼擠而成，由於質量較高得以保存。牆頭還存有部分垛牆，這也是十分罕見的。近幾年沿河城新整修了水門，門洞地面早年鋪的條石被清理出來。

▶ 河北淶水大龍門堡北水門　嚴共明 攝

淶水縣大龍門堡座落於河西岸高崗之上，古堡西山是必防之地。從古堡圍牆沿河向西的大牆下有一個排山雨洪水的水門。此溝只能引出牆內的雨水，而不通古堡，應是為山雨洪水而設的水門。此門就近取材，門頂不用磚券，而是巨石當橫樑，是因材施工的證明。

◀ 河北懷來大營盤水門外　張　俊 攝
懷來縣大營盤長城位於山崗之上。長城內有近十里坡地匯集的雨水，順山谷匯集到谷口。此處長城下開一專門走水、不能走人的門洞，成為懷來長城「樣邊」中，非常寶貴的一個古蹟遺存。其實中國北方常年乾旱，只七、八月有暴雨，此門無雨時是一個無水之門。水門外口是一跌落四米多的深溝，人馬不能通行。

▶ 北京延慶八達嶺古長城水門　嚴共明 攝
八達嶺長城南有水關長城景區，西有古長城景區。古長城景區也有一個水關，一般遊客不會感興趣，因為是個被淤死的水關。從長城外面看，長城牆根水關門洞還在，但長城內側山坡高地只見淤土荒草。這個水關門洞兩邊的石砌牆現狀令人擔憂。

▶ 北京密雲五道梁水門內　任樹垠 攝
密雲區大角峪長城水門有兩個門洞，2 米寬，近 2 米高。因長城外山地集水，經此門洞流入長城內，兩個門洞被洪水損壞嚴重。磚券頂為三順三伏，門洞裡外口均破損。此水門下水邊為深坑，說明曾經過勁水沖刷。此水門座落於溝底，不宜人馬通行，為專職水門。此水門是密雲僅有的兩處之一，近年得到一些維護，被洪水衝垮的洞壁已用水泥做了修補。長城牆體已破敗，但仍能看出有兩個洞身高。

◀ 北京密雲吉家營北水門內　鄭　嚴　攝

密雲區吉家營堡是一個有四個城門的大堡，所在地勢南高北低。人馬過往的城門是東門和西門。堡南門外地勢高，堡北門外地勢低，兩門為雨季山洪順流之門，以保護南牆和北牆的穩固。從圖中可以看出此門僅一人高，三人寬，門內的路為溝狀。北堡牆為河石疊築，不高的門洞卻是五順五伏磚券頂，規格不低，此門無水時肯定可走人，方便出入城堡，真有緊急軍情，此門也好堵塞，便於防衛。下大雨來水時，也就順溝向北從北水門排掉。這個門小，但結實耐用，安排合理。這是一個沒有被後人修改過、保持原來模樣的水門。

▲ 北京密雲五虎水門外　宇　鳴攝

密雲區五虎水門長城外是大山，長城內是密雲谷地。因考慮了山洪排洩，水關門洞迎水面做了防水沖刷的條石砌護坡，門洞地面也為基石鋪設。此門走水為百姓知曉，因而稱之「水門」。兩個門洞裡外門券石都有鎮水獸石刻，共有四個虎頭，門洞北有一溝底石被刻成一臥虎，「五虎水門」成為長城水關的美談。

此門兩個門洞，均寬 4 米，高近 6 米。其西邊門洞壁上有鐵閘溜槽，門臺頂有完好的鐵閘吊繩絞棍支石。此支石為長城水門唯一的一處存留。五虎水門是人水通用之門，是有山洪可走水，平時可走人的水門，近年配合「修我長城」的熱潮，被當地清理修補。

▼ 天津薊縣黃崖關水門內　嚴共明　攝

黃崖關景區上世紀八十年代為了開發旅遊，在修復時特意重修了關城、迷魂陣等各種城防設施，這個黃崖水關是最後完成的。有五個寬高都很氣派的拱洞，其中三個拱洞券雕刻了鎮水獸。其實此水關只是臨河溝而建的一座跨河溝大橋，只是橋欄改成長城牆沿的垛牆，而於水和人實在看不出可防可管的辦法。按說有關門洞，必設閘或門才可防可管，而黃崖關的水關下肯定不走人也管不了水，樣子挺好看，氣勢也挺大，就是為了賞玩。

▲ 北京密雲洪桐峪水旱兩用門　黃東暉 攝

洪桐峪關為密雲區長城白馬關堡南古道上的關門
洞，大雨過水，平時過人。門洞兩壁用方石疊砌，
門洞券外為磚券，內為五塊型石拼成石券。長城
牆體已多損壞，障牆、垛牆都失去原形，關門洞
因用料講究，才保存至今。

▲ 河北遷西青山口水門　呂朝華 攝

遷西縣青山關長城已投巨資開發成旅遊景區，萬幸的是最寶貴的水關還未被修復改樣。青山關長城在
跨過一山泉長流的山谷時，據山崖為依託，以山石疊門壁，五順五伏磚砌券頂，門券中還築有鐵閘吊
放的滑道（鐵閘早年被沖走，此水門平時為人畜繞青山關北門的必然通道）。水門底層基石多被雨水引
發的洪水沖毀，山溝越沖越深，以致水門逐漸升高。大自然把這個水門加工成寬高為 1 比 5 的奇特比
例，如同天門高高在上。

▲ 遼寧綏中九門口水門　郭茂德 攝

九門口因長城在跨過河時有九個門洞而得名，是山海關北一處道路平緩的河谷關口。從長城內外過長城的路不在河灘中的九個門洞裡，而是在九個門洞以東關城中的旱道。在河灘中行走不如旱道便利，歷來戰爭也不以爭取九門洞上的橋為主要目的，攻下九門口堡城才是關鍵。

這是萬里明長城中最長的一個跨河門橋，洞眼也最多，是本書中最大的水門。不論數字還是造型，九門口都是長城水門中最氣派最漂亮的。

▶ 河北秦皇島寧海城復建水門　董耀會 攝

復建的山海關長城寧海城，其三面的牆根還有券
磚頂的小門洞。高寬也就一米，屬於專門排水的
水門洞，門頂為二順二伏磚券頂，門面有凹陷，
都是按老樣式做。

▼ 北京昌平居庸關水門　董耀會 攝
新修建的居庸關水門是真正跨在關溝的門洞。居
庸關位於關溝的中游，如果上游有暴雨，山洪流
到居庸關正是最厲害的節點，水門必須建成兩個
能過大水的門洞。但華北地區四季乾旱居多，關
溝只在居庸關上游有幾個泉眼，下游基本無水，
圖中的水是靠居庸關新建的攔水壩圍屯出來的。

▶ 河北秦皇島山海關北水門　張 鵬攝

在山海關城北、角山以南有一個水門洞，舊稱為
北水關。在山海關城南還有一南水關。新修復的
門洞規模十分有氣勢。寬近 3 米，高近 5 米，門
頂為七順七伏磚券頂，從券數上可與山海關東門
平起平座。這本是一個排水的門洞（從關外流向
關內），但若不放下藏在門洞上的鐵閘欄，步騎
可大步衝入。此水門緊急時人、水可共用，因河
泥濕腳，現在水門北邊又新修一個通公路的門洞。

▲ 河北秦皇島山海關東羅城南水門

山海關東羅城，周長五百四十七丈。羅城建有走
人的南門、東門，還有略小些的北、南便門各一。
因有護城河圍繞東門甕城，自然就有穿城而過的
走水的水門洞。現東羅城南牆下還有下泄城中積
水的水門，這是東羅城殘存的古物。水門券頂先
用五塊型石拼接成石券頂，其上再砌兩順兩伏磚
券頂。石券頂高度在牆基石線上，整個水門應在
根基線低處。這門肯定只走水，人若穿越一定不
便利。這在東羅城應是唯一沒有被後人加工過的
歷史建築。

第三篇　長城的墩、臺、樓

▼ 甘肅酒泉的土墩臺　呂　軍 攝

沿甘肅省河西走廊分佈的漢長城墩臺以土夯築，多數風化斑剝嚴重。

▲ 河北懷安的磚石墩臺　李　炬 攝

懷安縣趙家窯的磚石墩臺下半截為十四層塊石疊砌，上半截磚包砌。只有西面完好。磚垛牆分三個垛牙。垛牙下各開有兩個根部垛孔，一個礓石溜槽和一個石質排水嘴。

▶ 河北宣化的磚墩臺　黃東暉 攝

宣化常峪口的磚墩臺頂部還有殘垛牆。垛牆根下有一門洞。門洞檻邊有兩個掛梯柱石。門洞距地面 10 米多。磚墩臺四面無窗。

◀ 甘肅敦煌的土墩臺　高玉梅 攝

酒泉地區陽關附近的土墩外表破敗，露出大塊土坯疊的墩芯，沒有任何門窗痕跡。

▼ 陝西府谷的土墩臺　羅　宏 攝

陝西省府谷縣清水鄉明長城的土墩外形較完整。土墩南面開有一殘洞，內有斜道通墩頂。

▶ 北京密雲的磚石敵樓

密雲區司馬臺的磚敵樓頂部哨房和頂磚垛牆都是部分存留。磚敵樓東西各一樓門均完好。樓南無窗，樓北兩窗亦完好。因傳說此處有仙女出沒，得到「仙女樓」美名。

▼ 北京懷柔的磚石墩臺　黃東暉 攝

懷柔區箭扣西大牆的石墩臺兩面已垮。未垮的西、南兩面還有完整的磚垛牆。但沒有窗洞痕跡。

▲ 河北淶源的石墩臺　古　遠 攝

淶源縣白石山長城的石墩臺只存粗石墩體。墩頂散落垮塌。墩頂垛牆全無，不見有臺頂門。

▶ 甘肅安西路邊土墩臺

從嘉峪關向玉門關的路一直是在戈壁灘裡，路邊沒有樹木房屋寸草不生。但土夯的墩臺卻五里一小、十里一大的默默的站立着。我們沒有查清每個墩旁邊是否有水源或水井，但在戈壁灘上，沒水是無法生存的。這個大墩立於一個土堡之外的山坡上，與土堡不是同期建築。主觀推斷，先建墩（墩旁可能有井），墩建好離井不夠近，就在井周圍建堡，把井保護起來，使守墩的人有水，堡是能據守的地方，大墩離不開堡。

第一章　無門無窗的墩臺

不論沿着戈壁大漠還是高原山脊，遠眺長城，會發現它常與地平線平行，因而不易識別。但分佈在長城上的墩臺，則突破了線狀的長城與大自然的天地分際。只要視力所及，山尖、河灘的那幾個凸起，不是上帝送來的禮物，而是人工建築的遺存，那是長城的墩臺。

墩臺是一種比城牆更高大、寬厚的建築。史料中將其稱為戰臺、敵臺、亭堠、烽堠、烽火燧、烽火臺、煙墩、火路墩、敵樓、空心敵臺等。

如何去辨認長城上的墩臺？若以原始名稱去看，現代長城專家學者可以為此各抒已見，難有共識。

鑒於長城墩、臺、樓的建築材料通常有土、石、磚之分，可以藉此將其迅速歸類，但又沒抓住墩、臺、樓相異於彼此的顯著特徵。

若根據原有的區刻稱謂來進行分類，就會發現同樣為「墩」，山西忻州的「老牛灣墩」與河北赤城炮梁的「城南新墩」截然不同。同樣刻字為「臺」，河北萬全的「平虜臺」與北京門頭溝的「沿字叁號臺」也完全不一樣。而同樣標示為「樓」，河北赤城的「永照樓」與遷安的「神威樓」相差甚遠。當年長城的建造者有權按照自己的理解和意願去命名墩臺，今日的我們，出於對研究長城、保護長城的負責，則要透過這些複雜的表徵去給墩、臺、樓進行「再分類」。

筆者認為，借助於形態學説，用形態分析的方法，只從長城墩臺現存實際形態來區分。可以看到長城的墩臺無非三類：

一、無門無窗的墩臺。二、有門無窗的墩臺。三、有門有窗的敵樓。

從長城沿線大量遺存的墩臺考查看，歷史原狀只能在百年前的老照片裡看到。多數原來面貌已無法考證。殘存墩臺僅可分辨出土夯還是石壘或曾磚包。這些墩臺沒有完好的立面，看不出門窗痕跡。看不到墩臺頂部垛牆。因為毀壞到無法估判，本文把這些不知原貌的墩臺歸在無門無窗的墩臺裡。因手裡沒有原始記錄，不能算科學嚴謹。只能説是目前客觀現狀。

▲ **新疆庫車克孜爾尕哈烽燧** 黃東暉 攝
新疆庫車縣克孜爾尕哈烽燧高約 15 米。是漢唐
長城遺物。在新疆地界可算最高大的烽燧。土築
頂部有木椽殘留。當年是否有頂垛牆？頂上是否
有哨房？是否有哨窗？無處可查。

▼ **甘肅河西走廊的六面墩** 呂 軍 攝
甘肅省河西走廊地區的墩臺有漢代也有明代遺
存。墩臺多數為砂石夾蘆葦桿夯、土坯壘、土夯
成。墩臺橫截面有圓、有方、六邊、八邊形。因
破損風蝕嚴重，看不出有門洞窗洞的痕跡。

◀ 山西偏關的墩臺

山西省偏關縣從水泉堡到小元峁堡長城墩臺林立，形態多樣。其相同點是不騎牆的墩臺自己都選高處蓋一圈圍牆，圍牆裡的墩臺高矮胖瘦也不一樣。此墩臺不矮，高有 6 米，截面近 20 米。墩臺頂平整。墩臺及圍牆都無門窗痕跡。

▲ 甘肅省永昌聖容寺的土墩臺

在甘肅，長城墩臺只見到土築的，其施工方法分為土坯疊和夯土兩種。甘肅長城墩臺的特點之一是墩臺之間的距離大。在河北、北京，墩臺敵樓密集的地段，一里地可有四個，而在甘肅，長城墩臺是五里地才有一個。甘肅長城墩臺存留狀態很差，酥化開裂坍塌普遍。這是甘肅省永昌聖容寺的土墩臺。

▶ 山西陽高的土墩臺　張翅飛 攝

山西省陽高縣有一村名「乳頭山」，不知因何起此村名。只看村邊長城騎牆墩已垮了一半，另一半因墩腳塌垮，缺腳如同受風的船帆，挺着肚子。此墩塌垮是早晚的事。這類墩還要尋門窗就實在不着邊了。

◀ 甘肅嘉峪關第二墩

我們在去嘉峪關長城第一墩路過一個鐵路欄桿，因欄桿阻擋，等候火車，才得機會拜訪了這個站在長城內的大墩臺。此墩沒包磚，沒基石，沒圍牆。無門，無窗。夯土層很清楚的一個土臺。寬10米，高十多米。此土臺還見棱見角，就是算有形了。

▼ 寧夏銀川的石壘墩臺

寧夏賀蘭山可通人馬的山口都可看到長城殘跡。此石壘墩臺大形完整，基本見棱見角，但頂垛不明顯，關鍵是門窗這些痕跡全無。寧夏長城現存的墩臺都是無門無窗。但只能說有這樣一種現象，不好說這是一種形制。

▶ 甘肅敦煌的路邊墩臺

在敦煌市向東的路上看到的四面墩。墩體用橫一或三層、豎一層的長土坯夯壘而成，沒用植物莖桿壓加。臺下一洞疑是一門口，近看才明白是後人掏挖的一個不深的洞。四面墩有幾處裂縫和塌垮，臺基每面七米多。在不見人煙的大漠中，只有這麼一個墩臺證明古人的能力。

▶ 陝西神木的磚石墩臺

陝西省神木縣解家堡大墩臺，殘破得找不出是否有門和窗。這個墩臺位於長城內，墩北有一個體積略小於它的騎牆土墩，跨在向左右望不到頭的殘牆之上。此墩位於一個堡寨的北牆之上。此堡南牆有一小門臺，完好的石券門上有匾，匾上有「臥虎寨」三個精美刻字，並有款題。此墩完好的北面顯示，下為嚴絲合縫的條石基，上為大磚，但另三面都被破壞，看不出原貌。

▶ 山西偏關的大石墩臺　呂 軍 攝

山西省偏關縣滑石澗堡長城監控堡北河谷。河
岸高處的墩臺用石塊疊成方石臺，此臺所用石料
長不足一尺，厚不過半尺。收集搬運方便。此臺
石縫成行，臺面平整，但因黏合劑石灰的質量不
高，此臺向陽面已垮塌一半。石臺沒有門窗殘跡。

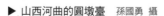

◀ 山西偏關的小石墩臺　山雪峰 攝

山西省偏關縣黃河邊上用石頭疊的方形石臺。此
臺規模較小，臺頂僅有兩米見方。所用石料為白
石灰岩，每塊長寬都一尺多高半尺，加工粗糙。
因施工質量不高，已多處塌破。以致此臺原先的
門窗現已都不可考。

▶ 山西河曲的圓墩臺　孫國勇 攝

山西省河曲縣的長城站在黃河邊上，防禦黃河冰
凍後驅馬而過的入侵者。因為此地黃土比石頭
多，長城都是土築。不同於陝西省墩臺的地方是
河曲的墩臺極胖。把墩臺夯成大圓臺的技術，肯
定比方臺要難一些。圓臺保存狀況都不錯，殘高
仍有近 8 米，直徑更是超過 15 米。

◀ 山西偏關的圓墩臺　呂朝華 攝

山西省偏關縣陽灣子村兩個破磚樓之間，長城內側，立着這個帶圍牆，截面為圓形的土墩臺。因圍牆塌垮，圍牆應有的牆門已不見蹤影。圍牆中間的土墩臺頂面基本完整，此段長城上的墩臺截面為圓和為方形，交替出現，構成這段長城的一個獨特的景象。

▶ 山西大同密集的土墩臺　張翅飛 攝

《明長城考實》介紹山西大同鎮川堡西有邊墩二十八座，火路墩三座。在山西，以至整個明長城中獨有。筆者看到土墩臺分別排成三排，最裡一排為騎牆墩，然後長城最外一排較密集，在最外一排和騎牆墩中間還有一排。這些墩，大都截面為方形，但高低、胖瘦因損毀塌垮不同而多少各異。唯一共同之處是都沒發現土夯墩臺有門洞或窗洞的痕跡，所以把如此壯觀的大墩臺歸到無門無窗的臺中。

▶ 山西左雲的土墩臺　呂朝華 攝

山西省左雲縣三臺子村殘存的土墩臺。被現在敬神的老鄉在方墩頂上蓋了個小廟，為了施工和上香方便，方墩斜壁被開出了臺階。古老的墩臺原來如何上下，不可考。現代人利用的辦法很省事，順着墩壁挖就行了。歷史文物要為今天人們的精神生活做新的貢獻。

◀ 山西左雲的土墩臺　呂 軍 攝

山西省左雲縣八臺子村長城邊上的教堂殘跡見證了東西方文化交融的歷史。這個墩臺是離教堂最近的一個。截面為方形，無門，無窗。夯土痕跡明顯，此臺西還有一個保存完好、近年又維修過的「鎮寧」樓。在山西省長城上有磚包、石包墩臺，但大量是這樣的土夯墩臺。

▶ 河北懷安的圓墩臺 李玉暉 攝

河北省懷安縣長城緊臨山西省天鎮縣長城，但從用料到樣式明顯是兩個樣。山西墩臺用土夯居多，而河北用石料的更多一些。懷安長城是封頂式石牆（牆頂為尖角斜面不可站人，並無垛牆，高度 2 米上下），墩臺多在長城裡側，不騎牆而建。這個截面為圓形的土墩，樣式和山西墩臺還有一些相似，但墩立面不平直，呈曲狀弧形。墩高 15 米有餘，遠看如一個大窩頭，位於總鎮臺村北山之上，無門窗的痕跡。

◀ 山西陽高的墩臺 張翅飛 攝

山西省陽高縣謝家屯的墩臺，看不出有門窗。墩臺陽面有沿壁鑿出的梯道痕跡，也許當年守衛人員就是沿梯道上下？

▶ 山西山陰的圓形包磚墩臺 岳 華 攝

廣武長城是山西省長城中的精華地段，有完整的磚包牆和十多個鑲嵌石匾的磚砌敵樓。在靠近山腳長城外有截面為圓形的大墩臺，此墩臺雖無門無窗，但大形尚完整，墩立面有收分，殘存的立面可見包磚，證明此臺曾是完整的包磚墩臺。

◀ 北京密雲圓形石墩臺　吳　凡　攝

北京市密雲區長城有兩個截面為圓形的臺。古北口臥虎山西有一個，尚存有臺門券洞；另一個即為此臺。座落於四座樓山崖頂，俯視密雲水庫。臺高近 4 米，直徑小於 4 米。雖位於山崖岩石之上，地基不平，然基礎造得平穩，此臺能屹立至今便是證明。臺用毛石壘，立面收分不大，不平整。臺頂中部稍凹，外沿疑是殘存的垛牆根。不見臺門痕跡，無法為此臺做有門有窗的歸類。

▼ 山西朔州的磚包墩臺　羅　宏　攝

這是山西朔州平魯區井坪鎮古城東北角的墩臺。近幾年得到徹底修復。磚包墩臺最下為磚包花壇，其上為近兩米高的磚包臺基，臺基頂安有白石扶欄，再上是磚包墩座，並附磚垛牆。墩座西、南兩面各有一條臺階梯道，可登臨墩座頂。墩座頂上為截面為正方形的高聳磚包墩臺。臺頂圍砌磚垛牆。墩臺南根砌有一座似門洞的壁龕。

◀ 河北懷來的石墩臺　嚴秋白　攝

河北省懷來縣廟港「樣邊長城」不光有截面為圓形的石墩臺，還有不少截面為方形的石墩臺。用有棱有角的塊石壘砌，每層石頭並不一樣厚，但砌壘時一直注意水平找齊，使石塊排列顯得規整有序，這也是一種施工技術。可惜此墩臺找不到門、窗痕跡，好在臺頂比長城牆頂高出不多，人員上下不是問題。

▶ 甘肅嘉峪關的低開門墩臺　呂　軍　攝

甘肅省嘉峪關懸壁長城是農民企業家楊家福集資於 1987 年復建的。楊家福復建的長城，自己作了發揮創造，建了幾個帶門洞的墩臺，墩臺根開有可通行的門洞，門洞道裡再有拐上墩頂的梯券道，墩臺四面再無券窗。這樣新建的墩臺在別處再沒見到過。

▶ 河北撫寧的大石墩臺　山雪峰　攝

河北省撫寧縣城子峪所處山溝較寬，河灘平緩，據說當年長城建有水關，現在已無跡可尋。在河灘地勢略高之處坐落一個大石墩臺，依然完整矗立，使你不得不對建此石臺的工匠由衷敬佩。此臺基寬近 10 米，高 8 米，用大塊河灘石壘成，只臺頂垛牆損壞，臺頂沿三面仍在。因無法找出門、窗痕跡，只能把此臺歸在無門、無窗的類別裡。

第二章　有門無窗的墩臺

在看到各地長城墩臺後，我們認為，可以按無門無窗與有門有窗將墩臺分為兩大類。

無門無窗墩臺多是破損嚴重的實心墩臺。有門有窗的亦可成為空心墩臺，也有一種介乎於二者之間的存在，即有門無窗的半空心墩臺。

這種半空心墩臺四面無窗，只在面向長城或側向立面設置一門。門內通常有一券道，券道盡頭有圓形或方形天井，或是轉向一側的登頂梯道。

這種只設門不開窗的半空心墩臺，在甘肅、陝西、山西、河北以及北京都可見到。

在歸類的過程中，我們又進一步發現，這類有門無窗的半空心墩臺，因其唯一的出入門的開設位置存在較多變化，仍可以細分為三類：一，門開在臺根的低開門墩臺；二，門在臺頂略下的高開門墩臺；三，在臺腰開門的腰開門墩臺。

第 1 節　低開門墩臺

在有門無窗的半空心臺中，臺門開在墩臺根的存留數量最多，在長城上分佈的地區也最廣。

低開門墩臺有完全由夯土築的，也有以夯土築墩，磚砌臺門和豎井的。有完全用塊石壘砌的，也有石砌臺座，磚砌臺身的，還有完全用磚砌成的。若是用夯土砌築，臺內的豎井側壁上會挖出供攀爬的腳窩。在石砌豎井中，則使用石塊空檔預留出腳窩。在磚砌豎井壁上，則能明顯看出當年攀爬留下的磨痕。

低開門墩臺從外形上區分，有截面為方形覆斗式的，也有圓形覆盆式的。在保存較好的低開門墩臺的門洞裡，還能看到當年用石材鑿成的門樑，巨石加工成的厚重門板，以及條石搭建出的券洞、藻井和石梯道。

低開門墩臺由於要在墩臺內部做出梯道或豎井，其施工難度、工藝要求，在有門無窗的墩臺中是最大的。對於守衛者而言，則是最安全的。墩臺的豎井，甚至可以被用作危急時刻點火放狼煙的助勢煙道。

▶ 山西陽高的低開門墩臺　龔建中 攝

山西省陽高縣守口堡東墩。這個墩在長城主線上，主線之外與之相對還有一個略小一點截面為方形的土墩。這個騎長城主線的土墩自己有一圈堡牆（圈門已毀）。此墩高 10 米，墩南面開一門洞，洞內有豎井，井壁有腳窩，只要身高達 1.6 米的人即可手撐腳蹬上到墩頂。此井上口因蹬踏而塌毀擴大，故登頂時最危險。留有豎井的土墩臺在山西並不多見，而且此墩臺比較完整，豎井可供上下，所以十分寶貴。

▼ 陝西榆林的低開門墩臺

陝西省榆林市榆陽區人民政府和榆陽區長城學會在 2001 年重建的墩臺。墩臺位於主線長城之外，墩臺截面為方形，有完好磚砌垛牆。墩臺西牆根有一登臺門洞，門洞外有一重建紀事石碑。門洞內有一登頂梯道，拍照時墩臺頂已長出半人高的荒草。

◀ 甘肅高臺的低開門墩臺

甘肅省高臺縣許三灣古城北墩。古城為漢唐時代所建，城北墩氣勢遠不及古城（古城牆高 8 米有餘，而此墩高不足 8 米），像明代遺存。墩臺孤立於古城之外，自有一小堡，堡牆多為殘根。墩臺三面均有臨地面門洞，南門洞與東門洞相通。洞內為窯洞結構，南門內左右分各一小窯，正面為一大窯，大窯東一小洞，通東門裡的東窯。西面門洞內小窯不與南門內相通。窯洞內無梯道登頂。筆者認為是有人利用古墩掏窯作為居所，與漢、唐、明長城守衛關係不大。

▲ 陝西神木的低開門墩臺

此墩並不守在長城主線上，而是主線長城內側約二十里的位置上。此墩要是放煙報警，即代表敵人已經殺過長城二十里了。此墩與榆林鎮北臺截面正方不同，截面為圓形。立面呈梯形。墩臺四周有堡牆。在墩東南面墩根開一小門，門內一梯道，僅可供一人上下。臺頂沿有新修垛牆。正中央有一小廟。墩高十米有餘，此墩外立面用泥塑堆一人高凸體楷書大字「二十里墩」，整個建築塗刷一新，立面磚縫是用白粉描畫的磚縫。

◀ 山西朔州的低開門墩臺

山西省朔州市長城毀壞嚴重，所見墩臺，不論截面方圓都是土質夯築。唯在寺懷村見到一座騎城石塊包砌的大方墩臺，高 8 米，寬 10 米。臺頂石塊多有缺失，墩臺大形尚完整。此臺東面距地面一米多高有一門洞，門洞外口被拆毀，門洞內小室及登頂石階巷道還完整，石門洞裡硬長出棵一尺多粗，高近 6 米的樹木。此石墩臺為朔州長城中一孤品。

▲ 山西朔州的低開門墩臺

正溝的石墩臺是朔州長城裡最完整的，雖然墩臺頂的垛牆已全無。臺東緊挨着地面有一門洞，門洞內還留有一整塊石板加工成的門板，嵌立在門軸窩內。門洞內小室及登頂石階巷道都還完整。

211

▼ 山西天鎮的低開門墩臺　龔建中 攝

山西省天鎮縣保平堡外四周都有截面為圓形的土墩，其中西南墩保存較好。此墩高 8 米有餘，不光外形完整，墩根還有半人高的一個小門洞，門洞內有一條 2 米長的狹窄斜券道。頂頭上口淤垮堵塞，成為後人躲雨或耕地季節置物所用。

▲ 河北懷安「石山頭臺」　黃東暉 攝

河北省懷安縣長城內有個不大的村子，有一很威風的名字「總鎮臺」。不知是因過去有過體積最大、級別最高的墩臺，還是因此處地勢最高可巡視八面而得名。總鎮臺村北山梁上有一座跨長城的正方形墩臺，建築方式為石砌基牆，上部包磚。此臺四面無窗，東面有一石券門，門上有一石匾，刻有「石山頭臺」四個大字（沒刻「總鎮臺」）。此臺為 1.5 米寬 2 米長，立面三分之一為 11 層石砌，立面三分之二為磚砌。門內 1 米券道後為 1.5 米寬 2 米長的磚砌豎井，直通墩頂。此豎井為當時守衛者上下安全通道，肯定需要以木梯或繩梯借步。這種上下方法，在懷安和萬全兩縣長城上見到多處，同為河北北部的宣化和赤城就未見過。

▶ 河北懷安「太平臺」　郭 峰 攝

仍是懷安縣，在盤道門村西溝，同樣有一個四面無窗、但有一門開在墩根的截面為方形的墩臺。體積大小與「石山頭臺」一樣，此臺門上也有一匾，上刻「太平臺」三個大字，門內券道後也是一方形豎井。臺殘高 7 米多，下有九層石砌上接磚砌的墩臺。唯一的門開在 2 米多高的石砌部分，臺匾嵌在磚面上。

▶ **河北懷安的低開門墩臺**　黃東暉　攝

河北省懷安縣長城最西在桃溝村。村北墩臺多損壞，看不出有門或窗，但有一座包磚被扒乾淨，仍存泥土芯的截面為圓形的墩臺，面向東南有一殘門洞。門洞裡一小券室，券室裡有一石砌豎井直通墩頂。因豎井外也有些損壞，站在墩外也可看出石豎井的構造。此墩若不殘破，應高 8 米以上，直徑 6 米。現狀慘不忍睹，卻是懷安僅有的兩個無窗石豎井、截面為圓形的低開門墩臺之一。

▲ **懷安「太平臺」東墩豎井**　郭　峰　攝

河北省懷安縣「太平臺」東邊有一個墩臺。截面為圓形，外包磚石全被扒光。臺門檻緊挨着地面。墩高 5 米多，直徑近 6 米。墩臺門為磚砌，門頂為二順二伏券磚。門內券後為塊石壘，下方上圓洞式豎井直通臺頂，井壁嵌有石窩供手腳蹬扒。這是石壘豎井最完整和巧妙的一個，可惜其貌不揚，無匾無名份，只能依靠旁邊的「太平臺」得個地位。

◀ **河北萬全「鎮虜西臺」**　黃東暉　攝

比上面無名磚臺更讓人印象深刻的是圖中這座墩臺，四面都完好，還有石匾。臺高、寬都 8 米有餘，有三層石磩，四面全部用磚包，無窗。臺根開一小門，門頂為兩順兩伏券磚，門上 2 米多高位置嵌有一石匾，上刻「鎮虜西臺」四個大字。門內券道裡有一磚砌豎井，券道右手還有一兩米深的券室，這種結構別處未見過。

▶ **河北萬全的低開門磚墩臺**　黃東暉　攝

河北省萬全縣長城似乎與懷安縣長城一脈相承，有好幾座把臺門開在接近地面的臺根上。圖中為萬全縣洗馬林長城最南邊板山村的一座低開門方磚臺，此臺東、北兩面已垮，西南兩面完整。無窗，僅南面牆根開一門，門頂一順一伏券磚頂。小門幾近被塌土碎磚淤死，但可看見門內是一方形豎井，直通臺頂。此磚臺門上無匾額，不知其名，但其高寬均近 6 米的殘磚面威風還在。

◀ 河北萬全「平虜臺」　黃東暉 攝

這是河北省萬全縣長城特有的一種墩臺。從截面看是圓形，從立面看略有收分，呈梯形。夯土芯，向長城內有一磚砌面，佔圓周五分之一，其餘為石壘。此臺磚面臺根處開一券門，券頂為二順二伏券磚頂，門券上嵌有一方石匾，上刻「平虜臺」三個大字，因臺匾石質粗糙，字跡難辨，但因有石匾，此臺名份清楚，在萬全長城中榜上有名。開在磚面的臺門券裡有一方形豎井，直通臺頂。因石塌、土垮，這類墩臺都是豎磚井的壽命更長，其餘部分都不易保全。

▶ 河北萬全「沙嶺兒臺」　李 炬 攝

圖為萬全縣洗馬林長城上最高大的四面無窗低開門磚包臺。此墩臺高足有 12 米，基寬 8 米多，四面包磚，南面臺根開有一與地面相接的臺門。門頂為二順二伏磚券。門券裡有一寬 2 米、長 1.8 米方形磚砌豎井，直通臺頂。門券上距地面 4 米有一嵌在磚面的石匾，上刻「沙嶺兒臺」四個大字，此臺西面已開裂，臺頂垛牆塌垮。

◀ 河北赤城「鎮虜臺」　明曉東 攝

河北省赤城縣的長城，以一個縣而言，其長城地面長度是全國第一。墩臺樣式繁多，比如有門無窗、低開門的墩臺，在平路口長城就還保留着三座。其中最北邊的遠看是一個方方正正的磚臺子，近看有 12 米高。其 8 米寬的臺根有一快淤死的石券門，門柱為 6 層牆石，門頂黑色沙岩石券再加二順二伏磚券。門內右手有登頂斜梯道，也淤塞嚴重。在墩臺頂沿下邊，嵌有一黑色沙岩石匾，上刻「鎮虜臺」三個字。此墩臺四面無窗，臺頂垛牆全部缺失。

◀ 河北赤城「南嵯樓」　明曉東 攝

赤城縣平路口還有一座高大的磚包墩臺，同樣四面無窗。《明长城考實》介紹此臺立面有梯道氣孔，在梯道拐角確實看到。墩臺高 14 米。此臺西牆根有個門洞，門洞頂為一沙岩石券再加一順兩伏磚券。門洞券裡左轉有梯道北上，再右拐即可登頂。梯道頂原為半尺厚、三尺寬木板鋪就，現梯道開裂木板被挖走。此墩臺梯道拐角氣孔外為古錢樣陶隔，現仍存兩個。門上石匾的外框還在，石匾已無。當地人和《考實》介紹此墩為「南嵯樓」。

▲ 河北省赤城縣的「走道溝樓」　明曉東 攝

從「鎮虜臺」沿長城向東南二里，有一頂部垮了五分之一的方墩臺，四面無窗，西牆根接地面有一門洞，門洞頂部為一整塊巨石雕成的券拱，頂框石上浮雕着兩個門簪，可見當年建築者對此墩臺的偏愛。門洞內右手登頂梯道已淤死，梯道在墩臺上拐角有磚製氣孔兩個。墩頂淤土中有大量房瓦，證明此墩頂當年有屋。此墩臺東面牆比西面高出近 2 米多，當年嵌匾於西面墩頂沿下。當地人稱此墩臺為「走道溝樓」。

▼ 北京懷柔的低開門墩臺　姚泉龍 攝

在河北省懷來縣和北京市延慶區都沒有看到保存完好的四面無窗、根開門洞的墩臺（頂開門的有兩個），卻在北京市懷柔區長城又再出現。在懷柔大榛峪，沿長城向「西大樓」攀登途中，必會路經一處似是敵樓而四面無窗的敵臺，這是大榛峪長城唯一無窗的臺。敵臺南面有一臺門與長城相通，臺門低處為石砌，高處為磚砌，頂為二順二伏磚券。臺門頂還有兩牙完好的磚垛牆，這在前面介紹的墩臺上都不具備。

▶ 河北撫寧的低開門墩臺　李玉暉 攝

撫寧縣黃土嶺長城磚石墩臺，截面為正方形。墩臺下為五層條石砌，之後為磚包。墩臺四面無窗，只西面牆根開一門洞，門頂券磚已全失。門洞裡有一券室，右有登頂券梯道。此臺頂沿完整，垛牆全無。臺高 6 米，寬 5 米多。在撫寧長城中，這種只有門（且開在牆根）而無窗的墩臺不多。

第 2 節　高開門墩臺

墩臺四面無窗，臺頂垛牆留有供人員出入的臺門，這種高開門樣式的墩臺，最初是在八達嶺長城的南三樓見到。當時以為這是一種長城馬面的擴大，並沒有覺悟到這是墩臺形態的一類代表。因為墩臺騎牆，臺頂拱門類似裝飾建築，防守的功能不明顯。

在古北口臥虎山長城見到一個圓形的無窗石墩臺，臺頂垛牆下的拱券門壁上，保留着安裝門框和插門閂的石窩，彰顯了其防守作用。該石臺頂面還能看出哨房殘牆的痕跡。這座石墩臺與八達嶺的磚臺都是有門無窗，但樣式完全不同。

在河北省赤城、萬全、懷安和宣化等地的長城上也可以見到四面無窗，臺門設在臺頂垛牆根下的高開門墩臺。在遼寧省綏中縣還保留着一個圓形的磚砌無窗高開門墩臺，這座墩臺必須藉軟梯才能上下，在寒冬酷暑暴雨或黑夜裡，攀爬會會十分困難。類似的高開門墩臺對守衛人員的使用來說最費力氣，而對建造人員則比較省事。

▶ 甘肅嘉峪關的高開門墩臺　呂　軍　攝

甘肅省嘉峪關邊上的懸臂長城不光修復了上千米的長城，還復建了一個水關、數個墩臺和一個圍堡，以及一個堡角墩。此墩臺座落在 5 米高的堡牆之上。墩頂四沿為垛牆，垛牆面堡方向留一豁口為頂門。門外下懸一軟梯（用鐵鍊拴橫木）供遊人上下。墩臺高 6 米有餘，底寬 8 米。這個墩臺四面無窗，墩頂垛牆豁口就是頂門，如果守衛人員把軟梯拉上去，誰也別想爬上墩頂。

▲ 河北涿鹿的高開門墩臺　馬　駿　攝

河北涿鹿馬水長城屬保存較好地段之一。這個位於狼煙山北長城主線外的四面無窗的墩臺，因為垛牆完整，成為馬水長城遺存中最寶貴的一個。可以看出垛牆中間的豁口是當年安排進入墩頂的「門」。這個 6 米多高的墩臺，底寬 4 米多，顯得瘦高，再加上近兩米高的垛牆。若無豁口門，搭梯子上下就更費了。墩臺設門，既要守衛者方便上下，又要保證安全，這是建墩臺時要仔細拿捏的。

◀ 山西平定的高開門墩臺　山雪峰　攝

山西省固關長城也是近年由當地政府集資修復的。固關南崗長城處有一座有窗有門的敵樓，和一座無窗有門、截面為圓形的墩臺。這個截面圓墩臺根基被石牆環圍成一個圓臺，然後再疊起一個 6 米多高的墩臺。臺頂有近 2 米高的垛牆，垛口半米深。墩臺垛牆在面向東邊長城有一豁口，應算是臺門，門下先有 3 級臺階，連接緊貼臺外圍而建的左右雙向登臺階蹬。此臺不算十分高大。

◀ 北京延慶的高開門墩臺　嚴共明　攝

八達嶺長城北七臺，是一座跨騎主線長城，四面無窗、兩面有門的石疊墩臺，在八達嶺旅遊指南展牌上寫着此處為「北七樓」。「北六樓」有窗有門，「北八樓」也有門有窗，因「北七樓」地勢漸高，地盤卻極窄，不可能按北六、北八的規模來築建，只能用臺頂垜牆建成一個工事。與長城相通的地方，門不做券頂，只留豁口。這是典型的臺頂垜牆開豁門的高開門墩臺。

◀ 河北懷安的高開門墩臺　郭　峰　攝

懷安縣趙家窯村北的「有味樓」是當地的名樓，圖中此墩臺在「有味樓」西邊。墩臺截面為正方形，四面無窗，僅有一門，門內的地面即是臺頂。此臺與前幾例不同，門不是豁口，而是有券磚門頂，這樣為安門扇或門板提供了條件。根據此門券 1.7 米左右的高度及其與臺高的比例，可推測墩臺高有十餘米，相當高大了。此墩臺位於長城主線之內，並不騎跨長城。

▶ 北京延慶的高開門墩臺　嚴共明　攝

在八達嶺水關長城北線，也有三個四面無窗、在臺頂垜牆留門的墩臺。此臺位於長城的拐點上（此臺西面、南面與長城主牆相連接），用料和施工標準和八達嶺完全一樣。此臺與長城相接面上都築一券門，門頂外方內圓，比北七臺豁口門整齊，漂亮。此臺四周為垜牆，臺頂還有一小屋殘牆，應是一哨房或鋪房的殘跡。

▶ 北京密雲的高開門墩臺　嚴共明　攝

長城從北京市密雲區古北口臥虎山逶迤向西至白馬關，其間騎長城的圓形石墩臺只此一座。墩臺四面無窗，臺頂有磚砌垛牆殘根，在與墩臺西邊的牆體相接處有一豁口，應是西門殘跡，東邊的牆體則與墩臺腰部相連。墩臺東側的垛牆下有一拱券門，門內為窄巷道，有完整的石臺階通向臺頂。臺頂有哨房殘痕。這是個典型的有門無窗的高開門墩臺。

◀ 河北撫寧的高開門墩臺　呂　軍　攝

撫寧縣拿子峪這樣的墩臺有三個，都建在長城主線牆外，並且保存完好。墩臺四面無窗，只有垛牆，也是在面向長城的垛牆上有一豁口臺門，便於守衛人員出入。

◀ 遼寧葫蘆島的高開門墩臺　呂　軍　攝

三臺子墩是遼寧葫蘆島興城的明代遺存。此墩截面為圓形，立面為略有收分的梯形，墩高 12 米，直徑 16 米。經歷了幾百年風雨戰火，該墩臺竟奇跡般地存留了下來。此臺頂的圍牆不開垛口，只有幾個望孔。臺頂面北有一石質券門，門檻邊有掛梯石柱頭。門下用石頭嵌入磚牆做石蹬，如同現代馬路上的斑馬線，為登梯上下時對臺面起保護作用。臺頂牆內有一小屋，雖然多年荒廢卻仍完整。

▶ **河北懷安的高開門墩臺**　黃東暉 攝

河北懷安長城最大特點是石壘牆不高，但在長城內的磚包臺十分高大。圖中磚包臺現存部分就有12米高，四面無窗，僅南面有一門。此門距地面近10米，門內是一券室。券室左邊垮破。券室頂距臺殘頂面近2米。此臺門下有兩個掛梯石柱頭，石柱頭下磚面被上下守衛人員磨出一道腳印深槽，證明當年人員來往頻繁。

◀ **山西天鎮的高開門墩臺**　龔建中 攝

山西省天鎮縣找不到一個有包磚的墩臺。但我們在去縣城的路上看到一個殘墩，高十多米，在墩頂下近2米的地方有一門洞，距地面約8米。此墩築在一個大臺基上，臺基高有6米，墩上下兩部分土質明顯不同。從門洞與地面位置關係可清晰地看出，這是一座高開門洞墩臺，但高開門洞位於臺頂面之下。

▶ **山西偏關「老牛灣墩」**　山雪峰 攝

山西省長城墩臺不少，但找出四面無窗、只有一門的實在不多。在偏關縣老牛灣黃河邊上的「望河樓」是個四面無窗、只有一門的墩臺。此「樓」高14米，基寬10米，樓南面距地面10米高有一券磚門，此門頂距「樓」頂有3米多。估計從「樓」門進入後為一券室，室內有梯道通「樓」頂。樓門上有一石匾，上刻「老牛灣墩」四個大字，下款「萬曆歲酉丑夏」可辨識。（見《明長城考實》頁191）可惜的是此墩臺頂垛牆已垮塌无存了。

▲ 河北懷安高開門土墩臺　岳　華　攝

河北省懷安縣趙家窯村西南溝口的大墩臺。問當地居民此墩是否磚包石頭疊過，他們也不清楚。但此墩原來有圍牆，並且圍牆還有堡門，是合乎老規矩的。這個截面為圓形、四面無窗的墩臺高8米有餘，底直徑超過10米。在墩南面有一臺門，門內應是一室，室已無頂。門洞上沿距臺頂沿還有2.5米距離。這是一個門開在頂沿下但仍距地面有4米多的高開門墩臺。

▼ 河北懷安高開門磚石墩臺　張　驊　攝

在懷安縣石山頭臺再東邊有一處極完整、東面垛牆都完好的磚包墩臺。此臺四面無窗，僅東面距地面10米多高處有一磚券門。門下有兩掛梯石柱，磚面有上下磨損凹印。從完整垛口根可以判斷臺門頂距頂面應有1米左右。這個墩臺雖完整，但垛口似乎淺了些，垛口深6層磚。可惜的是此臺沒有臺區。

▲ 河北懷安高開門石墩臺　張　驊　攝

在懷安縣長城上只有一座徹底用石頭疊出來、截面為正方形的大墩臺。此墩東、北兩面均塌垮，僅西、南兩面還完整。此墩臺周圍有一圈石牆殘跡，不清楚是古人的防衛遺存，還是後人攔牛圈羊的建築。臺南距地面6米高的石門肯定是當年的設備。雖然石墩臺垛牆無存，但門頂肯定是在臺頂的下面。進入此門後應是一小室。石墩臺兩面已垮，距離全部塌垮是不會很久了。

▼ 河北懷安高開門磚石墩臺　張　驊　攝

緊臨左圖墩臺的同樣是個無窗有門的墩臺。臺門距地面9米左右，門洞上有一字跡不清的石臺區。臺門上的垛牆，四個垛牙中間兩個垮了，垛口深十層磚。此臺門左邊距臺頂2米處有一水嘴，是臺頂面排水裝置，也是臺頂面的水平標識。這個臺門與頂面尚有一截距離，但仍是高高在上，證明高開門確實是開在臺頂面以下的。

▲ 河北宣化高開門磚墩臺 黃東暉 攝

河北省宣化縣長城原本是牆頂不可站人的封頂式石疊牆，現在多數垮成石堆狀，磚包大墩臺成了宣化縣長城的驕傲。這些大墩臺大多無券窗，但有一券磚臺門。門檻下有掛梯石。臺門頂距離垛牆頂2米有餘。說明臺門內本為一木結構室，室頂才是臺頂。臺門開在頂沿下。

▼ 河北宣化高開門磚墩臺 干盛宇 攝

河北省宣化縣霍家窪的墩臺體積樣式都差不多。這個墩臺的特點是臺東南角被人掏挖一大洞，洞中叮看見原來臺芯土石中還摻着不少樹桿。此臺東角存留一方形垛孔，證明此臺門離垛牆根至少還有1米，但門內小室頂已垮，讓後人以為此門內即是臺頂面，實際上應以垛牆根來判斷臺頂面所在位置。

▲ 河北宣化高開門磚墩臺 黃東暉 攝

河北省宣化縣常峪口是宣化長城中唯一的大山口。在常峪口東霍家窪村北山上，能見到四五個墩臺。多有殘破，圖中這個最完整，還能見到臺頂角的垛牆。這個墩臺四面無窗，臺門距地面8米。門檻下掛梯石遺失，門頂距臺頂近2米。是個頂沿下開門的墩臺。

▼ 河北赤城高開門磚石墩臺 張 驊 攝

河北省赤城縣鎮安堡東山上有一個還存有垛牆的墩臺。此墩臺磚面下有四層條石立面。臺高12米，基寬10米，四面無窗。臺南面一門距地面7米多，門上有一個用六塊磚拼接成的臺匾，無任何刻字，是個無字匾。門頂距垛牆根不足半米。此墩臺垛牆如此完整，和此臺門距地面太高有關。

第 3 節　腰開門墩臺

當我們求知長城的足跡擴展到陝西省後，才發現陝西省長城也有不少有門無窗的墩臺，但與山西省的有門無窗低開門墩臺，或北京市的有門無窗高開門墩臺都不同。高大的墩臺四圍建有堡牆，個別存留狀況好的圍堡上還保留着帶門匾的堡門。這類墩臺四面無窗，但在離地面和墩頂各距 3 米的臺腰部開有一個門洞。去過北京市門頭溝區黃草梁長城的，想必不會錯過那座扼守在古道邊的巨型石砌墩臺。該墩臺南面連接有長城石牆，而東牆上的臺門距地面和臺頂

2 米，此門與石牆並不相通。在密雲區大黃岩口、乾峪溝等地段，也有這種四面無窗的腰開門墩臺。

腰開門墩臺的結構比高開門墩臺複雜。門內或建有石砌小屋，靠牆有石壘登頂臺階。或建磚砌券洞，牆壁中砌登頂梯道。或省略券室，只在門內砌登頂豎井、斜梯道。

腰開門墩臺雖然在陝晉冀京等地都有存留，但數量相較前兩類要少很多。

▲ 陝西神木的腰開門墩臺　羅　宏　攝

陝西省神木縣木瓜梁長城有一殘破磚包墩臺。墩臺在南面有一個門洞，距離地面 3 米多，距離墩臺殘頂 6 米。門洞券頂是一整石板加工刻鑿而成，門洞券上還有一塊石匾，記述當年參與修建此墩臺的各機構官員姓名。

▶ 陝西榆林的腰開門墩臺　羅　宏　攝

陝西省榆林市沙石嶺門開在臺腰的墩臺。墩臺位於主線長城之外，截面為方形。墩臺南面有完好的磚砌垛牆。墩臺南面有一登臺門洞，門洞距離墩臺垛牆頂 5 米，距離地面 6 米，位置開在臺腰。

◀ 河北懷安的腰開門墩臺 岳 華 攝

河北省懷安縣趙家窯有一個垮了兩面、門開在臺腰的墩臺。此臺立面下為四層條石，上為磚包，臺高近 13 米。此臺四面無窗，面東有一完好臺門，門檻距地面近 6 米，門框券頂全由石材構成。臺門內垮成磚堆，臺頂磚垛牆殘留三個。隔了一年再去，此臺門右壁也塌平了。

▲ 河北懷安的腰開門墩臺 郭 峰 攝

河北省懷安縣渡口堡，是當年華北通向草原要道上的一個大軍事據點。長城在山脊佈防，從馬市口到渡口堡長城內也分佈着許多瞭望傳訊的墩臺。這座土墩四面無窗，墩腰有一門洞，距地面 4 米多高，門洞頂距墩頂 3 米。門內本應為一室，現為一土坑。此墩臺識別特徵是無圍牆，但墩臺大形尚完整。

▲ 河北懷安的腰開門墩臺 張 驊 攝

河北省懷安縣趙家窯長城東還有一個比較完整的腰開門墩臺。此臺立面下為三層條石，上為磚包。臺高 10 米多，四面無窗，臺門僅存兩邊一順一伏的殘跡。臺門破成一個 3 米多高的殘洞，距地面 2 米多。臺門左用白灰抹出正方，再鑿扣一小龕。門頂上裂一大縫，破洞裡為券道，券道盡頭是一個方形豎磚井。井壁上的踏窩較深大，說明此臺當年上下的人員較多。

▶ 山西陽高的腰開門墩臺 劉民主 攝

山西省陽高縣太平堡北的五墩是座高 15 米的巨大墩臺。其截面為正方形，基寬近 14 米，四面無窗。面向長城內的一面多有開裂塌垮，雖然損毀嚴重，卻露出了墩中心一個垂直的上下豎井，豎井上口開在墩臺頂面，下口離地面 4 米多，臺門開在臺腰。這個墩臺成了豎井實物做成的剖面圖，為後人了解和研究墩臺結構提供了最後的寶貴資料。

▶ 北京密雲的腰開門墩臺　嚴共明 攝

密雲區北莊鄉乾峪溝長城在黃岩口南，牆子路北。此地山勢陡險，無山口和小路可通長城內外。此段長城的墩臺都是四面無窗，僅在臺腰開一個臺門。此墩臺東、西、北三面塌垮，僅存渣堆，南面大部尚存。臺南面下為六層塊石砌，上為磚砌。臺門檻為三層磚厚的石塊，門壁高十三層磚。臺門頂為二順二伏磚券。

▲ 北京懷柔的腰開門墩臺　史 強 攝

懷柔區箭扣長城，有門有窗的墩臺是全部用磚砌，有門無窗的臺則下用石砌，臺門和墩頂垛牆用磚砌。圖中這個墩臺四面無窗，只在臺西面有一個磚券頂臺門。門內為一個小室，小室裡有一登頂梯道。梯道上口開在墩臺頂的小屋內。現已垮，只有殘牆根。這類結構墩臺在箭扣可找到四個之多。

◀ 北京密雲的腰開門墩臺　張 驊 攝

密雲區大黃岩口位於山谷河流地勢最窄之處。在沿河道急轉的山梁上有磚包牆長城，以及兩座磚包墩臺。兩磚臺之間還有一個毀壞嚴重的墩址。兩個大磚包臺均四面無窗。北墩臺在臺南面腰開一個可登頂的磚梯臺門，臺門下是塌垮殘破的城牆。臺門距地面4米，距臺頂2米。臺頂垛牆根的磚棱還有部分存留。

▲ 北京門頭溝的腰開門墩臺　吳 凡 攝

這座位於門頭溝黃草梁的石壘墩臺高9米，寬12米，厚10米。此臺之寬在別處少見，四面無窗，只東面距地面4米有一門洞。進入門洞後左拐為石梯，上幾蹬後右拐可登頂。此臺位於磚樓中間、路口咽喉的位置。這麼重要的險地，卻只有一個四面無窗、腰開門的大墩臺，對此還沒有一個讓人明白的說法。

▶ 北京懷柔的3×4眼敵樓　曾傲雪 攝

北京市懷柔區旺泉峪的3×4眼樓。以敵樓單面說，南面有四個磚券窗，東面是一樓門兩個磚券樓窗，我們稱其為3×4眼樓。此樓有樓頂垛牆但垛牙有缺損，有樓室地面磚棱，以及樓室頂面磚棱。樓室磚砌，樓座條石砌，樓礎花石砌。樓額有兩個多樓窗高，是3×4眼樓中較完好的一個。

第三章　有門有窗的敵樓

不同於墩、臺，敵樓建有樓窗，而樓窗多是磚券頂，約半人身高（實際一般有八層磚高），約一人身寬或兩人側身的寬度。窗外券為一順一伏券磚頂。窗內券有木框，木框上下有軸窩，用以安置窗扇板。做工講究的敵樓窗臺用石料加工成兩頭燕尾岔形嵌在磚牆裡。窗臺石鑿有立軸窩和窗扇銷窩。

一座敵樓擁有的樓窗數量，包含着三項信息：一是體現敵樓體積的大小，二是為了展現戰鬥力的強弱，三是透露出軍事長官對敵樓附近防線是否重要的判斷。

一個敵樓有幾個樓窗，要從敵樓單面起頭數。大部分敵樓有四個立面，樓窗多數是兩兩對應。以敵樓單面樓窗多少排序，再加上相臨立面門窗數，就可說明敵樓的基本情況。有門有窗的敵樓形態豐富多樣，本書從單面一眼樓與相臨立面門窗數的搭配組合開始介紹，到單面六眼樓與相臨立面門窗數組合為止，共將敵樓分出六大類二十七小類。

有門有窗的敵樓是長城墩、臺發展演化的結果，也是明長城特有的標識。

第 1 節　單面一眼敵樓

敵樓與墩臺不同在多了一類設施「樓窗」。以敵樓橫截面為方形，應有四個立面。只要有一個立面開了一個樓窗（或是只有一個樓門），這種敵樓就可歸為單面一眼樓。以敵樓兩個面來觀察，另一個面開了幾個樓窗（樓門洞佔一個窗位的可算一個樓眼），這就是 1× 幾眼敵樓。

單面一眼樓之所以珍貴，是因其存在數量要比單面二眼、三眼、四眼樓還要少，在長城沿線僅屬零星存在。其左右的敵樓樓窗數量都會較之為多。單面

一眼樓所處的位置，通常地勢險惡，令人難以接近。

在我們求知長城的過程裡，單面一眼樓本不多見。1×1 眼敵樓更是罕見。斷斷續續地發現，如果把敵樓單面只有一個樓門稱為一眼，敵樓另一個面只有 1 樓窗可算 1×1 眼敵樓。1×2 眼敵樓、1×3 眼敵樓、1×4 眼敵樓就東一個西一個的碰到了。單面一眼樓實際會有五類組合變化。「敵樓」的不同樣式和豐富的組合就此展開。

▼ 河北懷安的 1×1 眼敵樓　黃東暉 攝

關於河北省懷安縣長城趙家窯的「有味樓」的記載，首見於《明長城考實》。當地人稱其為「有味樓」估計不是指嗅覺或味覺刺激，而或許是出自「右衛」諧音，又或者是就此樓不同於相鄰的墩臺樣式格局而言。此樓門開在根基處，入東門後有石質臺階夾道，券道西端為一木頂結構小室，小室南牆西牆各有一樓窗。小室北有一夾道，夾道北牆上有一樓窗和兩個望孔和兩個排水孔。此樓樓頂垛牆已垮塌無存。

▲ 河北懷安的 1×1 眼敵樓　黃東暉 攝

這是懷安縣長城趙家窯「有味樓」的南面外觀。樓室南面唯一的樓窗被毀壞擴大，遠看似一樓門，細看樓窗有完整的窗沿。樓窗下是拆出的豁口。

▶ 河北懷安的 1×1 眼敵樓　黃東暉 攝

這是河北省懷安縣長城趙家窯「有味樓」的南面和東面外觀。敵樓南面唯一的樓窗被拆成了一個細長的豁口。樓室東面唯一的樓窗完好。兩邊各有一個望孔。樓窗右邊望孔下還有一個排水孔。排水孔的石刻排水嘴均被毀壞。敵樓東面牆根有一完好的樓門。入門後右拐有石質臺階夾道登上樓室。

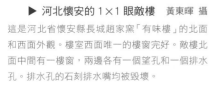

▶ 河北懷安的 1×1 眼敵樓　黃東暉 攝

這是河北省懷安縣長城趙家窯「有味樓」的北面和西面外觀。樓室西面唯一的樓窗完好。敵樓北面中間有一樓窗，兩邊各有一個望孔和一個排水孔。排水孔的石刻排水嘴均被毀壞。

第1目 1×0眼敵樓

理論上講，標準的方形敵樓，出於防禦需要，其每個立面應至少各有一窗或一門，而敵樓門窗總數應在4個以上。在實際考察中，卻能見到個別敵樓的樓室四面門窗總數甚至不足這個數字。換言之，這類敵樓雖然有窗，但每面至多開設一窗，且樓體四面中必有兩面以上無窗，從而導致該敵樓的門窗總數是2個。如此規格的有門有窗敵樓，可以歸入單面一眼敵樓目下，但只能稱其為1×0眼敵樓。

◀ 甘肅敦煌的1×0眼敵樓　呂　軍　攝

敦煌市沙洲鎮五墩村本以五座漢唐遺留的墩臺而得名，現已塌掉兩座。剩下的三座墩臺中，兩座中心有券室，券室有門洞可供出入。僅有一座墩臺在券室開了一個券窗。從長城西端找有門有窗的墩臺，這獨眼樓可能是第一個。

▲ 河北赤城「永照樓」　李沐心　攝

赤城縣貓峪鄉清泉堡村南山崗有一完好敵樓。敵樓西面牆根中間開一券門，入門有一右轉梯道，然後左轉登頂。敵樓的南面有一券窗，是這個敵樓唯一的券窗。此臺門洞上居西牆中間有一石匾，上刻「永照樓」三個大字，極具藝術水平和文物價值，款署天啟七年。這個敵樓僅開西門，南開梯窗，卻立匾定名「永照樓」，說明「樓」的稱呼於史有據，是有出處的。此「樓」四個立面同一水平層僅有一窗，所以歸為獨眼樓。

▶ 河北懷安「得勝臺」　郭　峰　攝

河北懷安縣總鎮臺村北山有一嵌着石匾的墩臺。墩臺西面塌垮成豁口，北面完整但無窗無門。東面也有一豁口但能看出是一樓窗，南面墩臺根開一門洞，門洞上兩米處有一石匾，上刻「得勝臺」三個大字。在敵樓上只了開一個樓窗，也是個獨眼樓。類似規格的墩臺，在赤城縣還有兩座。

▲ 北京延慶「上花樓」　山雪峰 攝

延慶區的外長城上僅有三座門窗兼備的敵樓，這是最北的一座。此敵樓北面無窗，東西南三面各有一窗，其中東西側的開在樓頂垛牆根下，南窗則開在樓腰高度。南面牆根偏西開一門，此樓在國內大比例地圖上標示為「上花樓」，當是沿用舊稱。有意思的是，四面統共三窗，即可稱「樓」，足見歷史上「樓」的定義極為寬鬆。

▶ 河北赤城「青平樓」　張 驊 攝

河北省赤城縣龍門所鄉青平樓村北山梁上有個敵樓，此敵樓民間口傳大名「青平樓」，村因此敵樓得名。現在敵樓西面、南面包磚還完整，東面垮塌，北面破裂。西面牆根偏南有一券門洞，門洞裡有一向北上的磚梯道可登頂，現內塌堵死了。東、西、北殘破的牆面無樓窗痕跡。整個敵樓僅一南窗，和一個敵樓根開西門。頂垛牆全無。此「青平樓」為各種地圖所承認記載。由於「樓」兩個立面同一水平層僅有一窗，故歸為 1×0 獨眼樓。

第 2 目　1×1 眼敵樓

　　截面為方形的敵樓，只要門窗總數少於 6 個，且與樓門相鄰的立面只開有一扇樓窗的，都可歸入 1×1 眼敵樓。若從門窗位置來看，一面牆上僅有的門窗理應左右居中，實際卻多是偏於一側。爬進敵樓後，才發現有的樓室內設兩道拱券結構，但其中一道的兩端並不開窗，導致窗數較少。還有的因樓室牆內夾有登頂梯道，導致樓室並不居於截面中央，即使樓窗左右跟樓室中線對齊，但從敵樓外看，就偏離樓身的垂直中線了。

▲ 北京密雲的 1×1 眼敵樓　丁人人 攝

北京市密雲區遙橋峪是一個可通長城內外的山谷。長城守山谷東邊的敵樓只剩個石質樓座，西邊的敵樓因居坐落山崖頂而尚存。敵樓西只一樓門，南北各一樓窗。從樓西邊看是座 1×1 眼敵樓，但樓東開了兩個樓窗，不過也難以因此歸為 1×2 眼敵樓。

▲ 北京密雲的 1×1 眼敵樓　方　明 攝

密雲區牛盆峪有一座單眼樓。樓南面據地面 4 米有一獨門，東面西面各有一樓窗，北面為兩樓窗。內部也是兩道窄拱券。此樓頂部垛牆基本完整，樓頂哨房山牆仍存留一半。這是北京長城中敵樓最狹窄、樓窗最少但保存相比最完整的一個。

◀ 北京延慶的 1×1 眼敵樓　張　驊攝

北京市延慶區四海鎮東山崗上有一四面均有一窗的敵樓。此樓體積不大，總高不到 6 米。樓頂垛牆徹底坍塌。此樓南面樓窗偏東不居中，距地面 1 米多有一不到 1.5 米高的券門。入門後為一夾道，夾道右轉上墩臺頂。敵樓內室與北窗、西窗相通，而東南兩窗通梯道。此樓室為單券拱，內部設置多毀壞。是座有低樓門完整的 1×1 眼樓。

▲ 河北撫寧的 1×1 眼敵樓　呂　軍　攝

河北省撫寧縣葦子峪到花廠峪，山石聳立，長城敵樓據山尖而立。進入花廠峪地段，最後一座磚敵樓從體積看並不狹窄，但樓窗卻只有兩個。此樓北面只一獨門，門內為一單拱券樓室。拱券南頭有一小券窗，為此樓的南窗。券室東有一向南上的登頂梯券道，券道東牆開一券窗，為此樓東窗。可惜樓頂垛牆全無。天氣晴好時，在此樓可看見大海及泊在海面的巨輪。這個一門兩窗的敵樓在撫寧屬於孤例，十分寶貴。

▼ 北京密雲的 1×1 眼敵樓　宇　鳴　攝

北京市密雲區小水峪長城多處是山險為障。此樓南面獨開一門，門腳離地面 4 米有餘。敵樓東面北面各開一窗，西面是兩窗。此樓內為極窄的雙拱券東西走向。南券東西兩頭各一窗，北券只西頭開窗，東頭不開窗，所以從外面看東窗不居中。從此樓東北角或東南面看還是個完整的 1×1 眼敵樓。

▲ 北京密雲的 1×1 眼敵樓　楊健武　攝

密雲區高嶺鎮裡倉峪長城從村南向東轉向水石滸。這裡有座敵樓，遠看是個大樓，近看是個四面單眼樓。此樓樓座為毛石砌，敵樓室二分之一為磚砌。樓東面與長城牆體相接處只有一個樓門，西、南、北每面也只有一個樓窗。依筆者推測，這裡原設計為三眼樓，因為樓座地基按 3×3 眼敵樓修建。到樓室包磚牆砌券時，可用磚數量不足，或是工期按三眼敵樓砌就完不成了，於是改建 1×1 眼敵樓，既省磚又縮短工期。

▼ 北京懷柔的 1×1 眼樓　黃東暉　攝

北京市懷柔區渤海所鎮龍泉莊北有一道由內長城主線分出來的支線長城，俗稱「耷拉邊」。耷拉邊的盡頭有座樣式奇特的 1×1 眼樓。懷柔區長城另有的兩座 1×1 眼樓都是樓室嵿築有垛牆，垛牆內環繞一哨房，而龍泉莊的 1×1 眼樓樓室頂沒有垛牆。樓室順長城的兩面即是樓室支撐樓頂的山牆，而樓室頂不再加蓋哨房。

第 3 目　1×2 眼敵樓

　　敵樓是觀察敵情和戰鬥殺敵的堡壘，其禦敵面可視為正面，而禦敵面左右為側面。1×2 眼敵樓任意面的窗數均不超過兩個，禦敵面必須有兩窗，且能與單開一門的側面形成 1×2 效果才滿足條件。這類敵樓只在北京懷柔、密雲的長城上見過。密雲北部山勢險峻，築樓時受到地形限制，既需控制面積，又要保證禦敵效果，1×2 眼敵樓似是最佳選擇。其體型雖然有限，但內部結構也有變化。樓門居中的多為中心室結構，而樓門偏於一側的多是双拱券通道結構。

▲ 北京密雲的 1×2 眼敵樓　黃東暉 攝
北京市密雲區裡倉峪村的西山梁有兩座 1×2 眼敵樓，本圖所示為偏南的一座。此樓西南角垮塌，以此與偏北的那座敵樓相區別。此樓向西開有一個石框樓門。樓北面為兩樓窗，樓南面只有一樓窗，而樓東面又是兩樓窗。

▲ 北京密雲的 1×2 眼敵樓　黃東暉 攝
北京市密雲區裡倉峪村西山梁上有兩座 1×2 眼敵樓，兩座敵樓外形完全一樣，其中位置偏北的這座敵樓外形完整。樓頂垛牆全無，樓頂哨房也垮沒了，此樓高十米多，每面寬 5 米。南面距地面 6 米處開一樓門，門框為花崗岩鑿成券石和立框石。敵樓北面樓窗破成一個大豁洞。

▶ 北京懷柔的 1×2 眼敵樓　吳　凡 攝
北京市懷柔區神堂峪長城敵樓多數是 3×3 眼樓。但在西坡山梁上有一個小一些，本該是每面兩窗的 2×2 眼樓。但此樓東面僅開一門，而該有一窗的地方卻無窗。原應為窗的地方牆內是從樓室登樓頂的梯道，故無法在樓東門北再做一窗了。樓內有兩拱券，南券兩頭為門，可東西走動。北券為一小室，樓室之窄小，實在少見。此樓北、南為兩窗，西為一門一窗，東為一門。

▶ 北京密雲的 1×2 眼敵樓　劉建光 攝
密雲區新城子鎮曹家路南山坡上一字排開有四座敵樓。本以為都是 3×3 的標準樣式，走近一看還有特別的，發現一座 1×2 眼敵樓。此敵樓截面為正方形，北面居中開一個樓門，距地面 4 米。門兩邊無窗，樓頂有垛牆殘根和牆垛孔。敵樓的樓座為條石砌，極完好。此樓東、南、西均兩窗。

▼ 北京密雲的 1×2 眼敵樓　黃東暉 攝
密雲區不老屯鎮西駝古村北山有一極危險、即將垮掉的 1×2 眼樓。樓室中心拱券支杆牆已全垮，只剩樓室四面的外牆。敵樓東面是一大豁洞，磚牆殘存一橫石為石門框的壓柱石，可判斷原是一個樓門，南北各有兩個比券窗要大許多的破洞。從殘存的樣子可以推斷此樓原來是一座 1×2 眼樓。不知何日一場雪雨後，就成了一個殘缺斷壁、無法再看的廢墟了。

▲ 北京密雲的 1×2 眼敵樓　嚴共明 攝
北京市密雲區司馬臺長城「仙女樓」是座名樓，因體形修長又名「棒捶樓」。此樓高 10 米有餘，寬 5 米多。樓南面無窗。敵樓東、西側面無窗，各只設一樓門居中。此樓朝北的禦敵面有兩窗，樓內僅為一券室，有一天井通樓頂，樓頂垛牆缺垛牙。「仙女樓」樓聳立在極其陡峭的山崖之上，連接其左右的是狹窄的單邊牆體，使其極難接近。再加上這座敵樓海拔近千米，經常為雲霧所遮掩，確實有種飄飄仙氣，所以稱其為「仙女樓」也是實至名歸。

第4目　1×3眼敵樓

1×3眼樓不同於1×2眼樓，敵樓的禦敵面設置了三扇樓窗。1×3眼敵樓又可分為兩種。一種是敵樓左右接長城的側面只設一門出入樓室，而樓室禦敵面和對內面均開3樓窗。敵樓的門窗總數為8個。另一種比較罕見的，是敵樓左右立面各有1個樓窗，樓室禦敵面開3個樓窗，而對內面只開1個樓門。如此設置，敵樓門窗總數則為6個。1×3眼敵樓故此有8洞1×3眼敵樓和6洞1×3眼敵樓之分。

▼ 河北懷來的1×3眼敵樓　鄭　嚴　攝

河北省懷來縣陳家堡長城有一座敵樓，南、北均有三窗。此樓東為陡坡，樓西與牆接，西面只開一門，距長城牆頂面還有一米多高，但未見登樓臺階。此樓從外面看有兩道磚棱，居上的一道與樓頂面齊平，其上應為樓頂垛牆，可惜已全部垮塌，居下的一道磚棱與樓室的地面齊平，兩條棱線之間為樓室。這個敵樓每個樓窗下都還有一個射孔，也是並不常見。只在工藝比較講究的敵樓上才能看到。

▶ 山西代縣的1×3眼敵樓　嚴共明　攝

代縣舊廣武長城的敵樓多凸出在主線牆外。此敵樓南僅一個樓門，門兩邊無樓窗。樓室東西面上各一個樓窗，敵樓北面，向敵的一面開三個樓窗。樓頂有哨房和垛牆的殘根。從東西兩面看都是1×3眼敵樓。

◀ 河北撫寧的 1×3 眼敵樓　王盛宇 攝

撫寧縣義院口西山頭上有一座完好的敵樓。義院口長城完好的敵樓兩面多是 3×3 或 3×4 眼敵樓，這座敵樓卻是南面僅開一門，東西兩面各開三樓窗，為 1×3 眼敵樓。此樓頂垛牆全毀，卻還有樓頂磚稜線。因地勢陡起，樓門距長城牆頂面近 4 米高，要用長梯方能上下進出。

▶ 遼寧綏中的 1×3 眼敵樓　山雪峰 攝

遼寧綏中錐子山東有兩座完整的敵樓，其中一座居山崖之上，樓西僅開一門，而樓南、北各開三窗，樓東為兩窗。此樓基座與相連長城一樣用不規則石塊砌，樓室部分為磚砌。樓頂四沿有垛牆殘根，沒有樓室地面磚稜線。而此樓西邊較低處的那座敵樓，則是東、南、北各兩窗，比此樓小了一號。

◀ 天津薊縣的 1×3 眼樓　徐寶生 攝

天津市黃崖關長城分山下關城和東山上太平寨兩部分，是 1987 年前後在殘蹟上重建的。修繕後的黃崖關長城，敵樓有圓有方有扁，風格可謂多元。比如這個沿山梁而建的「扁樓」，東西與長城牆頂面相通，各開一門，再無樓窗，但南北兩面各開三樓窗。樓頂垛牆下有一道樓頂面磚稜線。關於黃崖關長城修復前的歷史影像資料，目前所見極少，故而難以得知這座敵樓的原貌。

第5目 1×4眼敵樓

1×4眼樓是指敵樓正面禦敵一側和背面均有四個樓窗，而與長城牆體相接的兩側各只有一個門洞，四面總門窗數為十眼的敵樓。

目前我們搜集到的1×4眼樓和1×3眼樓的數量都是六座，但六座1×3眼樓都零星分佈在山西省山陰縣、河北省懷來縣、撫寧縣，天津市以及遼寧省綏中縣的長城上。至於1×4眼樓，卻集中分佈在北京市延慶區石硤長城一帶。

一座敵樓正面開設四窗，按理說應歸為「大塊頭」，但側面只開一門，理論上會顯得比較苗條。然而從現存的1×4眼樓實例看，其側面卻一點都不窄，幾乎和2×4、3×4眼樓側面同寬，這說明是當年施工建樓時，工匠有意為之。之所以如此建造，究竟是圖省事，還是為了避寒保溫？敵樓側面不設窗的謎團，只有等歷史或建築學的專業人士來解答了。

按樓窗數量排序，又是否存在比1×4眼樓更大的1×5眼樓呢？答案是肯定的，但目前我們也僅發現了一座，位於北京密雲。由於是孤例，本書便不再為1×5眼樓單獨設目，將其留給後來的同道補充更正吧。

▲ 北京延慶的1×4眼敵樓 張 驊 攝

石硤一帶的1×4眼敵樓保存有都有樓頂垛牆下的磚棱線和樓室地面的磚棱線。這座敵樓，東西面各只有一個樓門而無樓窗，但南北面各有四個樓窗。此樓區別於附近其他三座1×4眼敵樓的特色是兩道棱際線都是一層斜角擺磚，遠看似為尖齒。這種齒狀磚棱線其實常能見到，並非該樓獨有。該敵樓的另一個特點，是樓窗下無小孔。

◀ 北京延慶的1×4眼敵樓 馬 駿 攝

從石硤溝口西1×4眼樓向東再過七個敵樓，又可看見1×4眼敵樓。這座敵樓頂垛之完整，大大超過口西的敵樓。這座敵樓順着長城東西走向的臨長城面各開一個門，再無樓窗。而樓南、北兩面各開四個樓窗。從可見的兩個面來看都是1×4眼樓。此樓有完整垛牆，可以看到樓南垛牆牙下有4個垛孔，樓東面垛牆垛口下還有垛孔，共有七個方孔，並且樓窗下還各有一個方孔。這個敵樓的小孔，遠多於西口的樓，另外此樓的兩道磚棱線是用二層磚順平碼凸線，沒有齒狀尖。

◀ 北京懷柔的 1×4 眼敵樓　高光宇 攝

在懷柔區西柵子村的長城「北京結」以東有一座
1×4 眼敵樓。敵樓南面只開一窗，東西兩面為
一門三窗，北面開四窗。按照門佔一窗位來歸
類，這也是座 1×4 眼樓。此樓頂垛全部塌垮，
但樓室的兩道磚棱線十分清楚，並且還是三層
磚，兩層順平夾一層露角斜放。此樓在用料上也
有特點，一般樓用石砌，到樓室就用磚砌，窗
券也用磚砌。此樓是樓室有一半也用毛石塊壘，
到該起券才開始用磚。這是因為磚不夠用，還是
取石比取磚方便？不得而知，但這方式並不多見。

▼ 北京延慶的 1×4 眼敵樓　宇　鳴 攝

此樓也是 1×4 眼敵樓，樣式與前個幾乎一樣。
小有不同是樓頂垛牆基本完好。此樓頂北垛牆有
三個垛口，四個垛牙，只有中間兩垛牙有垛孔，
另外三個垛口下也各有一個含斜面的垛孔。此樓
石砌樓座比上圖敵樓更為嚴絲合縫。樓窗下各有
一個小方孔，兩道磚棱線為順平碼。

▶ 北京延慶的 1×4 眼敵樓　李玉暉 攝

右圖敵樓位於下圖敵樓北邊，樣式一致。南北面
均只開一門，而東西面各開四窗。此樓不同的地
方是樓頂垛牆的垛牙損壞了一半，不大完整，僅
西南角還是原有高度。樓頂磚棱線上有四個垛牙
下孔，三個垛口下孔斗被堵了一塊磚，兩道棱線
也為順平碼。

▶ 北京密雲的 1×5 眼敵樓　梁漢元 攝

長城由北京密雲牆子路向北，經大黃岩口後轉向
東，至黑谷關後轉向西，奔向白嶺關、司馬臺。
這段長城上有數座禦敵面設有五個樓窗的敵樓，
而側面開一窗的僅此一座。這也是我們目前發
現的唯一的 1×5 眼敵樓。該敵樓座落於山梁凹
處，樓南禦敵，因此敵樓緊靠南坡山險而建。敵
樓東牆已塌成大豁，西牆完整，但唯一的樓窗也
垮成了大洞。1×5 眼敵樓理應是正面很寬而側
面窄，但此樓側面不算很窄，卻僅開了一個樓窗。

第 2 節　單面二眼敵樓

在有門有窗敵樓的第 1 節，所舉的例子用是敵樓單面僅一個樓窗或一個樓門，另外相臨的面從有一個樓窗，到有四個樓窗。本節是從敵樓單面僅有兩個樓窗或是一個樓門和一個樓窗的單面二眼樓為一節。介紹另外相臨的面從有兩個樓窗到有六個樓窗的。（而一面兩窗與另面一窗，例證在前文 1×2 中已涉及，故此不再重複。）

單面二眼敵樓比單面一眼敵樓大了一級。單面一眼敵樓裡最大是 1×5 眼敵樓，單面二眼敵樓裡最大是 2×6 眼敵樓。以敵樓禦敵面有三個樓窗為標準，禦敵面有四個樓窗就是大敵樓了，有五個樓窗就是特大敵樓，有六個樓窗就是超大敵樓了。以 2×4 眼敵樓到 2×6 眼敵樓禦敵面夠大，敵樓側面卻不夠大。從實際場地看是受山脊地形限制，沒有再多的落腳之地了。單面二眼敵樓的大小其實是軍事需要與實際可能綜合平衡的結果，是長城敵樓因地制宜施工的巧妙體現。

◀ 北京密雲的 2×2 眼敵樓　馬 駿 攝

北京市密雲區有五座 2×2 眼敵樓。此樓石座用石塊包住山崖，如同砌出一個馬鞍，穩跨山崖脊背，然後用磚砌出樓座和樓室。此樓北面兩磚券窗，東面一門一窗，距離很近。樓門距樓根 4 米多。南面應是兩窗，只因殘破，擴大成豁洞。敵樓西面無窗。此樓內有磚臺階可登頂，樓頂有一極小哨房的殘牆礎。樓頂垛牆只有西面可見殘根，另三面都被扒成斜坡。

▲ 河北宣化的 2×2 眼敵樓　黃東暉 攝

河北省宣化縣長城線上，墩臺有門有窗者少見。在霍家窪山梁上有一座 2×2 眼敵樓。樓西牆南窗磚券殘破，北窗塌毀成了爬入敵樓的大豁口，存東面兩樓窗清楚有形。敵樓南面兩窗中東窗完整，西窗被塌堵。此樓南牆根基處有一樓門，門內有一石拐梯道亦被塌磚堵住，此敵樓的樓室已垮，無頂。雖每面開兩窗，窗與窗之間距離寬大，整個樓身也較寬大。

第1目　2×2眼敵樓

　　單面二眼敵樓裡最小的是2×2眼敵樓。如果敵樓一面只有一個樓窗，另一面是兩個樓窗，這樣的敵樓已歸類到1×2眼敵樓裡了，此目不再重複。我們在長城上遇到的2×2眼敵樓有三十多座，多數分佈在北京密雲長城以及河北遷安長城上。這兩處長城所經過的山地是華北地區山勢起伏最劇烈的地段，能為敵樓樓礎提供的空間常常有限。2×2眼敵樓的產生更像是一個不得以的選擇。據觀察總結，2×2眼敵樓所在的地段多是最危險最難爬的。

▲ 河北遷西的 2×2 眼敵樓　馬 駿 攝

遷西縣城子嶺長城在遷西縣大嶺寨長城南邊。城子嶺長城北段看到一座罕見的 2×2 眼敵樓，此敵樓北面、東面、南面各兩窗，西面只一門無窗。樓門距地面三米多高。樓門由門券石、壓柱石、門柱石、門檻石組成石門框。敵樓頂垛牆全無。

▲ 北京密雲的 2×2 眼敵樓　劉建光 攝

密雲區曹家路南，遙橋峪東大石溝有一座密雲區長城中存留最好的 2×2 眼敵樓。此樓座石料只佔一半，樓座下仍為磚包。樓室頂較高（從樓窗距樓頂距離可以看出來），樓頂垛牆大部完整，每面三個垛牙，兩個垛口（中間垛牙缺失）。每個垛牙上、下各有一方形垛孔。此樓西面為一樓門一樓窗，其他三面均為兩樓窗，樓門距地面 3 米多，門檻為一青石。

▲ 河北遷安的 2×2 眼敵樓　張 驊 攝

遷安縣白羊峪西，二撥子長城有一座 2×2 眼敵樓。此敵樓南、北各兩樓窗，敵樓東、西面一門一窗。敵樓南、北立面條石砌佔六分之一，磚面佔六分之五。每個樓窗都有石窗臺。敵樓垛牆全無，垛牆下有窩槽，窩槽之間嵌有石塊。在別處從未見過。

▲ 河北遷安的 2×2 眼敵樓　劉民主 攝

遷安縣大溝，此 2×2 眼樓位於山崖尖外。因敵樓騎坐於不規則的山石之上，西南兩側的石砌樓座並不等高，南面砌石沿山石變動。此樓西面略窄，南面略寬。樓門頂券石為一整塊，外邊梯形，內為圓弧，與壓柱石、門柱石均為一種顏色。在敵樓西面磚牆上不知為何嵌了四塊條石當磚使用。此樓頂磚棱線完整，但樓頂垛牆全沒了。

◀ 河北遷安的 2×2 眼敵樓　馬 駿 攝

遷安縣石門村東的 2×2 眼敵樓，此敵樓最大的特點是南、東、北三面都兩樓窗，而西面是一樓窗一樓門。樓門的石券頂和門框完整。樓門頂低於樓窗頂。南面樓頂的殘牆不是垛牆，是登頂樓梯的券口牆。

第2目　2×3眼敵樓

　　2×3眼敵樓是指樓室對長城內外都開三個樓窗，敵樓側面開一門一樓窗。如此，敵樓四面樓窗和樓門總數是十個，這與1×4眼敵樓門窗總數相同。

　　由於一門一窗的「面寬」較窄，2×3眼敵樓並不算是長城敵樓的標準配置。這類敵樓發現的數量較少，分佈地區也不連貫。目前明長城沿線總共才看到二十多座。

▲ 山西代縣的2×3眼敵樓　陳曉虹 攝
山西省代縣白草口東，有一座敵樓垮得只存東牆，殘牆外形接近一禽鳥側影，俗稱其為「鳳回頭」。在「鳳回頭」東有個基本完整的敵樓，該樓不騎牆，而是突出於長城牆外。此樓北面設三樓窗，東西各有兩樓窗，南面只設一門。門上有磚塑仿木結構垂花門浮雕，樓匾已失。雖然樓頂狹窄，但設有哨房。此敵樓高大，立面收分明顯。與河北、北京的敵樓風格不同。

▼ 山西山陰的2×3眼敵樓　黃東輝 攝
這座2×3眼樓不同於左右之處在於騎牆而建。敵樓南北各一樓門，位置居兩個磚樓窗之中。南北樓門上各有一石樓匾，還都留有刻字。此敵樓於長城內一面才有兩個磚樓窗。如此看這也是座2×3眼敵樓。但此敵樓四面樓窗和樓門總數是十一個，比較特別。

▲ 河北赤城的2×3眼敵樓　明曉東 攝
赤城縣姚家灣鄉的長伸地村本身就是一個古城堡（堡城現仍保留城牆和一個城門）。在城堡的西山崖上有一完好的敵樓，此樓南北面各有兩個磚券樓窗，東西面各有三個磚券樓窗。樓東面中間樓窗下樓根處有一個磚券樓門，內有梯道，可盤上樓室。樓東面樓窗上還嵌有一石匾，上刻「鎮虜樓」三個大字。明長城敵樓匾額上命名或定名多為「臺」，但這塊匾定名「樓」，以此說來「樓」的稱謂在明代就已出現，並非當地人的民間傳承。此樓完好到樓頂垛牆也保存完整，並且還有一個極具藝術造型的獸頭形水嘴。

▲ 河北遷安的 2×3 眼敵樓　張　驊 攝

這是位於遷安縣小關長城山口東坡的 2×3 眼敵樓。遷安縣長城以白羊峪為中點，沿丘陵蜿蜒，向東至盧龍縣的劉家口。這段長城上完好的敵樓以 3×3 眼的居多，也有更大一些的 3×4 眼敵樓。由白羊峪向西，經小關隘口道遷西縣的擦懸崖子口，山勢起伏較大。山尖上存留的敵樓多為 2×2 眼的。在山梁窪處或山坡上則分散著 2×3 眼或 2×4 眼敵樓。由此可見，敵樓正面樓窗的多少，肯定與對敵情預判有關。

▶ 河北遷安的 2×3 眼敵樓　龔建中 攝

遷安縣的大龍廟有一個標準的 2×3 眼樓，此樓長寬比有些類似懷柔河防口「夾扁樓」。敵樓窄面置一樓門一樓窗，寬面有三樓窗。此樓門用偏紅色的石料拼出券拱。樓座下半部分也用同樣顏色石頭，疊成平座。此樓所有樓窗均有破損。樓頂垛牆全部無存。即使這樣，此樓仍為有模樣，可歸為大形完整、基本完好的 2×3 眼敵樓。

◀ 北京密雲的 2×3 眼敵樓　宇　鳴 攝

北京市密雲區石塘路的這座 2×3 眼樓保存較好。敵樓南北兩面都開三個樓窗，東面是一樓門一樓窗，西面是兩樓窗。在石塘路長城就這麼一座 2×3 眼敵樓。此樓的樓座全為塊石疊砌，石樓座與磚樓室交接處無磚棱線。樓室的樓額有四個窗身高，多數敵樓的樓額為 2 個窗身高，這是它的最特別之處。

◀ 北京懷柔的 2×3 眼敵樓　黃東輝 攝

在懷柔區河防口長城也修復了一座 2×3 眼樓。此樓從截面為長方形，長寬比接近 1:3，窄的一面有兩個磚券窗，寬的一面有三個磚券窗，被人稱為「夾扁樓」。因敵樓位於山石高處，只在敵樓西面開一樓門，並用山石疊了一個大坡梯。此樓雖有維修，但樓頂垛牆只殘存幾層磚高，少了威風。此樓在懷柔長城敵樓中是一個特殊的個例。

▲ 河北遷安的 2×3 眼敵樓　馬　駿　攝

遷安縣的石門村，東山梁上又遇到一座 2×3 眼敵樓。此樓於長城內的一面有兩個磚券窗完好無損，在接長城一面開了一個樓門。樓門不僅門券為一塊整石，在門券石上不知為何又加了一塊橫石條。在門右邊的兩個磚券窗都有破損，兩窗窗間於樓頂碎根處還開了一個凹槽，樓門相對的一面無門是三個磚券窗。此樓還一特點，條石砌比樓室地面還高，但向長城外這面條石順坡逐降，並不水平找齊。這種施工效果很少見。

▼ 北京密雲的 2×3 眼敵樓　馬　駿　攝

密雲區大角峪長城黑關北有一座截面正方的敵樓，本來完全應是 3×3 眼敵樓，卻做成了 2×3 眼。此樓內為兩拱券、東西向，北拱券頂已垮，但券兩頭的樓窗還在。南拱券尚完好，樓南面有一樓門，居兩樓窗中。樓頂垛牆全無。按說這個敵樓所在山梁窪處周圍也有施工條件，但它就不做成 3×3 眼，而是做了個獨門 2×3 眼樓。

▲ 北京密雲的 2×3 眼敵樓　馬　駿　攝

密雲區白嶺關西山梁上，可看到五座 2×3 眼敵樓。這座樓是南北兩面各有三個樓窗，東西兩面為一樓門一樓窗。窗偏北，門偏南。這座敵樓的東門與地面齊平，人可隨意出入，但敵樓西門卻距地面 3 米有餘。敵樓的西垛十分完好，樓頂哨房西山牆完整，敵樓南垛牆根處還有兩個石水嘴。

▼ 河北山海關的 2×3 眼敵樓　張　鵬　攝

「靖虜一號臺」是河北省山海關老龍頭長城唯一在海水漲潮時屹立於海水之上的敵樓。此樓於 1986 年在原址上修復。其東西兩面各開三個樓窗，南面靠西低處開一樓門，在與東西兩面樓窗持平的高度開有兩窗，樓北面只開一門一窗。從敵樓的東北或西北角度看此樓，都是一座 2×3 眼樓，不知當初此樓形態是否如此。

第 3 目　2×4 眼敵樓

　　明長城的敵樓正面開三個樓窗，已成為大家對長城的基本印像和應該配置的數額。但到了 2×4 眼敵樓，從敵樓側面僅有兩窗應歸小號類。但正面是四個樓窗，可就比標準的三個要多出一個。應歸為大號類。就拿 1×4 眼敵樓來看，都應該歸到大敵樓類別。因為這些敵樓樓窗的變化都在面對長城外方向。站在長城外抬頭看敵樓大小有幾窗是第一印象。這樣分小中大不會自相矛盾。筆者認為敵樓正面有三樓窗是標準。少者為小，多者為大。

▲ 北京延慶的 2×4 眼敵樓　張　驊　攝

北京市八達嶺殘長城東坡的 2×4 眼敵樓。樓頂垛牆只缺幾個半截垛牙，樓頂的哨房兩面山牆還在。敵樓內外的四個磚券窗完好無損，只東門偏北一窗有損壞。敵樓二道磚棱線也完整，就連敵樓兩邊長城主牆的垛牆和宇牆也都大部分完整。這是一個十分寶貴的珍品。

▲ 山西靈丘的 2×4 眼敵樓　黃東暉　攝

在山西省靈丘縣與河北省阜平縣之間，長城的敵樓都有樓圖。其中靈丘縣銅碌崖「茨字柒號臺」樓頂垛牆已全無，敵樓大形還完整。樓南北面各有四個磚券窗，樓西面為兩個磚券窗，樓東面為一門一窗。樓門上有一石匾殘龕，從茨字壹號臺貳號臺數過來，應該是茨字柒號。這座 2×4 眼樓基座極高，樓門距地面 6 米還多，其中下半是條石上半為磚砌。此樓有兩道磚砌的棱際線，樓額不夠一樓窗高，為低樓額 2×4 眼敵樓。

▶ 北京密雲的 2×4 眼敵樓　嚴共明　攝

密雲區古北口臥虎山上有一座 2×4 眼敵樓已被安裝了避雷設施，此樓座石塊加工粗糙，但石塊成行。樓室下沒有磚棱線，樓室上有。此敵樓南面開一個樓門三個樓窗，北面有四個樓窗，敵樓東西面各兩樓窗。敵樓頂還有一點垛牆殘根，樓窗少有破損，窗下無方孔。

▼ **北京延慶的 2×4 眼敵樓**　嚴秋白 攝

在八達嶺野生動物園南山梁上，有一座保存較
完整的 2×4 眼敵樓。該敵樓牆體相接的一面與
3×4 眼敵樓寬度相近。樓東面偏左一門、偏右
一窗。敵樓北面四窗及窗下方孔完好，樓頂尚存
部分哨房殘牆，但垛牆毀壞過半。本圖背景中位
於高處的另一座 2×4 眼敵樓垮塌得相當嚴重，
僅存南側一半，粗看甚至會令人誤以為是座 1×4
眼樓。

▲ **北京懷柔的 2×4 眼敵樓**　嚴秋白 攝

北京市懷柔區黃花城長城東坡高處的 2×4 眼敵
樓。樓室下的棱線為條石，樓室上的棱線用磚
砌，樓座石砌。樓室的樓窗和樓門保持原狀，樓
頂垛牆只有殘根，樓頂哨房亦毀盡。樓室東西兩
面各四個券窗，南北兩面各一個磚券窗和一個石
券樓門。此樓還未被修復過。

▶ **北京懷柔的 2×4 眼敵樓**　黃東輝 攝

懷柔區黃花城長城東坡低處的 2×4 眼敵樓，守
在黃花城水庫壩旁。石砌樓座，樓室下和樓室上
的棱線都是用磚砌。樓室頂近年被修復，垛牆雖
然是新磚，但故意修得不完整。樓窗殘破處也不
修復。

▶ 河北灤平的 2×4 眼敵樓　馬　駿　攝

在灤平縣小古道村南山上有一座殘缺的 2×4 眼敵樓。此樓明顯很「扁」，磚石樓座上有樓室地面磚棱線。此樓西、北兩面全破，但東、南兩面尚完好。最寶貴的是東面還有三牙垛牆，每牙中還開一長方形垛孔，十分寶貴。

◀ 河北遷西的 2×4 眼敵樓　馬　駿　攝

遷安縣長城在大嘴子山和白羊峪關之間有一村，村名「小關」，有一條可過長城的小路。小關長城上有一座較完整的 2×4 眼樓。樓室立面下為十層條石所砌，上為磚包，沒有樓室地面磚棱際線，樓頂面磚棱際線還可辨認。敵樓面向長城外一面是四個磚券窗，較完好，敵樓南面是一門一窗，樓門為石門框都還完整。沒有壓柱石，是此樓門的特點。樓頂垛牆還存西面一段。

◀ 河北遷西的 2×4 眼敵樓　張　驊　攝

在遷西縣董家口長城的東山梁上還有一座較完整的 2×4 眼敵樓。敵樓於長城內外都是四個磚券窗，敵樓東面是一門一窗，都已殘破。沒有樓室地面磚棱際線，樓頂面磚棱際線清晰。這座 2×4 眼敵樓以西還有一座殘破的 2×4 眼樓，遷西長城只見到三座 2×4 眼敵樓。

第4目 2×5眼敵樓

在長城上一面有五個窗的敵樓是很罕見的，如果見到，令人很興奮，但從敵樓的兩面來看是 2×5 眼敵樓，意味着另一面較小或較薄。敵樓的門窗總數達十四個，與 3×3 眼敵樓窗總數十二個相比而言，規模還是大一點。2×5 眼比 2×4 眼分佈更少，相對更集中。其分佈最集中的是以下幾處：北京市延慶區長城有四座，密雲區長城有四座，河北省遷西縣的鐵門關一線有五座，河北省撫寧縣有七座。

▲ 北京延慶的 2×5 眼敵樓　山雪峰 攝

從延慶區石峽到八達嶺殘長城這一線上保存可見為 2×5 眼的敵樓有四座，其中最西端的一座最珍貴，因為此樓還保留部分奇特的樓頂垛牆。此垛牆不是以垛牙和垛口組成，而是把垛口做成券窗，窗下有一方孔，方孔外口擋一鑿了圓孔的石蓋。兩券窗之間還有一方孔，從外面看也應有石蓋。敵樓於長城外是五個磚券樓窗，南北各有一樓門一樓窗。此敵樓立面下為十四層塊石砌，上為磚砌。無樓室地面磚棱線，樓頂面磚棱線用五層磚，這也很少見。

◀ 北京延慶的 2×5 眼敵樓　李玉暉 攝

延慶區八達嶺古長城修復了三座 2×5 眼敵樓，這是其中第二座。此樓樓頂垛牆不及高處的敵樓垛牆完好，五個樓窗上樓頂垛牆僅有三個垛牙，排水的石水嘴只存殘根。此樓樓室頂面與底面有兩道磚棱線，均由四層磚構成。

▲ 河北灤平的 2×5 眼敵樓　王 虎 攝

承德市金山嶺長城西五眼樓名字很響亮，因別的樓都沒這麼多樓窗可與之比肩。西五眼樓也是有兩道磚棱線。敵樓南、北各五樓窗，東西各一樓門一樓窗，樓頂有殘垛牆。這裡是拍金山嶺長城落日的經典機位，尤其是在庫房樓向西拍照時，該樓必定是構圖中的點睛之筆。

▼ **河北撫寧的 2×5 眼敵樓**　山雪峰 攝

這座 2×5 眼樓位於撫寧縣城子峪西山梁高處。樓東、西兩面各五窗，都有破損。樓南門已毀，樓北門僅留一個石檻。樓座下為三層工整條石砌，上為磚包。此樓無樓室地面磚棱線，樓頂磚棱線多有殘缺，頂垛牆已全無。雖然如此破敗，卻還是城子峪一線長城上最威風的大敵樓，因為其他樓都是 3×3 眼的規模，樓窗數都不及此敵樓。

▶ **河北撫寧的 2×5 眼敵樓**　熊啟瑞 攝

在撫寧縣梁家灣溝西有兩座 2×5 眼敵樓。山坡高處這座最大特點是樓頂四周都還有樓頂垛牆殘根，垛牆殘根上還有垛孔。樓座下為六層工整條石砌，上為磚包。此樓無樓室地面磚棱線。樓南北各五窗，樓東西面偏北各一樓窗。偏南各一樓門，門框石料完整。樓西有一段完整無垛的磚牆，樓東門距地面 6 米，門下無牆。

◀ **河北遷西的 2×5 眼敵樓**　呂 軍 攝

遷西縣長城有一關口為鐵門關。這個關名叫得很硬氣，萬里長城百餘關口，鐵門不是隨便就可以用的。在鐵門關東側，山勢陡峭。在鐵門關西側，一連四座 2×5 眼樓，敵樓規格之高，數量之密集，稱為「鐵門」不為過。

這座 2×5 眼敵樓，是北面五窗，東、西各兩窗。此樓的特點是只有一個樓門，不像旁邊的三座樓都在樓窄面兩頭各開一門。這個樓門是開在敵樓南面五窗的中窗位置，敵樓兩頭也不與長城相聯，而是敵樓南面與長城相接。

▼ **遼寧綏中的 2×5 眼敵樓**　郭茂德 攝

在撫寧縣小河口西山梁有一座貌似最完好的 2×5 眼樓。雖然樓南面磚有大量風化，但五個樓窗中只有一個破損。樓座下為三層工整條石砌，上為磚包。樓室地面和樓頂的磚棱線都清楚。樓頂南面和東面垛牆完整，特別是頂垛牆下的垛孔呈三角形，這是極少見的樣子。此樓從東南角拍照，樣子完整喜人。若到西南角，就會發現樓西面垮了一半，樓北面早就垮沒了，是座危樓。

第5目　2×6眼敵樓

本章涉及單面 2 眼敵樓，2×2 眼統計出二十八座。2×3 眼有二十四座，2X4 眼的相對較多，總共見到三十七座，2×5 眼也有二十五座。然而 2×6 眼樓極少，只在河北撫寧見到四座，在盧龍遇到過一座。

敵樓的正面開設六個樓窗，側面有一窗和一門，門窗總數達十六個，與 4×4 眼敵樓的門窗總數相同，但 2×6 眼敵樓的禦敵面比 4×4 眼敵樓的就寬了許多，在不增加敵樓體積的情況下，既增加了防守面積，氣勢上也威武了許多。

▶ 河北盧龍的 2×6 眼敵樓　張　驊 攝

河北省盧龍縣長城東頭，首關是重峪口關，河北省撫寧縣最西頭的關口是乾箭扣關，兩關之間山勢險惡。長城牆體保存狀況良莠不齊，並向長城內多設了兩個分支。在這段長城中間部位有一座 2×6 眼樓，我曾從三這個方向遠望到這座樓，因時間不夠，都未走到此樓根前一睹尊容。這座樓面對長城外的一面為六個磚券窗；南面偏東為一窗，已殘破；偏西為一門，已破成大洞；樓西為三個磚券窗；樓北面塌垮，門窗全無；樓頂垛牆全毀。

▼ 河北盧龍的 2×6 眼敵樓　呂　軍 攝

盧龍縣桃林口長城西段有一座殘破的 2×6 眼敵樓。樓室以下用白色毛石砌成，樓室為磚砌。敵樓於長城內外兩面都是六個磚券窗，但兩面各垮掉一個。敵樓有樓門的兩面均塌毀，可看出一門一窗的痕跡。樓室已無頂，樓頂上的頂垛牆亦不見蹤影。盧龍縣長城只看到這一座 2×6 眼敵樓。

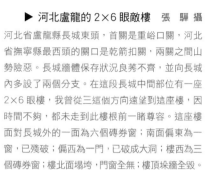

▲ 河北撫寧的 2×6 眼敵樓　馬　駿　攝

河北省撫寧縣長城有一關，名為「青山關」。在青山關西斧劈般的山脊上有一座保存較完好的 2×6 眼樓。敵樓禦敵面有六個磚券樓窗；兩側面各一窗一門，樓窗偏近禦敵面，已有破損，樓門偏靠長城內一側破成大洞。敵樓禦敵面樓頂上的頂垛牆亦完整，每個磚券窗各有一個石製窗臺，窗下各有一個小孔洞。

◀ 河北撫寧的 2×6 眼敵樓　龔建中　攝

撫寧縣城子峪有一座 2×6 眼樓。此樓東側本應有一門一窗，現已全部塌垮。樓西一門一窗尚完整，樓頂垛牆也十分完好，連每個垛牙中的方孔以及垛口下的方孔也都很完整。此樓有樓頂磚棱線，但無樓室地面磚棱線。此敵樓北面為禦敵面，開六個磚券窗，其中五個都有破損。而從南面看此樓卻僅四個窗。若不到長城外觀察，很難發現了此樓的珍貴之處。另外，此樓東邊長城主牆上開有一座可通牆外的小券門。

第3節　單面三眼敵樓

敵樓一面開有三個磚券樓窗，在前文中已有兩次出現，有 1×3 的樣式，和 2×3 的樣式。敵樓禦敵面都是開設三個磚券樓窗。但相鄰的另外兩面，要麼僅一個磚券窗或一個樓門，要麼一門加一窗，或兩個磚券窗，門窗數都少於三個，而本節介紹的敵樓，單面為三個磚券窗，而另外相鄰面，為一門兩窗（相當於三窗大小）、三個磚券窗或更多。

我們看到的單面一眼樓和單面二眼樓總數不超過一百五十座，而 3×3 眼敵樓能數出近四百座，在各式敵樓中佔多數。這似乎證明 3×3 眼敵樓是長城敵樓的標準配置。單論體積，三眼敵樓不算大，但在十里之外就可清楚地看見。這類敵樓多為跨長城牆而建，顯得比四眼樓中庸穩健，更符合中國傳統的中庸思維以及對稱美學。

若單論門窗數，兩座 3×3 眼敵樓必然是相同的，但它們之間的樓座、樓額仍存在區別。因此在區分 3×3 眼敵樓時，樓座和樓額的變化就成了重要線索。

▶ 河北高額磚石座 3×3 眼敵樓　山雪峰 攝

河北省金山嶺長城的 3×3 眼敵樓。磚石樓座高出長城牆頂 1.5 米，樓額有兩個半窗洞高，有完好的敵樓頂際磚棱線，沒有樓室地面磚棱線。樓頂垛牆南面五牙俱在，西面五牙缺了兩個。此樓是高額磚石座 3×3 眼敵樓保存還完整的一個。

▲ 北京低額石座 3×3 眼敵樓　黃東暉 攝

北京市延慶區香屯村東第四座敵樓，2015 年得到修補，新安裝了避雷設備。樓室上磚棱線原本只存樓室南面中間一段，樓室西三個樓窗上都是新磚，毛面塊石砌的樓座雷劈裂縫補抹了石灰。樓頂垛牆沒有修補。

第 1 目　低額石座 3×3 眼敵樓

　　自下而上從垂直方向觀察長城敵樓，敵樓可分為樓礎、樓座、樓室、樓頂四個部分。敵樓座是指敵樓礎上到敵樓室下這部分。敵樓座有石座和磚座或磚石座之分。敵樓額是指敵樓的窗券頂到敵樓室頂際磚棱線。敵樓有低樓額、高樓額和中樓額之分。低樓額是指樓窗券頂距離樓室頂際磚棱線達不到兩個窗洞高。長城上石座低樓額敵樓相較於其他類型存留最少，僅在北京延慶與懷柔長城有幾座。

▲ 北京低額石座 3×3 眼敵樓　徐寶生 攝

懷柔區大榛峪長城邊坑水庫西山頭有一 3×3 眼敵樓。東面破垮，但另外三面很完整。敵樓下兩面是懸崖，長城沿陡坡與之相接。石樓座超過兩個樓室高。樓室上下的磚棱線樓均頂整齊。垛牆罕見的完整。這是一個高樓座、低樓額的 3×3 眼樓。

▲ 北京低額石座 3×3 眼敵樓　張翅飛 攝

延慶區香屯村東長城上有五座可辨認的 3×3 眼敵樓。村東第一座僅剩了個石樓座，村東第二座樓室南垮塌，樓室北尚完整。樓室北上下兩道磚棱線還看得見。樓額只一個樓窗高，是很典型的低樓額。

▶ 北京低額石座 3×3 眼敵樓　黃東暉 攝

延慶香屯村東第四座敵樓 2015 年得到修補。樓室上磚棱線沒補全，樓頂垛牆沒補，也安了避雷設備。這是維修前的原貌。

第2目　高額石座 3×3 眼敵樓

高額石座 3×3 眼敵樓是樓室為磚，樓座為石，磚石極分明。

　　此類敵樓樓室的樓額（樓窗頂距離樓室頂際磚棱線）達到三個窗高。如果說樓窗是敵樓「眼」，樓額就相當於「額頭」。低樓額敵樓看着較壓抑，高樓額敵樓因為「額頭」明顯，看上去就立刻舒展開來，有揚眉吐氣之感。長城上石座高樓額 3×3 眼敵樓比低額石座 3×3 眼敵樓存留要多一些。在北京的昌平、懷柔、密雲，以及河北撫寧等地都有。

◀ 北京高額石座 3×3 眼樓　宇　鳴 攝
密雲區小水峪長城東坡上的 3×3 眼樓只有一個南門，其餘三面均為三窗。石砌樓座極完整，沒有樓室地面磚棱線。樓額有三窗高，樓頂垛牆僅餘殘根。

▲ 北京高額石座 3×3 眼敵樓　黃東暉 攝
懷柔區蓮花池長城東山的高樓，是座典型的 3×3 眼敵樓。因位居山尖，顯得婷婷玉立。石砌樓座整體完好，樓頂每面四個垛牙完好，每牙僅在樓頂磚棱線上開一方孔。樓額有三個窗高。沒有樓室地面磚棱線，有完好的樓頂際磚棱線。

▶ 北京高額石座 3×3 眼敵樓　鄭　嚴 攝
居庸關長城在修復開發時，充分滿足遊覽者觀賞的需求，為了能提供安全的旅遊環境，盡量擴大敵樓四周的舒適條件和豐富敵樓的樣式，把關北東坡敵樓建立了寬闊的觀景平臺。這是現在開放長城、修復長城必須想到的。新修復的敵樓頂有哨房、樓梯口房及高大的垛牆。這個敵樓樓額有三個樓窗高，是一座有着寬大的石樓座、高樓額的 3×3 眼樓。

▶ 北京高額石座 3×3 眼樓　李玉暉 攝

密雲區黃峪口長城於山口南有一座完整的 3×3 眼敵樓。敵樓東面北面各一石框樓門居兩樓窗中。石砌樓座上沒有樓室地面磚棱線，但近四個樓窗高的樓額有上有樓頂面磚棱線。樓頂垛牆四個角的垛牙完整。

▲ 北京高額石座 3×3 眼樓　古 遠 攝

密雲水庫西的大山上因有五座長城敵樓而得名「五座樓山」。五座敵樓中最東北臨近水庫的一座保存得最完整。樓頂垛牆保留完好，每面五垛牙，在樓頂磚棱線上垛根與垛牙相對開一方孔。樓額達三個樓窗高。樓座砌石接近樓窗。唯一樓門開在南面距地面近 5 米有餘。

▶ 北京高額石座 3×3 眼樓　吳 凡 攝

四座樓山位於密雲區石塘路西，因山上有四個長城墩臺、敵樓而得名。其中第三、第四座保存完好，第四座 3×3 眼敵樓有個石券、石框的樓門。敵樓頂四面垛牆極完整，五個垛牙下各開一方孔，在垛牆根又開一個曲字形孔，如此完整，在密雲長城敵樓中少有。

◀ 北京高額石座 3×3 眼樓　鄭 嚴 攝

密雲區西白蓮峪長城有六座較完整的 3×3 眼敵樓，都是石砌樓座高樓額，可惜的是沒有一個樓頂垛牆超過兩個垛牙的。這座 3×3 眼敵樓南北與長城相接，北面五個垛牙個個完好，在西白蓮峪長城中鶴立雞群。此敵樓有樓頂面磚棱線，沒有樓室地面磚棱線。

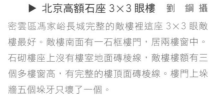

▶ 北京高額石座 3×3 眼樓　劉 鋼 攝

密雲區馮家峪長城完整的敵樓裡這座 3×3 眼敵樓最好。敵樓南面有一石框樓門，居兩樓窗中。石砌樓座上沒有樓室地面磚棱線，敵樓樓額有三個多樓窗高，有完整的樓頂面磚棱線。樓門上垛牆五個垛牙只壞了一個。

第3目　中額石座 3×3 眼敵樓

　　中樓額是指樓窗頂與樓室頂際磚棱線的間距不超過兩個窗高，比低額石座 3×3 眼敵樓的樓額要高，但又比高額石座 3×3 眼敵樓的樓額要低。敵樓的「額頭」高低居中，標準的特徵不鮮明。這是建築石座 3×3 眼敵樓時，施工用料怎樣更經濟、更實用，不斷改進的結果。長城上中額石座 3×3 眼敵樓存留特點是密集連續。北京的懷柔區、密雲區，河北的遷安縣，長城敵樓較完整的地段都可看到中額石座 3×3 眼敵樓存在。

▶ **北京中額石座 3×3 眼敵樓**　黃東暉 攝

懷柔區的西水峪現在有一水庫，水庫西有一座完整的 3×3 眼樓。樓座用條石疊砌，敵樓四面的樓頂垛牆保存相當完好。樓頂磚棱線距樓窗有兩窗高，樓額為標準樓額。

▼ **河北中額石座 3×3 眼敵樓**　黃東暉 攝

河北省盧龍縣東風口東坡的 3×3 眼敵樓。樓座用灰色的塊石疊砌，樓座棱角用兩面成 90 度的黃色塊石疊砌。敵樓西樓門石券缺了兩塊，石門柱上沒有壓柱石。敵樓頂磚棱線上垛牆有四個垛牙完好。

▼ **河北中額石座 3×3 眼敵樓**　黃東暉 攝

遷安縣河流口到冷口長城上 3×3 眼敵樓有十多座，石砌樓座的 3×3 眼敵樓較完好的只有這座。石砌樓座用發紅石塊砌，沒有樓室地面磚棱線，樓額有兩個多樓窗高，樓頂面磚棱線有殘跡。此敵樓東樓門石券只剩三分之一，細看上刻三角幾何紋樣，為少有的裝飾手段。

◀ **河北中額石座 3×3 眼敵樓**　方　明攝

河北省淶源縣白石山的 3×3 眼樓，整個敵樓沒有騎在長城主線牆上，而是伸出在長城主線牆外，只有一面與長城拐角緊靠。此敵樓只在靠長城面開一樓門，其餘三面各開三個磚券窗。樓室下面為偏白色塊石疊砌的樓座，樓室上下都看不見磚棱線。樓額有兩個多樓窗高，是座中額石座 3×3 眼樓。

第4目 低額磚石座 3×3 眼敵樓

前面介紹的 3×3 眼敵樓的樓座都是塊石疊砌。樓室和樓座因材料不同很容易區分。樓座與樓室之間如果沒有樓室地面磚棱線，樓室與樓座就不易區分，但增加了敵樓的整體感。進犯者搞不清敵樓內部結構，又增加了神秘感。

下文介紹的 3×3 眼敵樓的樓座是由磚石疊砌。磚石疊砌樓座的 3×3 眼敵樓也有低、中、高樓額之分。低額磚石座 3×3 眼敵樓的樓窗頂離敵樓垛牆根之近，使人誤以為樓室很矮。若磚石疊砌樓座有三個樓室高，同時樓額較低，敵樓會顯得俞發高聳威武。若樓座有兩個樓室高，而樓額較低，樓窗顯得較大，雖然樓窗大小其實是固定的，但與高樓額敵樓比，低樓額敵樓的樓窗更加突出。

在甘肅、青海、寧夏沒有看到有磚砌敵樓遺存的報告和發現。在陝西墩臺遺存有上千個之多，但有磚券窗的不到十個。其中 3×3 眼敵樓僅看到四座。陝西的低額 3×3 眼樓全是磚石樓座，其樓室下沒有地面磚棱線，敵樓外形簡潔，這是陝西明長城敵樓的特色。陝西僅存的敵樓幾乎不存樓頂垛牆及樓頂哨房，但都配有敵樓的外圍牆或堡牆，並開有堡門，增加了相對的安全係數。

在山西、河北以及北京，低額磚石座 3×3 眼樓雖不是主流，也有一定數量的存留。

陝西省府谷縣引正通村，3×3 眼樓的樓門下附臺已被拆得乾乾淨淨，無跡可尋。樓門距離地面超過 8 米。此樓在樓室頂際磚棱線下每面都做了五個溜槽，可作為滅火放水和放石雷的蹓道。樓頂垛牆全無，磚砌樓座下有五層條石，樓座有三個樓室高，樓額僅一窗高。是個典型的低樓額磚石座 3×3 眼樓。

河北省懷安縣渡口堡鄉盤道門村北山上，有一座在懷安縣極為罕見的完整的 3×3 眼敵樓。此樓樓窗相鄰較近，不到兩個樓窗身寬。樓門面南，居兩窗中，樓門券頂不與兩窗券頂同高，而是低一些。在張家口長城上，僅看到兩座 3×3 眼樓，實在是遺存得太少了。此敵樓亦是磚石砌樓座，樓額才有一個多樓窗高。

山西省山陰縣新廣武東坡的 3×3 眼敵樓，毀壞較嚴重，但還可辨認。沒有樓室地面磚棱線，樓頂磚棱線已毀盡，磚砌樓座下還有條石，樓額有兩個多樓窗高。山西省的低樓額磚石座 3×3 眼樓就看見這一個。

▶ 北京低額磚石座 3×3 眼敵樓

慕田峪長城纜車站東的 3×3 眼大敵樓是徹底重
建的。敵樓的門頂與窗頂注意了齊平。此樓樓額
僅一個窗高，屬低樓額。敵樓樓身上有兩道磚棱
線。樓頂垛牆的垛牙是重新設計的，和慕田峪現
存的明代垛牙樣式不同。

▲ 北京低額磚石座 3×3 眼敵樓　宁　鳴　攝

北京市延慶區八達嶺古長城景區投資修復了一座 3×3 眼樓。這是一個按歷史原貌修復的 3×3 眼樓。
樓頂垛牆幾近完整，可以看到樓頂垛牆的垛牙上，有上下兩排方形垛孔，垛口下部，還多一排與之對應
的方孔。這排垛孔與垛牙下排垛孔又並不完全在一條水平線上。樓身兩道（樓頂面和樓宰地面）磚棱
線，樓窗壁立面還分下半截為錐斜口，上半截為齊口，整個樓顯得豐富多姿。此敵樓是磚砌樓座，樓
額才有一個多樓窗高，是北京長城中典型的磚石樓座低樓額 3×3 眼樓。

◀ 北京低額磚石座 3×3 眼敵樓　嚴共明 攝

北京市懷柔區撞道口關東的 3×3 眼樓，近年剛
修繕過。樓窗為方形，樓門券頂比樓頂頂低了四
層磚。這種低門高窗的設計並不多見，最特殊的
是樓窗上僅半窗之高就是樓頂磚棱，這是樓額最
矮的敵樓之一了。

▲ 河北低額磚石座 3×3 眼敵樓

河北省金山嶺西的這座完整的 3×3 眼敵樓，樓
額才一個窗高，樓座是下石上磚，兩道磚棱線俱
在。樓頂垛牆完好，保持了歷史原貌。這是座磚
多石少的高樓座低樓額 3×3 眼敵樓。

第5目　高額磚石座3×3眼敵樓

　　前文介紹了樓座為磚石疊砌、低樓額的3×3眼敵樓。從野外考查看，高額磚石座的3×3眼敵樓存留更多些。高樓額的敵樓在石座的3×3眼敵樓已介紹過，再介紹高樓額磚石座的3×3眼敵樓，就可看到因為砌樓座的材料有石有磚，並且每個磚石樓座的石與磚所佔比例不同，與單純石砌樓座很易區分。此外，因樓額高達三窗，遠看去非常體面，非常醒目，樓窗因此被樓額搶去了風頭，反而顯得不夠突出。這是高樓額敵樓的又一個特點。

▲ 山西高額磚石座3×3眼敵樓　羅　宏　攝

從現存零星案例來看，山西省長城敵樓的券窗間距，普遍要大於陝西的長城敵樓上的樓窗距離。在陝西長城3×3眼敵樓上，窗與窗之間通常只有一個券窗的寬度，而山西的3×3眼樓的窗之間距離普遍都在四個券窗的寬度。

山西省忻州市寧武縣陽方口有兩座沒拆毀盡的3×3眼敵樓。當地建油庫看上了古長城的高牆可以利用做油庫圍牆，這兩座敵樓才成了附近幾十里免遭毀壞的孤品，但樓頂垛牆已全毀。

陽方口西3×3眼敵樓的樓座可以看出是磚石砌，樓額為三個窗高。三個樓窗分佈距樓角不均等。沒有樓室地面磚棱線，可看見樓頂面磚棱線殘痕。

▲ 北京高額磚石座3×3眼敵樓　王　虎　攝

北京市密雲區西田各莊鄉白道峪北山的3×3眼敵樓，無樓室地面磚棱，樓頂磚棱線明顯完好。樓室只開一個南門，門上無圖，樓室其它三面都是三個樓窗。磚多石少的樓座下可看到十一層巨石疊的樓礎。樓額有三個樓窗高。

▶ 北京高額磚石座3×3眼敵樓　方　明　攝

3×3眼樓本是長城上存留最多的，不過，磚石樓座、高樓額的3×3眼樓在河北西部，以及北京西部的長城上卻沒有發現。到懷柔區長城長園東山梁，才又看到磚石樓座、高樓額3×3眼敵樓。此敵樓比較完整，樓頂垛牆大部分存留。沒有樓室地面磚棱線，樓頂磚棱線明顯。樓額為三個窗高。

▲ 北京高額磚石座 3×3 眼敵樓　黃東暉 攝

密雲區不老屯鎮陳家峪完整的 3×3 眼敵樓。磚石樓座，近三個樓窗高的樓額，高樓額磚石樓座特徵明確。樓門為磚券砌。無樓室地面磚棱，樓頂磚棱線完好。有較完整樓頂垛牆，沒有樓匾。

▶ 北京高額磚石座 3×3 眼敵樓　方　明 攝

北京市密雲區石城鄉鮎魚溝北山的 3×3 眼敵樓。無樓室地面磚棱，樓頂磚棱線明顯完好。樓南門上有石匾一塊。是一個樓座磚多石少、樓額為三個樓窗高的 3×3 眼敵樓。

◀ 河北高額磚石座 3×3 眼敵樓

河北省灤平縣金山嶺長城上有多座 3×3 眼敵樓，相同之處是其樓座均為下石上磚砌築。樓室上下兩道磚棱線卻不全都有，樓額也有高有低。圖中靠前的敵樓俗名為「麒麟樓」，因樓頂哨房存留着一道影壁，上有磚刻拼成的神話祥獸麒麟而得名。此樓樓頂南面垛牆完好，是座磚石樓座、高樓額的 3×3 眼敵樓。

▲ 北京高額磚石座 3×3 眼敵樓　張　驊 攝
密雲區古北口臨潮河的 3×3 眼敵樓，其樓額超
過三個樓窗高。樓頂磚棱全無，樓窗下有樓室地
面磚棱。磚石樓座完整。

▶ 河北高額磚石座 3×3 眼敵樓　張　驊 攝
河北省撫寧縣董家口有三座 3×3 眼敵樓，只有
這個樓頂哨房還比較完整。敵樓南面磚棱上的垛
牆還有三個完整的垛牙，磚石樓座的石頭四面水
平找齊，沒有樓室地面磚棱。樓窗都還完整，能
看出樓額有三個樓窗高。

◀ 北京高額磚石座 3×3 眼敵樓　山雪峰 攝
密雲區古北口臥虎山西的 3×3 眼敵樓。此敵樓
南面破豁，其餘三面完整。樓座石少磚多，樓額
近三個樓窗高，應算高樓額。無樓室地面磚棱，
樓頂磚棱清楚。垛牆上殘垛牙有四個垛孔。

▶ 河北高額磚石座 3×3 眼敵樓

河北省撫寧縣城子峪東的 3×3 眼敵樓有八座。
這座敵樓的東西兩門並不居於樓窗之中，而是均
位於靠南一側。西門石構件缺失，東門石構件完
整。樓頂垛牆殘缺一半，樓頂磚棱明顯。樓額有
三個樓窗高，特徵很明顯。

◀ 河北高額磚石座 3×3 眼敵樓 　張 驊 攝

河北省撫寧縣板廠峪北的 3×3 眼敵樓有六座，
只有這個敵樓的垛牆保存較好。與上圖敵樓佈局
相同，此樓東西兩門都偏南而非夾於樓窗中。樓
東門破成大洞，樓頂磚棱明顯，樓額有三個多樓
窗高。

▶ 河北高額磚石座 3×3 眼敵樓 　黃東暉 攝

河北省撫寧縣板廠峪東有一 3×3 眼敵樓，當地
老鄉稱之為「穿心樓」。敵樓頂哨房基本完整，哨
房的門窗向長城內開。樓頂西面垛牆上沒有垛口
和垛孔。敵樓北門和樓北中窗豁破成一個洞口。
這是座名氣很大的磚石樓座高樓額 3×3 眼敵樓。

第6目　中額磚石座3×3眼敵樓

　　中樓額是指敵樓樓窗頂距離樓室頂際磚棱線有兩窗高，比樓額一窗高的低樓額要大，又小於樓額三窗高的高樓額。這類樓額不高不低的敵樓可歸作中樓額敵樓。在全部磚石座敵樓中，中樓額敵樓存留數量較多。仔細觀察，會發現不同地區的中額磚石座3×3眼敵樓也是千差萬別。這種差異體現了不同建造者在執行統一的修築方案時的個人詮釋。外表粗獷、堅固的長城敵樓中，無處不蘊含着勞動者豐富、細膩的審美。

▲ 山西中額磚石座3×3眼敵樓

這是山西山陰縣舊廣武長城上的一座3×3眼樓。此敵樓東面與長城相接，另三面都在長城外。唯一的樓門上有清晰刻着「控扼」兩字的門匾，門匾上有仿垂花門浮雕樓磚刻。敵樓頂已無垛牆。樓座有兩個樓室高，為磚石砌。樓額有兩個多樓窗高，沒有樓室地面磚棱。

▲ 河北中額磚石座3×3眼敵樓

白石山第四座3×3眼敵樓有一半突出在長城外，另一半與長城牆體聯接。樓門不居兩窗中，偏在靠長城牆體的一側。樓頂面磚棱線比其它樓完整，但樓門頂的磚券被拆成大洞。樓室地面並不與樓外石疊的際線同高，樓門檻石下亦為樓室地面。樓座是磚石座，樓額有兩個樓窗高。

▶ 河北中額磚石座3×3眼敵樓　王盛宇 攝

山西省靈丘縣與河北省阜平縣交界的山溝裡有十幾座保存較好的敵樓，多為3×4眼敵樓。這座3×3眼敵樓從相鄰敵樓的上樓區編號推測，應是「茨字捌號」。這個敵樓有一道樓室地面磚棱線和樓頂磚棱線。樓券窗下各多了一個小孔。樓頂角垛牆還完整，可以看出近1.8米高。樓座是磚多石少。樓額才兩個樓窗高。

▶ 河北中額磚石座3×3眼敵樓　馬駿 攝

河北省淶源縣湖海村南山溝東有一段長城。長城上的敵樓都沒有垛牆，但樓窗還都完整。從樓窗數上看有三座3×3眼樓，和兩座4×4眼樓。這座敵樓的樓門居兩窗中，有樓區的殘龕。樓頂面磚棱線大部分還在，少有破損，有個水嘴在樓頂磚棱上。樓座上一半用磚下一半用石，樓額也是兩個樓窗高。

▶ 河北中額磚石座 3×3 眼敵樓
河北省易縣紫荊關長城存留下來的敵樓只有一座，為磚石樓座。樓室南北兩面各開三個樓窗，東西兩面各有一樓門居兩樓窗中，樓門石框完好。沒有樓室地面磚棱線和樓頂磚棱線，樓頂垛牆全無，但還能看出樓額有兩個樓窗高。

▼ 北京中額磚石座 3×3 眼敵樓　鄭　嚴 攝
北京市密雲區司馬臺的 3×3 眼敵樓裡，這座保存最好。磚石樓座上沒有樓室地面磚棱線，完整的樓頂垛牆後立着哨房山牆。樓額有兩個樓窗高，是個中額磚石座 3×3 眼敵樓。

◀ 北京中額磚石座 3×3 眼敵樓　劉青年 攝
密雲區西駝古長城的 3×3 眼樓截面為長方形。樓垛牆全無，樓頂磚棱線不見痕跡，無樓室地面磚棱線。樓座磚石各半，樓額有兩個多樓窗高。

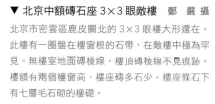

▼ 北京中額磚石座 3×3 眼敵樓　鄭　嚴 攝
北京市密雲區鹿皮關北的 3×3 眼樓大形還在。此樓有一圈盤在樓窗根的石帶，在敵樓中極為罕見。無樓室地面磚棱線，樓垻磚棱線不見痕跡。樓額有兩個樓窗高，樓座磚多石少。樓座條石下有七層毛石砌的樓礎。

◀ 北京中額磚石座 3×3 眼敵樓
密雲區古北口蟠龍山東的龍王峪口有一座 3×3 眼樓。樓頂垛牆有殘根，有清楚的樓頂磚棱線，無樓室地面磚棱線。樓座磚多石少，樓額有兩個多樓窗高。

▼ 北京中額磚石座 3×3 眼敵樓　黃東暉 攝

北京市平谷區鎮羅營長城未修補過的 3×3 眼樓。樓頂磚棱線看不出殘痕，無樓室地面磚棱線。樓座磚多石少。樓窗都殘破如同門洞，但窗券保持原狀。樓額可看出有兩個多樓窗高。

▲ 河北中額磚石座 3×3 眼敵樓　黃東暉 攝

河北省撫寧縣箭桿嶺北的 3×3 眼敵樓。樓頂垛牆每面四個垛牙基本完整。樓頂面磚棱還可辨認，沒有樓室地面磚棱。敵樓南門用四塊型石組成樓門框，右邊的門柱石粗，左邊的細。樓座磚少石多。敵樓西面三個樓窗完好，可看出樓額有兩個多樓窗高。

▲ 河北中額磚石座 3×3 眼敵樓　馬 駿 攝

河北省遷西縣榆木嶺關南完整的 3×3 眼敵樓。樓頂的垛牆基本完整，樓頂面磚棱亦完整，沒有樓室地面磚棱。敵樓北面三個樓窗分佈不均衡，中樓窗偏左了。樓額有兩個樓窗高，樓座磚少石多。

▶ 河北中額磚石座 3×3 眼敵樓　王獻武 攝

河北省撫寧縣小河口東的 3×3 眼敵樓。樓頂上還保留部分高大的垛牆，樓頂哨房有殘牆痕跡。樓頂面磚棱清楚，沒有樓室地面磚棱。樓座磚少石多，石塊加工精細。樓室窗下磚面風化嚴重。樓額有兩個多樓窗高。

▲ 河北中額磚石座 3×3 眼敵樓

河北省撫寧縣城子峪東的 3×3 眼敵樓。樓頂北面垛牆罕見的完整，樓頂無哨房痕跡。樓頂面磚棱清楚，沒有樓室地面磚棱。敵樓束面破損不整。樓座幾乎是磚組成，樓額有兩個多樓窗高。

▲ 河北中額磚石座 3×3 眼敵樓

河北省撫寧縣黃土嶺關南的 3×3 眼敵樓。樓頂四面垛牆基本完整，樓頂哨房卻無任何痕跡，樓頂面磚棱尚可辨認，沒有樓室地面磚棱。敵樓南門偏在左邊，南面兩樓窗左高右低，不可思議。樓座磚多石少。樓額有一個多樓窗高。

▼ 河北中額磚石座 3×3 眼敵樓　呂　軍　攝

河北省撫寧縣無名口關到黃土嶺關有六座 3×3 眼敵樓。此樓頂西面和北面的垛牆之完好，為六座敵樓第一。敵樓東垛牆全無，敵樓南面破損成大洞。沒有樓室地面磚棱。樓座以磚為主，石塊極少，才兩層。樓額有兩個多樓窗高。

▼ 河北中額磚石座 3×3 眼敵樓　呂　軍　攝

山海關角山的 3×3 眼敵樓。樓頂完好的垛牆是近年新修復的，樓頂新修的小屋是樓梯頂口屋。敵樓南門與長城接，樓北樓頂垛牆開口與長城接通。有樓頂磚棱，沒有樓室地面磚棱。樓座磚極多石極少，石塊才三層。樓額有兩個多樓窗高。

第7目　低額石座 3×4 眼敵樓

標準的 3×4 眼敵樓比 3×3 眼敵樓大了一號。敵樓騎在長城主體牆上，與長城主體牆相接的兩面各為一門兩窗。敵樓與長城主體牆平行的兩個側面為四券窗。敵樓門窗數應是十四眼。（3×3 眼敵樓門窗總數是十二眼。）非標準的 3×4 眼敵樓在對敵防禦面開四個券窗，而對長城內的一側開三個券窗，門窗數統算為十三個。3×4 眼敵樓也有石樓座與磚石樓座之分，每類之中，又都有低樓額、高樓額、中樓額之分。

▲ 北京低額石座 3×4 眼敵樓　姚　磊　攝
八達嶺長城北十樓是近年修復的 3×4 眼敵樓。此敵樓對長城內外兩面各有四個距離緊密的樓券窗，與長城主體牆相接面為一門兩窗。樓室地面石棱下的樓座全部為方整的塊石，樓頂面磚棱完好，樓頂垛牆整齊。敵樓的樓額才一個樓窗高。是個沒有哨房的低額石座 3×4 眼樓。

◀ 北京低額石座 3×4 眼敵樓　呂　軍　攝
北京市懷柔區大榛峪的 3×4 眼樓東西兩面各是一樓門兩樓券窗，南面三個樓券窗，北面四個樓券窗。樓室地面磚棱下的樓座全部為石塊疊砌。

▲ 北京低額石座 3×4 眼敵樓　呂　軍　攝
此樓樓窗間距為兩個多窗寬，樓頂垛牆部分殘破，樓頂面、樓室地面磚棱均完整。樓座為石砌。樓額有一個多樓窗高，屬於低額石座 3×4 眼樓。

◀ 北京低額石座 3×4 眼敵樓　嚴共明　攝
此樓位於八達嶺古長城東。樓東西開四窗，北面三窗，南面一門兩窗均殘破。樓座全部為方整的塊石。樓頂面磚棱已殘破，樓頂垛牆全毀。此樓樓額僅一個樓窗高。

第 8 目　高額石座 3×4 眼敵樓

高額石座敵樓最明顯的特點是樓券窗感覺離樓座近，離樓頂遠。因樓額高達三個樓窗的距離，樓窗券頂到樓室地面距離明顯小於其與樓頂磚棱的距離。高額石座 3×4 眼敵樓比低額石座 3×4 眼敵樓的樓室肯定要高，敵樓整體也顯得挺拔高聳。此類敵樓在河北淶源存留較多。當地的高額石座 3×4 眼敵樓雖然並不在石樓座和磚樓室之間修樓室地面磚棱線，但石砌樓座與磚砌樓室區分得仍然非常清楚。

▲ 河北高額石座 3×4 眼敵樓　山雪峰 攝
河北省淶源縣七畝地的 3×4 眼樓是長城內外兩面各有四個樓券窗，另外兩面各是一樓門、兩樓券窗。沒有樓室地面磚棱，樓座為磚少石多，樓頂面磚棱有殘破。樓頂垛牆全無。樓額有三個樓窗高，是個高額磚石座 3×4 眼樓。

◀ 河北高額石座 3×4 眼敵樓　呂朝華 攝
河北省淶源縣石窩最北邊的高額磚石座 3×4 眼樓。敵樓南樓門磚券被拆成大洞，樓頂垛牆還有殘跡，樓頂哨房山牆尚在。敵樓的裂縫為雷擊所致，方石塊樓座完整。沒有樓室地面磚棱，樓頂磚棱多處裂縫。

▶ 河北高額石座 3×4 眼敵樓　古 遠 攝
河北省淶源縣白石山的 3×4 眼樓是東西兩面各有四個樓券窗，北面三個樓券窗，南面是一樓門兩樓券窗。沒有樓室地面磚棱，樓座全部為方石塊，樓頂面磚棱有殘破。樓頂垛牆還有兩角。樓額有三個樓窗高。是座高額石座 3×4 眼樓。

▶ 北京高額石座 3×4 眼敵樓　黃東暉 攝

北京市懷柔區鷂子峪南的 3×4 眼樓。此敵樓東
西兩面各四個樓券窗，敵樓南北面各是一樓門兩
樓券窗，南北樓門都有石門柱和壓柱石。樓室地
面磚棱下的樓座全部為方石塊，樓頂面磚棱缺東
南角，樓頂垛牆西北兩面完好。樓額有兩個半樓
窗高，是個高額石座 3×4 眼樓。

▶ 河北高額石座 3×4 眼敵樓　方　明 攝

河北省涿鹿縣羊圈村北有六座 3×4 眼樓，因還有樓區刻字，得知是龍字壹號到龍字陸號。此敵樓是
龍字叄號。東西兩面各四個樓券窗，南北兩面各是一樓門兩樓券窗。無樓室地面磚棱，樓座全部為方
石塊，樓頂面磚棱還完整，樓頂垛牆全部無存。敵樓的樓門為石券柱，樓門左右的樓窗亦是石券框，
並且在券石下橫一石帶，這是龍字臺長城敵樓的特點。樓額有兩個半樓窗高，可以歸到高額石座 3×4
眼樓。

◀ 河北高額石座 3×4 眼敵樓　方　明 攝

河北省淶水縣蔡樹庵的 3×4 眼樓是南北兩面各
四個樓券窗，東西兩面各有一樓門兩樓券窗。有
樓室地面磚棱，樓座全部為條石塊，樓頂面磚棱
全部被挖走，樓頂垛牆亦無存。敵樓的樓門為石
券柱，樓門左右的樓窗亦是石券框。敵樓的樓額
有三個樓窗高，是個高額石座 3×4 眼樓。

第9目　中額石座 3×4 眼敵樓

中額石座 3×4 眼敵樓的形態特點其實不大明顯。因其樓額有兩個樓窗高，不及低樓額的敵樓顯的樓券窗醒目，又不及高樓額的敵樓顯得有氣勢。不過中額石座 3×4 眼敵樓樓室高度居中，從審美角度出發，這類敵樓便顯得四平八穩。把這些特點不大明顯的中額石座 3×4 眼敵樓歸攏到一起仔細觀察，又可發現分散各地的中額石座 3×4 眼敵樓，其形態在統一之下也有細微的差別。「和而不同」，是長城建築的一大特點。

▲ 河北中額石座 3×4 眼敵樓　方　明　攝

河北省淶源縣白石山石窩村北的 3×4 眼樓。樓座為九層石塊，無樓室地面磚棱，敵樓東面樓頂磚棱殘破處有一匾龕框，十分罕見。這座中額石座 3×4 眼樓一定有自己的故事。

◀ 河北中額石座 3×4 眼敵樓　任樹垠　攝

河北省涿鹿縣此 3×4 眼樓與前一座 3×4 眼樓樣式不同。樓座是十層石塊，樓頂垛牆還有幾個完好的剁牙。最明顯的特點是兩個石券樓窗斜下方的小孔開在樓門與樓窗中間。無樓室地面磚棱，樓額有兩個多樓窗高，是個中額石座 3×4 眼樓。

▲ 河北中額石座 3×4 眼敵樓　山雪峰　攝

河北省淶源縣白石山石窩村北的第二個中額石座 3×4 眼樓。整體完好，但樓頂垛牆一點不剩拆得乾乾淨淨。樓座為六層石塊，無樓室地面磚棱，敵樓樓頂磚棱已殘破。

▲ 河北中額石座 3×4 眼敵樓　方　明　攝

河北省淶水縣蔡樹庵的 3×4 眼樓，與涿鹿縣馬水的 3×4 眼樓樣式接近。敵樓東西兩面各四個磚券窗，南北兩面各是一石框樓門、兩個石券樓窗，石券樓窗下偏外各有一小孔，都沒有樓頂垛牆。與前一座敵樓不同，此樓有樓室地面磚棱，還是用四層磚順砌的磚棱。樓座為十一層石塊，樓額有兩個多樓窗高，是座中額石座 3×4 眼樓。

▲ 北京中額石座 3×4 眼敵樓

八達嶺水關南的 3×4 眼樓。敵樓東西兩面各是四個樓券窗，樓窗之間僅一窗之寬。南北兩面各是一樓門和兩個磚券樓窗。北樓門上有石匾刻着「川字壹號臺」，南樓門無樓匾。此敵樓的樓室外地面石棱為白色條石，樓座全部為方石塊。樓頂面磚棱還完整，樓頂垛牆略有殘缺。樓額兩個半樓窗高，歸到中額石座 3×4 眼樓。

▲ 北京中額石座 3×4 眼敵樓　嚴共明　攝

此敵樓在慕田峪向南的支線長城上。敵樓東西兩個面各是四個樓券窗，南北兩面各是一樓門和兩個磚券樓窗。樓頂垛牆部分缺損，樓頂面磚棱完整，樓室地面磚棱也完好。樓座為石塊砌，樓額有兩個多樓窗高，是座中額石座 3×4 眼樓。

▶ 河北中額石座 3×4 眼敵樓　龔建中　攝

河北省盧龍縣長城只看到兩座中額石座的 3×4 眼樓。一座在劉家口關西，敵樓南北兩面各四個磚券窗，東西兩面各是一石框樓門和兩個磚券樓窗。樓頂垛牆還有完整的垛牙，樓頂磚棱清楚可見，沒有樓室地面磚棱。此樓的樓座為五層石塊，樓礎為兩層石塊。

第10目　低額磚石座 3×4 眼敵樓

前文介紹的低額 3×4 眼敵樓的樓座是純石料砌成，樓座與樓室的外表質感不同，也很容易區別。這裡要介紹敵樓的樓座由磚石兩種材料組成，樓座的上磚與下石各佔多少比例並無定數，敵樓樓座外觀也因而顯得多樣，令人感到磚石座的敵樓變化更豐富。與此同時，低額磚石座敵樓最突出的特點，是樓額特別低。而恰恰是樓額的低矮，配合與樓室融為一體的磚石座，這樣的敵樓整體視覺觀感反而要比石座敵樓要高聳。

▲ 山西低額磚石座 3×4 眼敵樓　黃東暉 攝

此低額磚石座 3×4 眼樓東西兩面均是四券窗，北面開三窗，南面則是一磚券樓門和兩個磚券窗。敵樓南面距地面近 2 米開一磚券樓門。門上有仿木垂花中嵌有石匾，陰刻「鎮寧」二字。門內為登樓梯道入口。「鎮寧樓」總高近 17 米，是萬里長城中最高的敵樓之一，其樓座有四個樓室高，八層為石砌，佔樓座五分之一。樓額僅一樓窗高。大同市近年修補了該樓的樓室和樓座。修復前，樓頂磚棱棱線下有有十分罕見的仿斗拱磚刻。

▶ 山西低額磚石座 3×4 眼敵樓　劉 鋼 攝

山西省繁峙縣韓莊還保留着四座低額磚石座的 3×4 眼敵樓，其中三座都是雙匾敵樓。圖為「茨字貳拾陸號臺」。敵樓禦敵面與對內面均開四券窗。接長城的兩面則各有一石框樓門居於兩窗中。該樓兩側的長城牆體垮塌嚴重。後人為爬進敵樓，在南樓門下挖了四個腳窩。此敵樓的樓頂磚棱和樓室地面磚棱都很完整。磚石樓座的石砌部分為七層石塊，其下為一層石塊樓礎。該樓的樓額約一個半樓窗高。

◀ 河北低額磚石座 3×4 眼敵樓　王盛宇 攝

河北省阜平縣與山西省靈丘縣交界的群山裡還有十多座樓窗完整的敵樓，低額磚石座的 3×4 眼樓能看見五座。此敵樓據守在山口河邊，能看出樓室地面磚棱和樓頂磚棱，只有一個東樓門，樓門上本有樓匾，上刻「茨字拾陸號臺」，現在已經被盜挖只留一殘龕。樓門南面條石上有「小蓬萊」石刻大字。在敵樓磚石樓座中僅此一處。

◀ 山西低額磚石座 3×4 眼敵樓　王盛宇 攝

「茨字拾肆號臺」在山西靈丘縣鄧家莊南山溝裡。敵樓南北兩面各四個磚券窗，東面一樓門居兩個券窗中，西面是三個磚券窗。樓門上的石匾因風化嚴重無人埋會。樓頂磚棱和樓室地面磚棱都很完整。磚石樓座石砌部分為七層石塊，一層石塊樓礎。樓額才一個樓窗高。

▶ 北京低額磚石座 3×4 眼敵樓　丁 岩 攝

北京市密雲區長城的低額磚石座 3×4 眼樓不多。這座敵樓在古北口到金山嶺的長城線上，因當地居民和外地遊客都不能涉足，其保存完整超過前邊介紹的幾座低額磚石座 3×4 眼敵樓。樓頂磚棱上的垛牆，每個垛牙都在。樓室地面磚棱上的樓窗都很完整。樓額才一個樓窗高。唯一不足是磚石樓座的磚面酥化嚴重。

◀ 河北低額磚石座 3×4 眼敵樓　錢琪紅 攝

遷安縣冷口西有一處低額磚石座 3×4 眼敵樓。其順長城敵樓面有三個磚券窗基本完好，敵樓接長城兩面各有一個樓門和三個樓窗。樓頂磚棱明顯，樓頂垛牆無垛牙，無樓室地面磚棱。樓額不夠一個樓窗高，是低樓額中最低的一個敵樓。

▶ 河北低額磚石座 3×4 眼敵樓　馬 駿 攝

這座敵樓位於遷西縣榆木嶺關南。敵樓順長城兩面各有四個磚券窗，基本完好。敵樓接長城兩面各有一個樓門和兩個樓窗，其北樓門被拆成大豁口。可以看出樓頂磚棱，樓頂垛牆有殘根，無樓室地面磚棱。樓額才一個樓窗高。磚石樓座以磚為多。

第 11 目 高額磚石座 3×4 眼敵樓

　　高額磚石座敵樓最直觀的判斷特徵是樓窗離敵樓頂磚棱有三個窗洞高。磚石座敵樓如果沒有樓室地面磚棱，會造成錯視，令人們對樓窗離樓室地面距離產生困惑，覺得敵樓樓室極為高大，進而推斷樓窗內人員也必定身材魁梧，實際上樓窗離樓室地面也就是一個窗洞高。高額磚石座 3×4 眼敵樓的禦敵面設置四個樓窗，面寬比標準三個樓窗敵樓大了一號。再加上其樓額高大，所以這個類型的 3×4 眼敵樓在所有的 3×4 眼敵樓裡是最氣派的。

▲ 河北高額磚石座 3×4 眼敵樓　馬 駿 攝
河北省淶源縣插箭嶺西石城庵村邊有一座高額磚石座 3×4 眼樓。其順長城敵樓兩面各有四個磚券窗，都還完好；接長城兩面各有一個樓門和兩個樓窗。束樓門上有樓匾，上刻「插字伍拾貳號臺」。西樓門上無樓匾。樓頂磚棱明顯，樓頂垛牆全無，無樓室地面磚棱。樓額有三個樓窗高，也是磚少石多樓座。

▲ 山西高額磚石座 3×4 眼敵樓　錢琪紅 攝
高額磚石座 3×4 眼樓在山西長城中只查出一個。1987 年「華夏子」考查長城時此樓尚完整。敵樓據守山口，向東有一個樓門，其餘三面皆四樓窗。樓門上本來有樓匾，上刻「平胡墩」。現在敵樓南半部分垮成一個大洞，從未垮的一面能看出樓額有三個多樓窗高。有樓頂磚棱殘跡，無樓室地面磚棱。樓座為磚少石多樓座。

◀ 河北高額磚石座 3×4 眼敵樓　錢琪紅 攝
河北省淶源縣碾子溝的高額磚石座 3×4 眼樓。其順長城敵樓兩面各有四個磚券窗，都還完好；接長城兩面各有一個樓門偏靠長城內側。西樓門上有樓匾殘龕，樓門距殘牆 4 米。樓頂磚棱明顯，樓頂垛牆十分完好，無樓室地面磚棱。樓額有兩個多樓窗高，也是磚石樓座。

▲ 北京高額磚石座 3×4 眼敵樓　呂朝華 攝
北京市密雲區大角峪長城多有損壞，此 3×4 眼樓算保存較好的。樓頂垛牆還有半截存留，樓頂磚棱明顯，沒有樓室地面磚棱。敵樓南北兩面是四個樓窗，東面是三個樓窗，西面是一門兩窗，樓額達三個樓窗高。是個高額磚石座 3×4 眼樓。

▼ 河北高額磚石座 3×4 眼敵樓　呂 軍 攝
河北省撫寧縣箭桿嶺關城北山有兩座相鄰的高額磚石座 3×4 眼樓。沒有樓室地面磚棱，每個樓窗都有一個石窗臺，從不殘破的樓窗還能看出樓額有三個多樓窗高。樓頂磚棱還清楚，樓頂垛牆全毀完了。樓座為磚石砌。

▼ 河北高額磚石座 3×4 眼敵樓　張 宴 攝
金山嶺段長城能數出二十八座樓臺。從長城外看 3×4 眼樓比從長城內看多幾座，因為這些敵樓對內是三個樓窗而對外是四個樓窗，內外都是四個樓窗的只有兩座。這是金山嶺段長城的大金山樓，只有這座樓的樓額達三個樓窗高，此樓八十年代修復時重建了樓頂哨房。金山嶺長城至今也只給五座敵樓修復了樓頂哨房。

◀ 河北高額磚石座 3×4 眼敵樓　黃東暉 攝
河北省淶源縣烏龍溝較好的高額磚石座 3×4 眼樓。樓頂垛牆的垛牙一個不缺。敵樓接長城兩面各有一個樓門偏靠長城內側，樓門上有樓匾殘龕。樓頂哨房屋牆基本完整。沒有樓室地面磚棱，樓額有三個樓窗高。樓座是磚石樓座。

第 12 目　中額磚石座 3×4 眼敵樓

中額磚石座 3×4 眼樓從樓額看與石座 3×4 眼樓一樣，二者不同僅在樓室地面磚棱下。石座敵樓既是由石材組成，磚石座敵樓在樓室地面磚棱下還是磚，也許就幾層，也許佔多半個樓座。現存的中額磚石座 3×4 眼樓總數與現存的低額磚石座 3×4 眼敵樓和高額磚石座 3×4 眼敵樓總數之和差不多，至少說明中額磚石座敵樓在 3×4 眼敵樓裡是常態。

▲ 山西中額磚石座 3×4 眼敵樓　山雪峰 攝
山西省靈丘縣下關鄉潘鋪村南，一個樓頂垮完的敵樓。磚石座棱極好，樓室地面磚棱也極完好。敵樓截面為長方形，寬的面都是四個磚券窗，一個窄面是三個磚券窗，另一窄面是一樓門居兩個樓窗中。樓頂磚棱已模糊，樓額還有兩個樓窗高。

▶ 山西中額磚石座 3×4 眼敵樓　王盛宇 攝
此樓在山西省靈丘縣狼牙溝鄉龍鬚臺村南。敵樓南北兩面都是四個磚券窗，東面為一樓門居兩個磚券樓窗中，西面是三個磚券樓窗。敵樓東樓門上有一樓匾刻着「茨字叁號臺」，樓門下有場垮的石臺階。樓室地面磚棱極完好，樓頂磚棱尚完好，樓頂垛牆有殘根，樓額有兩個樓窗高，磚石樓座保存完好。

▶ 山西中額磚石座 3×4 眼敵樓　馬 駿 攝
山西省靈丘縣狼牙溝鄉蕎麥茬村南有五座敵樓，其中四座為中額磚石座 3×4 眼敵樓。圖為「插字伍拾號臺」和「插字伍拾壹號臺」。敵樓禦敵面與對內面各有四個完好的磚券窗，接長城的兩面各有一門居於兩個磚券樓窗中。敵樓北面的樓門上有一樓匾。樓頂磚棱明顯，卻無樓室地面磚棱線。樓額有兩個多樓窗高。

▶ 河北中額磚石座 3×4 眼敵樓　黃東暉 攝

河北省淶源縣七畝地長城和山西靈丘蕎麥茬長城在明朝歸屬一個防區，敵樓樓匾都是按插字號編排。圖中 3×4 眼敵樓的西樓門上有樓匾，刻着「插字肆拾肆號臺」。樓室地面磚棱和樓頂磚棱明顯，樓頂垛牆多數完好，樓額有兩個多樓窗高，樓座也是磚石樓座。

▲ 河北中額磚石座 3×4 眼敵樓　任樹垠 攝

河北省涿鹿縣馬水的 3×4 眼敵樓，順着長城的兩面都是四個樓窗，接長城的兩面為一門兩窗，門窗都用石料做框，並在門窗石框上雕刻了花紋。樓頂垛牆上的垛孔亦嵌入石框，但現在都被後人挖出成為殘洞。樓室地面磚棱和樓頂磚棱完好，樓額有兩個多樓窗高，磚石樓座幾乎是石砌。

▲ 北京中額磚石座 3×4 眼敵樓　岳 華 攝

北京市密雲區北石片的 3×4 眼敵樓是北京明長城存留最完整的敵樓。其樓南面和樓北面都是四個樓窗，樓西面三窗，樓東面為一門兩窗。樓頂哨房罕見地存留下來，樓頂垛牆多數完好。樓頂磚棱完好，無樓室地面磚棱，樓額有兩個樓窗高，樓座也是磚石樓座。北京密雲文物局近年加固維修了此敵樓。

▶ 北京中額磚石座 3×4 眼敵樓　丁 欣 攝

司馬臺長城是北京市密雲區長城最稱奇的一段，北京市文物局在上世紀八十年代加固維修了此段長城。此 3×4 眼敵樓截面為長方形。窄面三窗，間距小；寬面四窗，間距大。樓頂垛牆半數修復，樓頂磚棱完好，無樓室地面棱。磚石樓座極高，樓額不足兩個樓窗高。

◀ 河北中額磚石座 3×4 眼敵樓　馬 駿 攝

河北省遷西縣城子嶺北的 3×4 眼敵樓，因附近都是 3×3 眼敵樓，對比之下此樓立刻顯得大了一些。此 3×4 眼敵樓的樓頂垛牆已無，樓室木樑柱結構，已毀無頂，只外牆基本完整。順着長城的兩面都是四個樓窗，連接長城的兩面為一門兩窗。樓頂磚棱痕跡清楚，沒有樓室地面磚棱。樓額接近兩個樓窗高，磚石樓座以磚砌為主。

▼ 河北中額磚石座 3×4 眼敵樓　馬 駿 攝

河北省遷西縣榆木嶺南的 3×4 眼敵樓，順着長城的兩面都是四個樓窗，連接長城的兩面為一門兩窗，但都被後人挖開成殘洞。樓頂垛牆還有殘根，樓頂磚棱痕跡清楚，沒有樓室地面磚棱。因樓窗券破，估計樓額有兩個樓窗高。磚石樓座以磚砌為主。

▼ 北京中額磚石座 3×4 眼敵樓　劉青年 攝

北京市密雲區牆子路關北長城比關南長城保存得好。此為關南唯一還完整的 3×4 眼敵樓。敵樓東西兩面都有四個樓窗，南北兩面都是一門兩窗。樓頂垛牆還有殘垛牙，可以看出樓頂磚棱，沒有樓室地面磚棱。磚石樓座的石塊不大規則。

▶ 遼寧中額磚石座 3×4 眼敵樓　劉民主 攝

遼寧省虎山長城是明長城東起點，為近幾年開發修復。據 1985 年遼寧省博物館考古隊的考察報告，遼寧省東部沒有發現一處明代還有門有窗的敵樓遺存。虎山長城遺址考察沒有發現磚頭遺存，證明虎山長城當初建築材料為石材。如今虎山長城不光有磚石砌的牆，還有磚石砌的樓。此 3×4 眼敵樓樣式參照了北京市慕田峪的 3×4 眼敵樓。八達嶺的 3×4 眼敵樓為低額石座，樓窗間隔為一個窗寬。慕田峪的 3×4 眼敵樓多是中額磚石座，樓窗間隔為兩個窗寬，最特殊的是樓頂垛牆上垛孔至少有高低兩排。虎山長城新修的 3×4 眼敵樓粗看和慕田峪的一樣，樓頂垛牆就不及慕田峪敵樓垛牆精緻了。虎山長城磚石樓座極具特色，用不規則的石塊砌出平整牆面，這點在別處很少見到。

第 13 目　3×5 眼敵樓

　　3×5 眼敵樓的存在不像 3×3 眼敵樓那樣普遍和連續，也不似 3×4 眼敵樓，還能看到上百座。這類敵樓禦敵面能開五個樓窗，在長城敵樓中屬於體量特大的。2×5 眼敵樓現存數在二十五座以上，而 3×5 眼敵樓筆者卻只見過十六座。河北淶源縣長城敵樓眾多，卻只有一座 3×5 眼敵樓。撫寧長城只在界嶺口有兩座 3×5 眼敵樓。北京密雲長城上有五座 3×5 眼敵樓，而懷柔營北溝到大榛峪一帶的長城上集中了八座 3×5 眼敵樓。

▲ 北京懷柔的 3×5 眼敵樓　錢琪紅 攝

再看見 3×5 眼樓就只能到北京市懷柔區大榛峪村了。此樓東面一門居兩窗中，西面為三窗，北面為五窗，南面一門四窗。樓頂垛牆基本完整，有樓頂磚棱線和樓室地面磚棱。樓額有兩個樓窗高，磚石樓座以石為主。

▲ 河北淶源的 3×5 眼敵樓　黃東暉 攝

河北省淶源縣天橋村北有一座 3×5 眼樓，南面為三窗，北面為一門二窗，西面為五窗，東面為一門四窗，樓門在四窗南端。此敵樓所處山梁較低位置，磚石樓座，有樓頂面磚棱線，沒有樓室地面磚棱。樓門上有匾額的殘龕，按說此樓當年應有編號或樓名。樓額有兩個多樓窗高，是個高樓額磚石座 3×5 眼樓。

▼ 北京懷柔的 3×5 眼敵樓　寇力香 攝

旺泉峪長城有四座 3×5 眼樓，並不是緊挨着，而是隔兩三座 3×3 眼樓建一個。也許還有，但垮掉不好辨認了。在旺泉峪北山上的 3×5 眼樓，樓南北面各為五窗，東西面都是一門居兩窗中，門窗都完整。樓頂有磚棱線和殘存的垛牆根，樓室地面磚棱清楚。樓額為兩個樓窗高，石砌樓座。此敵樓在 2013 年被北京市懷柔區響水湖景區修復。

▶ 北京懷柔的 3×5 眼敵樓　高光宇 攝

沿長城東上為旺泉峪最東頭的 3×5 眼樓。此樓
最大的特點是向南兩個很長的水嘴，十分醒目。
樓頂垛牆完好，樓頂哨房山牆尚存，東西兩個樓
梯口各保留了梯口小屋和小券窗，從高處看，此
樓頂如同一個有正房和東西廂房的小四合院。敵
樓的樓頂磚棱線和樓室地面磚棱都很清楚。敵樓
每個樓窗都有一個石窗臺。

◀ 北京懷柔的 3×5 眼敵樓　曾傲雪 攝

從上個樓向東過四個樓（一個完好，兩個殘座，
一個半垮）是旺泉峪第二座 3×5 眼樓。此樓垛
牆東面有五個完好的垛牙，樣式完全一樣。此樓
的特徵是南面五窗上，樓頂磚棱線的兩個石水嘴
齊根斷掉。樓中心室頂完好，樓梯在北環廊與樓
室的小券裡，朝西上樓頂。是個中樓額石樓座
3×5 眼樓。

▶ 北京密雲的 3×5 眼敵樓　張 驊 攝

密雲區長城第三座 3×5 眼樓在黃岩口北山梁上，是北京長城中最東邊的 3×5 眼樓。這裡山勢起伏較
大，敵樓可以落腳的施工地面並不寬裕。此敵樓以東長城上多是 3×3 眼樓（有一處 3×4 眼）。而這
一線前後十幾里就這麼一座 3×5 眼敵樓。此樓向北（對內）五窗尚完整，向西一門兩窗，樓門居中。
向東一面全毀，門窗均不可辨認。樓南靠西四窗還在，東頭這一窗與樓東面一齊被毀。石樓座上沒有
樓室地面磚棱線，樓室頂損壞較重，樓頂磚棱線不可辨認。

▲ 河北遷西的 3×5 眼敵樓　嚴秋白 攝

河北省遷西縣的青山口水關北兩座 3×3 眼樓後有一處僅存兩面樓室壁的 3×5 眼樓。敵樓騎牆而建，南面一樓門居兩樓窗中，樓門頂稍矮於樓窗頂。樓東向南牆還完整，五個樓窗，分下三上二錯開排例。樓室的北面、西面牆均垮掉，從敵樓北面看，此樓如同一個四面只存兩面的破盒子。樓座為磚砌，樓頂磚棱線還依稀可辨，頂垛牆也僅留殘根。此樓雖殘存，但樣式和與之鄰近的敵樓均不相同，內部結構也不是磚券構造而是木柱木樑構造。

▲ 北京密雲的 3×5 眼敵樓　丁 岩 攝

北京市密雲區長城中，只見到三座相隔甚遠的 3×5 眼樓。其一是龍王峪西的 3×5 眼敵樓。此樓為磚多石少的樓座，無樓室地面磚棱線，但有樓頂面磚棱線和部分樓頂垛牆。敵樓向長城外一面有五個樓窗，敵樓向長城內一面有三個樓窗。此樓最大特點是樓額超高，有三個樓窗之多，高樓額的特徵十分明顯。

▶ 河北撫寧的 3×5 眼敵樓　呂 軍 攝

河北省撫寧縣界嶺口東有一座可以辨認的 3×5 眼樓。此樓北面還完整，不僅五樓窗俱在，五窗之上有樓頂磚棱線，樓頂垛牆也還保留了四個垛牙，垛牙下還有垛孔。但從敵樓南面看，此樓室南牆塌損，露出樓室拱券。樓室西也破豁，樓門不存，僅剩兩窗。樓東面可看一樓門和兩樓窗。沒有樓室地面磚棱線，此樓為高樓額磚樓座 3×5 眼樓。

◀ 河北遷西的 3×5 眼敵樓　張 驊 攝

河北省遷西縣冷口關的西坡有一座磚券構造的 3×5 眼樓。樓頂哨房三面牆構造還在，此樓東面（對外）為五個券窗。西面為四個券窗，少一個窗的位置裡是樓梯。樓南北兩面各為一門兩窗，樓門均偏西（靠在長城裡一側）。此樓最大的特點是樓窗券為三順三伏，是工藝上最講究的，一般樓窗券多為一順一伏。樓門為石框、石券，但石券之上也有兩順兩伏磚券。樓額有三個窗高。樓頂磚棱線和樓頂垛牆被扒毀不見蹤跡，無樓室地面磚棱線，是個高樓額石樓座 3×5 眼樓。

第14目　3×6眼敵樓

修建體量巨大的3×6眼樓，究竟是軍事防禦需要，還是官制排場需要？應由考古專家來解答。從形態遺存的角度去觀察，所謂的3×6眼樓往往只是敵樓禦敵面開六個樓窗，而其樓室長寬與八達嶺的3×4眼樓大小相同。從存留數量上看，3×3眼樓有近四百座，而3×4眼樓有近一百五十座，3×5眼樓有十六座，3×6眼樓目前僅統計出七座。

◀ 北京延慶的3×6眼敵樓　呂　軍　攝

從怀來陳家堡東的3×6眼樓到八達嶺長城之间有眾多敵樓，大多為1×4眼或3×3眼。只有八達嶺長城景區修制高點上的北八樓是一座3×6眼樓。此樓只有一個西南樓門，門居兩窗之中。而與之相鄰兩面都是六個窗窗。與西南門相對的東北面為三個券窗。此樓有一個巨大的石臺為樓礎，樓座為磚石座。樓身有兩道磚棱線。樓窗也都採用兩順兩伏券，經過修復，樓頂垛牆和垛孔非常完整。此樓再向東北有早期石砌簡單的石牆。

▲ 河北懷來的3×6眼敵樓　黃東暉　攝

陳家堡的3×6眼樓是明長城上現存的七座3×6眼樓中最靠西的一個。此樓禦敵面設六個樓窗。與之相背的北面，對長城內側為四個樓窗。此樓基礎巨大，寬出樓座近一米，令人印象深刻。此樓樓窗為兩伏兩順券，樓額僅一個窗高，屬於低樓額，樓室地面棱際線與樓頂磚棱線保存完好。由於經濟曾經一度貧困，當地人有到長城上取磚建房的習慣。此樓的垛牆，能保留殘根已是很不容易了。

▶ 北京延慶的3×6眼敵樓　陳小瑩　攝

八達嶺水關長城南坡上的3×6眼樓一直保留着原來的面貌。前幾年為分擔八達嶺遊客擁擠的壓力，水關長城做了修補後開放售票，這座3×6眼樓的垛牆得此機會修復。從樓窗順伏層數到樓額高矮大小，修復時未做改動。但垛牆與八達嶺北八樓的不大一樣。

▲ 河北灤平的 3×6 眼敵樓　丁　岩　攝

金山嶺這座 3×6 眼敵樓是東邊橫着一排開了六個樓窗。樓北三券窗，樓南一門兩窗。樓西面本應為六個券窗，但實際竟然是一門兩窗。如此一來，這座敵樓只能從東北方向觀察，才能算是 3×6 眼樓。此樓身有兩道磚棱線，磚石樓座低樓額，內部結構為木柱木樑構造。

▲ 河北撫寧的 3×6 眼敵樓　馬　駿　攝

在河北撫寧梁家灣山谷溝底還有一座 3×6 眼大敵樓。因撫寧縣長城有四座 2×6 眼敵樓，這座 3×6 眼樓從窗數上超過了那四座，但其實也只是在禦敵面開了六個券窗。此樓對內的樓面才開三個券窗。這是內外有別的典型例證。此樓西面窗門俱毀，成豁口狀。東面一門兩窗，樓門靠長城內一側。在此樓東向背牛頂方向的敵樓都是 3×3 或 2×2 眼，向西有兩座 2×5 眼大敵樓。從位置上看，此樓有鎮守山口之重任，所以向敵的樓面開了六個券窗，以突出其重要性。

▲ 遼寧綏中的 3×7 眼敵樓　熊啓瑞　攝

九門口長城有一座新修復的 3×7 眼樓。敵樓內為木柱木樑結構。敵樓對長城外一側樓室開下四上三兩排樓窗，敵樓接長城一面為一門樓兩樓窗。修復的樓頂垛牆下修復了樓頂磚棱線，但沒修樓室地面磚棱線。樓座為磚砌座，所用磚與樓室的磚不同。這座九門口長城磚樓座 3×7 眼敵樓的修復者用心良苦。

▶ 河北撫寧的 3×7 眼敵樓　呂　軍　攝

3×7 眼敵樓在長城修建歷史中確有為數不多的樣本存留至今，就在河北省撫寧縣石碑溝西坡。該敵樓四面樓頂垛牆多數完好，樓頂磚棱線完整，沒有樓室地面磚棱線，樓座為石砌座。嚴格來說此處應再為 3×7 眼樓敵樓單設一目，但因實在太少，只能附帶提到。

第 4 節　單面四眼敵樓

本書前面在介紹有門有窗的敵樓時，單面一眼樓中有 1×4 眼敵樓（發現六座）。單面二眼樓裡也有 2×4 眼敵樓（發現三十五座）。單面三眼樓裡有 3×4 眼敵樓（一百四十五座）。這些樓室禦敵面有四個樓窗的敵樓，其相鄰兩面都少於四個樓窗。而本目介紹的四眼敵樓則是禦敵面與相鄰側面均開四個樓窗。

在實際遺存的敵樓數量關係中，樓窗也是一條比對線索。1×1 眼敵樓發現了十二座，2×2 眼敵樓現存二十一座，3×3 眼敵樓有近四白座，而 4×4 眼敵樓筆者看到了七十多座，數量上遠遜於 3×3 眼敵樓，甚至還不如 3×4 眼的數目。這說明在敵樓券窗數設置上，3×3 眼使用率最高，其次是 3×4 眼敵樓，4×4 眼樓位列第三，而 2×4 眼敵樓排第四位。在建築空間允許的情況下，保證禦敵面樓窗數量與駐兵使用的便利性之間的平衡，似乎是修建者的重要考量。

4×4 眼敵樓在河北淶源塘子溝到天橋村有最密集的分佈。十四座敵樓除一座是 3×6 眼敵樓外，餘下都是 4×4 眼敵樓或小 4×4 眼敵樓。

◀ 河北淶源的 4×4 眼敵樓　山雪峰 攝

4×4 眼敵樓在長城上很少連續出現。這是河北省淶源縣天橋村北第二座 4×4 眼敵樓，敵樓跨長城而建，對長城內、外兩面都是四個樓券窗。連接長城的兩面都是一個樓門和三個樓券窗。敵樓四面門窗總數達十六個。磚石樓頂上無樓室地面磚棱線，樓頂磚棱線完好。有部分樓頂垛牆，敵樓門窗大都保持完整。

▲ 陝西神木的小 4×4 眼敵樓　羅 宏攝

陝西神木縣新修復的 4×4 眼樓有石壘基座加垛牆的圍堡。敵樓東、西、北三面各四個券窗，面南為一樓門居兩窗中，樓門下有一個三米高的附臺。附臺有梯道向東下，通向圍堡的小堡門。圍堡的堡牆頂和敵樓頂都砌了垛牆。也許是陝西長城墩樓舊有的垛牆十分罕見，所以後補修的牆墩樓的垛牆缺乏歷史依據參照。垛牙與垛口同寬，與歷史遺留的垛牙與垛口差別太大。

第1目　小4×4眼敵樓

　　理論而言，若是4×4眼敵樓，其樓窗總數應該為十六個。然而實際考察中發現，此類敵樓中，有的面對長城內側卻是一門兩窗，造成其四面門窗總數為十五個。這種敵樓從長城外觀察，仍是4×4眼。但轉到長城內側看，就應按三眼敵樓來劃分，可又與3×4眼樓不完全一樣。標準的3×4眼樓四面門窗總數不超過十四個。所以把這種面向長城內開一門兩窗，其它三面都有4個樓窗的敵樓稱為「小4×4眼敵樓」。

▲ 陝西神木的小4×4眼敵樓　李遠鵬 攝

陝西省神木縣水頭溝「花墩」為神木縣文物局定名的一座4×4眼敵樓。敵樓主體完整，樓門下的附臺殘破，樓頂垛牆全無。寶貴的是敵樓頂垛牆根下每面有五個由深至淺的窩槽。這種敵樓頂垛牆根的建築佈設為陝西明長城特有，北京、河北保存再完整的敵樓，也未曾見過。此樓位於山梁上，夯土牆圍堡之中。左右相鄰的墩臺各數出十個均找不到有樓窗，所以這就成了神木明長城僅有的五座敵樓之一。此樓三面為四個券窗，一面一樓門居兩窗中。

▲ 陝西府谷的小4×4眼敵樓　羅 宏攝

陝西省府谷縣新民鎮龍王廟村的小4×4眼樓，應是陝西明長城中保存最完整的敵樓了。此樓東面樓門下附臺三面磚牆完整。附臺出口小券門仍可通行，券道頂尚存。附臺和敵樓頂的垛牆無存，敵樓頂沿四面各有五個窩槽，仍全部保留。敵樓各面樓券窗，基本完好，只有樓門的門框石被拆走。此樓北有圍堡殘牆，相鄰墩臺多為土築。

▶ 山西靈丘的小4×4眼敵樓　劉 鋼攝

從府谷向東，能再尋到小4×4眼敵樓，就要到山西東部的靈丘縣了。在三樓鄉牛邦口村，本來有四座完好的小4×4眼敵樓，上世紀50年代為了修路毀掉了「茨字拾玖號臺」，現存三座。此敵樓在溝底河灘邊上。敵樓南面是一門兩窗，門上有一石匾，刻着「茨字拾捌號臺」，另外三面均是四個券窗。樓頂垛牆大多完整，樓礎石砌，樓座下石上磚，此樓身有兩道磚棱線。

▼ 河北淶源的小 4×4 眼敵樓　馬　駿　攝

在淶源縣白石山長城上有一座近幾年修補過的小 4×4 眼樓。敵樓位於長城外，不與長城牆體相連接。敵樓禦敵的三個面各有四個券窗，面向長城的一面是一門居兩窗中。樓門上有樓匾殘磚龕，樓匾已不見蹤影。樓額有兩個多窗高。有完整的樓頂磚棱卻無樓室地面磚棱。樓座為磚石座，此樓是個小 4×4 眼敵樓。

▼ 河北淶源的小 4×4 眼敵樓　曾傲雪　攝

河北省淶源縣隋家莊長城向東是塘子溝長城。塘子溝西坡有個小 4×4 眼敵樓。敵樓順長城的兩面都是四個樓窗，敵樓接長城的東面是四個樓窗，西面一個樓門兩個樓窗。敵樓四面門窗總數為十五個。有樓頂磚棱線殘跡，無樓室地面磚棱線，是個高樓額、石樓座小 4×4 眼敵樓。

▲ 山西靈丘的小 4×4 眼敵樓　黃東暉　攝

從牛邦口「茨字拾捌號臺」向西，山梁上有兩座更完好的敵樓，樓門上均有石匾，低處的為「茨字貳拾號臺」，高處的為「茨字貳拾壹號臺」。兩樓樓頂垜牆均十分完好。低處的「茨字貳拾號臺」四個券窗之間的距離大於券窗到樓角的距離。而本圖中的「茨字貳拾壹號臺」的券窗間距小於券窗到樓角的距離。另外，「貳拾號臺」屬於低樓額，向「貳拾壹號臺」的樓額卻有兩個多樓窗高，屬高樓額。

▼ 河北淶源的小 4×4 眼敵樓　馬　駿　攝

河北省淶源縣石城安村西山崗上有一相當完好的小 4×4 眼敵樓，不光是束西北二面的所有券窗完好，樓頂垜牆亦完好，樓身上兩道磚棱線完好。每個垜牙上三個「品」字佈陣的垜孔，垜牙下的垜孔也都十分完好。樓門上的門匾清楚地指明，此樓為「插字貳拾玖號臺」。

▲ 北京門頭溝的小 4×4 眼敵樓 鄭 嚴 攝

北京市明長城長六百多公里，敵樓八百多座。《明長城通覽》從 1×1 到 9×9 式敵樓都有。但 4×4 眼的敵樓仔細數不超過十四座。在門頭溝區洪水口村長城沿山溝築有兩座小 4×4 眼敵樓。靠南邊的敵樓較完整，垛牆雖然全無，樓頂磚棱還完整。敵樓三面各有四個樓窗，樓東面只有一個樓門兩樓窗。樓門上石匾刻有「沿字拾貳號臺」。

▼ 河北淶源的小 4×4 眼敵樓 孟新民 攝

涿鹿縣羊圈村的六座敵樓裡三座保留有樓匾。分別是「龍字壹號臺」，「龍字貳號臺」和「龍字伍號臺」。此樓匾已缺失，但可推算出是「龍字肆號臺」。樓座也是大條石砌，無樓室地面磚棱線。樓窗券下還橫一圈石帶。敵樓三面開四個樓窗，一面開一樓門兩樓窗。敵樓四面門窗總數為十五個，是個小 4×4 眼敵樓。

▲ 河北淶源的小 4×4 眼敵樓 孟新民 攝

河北省淶源縣瓦窯梁長城有座小 4×4 眼敵樓。敵樓的西面和南面都是四個樓窗。敵樓北面接長城有一樓門和三個樓窗，東面接長城是一個樓門兩個樓窗。敵樓四面門窗總數為十五個。石樓座無樓室地面磚棱線，樓室頂西面有一石水嘴，是個高樓額小 4×4 眼敵樓。

▼ 北京門頭溝的小 4×4 眼敵樓 孟新民 攝

北京市門頭溝區黃草梁長城有六座敵樓，其中只有一座是小 4×4 眼敵樓。此樓緊挨着的 3×4 眼敵樓有樓匾，刻有「沿字拾號臺」，推測此樓應為沿字拾壹號。敵樓騎牆而立，敵樓接長城的南面無樓門開四個樓窗，敵樓北面開一樓門兩樓窗，順長城的兩面都是四個樓窗。

▲ 北京門頭溝的小 4×4 眼敵樓　孟新民 攝

北京門頭溝沿河口村溝口東西各有一座 4×4 眼樓。東樓之完好為北京長城少見。此樓唯一的樓門位於敵樓北面，上有一石匾，上刻「沿字肆號臺」五個大字。此樓東面四個券窗之上，樓頂磚棱之下還有一塊石匾同樣刻着「沿字肆號臺」。可能在設計時是騎牆樓有兩個樓門，需做兩塊樓門石匾，但實際施工蓋樓時只砌了一個樓門，多出的一塊匾就砌在樓窗之上了。

▶ 河北灤平的小 4×4 眼敵樓　呂　軍 攝

在金山嶺長城庫房樓北坡，長城沿山脊向北延伸出一條支線。此支線長城還建了兩座敵樓和一個墩臺。金山嶺管理處定名南邊的敵樓為「敵樓子」，即本文介紹的這座。敵樓內部原應是木柱、木樑結構，修復時只保留樓室內地面的柱礎。此樓北面、西面、東面均為四個樓窗，南面是一門兩窗。敵樓四面門窗總數有十五個。是座小 4×4 眼敵樓。

◀ 北京懷柔的小 4×4 眼敵樓　姚　磊 攝

慕田峪長城上的敵樓多是 3×4 眼樓和 3×3 眼樓，小 4×4 眼敵樓只有這一個。這個樓建在主線長城之外，從主線長城專為此樓築一支線。因其探身主線之外，應稱其為出牆樓。此樓與支線相聯的一面為一樓門，左右各一樓窗。其餘三面，每面皆為四個樓券窗。因近年修補過，樓窗、樓頂垛都十分完好。

第2目　正4×4眼敵樓

正4×4眼敵樓與小4×4眼敵樓只有「一窗之別」，前者門窗總數為十六，而後者的總數是十五。從長城內側看，小4×4眼敵樓位於主牆外，靠一道伸出的支線牆與主牆連接。小4×4眼敵樓對長城內是一門兩窗，且只有一個樓門，另外三面各有四個樓窗。正4×4眼敵樓四面門窗的總數有十六個。敵樓騎在長城主牆上，樓室有兩個樓門，開在與長城聯接的面上。看到一個敵樓一面有一個樓門和三個樓窗，相鄰兩面各有四個樓窗，這是正4×4眼敵樓的特徵。

▲ 內蒙古的正4×4眼敵樓　呂　軍 攝

山西與內蒙古交界的清水鄉板深溝村有座大敵樓，樓四面每面都有四個用條石做窗框、築成方形的樓窗。此樓上下大小收分比較明顯，四個樓角斜度讓人感覺如同一個扣着的斗。四角殘存高2米多的垛牆，也是別處難得一見。敵樓的樓座有兩個樓室高，為磚石樓座。敵樓騎長城夯土牆而建，於長城內還有半圈堡牆與長城相連，使敵樓安全系數提高。

▲ 河北淶源的正4×4眼敵樓　張玉鳳 攝

在淶源縣白石山長城上有兩座正4×4眼樓。這種敵樓多騎長城而立，對長城外和內都設四樓窗，其餘兩面均有一門三窗，門可沿長城牆頂面進出敵樓。白石山這個垛牆全無的敵樓，樓門偏三樓窗之右，很明確地表明左為長城外，右為長城內。樓窗都完整，樓門卻不完整。門上的樓匾已不見蹤影。只有樓頂磚棱線，沒有樓腰處樓室地面磚棱線。

▶ 河北淶源的正4×4眼敵樓　山雪峰 攝

正4×4眼敵樓在長城上很少連續出現。在河北省淶源縣天橋村北有十座正4×4眼敵樓連續屹立在長城上，成了河北省長城獨特的一處。

▶ 河北淶源的正 4×4 眼敵樓　梁漢元 攝

淶源天橋村西的 4×4 眼敵樓也是四面門窗總數為十六個。此樓有一個完整的石砌樓座，為九層方整的塊石，卻沒有樓室地面磚棱線，樓頂磚棱基本完好。兩個石頭加工排水嘴被毀，樓頂垛牆全無。

◀ 河北淶源的正 4×4 眼敵樓　張玉鳳 攝

淶源縣隋家莊南的 4×4 眼敵樓完好程度別處少見。樓面無損，樓垛無缺，兩個水嘴及門窗都完整。有樓頂磚棱線，無樓室地面磚棱線。是個高樓額磚石座正 4×4 眼敵樓。

▶ 河北淶源的正 4×4 眼敵樓　黃東暉 攝

從淶源縣浮圖峪關到小河村北，長城只有五座敵樓。有一處僅為殘單面牆，上有三個券窗。離村最近的 3×3 眼敵樓大體完整。餘下三座都是 4×4 眼樓，離公路村莊都很近，能保存下來實在不容易。此敵樓磚石樓座完好，無樓室地面磚棱線，高樓額樓頂磚棱上有垛牆殘根，兩個石頭水嘴基本完整。

▶ 河北淶源的正 4×4 眼敵樓　張玉鳳 攝

河北省淶源縣潘家舖這座 4×4 眼敵樓四面門窗
總數為十六個。敵樓東西兩面是四個樓窗，南北
兩面是一個樓門三個樓窗，樓門偏靠長城內側。
無樓室地面磚塊，樓額有三個樓窗高，磚石樓
座。敵樓南門遭到毀壞，東樓座磚面被人鑿了六
個磚窩。有樓頂磚棱及完整的垛牆，是正 4×4
眼敵樓中的少數。

▲ 河北淶源的正 4×4 眼敵樓　黃東暉 攝

淶源縣天橋村向北到煙煤洞鄉潘家舖長城的
三十一座敵樓裡有二十一座是正 4×4 眼敵樓。
這些正 4×4 眼敵樓順長城的兩面都是四個樓
窗，接長城的兩面都是一個樓門三個樓窗。樓門
偏靠長城內，樓門左右樓窗多的一邊是長城外。

▶ 河北淶源的正 4×4 眼敵樓　黃東暉 攝

淶源縣潘家舖這座 4×4 眼敵樓四面門窗總數為
十六個。敵樓的樓門和樓窗保存完好，樓頂磚
棱以上蹤跡全無。樓門偏靠在長城外側，是正
4×4 眼敵樓中的少數。

▶ 河北淶源的正 4×4 眼敵樓　嚴共明 攝

河北淶源楊家莊長城現狀（左）比當年沙飛先
生拍攝長城抗戰系列時毀壞了不少，較完整的
4×4 眼敵樓僅能找到四座，且敵樓的垛牆全都
毀失。因長城背後的山巒還未被礦老闆挖殘，且
原照（右）中的兩座敵樓還保留了大致的原貌，
我們才能按圖索驥，找到沙飛先生的足跡。

◀ 北京延慶的正 4×4 眼敵樓　田 野 攝

在延慶區八達嶺長城只看到一座正 4×4 眼敵樓。此樓在景區地圖上標示為「北十樓」，近年重修過。樓礎六層石砌，石樓座為十三層石砌，樓室地面磚棱是石砌。樓南面和西面都是一個樓門三樓窗，兩面門窗的間距不統一。樓南面垛牆僅四牙，西面垛牆有六牙。敵樓截面是長方形，按說正 4×4 眼敵樓截面多是正方形，這個新修的正 4×4 眼敵樓不同以往。

◀ 北京懷柔的正 4×4 眼敵樓　呂 軍 攝

懷柔區大榛峪的 4×4 眼敵樓，垛牆全毀，樓頂磚棱和樓室地面磚棱很清楚。石樓座、低樓額的特徵很明顯。可惜敵樓南面樓窗下口毀塌，看上去好像有兩個樓門。

▲ 河北淶源的正 4×4 眼敵樓　孟新民 攝

河北省淶源縣塘子溝東山梁上的兩座正 4×4 眼敵樓。兩個都是高樓額磚石座，似乎很難區別。左邊的敵樓樓頂磚棱完整，南面垛牆五個牙尚齊，樓門左右毀成豁洞。右邊的敵樓南面樓頂磚棱有缺，南面垛牆存有四個牙，樓門上下有毀壞。

◀ 北京密雲的正 4×4 眼敵樓　田　野 攝

密雲區長城各樣敵樓都有，正 4×4 眼存留卻只遇到三座。在古北口束的蟠龍山有一座東牆已豁開的正 4×4 眼敵樓，是十分少見的珍存。此樓南北面均為四個樓窗，東面已毀垮，僅能推測，西面為三窗一門。南面四窗之下又開一個樓門，距離地面 3 米多，但貌似沒有實際通行功能。蟠龍山長城二十多個樓，這種構造僅此一處，這在密雲區、在北京甚至全國都少見。

▼ 河北遷西的正 4×4 眼敵樓

在遷西縣榆木嶺村南的長城上有一座正 4×4 眼敵樓，北面殘破，但能看出為一門二窗，東西兩面為四券窗，南面為一門三窗。此樓在榆木嶺長城中屬保存極完好之列，樓頂垛牆、垛牙存留高度超過其所鄰的各個敵樓。但此樓的樓窗卻多有破損，樓面磚也破碎不整。樓頂垛牆下有一非常明顯樓頂磚棱線，每面垛有五牙垛，樓窗稍斜下方又有一券孔。

▼ 河北遷西的正 4×4 眼敵樓　黃東暉 攝

在北京市平谷區、天津市、河北省盧龍縣、遷安縣長城都未見到過正 4×4 眼樓。在河北省遷西縣榆木嶺有個「七十二券樓」引起我們的興趣。經老鄉指點，此樓內凡是用磚頭順拼成一個半圓的拱券，沒有外護伏磚，就可稱為一個「券」。此樓大大小小，上上下下，能數出的「券」有七十二個之多，所以很得意地標明「七十二券樓」。圖中的敵樓，可看見有五個小、四個大的「券」，另有兩個小的殘破了。此樓南北面各有四個券窗，東西各有一門三窗。敵樓四面門窗總數有十六個，是個正 4×4 眼敵樓。

▼ 河北遷西的正 4×4 眼敵樓　田　野 攝

遷西縣城子嶺村南山脊上至少有兩座正 4×4 眼樓。其中一座木柱結構無存，樓頂已垮。另一座樓室為磚券中心室迴廊結構，樓頂磚棱線、垛牆殘根和垛根孔俱在，只是完整的樓門兩邊的窗均破損成大洞。從此樓向南還有兩座看似 4×4 眼樓，因塌垮嚴重，窗門不清，不便統計。

第 3 目　4×5 眼敵樓

　　從防禦功能上講，4×4 眼敵樓已足夠完備，氣派也十足。修建 4×5 敵樓多半是有特殊需求或特定的含義。我們考察長城多年，1×5 眼敵樓只遇到過一座，2×5 眼敵樓看到有二十五座，3×5 眼敵樓遇到了十四座。而 4×5 眼敵樓總共才發現三座，分別位於河北撫寧梁家灣村北、赤城大莊科村北以及北京密雲五里坨，而且這三座敵樓的形態以及門窗數量組合也各不相同，可謂個個是孤品。現存的 4×5 眼敵樓在長城敵樓裡如此稀少，因此具有珍貴的研究價值。

◀ **河北赤城的 4×5 眼敵樓**　黃東暉 攝

此為從西南角度拍攝河北赤城大莊科村北的「盤道界樓」。敵樓西北角有兩條貫穿上下的雷擊裂縫。敵樓西面第四個樓窗有破損，樓磚剝離。

▲ **河北赤城的 4×5 眼敵樓**　明曉東 攝

河北赤城長城上，敵臺比敵樓多，所幸保留下來的敵樓都各有特色。比如大莊科村北的「盤道界樓」。這座敵樓左右相鄰的都是殘石敵臺。此敵樓北面是長城外，敵樓北面開了五個券窗，東西兩面各開四個券窗，南面唯一的樓門居於四窗中。此樓門距地面 6 米有餘。樓門上有一塊石匾，上刻「盤道界樓」四個大字。石匾左邊有豎排「萬曆五年歲次丁丑戊申吉日立」等字。明長城沿線敵樓存匾的，多以「臺」稱呼。此石匾證明在修建時「樓」的稱謂也已經存在，只是並不統一規範。「盤道界樓」四面門窗總數有十八個，是唯一符合標準的 4×5 眼敵樓。

◀ **河北赤城的 4×5 眼敵樓**　馬 駿 攝

河北省赤城縣大莊科村北的「盤道界樓」。此圖從東南角度拍攝。敵樓東北角有一條貫穿上下的雷擊大裂縫以及多條雷擊小裂縫。敵樓南面居四窗中的樓門上有一塊石匾，字跡清楚。後來此樓石匾被盜。經多方查找，終於追回。樓石匾現存河北省赤城縣博物館。

◀ **河北撫寧的 4×5 眼敵樓**　呂　軍　攝

河北省撫寧縣梁家灣村北山有一個敵樓。從東北角度看，樓北面五個券窗，樓東面四個券窗，是一座 4×5 眼敵樓。但如果多轉兩個角度看看，就會發現此樓的南面才三個券窗，西面是一門窗，四面門窗總數才十四個，和 3×4 眼樓總數相等。這在長城敵樓券窗設置中實在很難見到。這個敵樓從實際存在有一個角度可以是 4×5 眼樓，所以筆者珍惜這個難得的角度，當一個特殊的 4×5 眼樓介紹一下。

▶ **北京延慶的 4×6 眼敵樓**　田　野　攝

八達嶺長城北十二樓是重修過的，按照 4×6 眼敵樓樣式重修。因敵樓位於景區邊緣，為防止遊人借樓窗出入景區逃票，把敵樓北面四個樓窗全部砌死。敵樓東面和西面的六個樓窗很清楚。要感謝修復此樓的設計者，保留了八達嶺長城上唯一的 4×6 眼敵樓。

◀ **河北撫寧的 4×7 眼敵樓**　高玉梅　攝

河北省撫寧縣竭家溝村北有一座敵樓，樓窗設置為撫寧長城敵樓所特有。樓窗尺寸小，按高低分佈。敵樓接長城面的三個樓窗一高兩低，有一個樓門；敵樓向長城內面的六個樓窗四高兩低，有一個樓門；敵樓向長城外面的七個樓窗四高三低。敵樓從兩個面看是 4×7 眼樓，四面門窗總數有二十二個。這樣的敵樓只見過這麼一個。4×8 眼樓我和我的朋友從未遇到，留給更努力的長城愛好者去發現吧。

第5節　單面五眼敵樓

敵樓正面開設五個樓窗，就可算特大號敵樓了。五個樓窗對觀察與殺敵均更有利。樓窗多，同時又是等級重要的標示。敵樓兩側設置的樓窗數量，是地理條件、經濟條件綜合考慮選擇的結果。我們在長城沿線上才遇到一座1×5眼敵樓。2×5眼敵樓遇到過二十五座。3×5眼敵樓十四座。確實符合標準的4×5眼敵樓也才遇到過一座。每面有五個樓窗的5×5眼敵樓，目前只找到四座。分別分佈在山西河曲、北京密雲龍峪口、河北遷安縣徐流口、河流口村。

其中前三座較完整，而最後一座殘破。

敵樓禦敵面設置五個樓窗，肯定有其軍事原因。單面五眼敵樓的兩側設置幾個樓窗，則體現出建造者的智慧。即便萬里長城沿線都是3×3眼敵樓，其規模氣勢也絲毫不會消減。但借助長城形態這一觀查角度，敵樓之間的差異和變化就有了更貼切的展示與描述方法。敵樓的豐富形態是眾多長城建造者生命與心血的寶貴結晶。

▶ 河北遷安的 5×5 眼敵樓　呂　軍　攝

在遷安縣徐流口西坡有一座完整的 5×5 眼敵樓，還能看到樓頂磚堁和殘存垛牆，樓室為木柱樑結構，已無存。敵樓四面的五個樓窗分上二下三兩排。此樓對長城外一面五窗，對長城內一面和相鄰面都是一門四窗。敵樓對內面的樓門居中，相鄰兩面樓門偏長城內一側。樓窗都是一順一伏券。這是從敵樓西邊高處看此 5×5 眼敵樓。

▲ 河北遷安的 5×5 眼敵樓　呂　軍　攝

這是在敵樓東邊低處看這座 5×5 眼敵樓。

第1目　5×5眼敵樓

　　5×5眼敵樓的四面門窗總數應該是二十個。在我們看到的四座5×5眼敵樓裡，真正合乎此數的只有一座，其它三座都是敵樓的三面各有五個樓窗，敵樓向長城內的一面門窗則不夠五個或者殘破不可識別，敵樓從長城外的一面看還是5×5眼敵樓。即便如此，這四座敵樓依然稀罕且珍貴。由於迄今只發現了四座，便都陳列在此。希望引起同道的觀注，也願熱愛長城的朋友們今後有更多發現。為了解長城多些實據。

▲ 山西河曲的 5×5 眼敵樓　山雪峰 攝

此為山西河曲保存最完整的一座敵樓，當地人稱「護城樓」。此樓基寬逾 20 米，敵樓高 12 米，樓額超過四窗高，是座高額磚石座 5×5 眼敵樓。此樓東西北三面每面均設五個券窗，南面有一門居兩窗中。門上有一塊萬曆年間的樓匾，上刻「鎮虜」。樓門距地面 3 米高，下有石蹬臺階。此樓頂不僅頂垛完好，樓頂北還有三間瓦房為廟宇，供奉各路神仙。樓頂南側東西兩角，各有一掛鐘和置鼓的亭子。樓內中心室佈滿近年新塑的神像。

▼ 北京密雲的 5×5 眼敵樓

在北京密雲古北口與河北灤平金山嶺長城之間，一段不開放的長城上，有一個突出於長城主牆之外的大敵樓。此樓從長城外看敵樓三個面每面都是五個券窗，在與長城支牆相聯接的那面，是一個樓門居於兩個券窗之中。此樓基寬 12 米，樓高 13 米。樓額僅一窗多高，是座低額磚石座 5×5 眼敵樓。因為這一帶長城從抗日戰爭前就被捲入軍事用途，至今仍被軍事單位徵用，一般的遊人和文物工作者是無法訪問和接近的。

▲ 河北遷安的 5×5 眼敵樓　呂 軍 攝

河北省遷安縣有兩座 5×5 眼樓。在遷安的河流口村東山坡有一個破敵樓，只存樓北樓西兩面。敵樓的樓室為木柱木樑結構，由於木結構已毀盡，殘存的樓室如同一個破盒子。樓北面牆上有五個券窗，與山西、北京的五窗一字排開不同，是上二下三高低差半個窗位設置。樓西面也是如此。這種樓窗上下二排的做法在冀東的遷安、撫寧等縣多有發現。從這座 5×5 眼樓向徐流口方向的長城上，還有兩座敵樓都是在僅剩的對內一側的牆上殘存五券窗，因沒有相鄰的兩面，所以不好歸類是？×5 眼樓。

第2目　5×6眼敵樓

探索長城久了，總能偶爾見到極不規範，甚至有點怪模怪樣的敵樓。這些殘破的敵樓，有的一面設一門四窗，另一面有六個尺寸略小的樓窗。還有的一面開一門四窗，另一面有七個小樓窗，甚至還有開八個小樓窗的。這幾個殘破的5×6眼或5×7眼敵樓分佈零散，難歸納出規律。也許已消失的敵樓中還有不少類似規制的，只是我們已無緣見到。

◀ 遼寧綏中的4×6眼敵樓

在九門口關東山坡上有一座敵樓，西面上二下四共有六個樓券窗分佈。上排兩個券窗中間有兩塊石拼成的樓匾，因石質不佳，字跡無法辨認。此樓東面是上三下四七個樓窗。敵樓南面是一個樓門以及三個大小不一的樓窗。從敵樓西南角看，該敵樓是座4×6眼敵樓，而若從敵樓東南角看，該敵樓則是座4×7眼敵樓。

▲ 遼寧綏中的5×6眼敵樓

上圖中的敵樓與左圖中的為同一座，門窗數量為東七、南四、西六。該敵樓北面開有四個小樓券窗，中間還夾有一個破成洞狀的樓門。四個小樓券窗挨著樓門的兩個略低。靠外的兩個略高。從敵樓西北角看這個的敵樓是座5×6眼敵樓，若從東北方向開，又可視為是5×7眼敵樓。

▶ 河北撫寧的5×6眼敵樓

在撫寧黃土嶺北、遼寧綏中錐子山南的長城上有一過牆門，當年未命名，如今成了「無名口」。此過牆門洞南坡由近旁的一座敵樓看護。敵樓南北為長城主體牆，樓西與堡圍牆相接。樓南牆有上牆門。樓室西面開有六個券窗，均為單順單伏券，分上三下兩排。樓北面設四個券窗一個樓門，樓門上還有一門匾龕。可惜的是此樓東南兩面毀壞嚴重，無法查認。單以西北兩面門窗設置看，是座5×6眼敵樓。

▶ 河北撫寧的 5×7 眼敵樓

九門口長城再向北的黃土嶺關長城上有一座敵樓，也是把樓窗改小號，窗壁才兩層磚高，窗券七塊磚，樓西面有七個券窗按上三下四佈設。樓南　樓門居四窗中，按一門頂一窗位排序。這樓可算是 5×7 眼樓，但若為此再開設一目就有些小題大做了。

▼ 河北盧龍的 5×8 眼敵樓　黃東暉 攝

河北盧龍東風口村北有座毀壞嚴重的敵樓，只有發紅的石砌樓座完整。敵樓南面和西面都垮得看不出門窗原型，但樓東有一樓門和四樓窗（上一下三佈設）。樓北有尚未垮的六個樓窗（上二下四）。以現存的去推測垮掉的，應還有一上一下兩個樓窗。如此樓完好，樓北應是八窗（上三下五）。樓東一樓門和四樓窗，可算是一座 5×8 樓了。這樣個別存在的敵樓足以證明長城敵樓的豐富多樣。

第 6 節　單面六眼敵樓

介紹單面 2×6 眼敵樓時，本書只有四個實例，單面 3×6 眼敵樓有七個，4×6 眼與 5×6 眼敵樓均只存零星案例。因為在 1987 年 11 月就看到了北京市懷柔區殘破的 9×9 眼敵樓，對長城沿線有沒有 6×6 眼樓、7×7 眼樓、8×8 眼樓等敵樓形態一直心存疑問。經過多年尋訪，還真看到了 6×6 眼敵樓、7×7 眼敵樓的實例，但數量實在太少，而 8×8 眼敵樓至今還未發現。

單面六眼敵樓的四面門窗總數應該是二十四個。類似的敵樓在北京密雲古北口有一座，但該敵樓四面的六個樓窗不是一字橫排，而是上下兩排。敵樓的實際寬度與 3×3 眼敵樓相同。

直到 2012 年 6 月，我們在河北張家口東榆林才看到四面都是一字橫排着六個樓窗的大敵樓。

▲ 北京密雲的 6×6 眼敵樓

離左圖的二十四眼樓不遠，有一座更完整的 6×6 眼樓。該樓內部的木結構也已毀盡。樓西連接陡峭的障牆，樓東連接關口磚牆。該樓石砌樓座完整，敵樓東面上排三窗。下排一樓門居兩窗中。敵樓北面為六窗，以上三下三分佈。樓南五門一門，樓西僅開一門。樓窗壁有九層磚高，且窗壁有外大內小的斜面。該樓與二十四眼樓外形完全一樣，均是把 3×3 眼樓向上加出一層。不過本樓石砌樓座有十二層，高出二十四眼樓的八層石砌樓座。

◀ 北京密雲的 6×6 眼敵樓　錢琪紅 攝

北京市密雲區古北口蟠龍山長城東的 6×6 眼樓。敵樓幾乎完整的西面和南面各是六個樓窗，按上三下三佈設。雖然每面六個樓窗，實際樓寬與 3×3 眼樓差不多。此樓現狀是樓北面僅存靠西下邊一個券窗，樓東面僅存靠南上下兩窗。樓南面和樓西面垛牆的垛牙都一點不缺。這個樓是樓西、南兩面與長城主牆相連接，長城在這拐了個 90 度的彎，此樓從所在長城位置上看是拐角樓。敵樓內部用木柱、木樑架設，現木結構已毀，只存樓外牆，看上去如同一個少了兩面的空盒。可以看出垛牆每面是五個垛牙，中間的三個垛牙低處開了垛孔。有樓頂磚棱線。樓南面有要垮掉的大裂縫。現在此樓已被有關部門做了保護，焊了大鐵架子，把樓室西牆南牆給錮上了。樓窗多，氣勢就大，自然威風許多。老鄉用敵樓四面樓窗總和來強調，「二十四眼樓」成了此樓特別的樓名。

▲ 河北張家口的 6×6 眼敵樓　黃東暉 攝

「威遠臺」在張家口市東榆林村，是明朝的驛站設施。此樓四面中北、西、南均為六窗，樓東亦有六個券窗，居中還有一個樓門，屬於「超標」的6×6 眼樓。樓頂原有廟宇和當年修建的記事石碑，毀於文革期間。此樓樓額有三窗高，屬高樓額。樓頂有殘存的磚稜線和水嘴。磚石樓座有兩個樓室高。此樓寬度達 19 米，並沒有靠壓縮窗間距來增加樓窗數量，是真正的「大」敵樓。

◀ 河北撫寧的 7×7 眼敵樓

河北撫寧黃土嶺關南梁上有一個僅存東北兩面的敵樓。樓頂和樓西、樓南均損毀不成形。此樓並不特別寬大，樓窗實屬小號，樓窗立面僅四層磚高。此樓東面有七個磚券樓窗，以上三下四作二層分佈。上窗根與下窗券根齊。左右各距一塊磚。敵樓北面樓窗佈局與樓東面一樣，只是保存程度不及東面完好。以此樓殘存兩個面可以看出是座 7×7 眼樓，屬於長城敵樓中的極罕見之類型。

▶ 河北赤城的 6×8 眼敵樓　黃東暉 攝

河北赤城後城鄉上堡村東有一座 6×8 眼敵樓，
是一個佈窗獨特的孤品。此敵樓內為木樑木柱
上下二層結構，早已塌垮。敵樓上下二排分佈的
方形石框樓窗令其獨特。樓室一層南側距地面
近 3 米高有一樓門，門左右各一方窗。在樓門上
4 米，樓室二層有一排四個樓窗。樓室北面上下
共八個樓窗。樓東、西面各開上四下二共六個樓
窗。樓南門上有石區，有「新添鎮川墩」字樣。

▼ 北京延慶的 9×9 眼敵樓　黃東暉 攝

北京懷柔與延慶長城相接的山梁上有一座著名的
「九眼樓」，因此樓原為每面九券窗而得名。修復
後的「九眼樓」西面為一門居八窗中，北面僅留
一窗，東南兩面均為九窗。樓內一圈迴廊包裹一
座 3×3 眼樓的樓室。為了突出此樓重要，竟在
五個樓窗的空間內做出九個樓窗來，導致窗寬與
窗間距都變得極窄。當地旅遊部門稱其為萬里長
城最大，是單就樓窗數量而言。「九眼樓」寬 13
米出頭，小於東榆林 6×6 眼樓 19 米的樓寬。

第四篇　長城的垜孔

◀ 河北淶源的石垛孔　高光宇 攝

河北省淶源縣白石山長城殘存石垛牆上的完好石垛孔。

▶ 北京懷柔的兩排式磚垛孔　王京秋 攝

北京市懷柔區撞道口長城磚垛牆上的兩排式垛孔。

◀ 北京懷柔的磚垛孔　嚴共明 攝

北京市懷柔區箭扣長城磚垛牆上的頂磚側砌的磚垛孔。

▼ 北京延慶的一排式磚垛孔　李玉暉 攝

北京市延慶區石峽長城磚垛牆的低開一排式垛孔。

▶ 北京密雲的石垛孔　史 強 攝

北京市密雲區乾峪溝長城殘存石垛牆上的完好石垛孔。

◀ 河北淶源的石垛孔　孟新民 攝

河北省淶源縣寨子清長城殘存石垛牆上的完好石垛孔。

▶ 河北淶源的磚石垛孔　任樹垠 攝

河北省淶源縣白石山長城殘存石垛牆上的完好磚石垛孔。

▼ 北京懷柔的磚垛孔　宇 鳴 攝

北京市懷柔區箭扣長城磚垛牆上的頂磚平砌的磚垛孔。

▼ 河北淶源的石垛孔　王 京 攝

河北淶源邊根梁長城石垛牆上的石垛孔。

▶ 北京延慶的一排式磚垛孔　李玉暉 攝

長城牆體沿山脊起伏，鋸齒形磚垛牆上，在腰部開一排式垛孔。

▶ 北京懷柔的磚垛孔　馬 駿 攝

北京市懷柔區箭扣長城鋸齒形磚垛牆上的一排式磚垛孔。

第一章　垛孔的分佈

只要爬長城，誰都希望能看到保持着歷史原貌的長城，少有人喜歡在亂石堆中浪費時間。完整的長城應是主牆高大、垛牆整齊。沿着牆頂馬道行走，手扶垛牆，從垛孔中向遠方眺望，才能找到當年戍守長城的各種感覺。

垛孔是指在長城牆頂垛牆上可以用來觀察、射箭、出矛、放炮的洞孔。因長城的垛牆有土、石、磚的材質之分，垛孔也有石、磚垛孔之分。

垛孔在垛牆上的分佈位置，基本可歸納為三種。以人體比例分析，垛牆通常為一人高。高位置垛孔位於人肩膀附近；中位置垛孔位於腰部附近；低位置垛孔則靠近人的腳踝。可以分別稱為：高開垛孔、中開垛孔、低開垛孔。

垛牆上若只分佈高開垛孔，順牆縱觀就是一排垛孔。垛牆上若在高開垛孔之下還有一個低開垛孔，順牆縱觀就是兩排垛孔。還有的垛牆高中低三種都有，順牆縱觀就是三排式分佈。

本篇將用三節文字來介紹長城敵樓樓頂垛孔、樓室小孔以及牆頂垛牆垛孔。

▶ 河北敵樓頂垛的一排式垛孔　黃東暉 攝

河北省金山嶺長城磚垛口西的「西梁磚垛樓」，敵樓近幾年被修補過。完整的垛牆上有六個方形垛孔排在垛牙下，垛孔高低位置在垛口底沿下。

▶ 北京敵樓頂垛的兩排式垛孔　任樹垠 攝

北京市懷柔區旺泉峪長城敵樓垛牆完整。五個垛牙中間的三個垛牙有腰開垛孔，挨着樓頂磚棱線有九個低開垛孔。北京市懷柔區長城垛牆上兩排式垛孔的敵樓還有幾個。

▼ 河北敵樓頂垛的三排式垛孔　馬 駿 攝

河北省淶源縣七畝地長城的敵樓，樓頂垛牆每面六個垛牙。中間的四個垛牙寬，兩頭的垛牙窄。寬垛牙根有個大孔。垛牙頭有三個小垛孔呈品字形分佈。這種三排式垛孔的敵樓只在河北省淶源縣長城和北京市長城見過。

第 1 節　長城敵樓垛牆的垛孔分佈

樓頂垛牆與牆頂垛牆最大的區別在樓頂垛牆涉及的範圍有限，畢竟最寬的6×6 眼敵樓一面才十八米，與動輒綿延幾十米或上百米長的牆頂垛牆長度比較要短許多。建於樓頂垛牆上的垛孔通常視野較小、視角穩定。

只要是敵樓頂還能看見一牙垛牆及上面的垛孔，就可以根據垛孔位置判斷此敵樓垛牆的垛孔分佈。長城敵樓垛牆的垛孔分佈幫助我們從細微處發現敵樓之間的不同，使我們在了解長城敵樓時又多了一個簡便的方法。

由於長城敵樓存留狀況不佳，十有三四被拆毀得僅剩土石堆，十有二三樓室被扒平，只存石砌樓座。另有相當一批雖依稀可見殘破的樓室，但樓窗無券頂。長城沿線樓室尚存僅十有一二，還常是樓室缺邊角，呈圓丘狀。只有不足一成的敵樓樓頂整齊，但又難尋垛口。在野長城上能看到有樓頂存有垛牆的敵樓則是可遇而不可求的。畢竟突出於樓體的樓頂垛牆能夠在幾百年的風雨雷電以及人為破壞中存留下來，絕對是自然與歷史留給酷愛長城者的禮物。

▲ 甘肅箭樓頂垛的一排式垛孔　呂　軍 攝
嘉峪關羅城角墩頂有垛牆，垛牆裡有哨房。嘉峪關文物專家稱此哨房為箭樓。嘉峪關經多次維修，在垛牆垛牙下有方形的垛孔，離垛牆根還有三層磚。

◀ 河北敵樓頂垛的一排式垛孔　孟新民 攝
河北省淶源縣寨子清村敵樓僅存西面的樓頂垛牆。垛孔在垛牙下。一面六個垛牙，只有四個垛孔，是與垛口底沿對齊分佈的方形垛孔。

第1目　樓頂垛牆垛孔一排式分佈

敵樓頂垛牆的垛孔有一排式、二排式分佈及三排式分佈。保留着一排式分佈的敵樓不算最多，但這種分佈卻是樓頂垛牆垛孔分佈的基本形式。在河北省遵化市、盧龍縣、遷西縣、撫寧縣，北京市懷柔區、密雲區的長城上均可見到。

一排式分佈的垛孔，位置大多在敵樓樓頂垛牆的牆根、樓室頂磚棱線之上。其左右與垛牙中心對齊。有意思的是，也有建造者把垛孔從垛牆根上移，離開樓室頂磚棱線，使其高低位置分佈在垛口底沿上下。

▲ 北京密雲敵樓的一排式垛孔　丁　岩　攝
北京市密雲區司馬臺長城敵樓左右與垛牙齊，高低與垛口底邊齊。為外方內圓型石垛孔。

▶ 河北遵化敵樓的一排式垛孔　鄭　嚴　攝
河北省遵化市洪山口長城敵樓的垛孔緊靠着樓頂磚棱，與垛牙對齊。垛孔口呈「由」字形。

◀ 河北遷西敵樓的一排式垛孔　馬　駿　攝
河北省遷西縣榆木嶺長城敵樓的垛孔雖然有破損，仍可看出挨着樓頂磚棱分佈。是與垛牙對齊的方形垛孔。

▲ 河北盧龍敵樓的一排式垛孔 黃東暉 攝

河北省盧龍縣徐流口長城上完好敵樓十分少見，
這是最完整的敵樓，垮塌掉是早晚的事。此樓牆
頂垛牆四個垛口五個垛牙。五個垛孔都是嵌一個
用石料鑿成的外方內圓的石垛孔，與北京市司馬
臺長城敵樓的垛孔相同。

▶ 河北撫寧敵樓的一排式垛孔 熊啟瑞 攝

河北省撫寧縣小河口長城，北半邊已經垮掉的
2×5 眼敵樓。樓室南面完整。在樓頂磚棱上七
個垛牙下各有一個三角形垛孔。

◀ 河北撫寧敵樓的一排式垛孔

河北省撫寧縣葦子峪長城的敵樓保存較好。此敵
樓南面四個垛牙根各一個垛孔排在樓頂石棱上。
與之相鄰的敵樓五個垛牙下分佈着四個垛孔。

▶ 河北山海關敵樓的一排式垛孔

山海關老龍頭近年新修復的敵樓，應是座 3×3
眼敵樓。新敵樓有一條樓頂石棱線。樓頂垛牆垛
牙與垛口比例都與老物件相近，只是垛牙下的垛
孔很少，敵樓北面才兩個。這是否可算一排式分
佈垛孔的敵樓，還不敢確定。

第2目　樓頂垛牆垛孔二排式分佈

　　樓頂垛牆垛孔二排式分佈的敵樓比一排式分佈要多些。這類敵樓所在地域也廣些。從陝西省、山西省到河北省、北京市的長城上都可看到。

　　在上下二排式分佈的垛孔中，其低開的垛孔與一排式分佈的位置不同。雖然垛孔高低還在垛牆的牆根磚棱線之上，但垛孔左右卻不全與垛牙中心對齊，有些是與垛口底沿對齊。至於二排式中高開的一排，多開在垛牙中，高低位置位於垛口底沿之上。

▲ 陝西神木敵樓的二排式垛孔　呂　軍攝

陝西省長城的敵樓，舊有的和新修的總共超不過二十座。五龍口墩在神木縣水利局院內，近幾年剛新修完。敵樓四面的垛牆都有五個垛牙。垛牆上有高低二排垛孔，低一排在樓頂磚棱上邊，左右與垛口齊開有一排方形垛孔；高一排在樓頂垛牙中心。

▲ 山西靈丘敵樓的二排式垛孔　馬　駿攝

山西的明長城磚砌敵樓，保存較好者，細數總共不超過五十座，而蕎麥茬村南這段長城就有五個，其中三個敵樓有垛牆。這個敵樓垛牆上有高低二排垛孔。低一排在樓頂磚棱上邊，高一排在垛牙中心。六個垛牙僅有上下各四個孔，低一排垛孔與高一排上下對齊。與陝西長城敵樓五龍口墩的垛孔分佈完全不同。

◀ 河北淶源敵樓的二排式垛孔　孫國勇攝

河北省淶源縣白石山長城有座敵樓也是高低二排式垛孔。低一排在樓頂磚棱上邊，左右與垛牙中心齊。高一排在樓頂垛牙上，寬垛牙開兩個孔，窄垛牙開一個孔。這與山西蕎麥茬長城敵樓二排式垛孔又不同。這種樣式在淶源眾多敵樓中僅此一例。

▶ 河北淶源敵樓的二排式垛孔　孟新民攝

圖為河北省淶源縣塘子溝長城敵樓的二排式垛孔。高一排在垛牙中心，每牙一個方孔，共五個。低一排在樓頂磚棱上邊，左右與垛口對齊，圓垛孔，共四個。

◀ 北京門頭溝敵樓二排式垛孔　嚴共明 攝

北京市門頭溝區黃草梁長城有六座敵樓，基本完整。三座敵樓存有垛牆，但垛孔的分佈方式各不相同。此敵樓為二排式垛孔，敵樓南垛高一排在垛牙中心，五個垛牙中間三牙每牙一個方孔。低一排方孔在樓頂磚棱上邊，左右與上孔對齊。高排三個方垛孔，低排三個方垛孔。

▲ 北京門頭溝敵樓二排式垛孔　閆允傑 攝

北京市門頭溝區沿河口長城只有三座完整敵樓。此敵樓新修復的垛牆為二排式垛孔，高一排在垛牙中心，六個垛牙中間的四牙每牙一個方孔；低一排方孔在樓頂磚棱上邊，左右與垛口對齊。為高排四個方垛孔，低排五個方垛孔。

◀ 北京延慶敵樓的二排式垛孔　李玉暉 攝

北京市八達嶺古長城的敵樓接長城的面只一樓門，無樓窗。此敵樓垛牆二排垛孔，高一排在垛牙中心，四個垛牙中間的兩牙各開一個方孔。低一排方孔在樓頂磚棱上方，與垛口相對齊，其中堵了一個。為高排兩個方垛孔，低排四個垛孔，上少下多。

◀ 北京懷柔敵樓的二排式垜孔　黃東暉 攝
北京市懷柔區黃花城的敵樓垜牆上也是高低兩排垜孔。此敵樓寬面垜牆有五個垜牙、四個垜口。其開在垜牙上是每牙一個垜孔，總共才五個垜孔；而低開在垜根卻是七個孔。垜孔分佈上少下多。

▶ 北京密雲敵樓的二排式垜孔　劉建光 攝
北京市密雲區鮎魚溝的 3×3 眼敵樓的垜牆，每面都是五個垜牙。只中間三牙上下各有一個垜孔，垜口下沒有開孔。高排有三個垜孔，低排也是三個垜孔。

◀ 北京懷柔敵樓的二排式垜孔
這是北京市懷柔區箭扣長城 3×4 眼樓北面的垜牆。六個垜牙上各有一個垜孔，垜牙下各有一個三角形垜孔，垜口下各有方形垜孔。高排六個垜孔，低排十一個垜孔。

◀ 河北灤平敵樓的二排式垛孔 丁　岩 攝

河北省金山嶺的 3×4 眼樓。敵樓窄面的垛牆有四個垛牙。中間兩牙寬，寬牙上下開了四個垛孔；兩邊垛牙窄，上下開了兩個垛孔。上下兩排都是六個垛孔。

▲ 河北撫寧敵樓的兩排式垛孔 王盛宇 攝

河北省撫寧縣板廠峪長城的 3×3 眼敵樓的垛牆。敵樓每面都是五個垛牙，垛牙上各開一個垛孔。四個垛口下開了三個孔和一個水嘴孔。此樓垛牆高排有五個垛孔，低排是三個垛孔。

◀ 天津薊縣敵樓的兩排式垛孔 吳　凡 攝

天津市太平寨長城的 2×3 眼樓的垛牆。敵樓每面都是四個垛牙，只中間兩個垛牙上開了垛孔。每垛口下開了一個孔。高排才有兩個垛孔，低排是三個垛孔。

▲ 遼寧綏中敵樓的二排式垛孔 熊啟瑞 攝

遼寧綏中九門口長城的 3×7 眼樓近幾年剛修過。嶄新的南面垛牆有四個垛牙，每牙與垛口石同高處開一個圓垛孔，在樓頂磚棱上開了七個圓垛孔。此樓垛牆高排有四個垛孔，低排是七個垛孔。

▲ 山西靈丘敵樓的三排式垛孔　馬　駿　攝

山西省靈丘縣蕎麥茬長城的五座敵樓中三座的樓頂垛牆還能看出有垛孔。其中「插字伍拾壹號臺」的垛牆有高低三排垛孔。「伍拾壹號」每面都是五個垛口六個垛牙，在中間的四個垛牙高於垛口底的位置，垛孔按一高兩低按品字形佈局，每孔僅高二層磚。在垛牙根另有一排高四層磚的方形垛孔四個。

▶ 河北淶源敵樓的三排式垛孔　呂朝華　攝

這是河北省淶源縣插箭嶺長城東唯一保留部分垛牆的敵樓，沒有樓匾。其樓頂垛牆上的垛孔，與前文所述的「插字五拾壹號臺」肯定一脈相承。中間四個垛牙各有二層磚高的小垛孔三個，下有四層磚高的大垛孔。樓頂垛孔三排式分佈的敵樓在河北淶源按編號有五十座，如今能看到有垛牆的只有四座。

◀ 山西靈丘敵樓的三排式垛孔　黃東暉　攝

山西省靈丘縣牛邦口長城現有三座完整敵樓。樓頂垛牆上的垛孔都是三排式分佈。此為「茨字貳拾號臺」，每面垛牆有四個垛口五個垛牙，中間三個垛牙開有高低垛孔。高排垛孔左右居垛牙中，上下在垛口底線上分佈。中排垛孔左右與高排垛孔相對，高低在垛口底沿之下。低排垛孔緊貼垛牆根分佈，左右與四個垛口相對，共四個。

第3目　樓頂垛牆垛孔三排式分佈

　　三排式分佈的垛孔作為一種存在，其數量與前兩種分佈相比極為稀少，只在山西靈丘、河北淶源、懷來、北京門頭溝以及懷柔長城上有零星發現。

　　長城的敵樓樓頂砌垛牆是必需，而樓頂垛牆開設垛孔也是必需。垛孔開設在垛牆什麼位置、開設幾排？僅從存留極少的敵樓垛牆中，卻仍能看到豐富的變化。這也恰好證明樓頂垛牆垛孔的位置和多少，全由長城敵樓的建造者決定，並無死板的規定。

◀ **北京市長城敵樓的三排式垛孔**　閻允傑 攝

北京門頭溝黃草梁長城上也有一座樓頂垛孔三排式分佈的敵樓。此樓樓匾上刻「沿字拾號臺」。在樓頂五個垛牙中間的三個垛牙高於垛口底的位置，一高兩低按品字佈局開設了三個僅高二層磚的方形小垛孔。與垛口相對，在垛牆根上開了四個孔。與五個垛牙相對，在垛牆根還開一個高四層磚的方形垛孔。黃草梁長城樓頂垛孔是高排三，中排六，低排九個垛孔。比較特別。

▲ **河北懷來敵樓三排式垛孔**　黃東暉 攝

河北省懷來縣的水頭村東山應是鎮邊城長城轄區。此段長城損毀嚴重，多數敵樓都僅為殘磚堆。這個敵樓已垮掉一半，原本應是 2×4 眼樓。僅存的樓南面垛牆有四個垛牙三個垛口，中間兩個垛牙在高於垛口底沿位置上下開兩個垛孔。第三排垛孔低開在垛牆根，上與垛口相對，共三個。在垛孔分佈樣式中，這種分佈只遇到這麼一個。

▶ **北京懷柔敵樓的三排式垛孔**　任樹垠 攝

在北京市懷柔區三岔長城有兩座 3×4 眼樓，樓頂垛牆不同於別處。其中居山坡高處的敵樓對長城外一面垛牆為五垛牙四垛口，每個垛牙高低各開一孔。緊挨着垛牆根又開了一排，共六個牆根孔。其中高一排和最低一排都是平開孔，中間一排是內口高外口低的斜開孔。此樓頂垛孔高排是五個，中排是五個，低排是六個。

▲ 北京密雲敵樓的三排式垛孔　鄭　嚴　攝
在北京市密雲區龍峪口長城有一座垛牆完好的
3×4眼樓。可以看到敵樓窄面是四個垛牙、三
個垛口。東面垛牆三排垛孔為高處四個、中間八
個、低處四個的佈局。

▶ 北京密雲敵樓的三排式垛孔　陳元志　攝
在北京市密雲區古北口臥虎山長城緊西頭有一
座僅存一個垛牙的 3×3 眼敵樓。就這一個垛牙
上，可看見上有一個垛孔，中間有兩個垛孔，下
有一個垛根孔。可推斷此樓一面垛牆上高排是四
個垛孔，中排是八個垛孔，低排是四個垛孔。可
惜快毀得無法辨認了。

▶ 河北灤平敵樓最複雜的垛孔　張　和　攝
河北省金山嶺長城大金山樓東有一座殘破的
3×4眼樓，金山嶺旅遊展牌定名為「窰溝樓」，
是一座只有兩面完整樓室牆的敵樓。此樓垛牆上
的垛孔，在金山嶺是最複雜的。此為樓室北牆上
的四個垛牙，每牙下各一個大孔，每牙上小孔佈
局各是一套。

▼ 河北灤平敵樓最複雜的垛孔　張　和　攝
此為金山嶺長城「窰溝樓」樓室東垛牆，五個垛
牙還完整。其中第一、第三、第五個垛牙的大小
垛孔佈局相同，第二、第四個垛牙的小垛孔佈局
又有變化。金山嶺長城只有這一個敵樓垛牆如此。

第 2 節　長城敵樓室的小孔分佈

　　保存完好的敵樓，不單樓頂垛牆上設有垛孔，有些在樓窗下還會有一個與垛牆垛孔大小相若的窗下孔。有些敵樓在樓窗正下方不開孔，而是在樓窗下旁側開孔。本以為所有敵樓都會按這兩類規格處理，後來又發現還有些敵樓除了樓窗再無任何小孔。敵樓從有無「樓室孔」的角度看，可分為三類：1. 樓室窗正下方開孔的敵樓。2. 樓室窗側下方開孔的敵樓。3. 樓室窗旁無孔的敵樓。

　　相較於敵樓樓窗可觀察、戰鬥、通風、進光四大功能，這些小於窗、又分佈在樓窗下的孔是做什麼用的？目前未見長城專家和書籍評論過。

　　常言「存在即是合理」，不論敵樓的樓室是否分佈這種小孔，他們都指向了敵樓設計和建造者的意願，證明了那個時代的人對同一類工程上的不同理解與感悟。這個看似不顯眼的樓室小孔也因此成了長城敵樓上一處非常寶貴的細節，為我們在識別描述長城敵樓時又多了一個有力的根據。本書因此把「樓室小孔」單列一節呈獻給讀者。

◀ 山西靈丘樓窗下開孔的敵樓　黃東暉 攝

山西省靈丘縣牛邦口長城的「茨字貳拾號臺」在前面三排式垛孔敵樓裡剛介紹過。前面展示了敵樓的北面，一樓門居兩樓窗中樣式。現在從敵樓東面看，敵樓東面和南面都是四個樓窗。每個樓窗下各開一與垛牆上的垛孔大小差不多的孔，很醒目。

▲ 陝西府谷樓窗下開孔的敵樓　呂 軍 攝

陝西省府谷縣長城僅存的幾個敵樓有一個共同的特徵，就是樓頂垛牆無存，樓窗下必開一比樓窗小的方孔。府谷縣龍王廟的敵樓公認保存最好，樓窗下的方孔保存亦完好。

第 1 目　樓窗正下方開孔的敵樓

　　樓窗下有孔的敵樓，從陝西省、山西省、河北省、北京地區明代長城遺存，到現代復建的敵樓中，都有實例。其數量比窗下旁側開孔的敵樓多，但又比樓室無小孔的敵樓少。因樓正下方開孔的敵樓特徵明顯，因此先把這類敵樓介紹給讀者。

　　從樓室內看，樓窗下的小孔緊靠着樓室地面。孔道水平，小孔內外口同樣大小。從樓室外看樓窗下的小孔緊靠着樓室地面磚棱線，左右與樓窗中心對齊。

▲ 陝西神木樓窗下開孔的敵樓　羅　宏 攝

陝西省神木縣水頭溝的小 4×4 眼樓，是個老物件。樓頂垛牆雖已無存，但牆下的溜槽證明當年修建此樓的工夫和難度。這個明代遺存敵樓，每窗之下均有一個二層磚高的小孔，也給我們傳遞了這是當時的規矩和樣式。當地文物部門特立一個保護碑，定名為「花墩」。可能取其樓窗及窗下小孔之完整，而且悅目吧。

▲ 陝西榆林樓窗下開孔的敵樓　羅　宏 攝

陝西省長城有窗的敵樓，現存和近年復建的不超過十五座。從實例可以看到每個樓不管是四窗還三窗，樓窗下必有一高二層磚的小孔，陝西長城的敵樓都是如此。

榆林鎮北臺北邊正在重建「款貢城」。鎮北臺的「款貢城」已重建了一座 3×3 眼敵樓，並立碑紀念重建此樓。敵樓每窗下均有一個二層磚高的小孔，此孔絕非現代人的創意，而是參考了陝西境內長城遺存敵樓樣式而復建的。

▶ 山西靈丘樓窗下開孔的敵樓　王盛宇 攝

山西省靈丘縣鄧家莊南山溝有兩座敵樓，一個有樓匾，字跡不清，另一個無匾。但從鄰近「茨字拾柒號臺」、「茨字拾陸號臺」來判斷，應是茨字拾伍和拾肆號。樣式規模是 3×4 眼樓。樓頂垛牆全無，但每個樓窗下都有一個三層磚高的小孔，開在樓室地面磚棱上。

◀ 北京門頭溝窗下開孔的敵樓　閆允傑 攝

北京市門頭溝區沿河口的小 4×4 眼樓「沿字伍號臺」是沿河口三座敵樓裡保存最好、最完整的一個。其根本原因是此樓一直為村中公產，得到愛護。這是別處長城破敗敵樓無法相比的。此樓每窗之下均有一個石料加工的小孔，也是最完整和最齊全的。

▶ 河北涿鹿樓窗下開孔的敵樓　孟新民 攝

河北省涿鹿縣羊圈村北山梁上有六座完好的敵樓，因其中三座樓還能看見帶字的石匾，人們稱此長城為「龍字號長城」。六個敵樓中，只有一號臺的每個樓窗下正中間有一小孔，而另外五個樓都是兩窗中間、低於樓窗臺的位置有孔，這個現象在本節下一目再介紹。

◀ 山西靈丘樓窗下開孔的敵樓　王盛宇 攝

在山西省靈丘縣下關鄉銅錄崖村，山溝東西兩邊山崖上各有一座敵樓。溝東為 2×4 眼樓。每個樓窗下的小孔都很完整，緊靠在樓室地面磚棱上。

▶ 河北懷來樓窗下開孔的敵樓　馬 駿 攝

在河北省懷來縣陳家堡長城有一座殘 3×6 眼樓。樓室南全垮完，只有樓室北牆尚在。北牆上的六個券窗之下，樓室地面磚棱線上都有一個小孔。

▲ 北京懷柔樓窗下開孔的敵樓　黃東暉 攝

北京市懷柔區大榛峪長城最特別之處是有六座
3×5 眼敵樓，這在別處很少見到。這幾座五眼
敵樓樓窗之下還都有一小孔。比如這個敵樓對內
的兩個水嘴西邊的缺失，樓頂垛牆只有東南角存
一垛牙。

▲ 河北撫寧樓窗下開孔的敵樓　黃東暉 攝

河北省撫寧縣羅漢洞關西山坡上有座 3×4 敵
樓。樓頂垛牆全無，樓主體較完整，此樓的樓窗
都是石材窗臺。每窗之下，各有一孔。由於小孔
都有損壞，無法確定這些窗下孔是原有大小，還
是後人加工損壞後的樣子了。

▼ 河北遷安樓窗下開孔的敵樓　宇 鳴 攝

河北省遷安縣白羊峪長城僅存的 2×5 眼樓已是
個危樓。樓頂已垮，僅存南、北兩邊外牆，東面
也垮完了。此樓南面的五個券窗之下各有一小
孔，還十分明顯。

第2目　樓窗下旁側開孔的敵樓

在了解長城的過程中，發現有些敵樓的小孔並不分佈在樓窗正下方，而是分佈在窗下旁側。樓窗邊有孔的敵樓，只在河北省涿鹿縣、淶水縣，北京市門頭溝地區有少量存在，但已足夠證明長城敵樓的細節豐富多樣。

樓窗下旁側開小孔的孔道有兩種，一種孔道水平，另一種內高外低。孔道水平的內外口徑同大。內高外低的，通常內口大而外口小。內口用一塊方石鑿掏一圓洞，嵌做護沿。這種樣式僅在河北涿鹿謝家堡「龍字伍號臺」上存留。

◀ 河北淶水窗下旁側開孔敵樓　方　明攝

河北省淶水縣蔡樹庵的石樓座 3×4 眼敵樓。垛牆垮光，樓窗下無孔。樓室地面磚棱線上、兩樓窗之間有小孔，順長城面的四個樓窗下旁側有五個小孔，接長城面的兩個樓窗下外側各有一個小孔。

▲ 河北涿鹿窗下旁側開孔敵樓　方　明攝

河北省涿鹿縣羊圈村有四個石樓座 3×4 眼敵樓，兩個石座小 4×4 眼敵樓，其中三個樓有樓匾。此樓是龍字伍號。垛牆雖然垮光，樓頂磚棱線還整齊。樓室地面石棱線上，兩樓窗之間有小孔。順長城面的四個樓窗下旁側有三個小孔。

◀ 河北涿鹿窗下旁側開孔敵樓　任樹垠 攝

河北省涿鹿縣馬水村的 3×4 眼敵樓，敵樓特徵為低樓額石樓座。樓頂已垮得漏了天。敵樓臨敵面的四個樓窗之下旁側有五個小孔。

▶ 北京樓窗下旁側開孔的敵樓　閆允傑 攝

北京市門頭溝區黃草梁長城的 3×4 眼敵樓。敵樓順長城從沿字陸號數過來此樓應是沿字捌號，可惜敵樓南北兩門上的門匾均失。敵樓接長城的兩面都是一個樓門居兩樓窗中，樓門與兩個樓窗之間有小孔。

◀ 北京樓窗間高處開孔的敵樓　嚴共明 攝

北京市懷柔區撞道口長城有四座 3×4 眼敵樓。不光是在每個樓窗下開一孔，樓窗與樓窗之間距離樓室地面 1.7 米高還有一小孔。敵樓中心室與之對應牆壁上也有一小孔，敵樓接長城面樓窗與樓門之間高處也有一孔。樓窗之間高處開孔的敵樓只在撞道口長城見到。

▶ 河北樓窗下旁側開孔的敵樓　鄭 嚴 攝

河北省遷西縣大嶺寨長城有個垮了一半的敵樓，三個破豁如樓門大的樓窗，開在石質邊框的樓門之上。在樓門上樓窗下與樓窗不相對應之處有順排的五個磚券拱洞。可惜敵樓其他三面已垮，無法看出這個敵樓還有什麼特點。

第3目　樓室無小孔的敵樓

前面介紹的敵樓，一類是樓室窗下有孔的敵樓，實例以百數計。而小孔分佈在樓室窗邊的敵樓，實例相對較少且集中。認真梳理手邊資料，樓室除了樓窗再無任何孔洞的敵樓數量眾多，可謂是三類中敵樓中聲勢最浩大的。

敵樓樓室設不設小孔的原因至今未明，樓室有無小孔也不影響敵樓作為長城建築的巨大魅力。希望我們在此節中對細節的執着，終有一日能成為對長城保護與研究相關課題的有益補充。

◀ 甘肅樓室無小孔的敵樓　高玉梅 攝

甘肅省、寧夏回族自治區、青海省的長城有墩臺無敵樓，只在嘉峪關的關城上看到近似敵樓的建築。高鳳山先生在《嘉峪關及明長城》一書中稱為「角樓」，建在關城的角臺之上。按本書之見此樓有樓座、樓窗、樓頂垛牆，符合敵樓三大要素。本目是歸納樓窗之下無小孔的敵樓，嘉峪關的四個角樓都可歸為此列。

▲ 山西樓室無小孔的敵樓　陳曉虹 攝

此舊廣武中額磚石座 3×3 眼敵樓貼砌在長城外。敵樓接長城的一面只開了一個樓門，敵樓室另外三面都開了三個樓窗。敵樓頂的樓頂垛牆毀壞無存，樓磚棱線亦有大部缺損。因敵樓立面和樓窗較完好，可以看出樓室窗下無孔。

▶ 山西樓室無小孔的敵樓　山雪峰 攝

陝西省明長城的敵樓，經查樓窗下都有一小孔，只是到了山西省明長城，不論外長城還是內長城的敵樓，樓室窗下無孔的敵樓比有孔的要多。窗下無孔的敵樓也是一種存在。此為舊廣武東南，鄰近代縣與山陰縣交界處的高額 1×2 眼樓。該樓樓頂垛牆已毀但哨房尚存，樓門上有垂花門浮雕，但樓室除門窗外，並無開孔。

321

▲ 山西靈丘樓室無小孔的敵樓

山西省靈丘縣下關鄉蕎麥茬有五座敵樓，四座完好。從保留着樓區的「插字伍拾號臺」敵樓可以看出樓室窗下都沒有小孔。

▶ 河北淶源樓室無小孔的敵樓　黃東暉 攝

淶源縣烏龍溝長城的高額磚石座 3×4 眼樓。敵樓垛牆裡還有樓頂哨房的山牆。完整的樓窗下都沒有小孔。

▲ 河北淶源樓室無小孔的敵樓　山雪峰 攝

河北省淶源縣是內長城敵樓保存完好大戶。淶源敵樓樓窗下卻都無小孔，不知該如何解釋。隋家莊的高額磚石座 4×4 眼樓有完整的樓頂垛牆，無樓室地面磚棱線，樓窗下無小孔。

◀ 河北淶源樓室無小孔的敵樓　呂 軍 攝

河北省淶源縣隋家莊長城敵樓多數保存完好。這座敵樓離長城下的村莊最近，因此被村民充分利用。夏天當羊圈，冬季存柴草。樓頂垛牆被扒去疊了豬圈。所幸敵樓樓室頂未漏，樓基本完整，樓窗下無小孔。該樓亦無樓室地面磚棱線。

◀ 河北懷安樓室無小孔的敵樓　宇　鳴　攝

河北省懷安縣盤道門長城的敵樓，樓頂垛牆和樓
頂磚棱線毀壞嚴重，高大的磚樓座卻極完好。沒
有樓室地面磚棱線和樓窗下的小孔。

▲ 河北赤城樓室無小孔的敵樓

河北省赤城縣長城「鎮虜樓」，樓頂垛牆和樓頂磚
棱線都還完整。可以看出是座中額磚石座 2×3
眼樓。無樓室地面磚棱線，無樓窗下小孔。

▲ 北京昌平樓室無小孔的敵樓

北京市居庸關長城於 1992 年新修了一遍。居庸
關長城在明朝歷史上是路城，等級不低，軍事地
位很重要。為了招覽遊客，新修的敵樓幾乎個個
不重樣，但所有的樓窗下都沒有小孔。遊人反正
不大在意，歷史就這樣由我們改寫了。

◀ 北京延慶樓室無小孔的敵樓

在北京市八達嶺長城上，敵樓窗下有孔和無孔分
得很清楚。真正從歷史保存下來、後人從未沒動
過的敵樓窗下都有孔，而在開放景區的被修補過
的敵樓樓窗下就無孔。

◀ 北京懷柔樓室無小孔的敵樓　姚松露 攝

在懷柔區長城的敵樓窗下有孔與無孔很難找出規律。比如青龍峽景區長城上敵樓窗下都沒有小孔。圖為青龍峽山谷西崖上的高額石座 3×3 眼樓。

▶ 北京密雲樓室無小孔的敵樓　鄭　嚴 攝

北京市密雲區長城，從五座樓山到司馬臺，敵樓多數窗下無孔。這是密雲區西白蓮峪北的高額石座 3×3 眼樓。很擔心是遺漏或不夠細緻，才對密雲的長城做出這樣的判斷。如果讀者有所發現指證，對長城是好事。

◀ 北京密雲樓室無小孔的敵樓　任樹垠 攝

此為北京市密雲區孟思良峪中額石座 3×3 眼樓。孟思良峪守衛山谷的兩個敵樓垛牆和哨房均毀盡，用石料作框的樓窗十分完好，但數窗下無孔。

◀ 北京密雲樓室無小孔的敵樓　陳 茜 攝

北京市密雲區司馬臺水庫西邊第一座敵樓，中樓額磚石座 3×3 眼樓的特徵很清楚。沒有樓室地面磚棱線和樓窗下小孔，使人感覺敵樓立面整潔。

▲ 北京平谷樓室無小孔的敵樓　馬 駿 攝

北京平谷長城的磚砌敵樓保存較好的不超過十座，其餘的普遍破敗。張家臺有兩座敵樓，一座塌毀嚴重。另一座樓室還基本完整，敵樓南面的三個樓窗沒有一點破損，可以看出敵樓的樓窗下都無小孔。

▲ 北京平谷樓室無小孔的敵樓　方 明 攝

北京市平谷區長城敵樓保存情況在上面已經提過。2007 年平谷文物部門修補了四座樓山的三座敵樓。這些修補過的敵樓樓窗也無小孔。

◀ 天津薊縣樓室無小孔的敵樓　呂 軍 攝

天津市黃崖關長城復建了十八個敵樓，這些青磚整齊的敵樓，都沒有窗下小孔。

▲ 河北遷西樓室無小孔的敵樓　張　驊 攝

在河北省遵化縣、遷安縣、遷西縣、撫寧縣長城
敵樓中，有窗下孔的敵樓，本書搜集了十九座，
無窗下孔的卻有九十四座。目前的狀態是樓窗下
有孔的敵樓少，樓窗下無孔的敵樓多。這是河北
省遷西縣青山口的中額磚石座 2×4 眼樓。

▲ 河北撫寧樓室無小孔的敵樓

河北省撫寧縣葦子峪西南有七座樓室完好的
3×3 眼敵樓。雖然樓頂垛牆保留程度不同，垛
牆的垛孔分佈有不同，但高樓額磚石座和樓室無
小孔這兩點卻相同。

▶ 河北撫寧樓室無小孔的敵樓

河北省撫寧縣夕陽口長城緊靠九門口，是撫寧縣
長城東部位置。從夕陽口長城完整的敵樓可看出
樓額高，樓室無小孔。

◀ 遼寧綏中樓室無小孔的敵樓　山雪峰 攝

遼寧綏中蔓枝草長城上完整的敵樓非常少，僅存
的樣本形態顯示遼寧綏中敵樓與河北的有所不
同，例如敵樓樓室外牆不做兩道磚棱線。

第 3 節　長城垛牆的垛孔分佈

長城全線的牆頂垛牆實際存留情況，雖然至今仍無確切統計。單憑本人經歷，能在未修復的長城上見到牆頂垛牆肯定屬於難得的福氣。筆者懇請熱愛、關心長城的朋友今後多留意長城牆頂垛牆尚存的垛孔。

長城敵樓樓頂垛牆即便保存再好，頂多一面有六個垛牙。而在保存完好的地方，長城牆頂垛牆則是連綿的，一眼望不到頭。不僅如此，長城牆頂垛牆還會隨着主牆沿地形高低起伏或左右擺動而展示出動態的美感，這也是長城震撼人心的魅力所在。敵樓樓頂垛牆雖高居敵樓之上，展現威嚴與殺氣，然而其氣勢與牆頂垛牆比還是略遜一籌。

相較於樓頂垛牆，牆頂垛牆的樣式也更豐富，包含牙形垛牆、鋸齒形垛牆、組合型垛牆三種不同的形態。面對這種形態上的豐富，垛牆垛孔的分類工作也變得更加複雜。我們需要將目光聚焦在垛孔與垛牙、垛口的組合關係上，這樣靜心觀察，就可以看出牆頂垛牆也可存在一排式到三排式的三類分佈。

▲ 北京懷柔垛牆的兩排式垛孔　嚴共明 攝

北京市懷柔區青龍峽長城垛牆的垛孔垛牆根開一個。垛牆腰再開一個。順着長城垛牆看，垛牆上的垛孔為兩排式分佈。

◀ 北京延慶垛牆的一排式垛孔　張 宴 攝

北京市八達嶺古長城現在已經開放。部分垛牆的分水頂磚缺失。沿垛牆根設置的垛孔呈一排式分佈。

▲ 北京延慶垛牆的一排式垛孔　嚴共明 攝
北京市八達嶺古長城的牙形垛牆沿山脊起伏。每個垛牙下各一個垛孔，垛孔隨長城起伏，平行於垛牆頂的點構成曲線，呈現出垛孔一排曲線式分佈的生動。

▶ 北京延慶垛牆的一排式垛孔　宇 鳴 攝
北京市八達嶺水關長城在斜坡用石水平砌。長城的內外磚垛牆都採用鋸齒形，在每兩個齒尖下開一個垛孔。遠看垛孔構成了一排斜線式分佈。

▼ 北京延慶垛牆的一排式垛孔　山雪峰 攝
北京市延慶區石峽長城為條石水平砌。長城爬山坡時磚垛牆呈弓背狀。垛牙下的垛孔構成了一排弧線式分佈。

第1目　牆頂垛牆垛孔一排式分佈

通觀一排式分佈的長城垛牆垛孔，牙形垛牆中垛孔的位置高低並不統一。有的地段垛孔高低以垛口底沿為基線，垛孔左右居垛牙中。一排式分佈的垛孔有的被安置在垛口底沿基線之上，也有的地段垛孔被安置在基線之下，還有的地段，一排式垛孔高低更靠近垛牆根。在鋸齒形垛牆上，對一排式垛孔分佈上觀察則更費力。鋸齒式垛牆齒尖所構成的斜線，與長城主牆順山坡形成的斜線大致平行。在兩條平行斜線中間，垛孔呈一排式分佈，構成了第三條平行斜線。

◀ 北京延慶垛牆的一排式垛孔　劉　萌　攝

北京市八達嶺古長城的鋸齒形垛牆已整體開裂，每個殘破的齒尖中都開了一個垛孔，沿着長城齒形垛牆構成一排斜線式分佈的垛孔。

▲ 北京懷柔垛牆的一排式垛孔　閆允傑　攝

北京市懷柔區大榛峪長城長城的磚牆是沿坡水平砌，磚牆上的垛牆卻順着磚牆頂沿坡砌，垛牆下的長城磚棱線因就坡面而不大平順。垛牙下的垛孔因此構成一排不大平順的線式分佈。

▶ 北京懷柔垛牆的一排式垛孔　閆允傑　攝

北京市懷柔區三岔長城的牙形磚垛牆保存完整，垛牆的分水頂磚都還保留着。每個垛牙的垛孔與整齊的長城垛牆磚頂線平行，沿着長城磚棱線構成一排直線式分佈的垛孔。

▲ 河北遷安垛牆的一排式垛孔　王盛宇 攝

河北省遷安縣大龍廟長城西邊是白羊峪長城。大龍廟長城比白羊峪長城還要保存完整些，其垛牆下的牆頂面棱線為石板材料。沿着石棱線開設的垛孔大小間隔，樣式十分獨特。

▶ 河北遷安垛牆的一排式垛孔　張 驊 攝

河北省遷安縣河流口長城上還有垛牆的地方非常少。河流口長城磚牆水平砌，垛牆卻沿牆頂面順坡砌。磚材料的牆頂面棱線多有破碎。挨着磚棱線開設的垛孔並不醒目。

◀ 河北秦皇島垛牆的一排式垛孔　黃東暉 攝

河北省三道關長城全部用不大的石塊碼砌。牆頂面由連續的臺蹬組成，齒形石垛牆下沒有做牆頂面棱線。齒形石垛牆開的垛孔雖然稀疏但還能夠構成斜排的陣勢。

▶ 山西代縣垛牆一排式垛孔　錢琪紅 攝

山西省代縣白草口長城因地質和地勢原因，採用貌似磚垛牆的辦法砌了一道單邊牆。牆頭沿山石築成鋸齒形，每個齒形中間開一方孔，與其他地區長城的鋸齒形磚垛牆非常類似。

◀ 河北淶源垛牆的一排式垛孔　王盛宇 攝

河北省淶源縣白石山長城，垛牙基本完整的石垛牆比較少，開在石垛牙上保持完整的石垛孔更少。這幾個含着石垛孔的石垛牙難得見到。

▼ 河北淶源垛牆的一排式垛孔　黃東暉 攝

河北省淶源縣湖海長城，僅有的一段石垛牆在突起的石崖上。石垛孔在石垛牆上能夠基本保持大小和位置一致，證明了砌石垛牆工匠的技術能力。

331

▶ 河北淶源垛牆的一排式垛孔

河北省淶源縣邊根梁長城石垛牆的石垛孔距垛牆根不足半米。用不規則的石塊砌出了方正規矩的垛孔。

▼ 北京懷柔垛牆的一排式垛孔　　閆允傑 攝

北京市懷柔區箭扣長城牛角邊的石砌牆上，兩邊都是帶垛口的磚垛牆。垛孔距垛牆根 1.2 米，超過人的腰高，屬於高開一排式垛孔。

▶ 河北淶源垛牆的一排式垛孔　　陳曉虹 攝

河北省淶源縣曹家莊長城石垛牆，當年還抹了白石灰的牆面。石垛孔距垛牆根半米左右，當年用白石灰搪孔。現在可以看出垛孔和垛口在同一高度，垛口略寬於垛孔。石塊砌垛牆比磚塊砌垛牆難度大。

第 2 目　牆頂垛牆垛孔二排式分佈

　　牆頂垛牆垛孔二排式分佈的存留地段比一排式分佈的少。二排式分佈垛孔
在牙形垛牆上以垛口底沿為基線，分高低兩排。其中高於垛口底沿基線開的為
高開。在有的地段，高開垛孔分佈是每個垛牙上均設一個垛孔，而有的地段是
一垛牙開兩垛孔。至於低於垛口底沿基線開的為低開。低開垛孔分佈，在有的
地段是垛孔左右與垛口對齊，而有的地段是垛孔左右與垛牙中心對齊，還有的
是每個垛牙高位開一個、低位開兩個，三個垛孔呈三角形分佈。

◀ 北京懷柔垛牆的兩排式垛孔　黃東暉 攝
北京市懷柔區黃花城長城是每個垛口之下開一個
垛孔，每個垛牙中開一個垛孔，以垛口底沿為軸
線上下二排式分佈。

▲ 山西代縣垛牆的兩排式垛孔　黃東暉 攝
山西省代縣白草口長城垛牆，是在每個垛牙靠牆
頂磚棱線開兩個垛孔，高處於垛牙中再開一個垛
孔，以兩個垛口之間看上下有三個垛孔。是一種
低多高少二排式分佈垛孔。

▶ 北京懷柔垛牆的兩排式垛孔　黃東暉 攝
北京市懷柔區撞道口長城也是每個垛口之下開一
個垛孔，每個垛牙中開一個垛孔。高開的垛孔與
垛口底沿齊平，低開的垛孔緊貼着牆頂磚棱線。

▼ 河北盧龍垛牆的兩排式垛孔　黃東暉 攝

河北省盧龍縣東風口長城石砌垛牆殘破不堪，僅
有一個石垛牙保持了歷史原狀。石垛牙的垛口立
壁規整，垛牙中上下兩個垛孔大小接近。用不規
則的石料砌出規則的石垛牆和石垛孔，這比用城
磚料砌難度大多了。

▲ 北京密雲垛牆的兩排式垛孔　陳小瑩 攝

北京市密雲區司馬臺長城東段有幾處單邊牆。此
段石砌單邊牆高 3 米，厚 1 米，牆頭無法站人。
沿石牆根佈置了二排內口大外口小的牆孔。高牆
孔距地面 1 米，低牆孔距地面半米。在石砌牆根
佈置牆孔，這是長城石砌牆裡獨有的一處。

▶ 河北灤平垛牆的兩排式垛孔　丁 岩 攝

河北省金山嶺長城在 1983 年得到維修。金山嶺
長城支線的磚垛牆維修得最有特點，組合型垛牆
在每牙垛牆根開一個九塊磚構成的大垛孔，於分
成五個或六個的齒尖上再開兩個五塊磚構成的小
垛孔。遠看垛牆順坡佈置了二排垛孔。

◀ 北京懷柔垛牆的兩排式垛孔　嚴共明 攝

北京市懷柔區青龍峽長城垛牆上二排式垛孔是歷
史存留物。牙形垛牆在每牙牆根開一個七塊磚構
成的垛孔，於牆頭分水磚兩層下每牙再開兩個五
塊磚構成的小垛孔，是二排式分佈裡垛孔距最大的。

第3目　牆頂垜牆垜孔三排式分佈

　　長城牆頂垜牆上三排式分佈垜孔極為罕見。目前只在北京市八達嶺水關，司馬臺以及河北省金山嶺三個地段看到相關存留。金山嶺長城的三排式垜孔分佈在對內的宇牆上，達數公里長。司馬臺長城的三排式垜孔分佈在山崖梁脊的單邊磚牆上，長不過兩百米。八達嶺水關長城有三排式分佈垜孔的牆頂垜牆長不過五十米。單憑這有限的遺存，很難解讀牆頂垜牆上三排式分佈垜孔產生的原因和歷史。究竟是為了增加防禦火力？還是另有他用？至今仍然是一個謎。

◀ **北京延慶垜牆的三排式垜孔**

北京市延慶區八達嶺水關長城有一段牙形磚垜牆。垜孔按高、中、低三排式分佈。高排垜孔在牆頭分水磚的兩層磚下，每牙一個；中排垜孔在垜口的一層磚下；低排垜孔在垜牆根，左右與高排垜孔對齊。延慶區長城上三排式分佈的垜孔就此一段。

▲ **河北灤平垜牆的三排式垜孔**　丁 欣 攝

河北省金山嶺長城將軍樓北垜牆對外為障牆，對內為鋸齒形宇牆。宇牆上的垜孔按高、中、低三排式分佈。高排垜孔距牆頭分水磚有一層磚，低排垜孔緊靠牆根，中排垜孔在兩高兩低孔對角線交叉點位置。

▶ **河北灤平垜牆的三排式垜孔**　陳小瑩 攝

河北省金山嶺長城拐角樓附近的垜牆是歷史存留下來的寶貝。高排垜孔距牆頭分水磚有兩層磚，垜孔內口由五塊磚構成。低排垜孔緊靠牆根，垜孔內口由兩塊磚構成。

▼ **河北灤平垜牆的三排式垜孔**　張 宴 攝

河北省金山嶺長城西方臺下的宇牆。垜孔亦按高、中、低三排式分佈。高排垜孔距牆頭分水磚有一層磚；低排垜孔緊靠牆根；中排垜孔在兩高兩低孔對角線交叉點位置。這是 1983 年維修的成果。

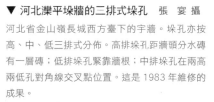

▶ 北京密雲垛牆的三排式垛孔　丁　欣　攝

北京市密雲區司馬臺長城僅有一座 3×5 眼敵樓。司馬臺長城景區定名為「東十二號樓」又稱「將軍樓」。東十二號樓東邊長城的磚垛牆上沒有垛口，而是開了高、中、低三排垛孔，垛孔內口都是由七塊磚構成。

▶ 北京密雲垛牆的三排式垛孔　張　宴　攝

北京市密雲區司馬臺望京樓東垛牆上三排式分佈的垛孔。

◀ 北京密雲垛牆的三排式垛孔　張　宴　攝

北京市密雲區司馬臺長城東路十三號樓的西邊有一馬面式敵臺，司馬臺長城景區定名為「東方神臺」。圖為東十三號樓到東方神臺之間長城垛牆上的三排式分佈垛孔。

▶ 河北灤平垛牆的三排式垛孔　嚴共明　攝

金山嶺長城在將軍樓北又修了一道伸出長城主線的支線牆，此支線牆兩側均為垛口，沒有宇牆樣式，垛牆高處的垛孔與低處垛孔的口型迥異。這種差異引起我們的注意，由此發現，僅金山嶺長城垛牆上垛孔的口型就至少有十四種，有心的朋友不妨去數數。

第二章　垛孔的形態

垛孔是指分佈在長城牆頂垛牆和樓頂垛牆上可以用來觀察、射箭、出矛、通風的透孔。我們對垛孔的形態的觀察與記述，圍繞着垛孔的口型、垛孔的孔道、垛孔的大小、垛孔眉磚的塑刻樣式變化四個方面展開。

客觀地説，垛孔是長城最小的構成單元，是在建築施工接近完結時的收尾工程。然而正是這細微之處，方寸之間，其形狀、線條變化之豐富卻令人驚歎。

如今長城已是我國的外交名片，各地對修復長城的熱情也持續高漲。這本是一件利國利民利長城的好事，然而在新修復的長城上，有些垛孔簡單得讓人瞠目。當年垛孔的設計者、建造者所浸注的智慧和心血，不該在修復中被遺忘和抹去。本書把我們看到的垛孔的形態展示給大家，便是希望歷史的智慧能被保護並延續下去。

◀ 河北淶源垛牆的方形垛孔　孟新民 攝
河北省淶源縣七畝地長城敵樓垛牆上垛孔為三排式分佈。垛孔的內外口都是方形，內外口同樣大小。垛孔的孔道平直，垛孔用五塊磚搭砌。這是長城垛牆上樣式最簡單的垛孔。

▲ 河北遷安垛牆的方形垛孔　閻允捷 攝
河北省遷安縣馬井子長城石砌牆最高處有一段磚包牆。磚包牆的垛牆上垛孔有兩種，一種開在垛牆根，一種開在垛牙。開在垛牙的垛孔內外口都是方形用五塊磚搭砌，內外口同樣大小。垛孔的孔道平直。

▶ 河北遷西垛牆的多邊形垛孔　山雪峰 攝
河北遷西縣城子嶺長城垛牆上的垛孔內口用七塊磚搭砌。內口頂磚不做任何加工，內口頂磚下左右三磚均為斜角磚，使垛孔的孔道左右呈斜面。垛孔外口上下各擋了一層磚。內口呈正方形，外口是小正方形。

▲ 北京密雲垛牆的方形垛孔　姚 磊 攝
北京市密雲區司馬臺長城垛牆上垛孔。內口用七塊磚搭砌呈正方形，頂磚做成斜面，兩側磚去角砌成錐面。垛孔外口是長方形。

▶ 河北垛牆上的多邊形垛孔　山雪峰 攝
河北撫寧花場峪長城垛牆垛孔內口用七塊磚搭砌。內口頂磚脊角刻有一尖兩弧槽。頂磚下左右兩磚的頭角修成圓弧。圓弧頭角磚下的四磚修成斜角。孔道左右呈錐面，底面平直，外口為方形。

▶ 河北撫寧垛牆的多邊形垛孔　龔建中 攝
河北撫寧平頂峪長城垛牆上完好的多邊形垛孔。垛孔內口用九塊磚搭砌。內口頂磚脊角刻帶淺線描邊。孔道底面水平，外口型磚開有拳頭大小的圓洞。

▼ 河北撫寧垛牆的多邊形垛孔　呂 軍 攝
河北撫寧葦子峪長城垛牆的多邊形垛孔，內口用七塊磚搭砌。垛孔內口頂磚開裂。孔道底面外低內高，外收內放，使得垛孔外口低於內口。

▼ 河北撫寧垛牆的多邊形垛孔　呂 軍 攝
河北省撫寧縣板廠峪長城垛牆上的垛孔初看垛孔內口為多邊形，大小與右圖花場峪長城垛牆上的垛孔內口相同，但垛孔底面呈斜坡，內高外低。垛孔外口擋了一開有拱頂長洞的型磚，內口頂磚脊角刻挖兩圓弧。

第 1 節　垛孔口型的形態

一般人印象中，長城垛牆上垛孔的內外口應是正方形。從山海關到嘉峪關幾千公里的長城上，垛牆垛孔的樣子應該基本一致。可實際上，不同地區的長城垛牆垛孔的形狀可謂是各有千秋。例如同處河北省，淶源縣長城垛牆垛孔的形狀和撫寧縣長城的差別就很大。北京市延慶區八達嶺的與懷柔區慕田峪的也頗有不同，與司馬臺長城單邊牆上的垛孔更是迥異。

目前已知的垛孔的內外口，發現不僅有正方形、圓形、半圓形，還有菱形。

雖沒有發現正三角形的，但至少有接近三角形的垛孔，比如七塊磚式的垛孔，看上去像個「土」字，也有的地段用七塊磚構成的垛孔像個「由」字。在慕田峪長城有大量由兩塊磚構成的垛孔內口，拼成有伊斯蘭建築風格的拱門式垛孔……

也許更有特點的長城垛牆垛孔已消失在歷史長河中，也許還在深山高崖之上等待後來的朋友們去發現。希望長城垛孔口型形態之豐富能為更多人所知，也希望修復長城時，垛牆垛孔不因其小而被忽略。

◀ 陝西府谷敵樓垛牆垛孔　羅　宏　攝

陝西省府谷縣守口墩是座只剩一半的 3×4 眼敵樓。敵樓垛牆上的垛孔為歷史遺物。垛孔內口內嵌開一圓洞的方磚，垛孔外口內嵌開一圓洞有花紋的方磚。

▲ 北京密雲敵樓垛牆垛孔　丁　欣　攝

北京市密雲區司馬臺長城東十二號敵樓，垛牆上的垛孔是一方石挖刻出圓形石洞。圓洞內口大外口小，孔道呈錐形。

▶ 河北敵樓垛牆的圓形垛孔　周幼馬 攝

河北省淶源縣烏龍溝長城敵樓垛牆上內外口都是圓形的垛孔。垛孔的外口小，用兩塊磚拼砌。垛孔的內口大，在磚砌垛牆時預先留出龕窩，用石灰搪出圓形內口。

▲ 河北敵樓塢牆的圓形垛孔　史 強 攝

塢牆又稱「塢壁」、「塢堡」，是為保護長城敵樓或烽火臺而在其四周修建的牆體。此為河北撫寧板廠峪長城敵樓外砌塢牆，類似的建築結構在撫寧長城上目前只看到有兩處存留。

▶ 河北敵樓垛牆的五邊形垛孔

河北省撫寧縣無名口長城有座 2×4 眼敵樓。樓頂垛牆上垛孔外口都是嵌一方石，挖刻出五邊形的垛孔。垛孔的內口用六塊磚拼砌，大小與垛孔的外口相近。

▲ 北京敵樓垛牆的圓形垛孔　嚴共明 攝

北京市門頭溝區沿河口長城的沿字叄號敵樓垛牆上的垛孔內外口各嵌一方石。垛孔外口方石挖刻出接近正方形石洞，垛孔內口方石挖刻出圓石洞。垛孔口型有內圓外方的安排。

◀ 北京懷柔垛牆的多邊形垛孔　黃東暉 攝

北京市懷柔區箭扣長城垛牆上完好的多邊形垛孔。垛孔內口用五塊磚搭砌。內口頂磚脊刻三個弧，中間大兩邊小。

▶ 河北撫寧垛牆的長方形垛孔　呂　軍 攝

河北撫寧破城子北高樓西坡的長城垛牆保存比較完整。此處的垛孔有幾種。這段垛牆上的垛孔外口都是一塊中心掏一圓洞的方磚，而坡底低處垛牆上的垛孔內口是四塊磚脊拼成的菱形，在坡頂高處垛牆上垛孔的內口則為七塊磚疊成的長方形。這段垛牆的低處的垛孔比高處的內口大，這體現了對低處垛牆垛孔的重視。

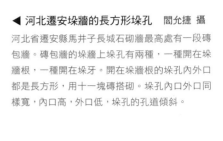

◀ 北京懷柔垛牆「土」字形垛孔　黃東暉 攝

北京市懷柔區旺泉峪長城，垛牆根上完好的垛孔用五塊磚搭砌，垛孔內口形同「土」字。這是垛孔的內口。

◀ 河北遷安垛牆的長方形垛孔　閆允捷 攝

河北省遷安縣馬井子長城石砌牆最高處有一段磚包牆。磚包牆的垛牆上垛孔有兩種，一種開在垛牆根，一種開在垛牙。開在垛牆根的垛孔內外口都是長方形，用十一塊磚搭砌。垛孔內口外口同樣寬，內口高，外口低，垛孔的孔道傾斜。

▶ 北京懷柔垛牆的長方形垛孔　黃東暉 攝

北京市懷柔區慕田峪禿尾巴邊長城，垛牆根上完好的垛孔用五塊磚搭砌。垛孔內口外口同樣寬。垛孔內口頂磚脊刻一個圓弧，垛孔外口封一開圓洞的蓋磚。內口大，外口小。

▲ 北京懷柔垛牆「由」字形垛孔　張　俊 攝

北京市懷柔區大榛峪長城，垛牆上的垛孔用七塊磚搭砌。垛孔內外口型呈「由」字形。垛孔的內口高，外口低。這是垛孔的內口。

▶ 北京懷柔垛牆「由」字形垛孔　曾傲雪 攝

北京市懷柔區箭扣長城，垛牆上的垛孔用七塊磚搭砌。垛孔內口型呈「由」字形。內口頂磚下的兩磚相對的磚面挖一弧。與「由」字形接近，但字肩圓了。此段長城垛牆上的垛孔內口大，外口小。外口頂磚有弧凹。

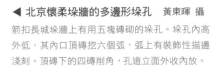

◀ 北京懷柔垛牆的多邊形垛孔　黃東暉 攝

箭扣長城垛牆上有用五塊磚砌的垛孔。垛孔內高
外低，其內口頂磚挖六個弧，弧上有裝飾性描邊
淺刻。頂磚下的四磚削角，孔道立面外收內放。

▶ 河北撫寧垛牆的菱形垛孔　呂　軍 攝

河北撫寧破城子長城垛牆上垛孔的內口是菱形，
由四塊大磚搭砌，外口用挖一圓洞的型磚封堵。

▶ 北京懷柔垛牆近似菱形垛孔　張　驊 攝

北京市懷柔區箭扣長城垛牆上的垛孔，內口上下
用兩塊型磚搭砌，型磚以直角切挖，直角邊再
稍挖四個小弧，弧上有裝飾性描邊凸棱。垛孔內
外口大小高低相同。

◀ 北京懷柔垛牆的拱頂型垛孔　高光宇 攝

北京市懷柔區旺泉峪長城垛牆上的垛孔，內口左
右用兩塊型磚搭砌。型磚以半邊留頭帶弧切挖，
兩塊型磚對頭搭砌，組成一拱頂型垛孔。垛孔內
外口大小一致，內口高外口低，孔道下斜。

◀ 北京延慶垛牆「火」字形垛孔　張　驊 攝

北京市八達嶺長城敵樓垛牆上的垛孔用六塊磚搭
砌。城磚的直角削磨成四分之一圓，兩磚背靠背
組成一半圓，垛孔頂由兩塊去角的磚對頭接。垛
孔的口型與「火」字的外形接近，此形垛孔只在
八達嶺長城敵樓垛牆上存在。

◀ 北京懷柔垛牆的尖頂型垛孔　任樹垠 攝

北京市懷柔區旺泉峪長城垛牆上的垛孔，內口左
右用兩塊型磚搭砌，型磚以半邊留頭帶兩弧切
挖，兩塊型磚對頭搭砌時組成一拱尖頂型垛孔。
垛孔外口也用此樣型磚。垛孔內口高外口低，孔
道下斜。

◀ 河北灤平垛牆的半圓形垛孔　山雪峰 攝

河北省金山嶺長城垛牆上的半圓形垛孔，內口左
右用兩塊型磚磚搭砌，型磚的直角以四分之一圓
切挖，兩磚對頭搭砌時組成一半圓形大孔。垛孔
外口是一下挖小洞的方磚封堵。孔道底面水平，
孔道兩側立面用磚砌成內闊外收的錐狀。

第 2 節　垛孔洞道的形態

垛孔洞道是指長城垛牆垛孔內外口之間的洞道。垛孔洞道的形態由洞軸線的平斜、長短以及洞壁面的簡繁等部分組成。

垛孔洞道的洞軸線是否水平，與垛孔在垛牆的位置和其功能有關。最簡單的垛孔洞道形態是洞軸線水平，洞壁四面平直。有些新修復的長城垛牆垛孔洞道就按此樣式營造。在未修復的地段，也會見到在垛牆高位開設的高開垛孔或中開垛孔，洞軸線多按水平角度構築，這樣修建便於遠望敵情。而垛牆上的低開垛孔，洞軸線常按內高外低傾斜角度構築，也是為了便於守衛者近距離禦敵。

垛孔洞壁面的形態變化，通常是有區域性的。在一個地段附近是相同一致的，但與相鄰或更遠的地段就不同。垛孔洞壁面有直面和折面之分，例如有內大外小的圓口垛孔，洞軸線水平，洞壁用磚脊背拼成直面錐桶狀。也有方形垛孔，洞軸線內高外低，洞壁立側面磚頭齊平，洞壁底面和頂面為折面。洞道在垛牆裡上下拐彎。垛孔洞道的變化，多暗藏在垛牆裡，並不直接表現在垛牆表面。

▲ 北京斜直壁曲洞道垛孔內口　任樹垠 攝

北京市懷柔區旺泉峪長城，垛牆上的垛孔內口用五塊磚搭砌，垛孔內口底磚與外口頂磚持平，垛孔內口底磚向外砌成斜面。垛孔內外口型一樣，垛孔洞道為內高外低下斜。

◀ 河北直壁斜洞道垛孔外口　閻允捷 攝

河北省遷安縣馬井子長城，垛孔外口有十四塊磚高，內口高才七塊磚。垛孔的兩壁平直，構成一種內高外低，內小外大，向下斜傾的洞道。

▲ 甘肅嘉峪關垛牆垛孔外口

甘肅省嘉峪關城南、北、東三面垛牆上的垛孔分佈以在垛牙高開為主,間隔三個垛牙有一垛牙上再增兩個低開垛孔。這些垛孔的洞道四面平直,洞軸水平。

◀ 甘肅直壁直洞道垛孔內口

甘肅省嘉峪關城南、北、東三面垛牆上的垛孔用五塊磚搭砌。垛孔內外口型一樣,垛孔洞道四面平直,洞軸水平。

◀ 河北直壁直洞道垛孔內口　梁漢元 攝

河北省遵化市後杖子長城垛牆上的垛孔內內外口都是方形,可以看出洞道四面平直。

▼ 山西直壁直洞道垛孔外口　岳 華 攝

山西省山陰縣白草口長城,垛牆上洞軸水平、四面平直的垛孔洞道。

▼ 北京直壁直洞道垛孔內口　任樹垠 攝

北京市懷柔區旺泉峪長城垛牆上的垛孔內口用五塊磚搭砌。垛孔內外口型一樣,垛孔洞道四面平直,洞軸水平。

◀ 河北直壁錐洞道垛孔內口　丁　岩 攝

河北省金山嶺長城垛牆，垛孔洞道的底面平，兩壁和頂面向小於內口的外口靠攏。洞壁直，構成錐洞道。

◀ 北京直壁錐洞道垛孔內口　高光宇 攝

北京市懷柔區旺泉峪長城，垛牆上的垛孔內口用五塊磚搭砌，垛孔外口用三塊磚搭砌。洞道的底面平，兩壁直。洞道頂面的三塊磚型無法形成平面。構成一種垛孔三面平直的錐洞道。

▲ 北京直壁錐洞道垛孔內口　嚴共明 攝

北京市密雲區司馬臺長城，石牆上的垛孔內口用九塊磚搭砌。洞道的底面平，兩壁直，三面向小於內口的外口靠攏。構成一種四錐面的錐洞道。

▲ 北京直壁直洞道樓孔內口　吳　凡 攝

北京市門頭溝黃草梁長城，敵樓窗下孔的內口用三塊磚搭砌。洞軸水平，洞道四面平直。

▶ 陝西直壁屈洞道樓孔內口　羅　宏 攝

陝西省榆林市水掌村長城，敵樓窗下孔用九塊磚搭砌。洞道的底面向小於內口的外口斜，兩壁平直。洞道的頂面向小於內口的外口斜。構成一種垛孔兩壁平直的曲洞道。

▶ 河北直壁斜洞道樓孔內口　嚴共明 攝

河北省涿鹿縣羊圈長城的敵樓窗邊孔，內外口都是一方石。內口方石開一圓洞，外口方石開一通邊的長方洞。洞道的兩壁直。內口方石比外口方石高五層磚，構成一種洞軸傾斜向下的樓孔斜洞道。

▲ 北京直壁斜洞道垛孔外口　閆允捷 攝

北京市門頭溝區沿河口長城，敵樓垛牆上的垛孔內外口都是一方石。內口方石開一圓洞，外口方石開一方洞。洞道的兩壁直。內口方石比外口方石高一層磚，構成一種垛孔兩壁平直的斜洞道。

▶ 河北直壁錐洞道牆孔內口　呂 軍 攝

河北省撫寧縣程山長城東架牆的牆孔很特別。內口用四塊各去一角修成四分之一圓弧的方磚拼合成大小佔五層磚高的大圓洞。外口用兩塊各挖去半圓的城磚拼合成大小佔兩層磚高的小圓洞。洞道用九塊磚加工拼合成一錐洞。

◀ 河北洞軸上斜的牆孔洞道　山雪峰 攝

河北省撫寧縣小河口長城，溝東敵樓殘頂牆上還留了三個券窗。券窗之上各有一洞軸向上斜的牆孔。牆孔內口用兩塊各挖去半圓的城磚拼合成大小佔兩層磚高的小圓洞，外口亦如此。外口比內口距券窗頂多了兩層磚，構成了洞軸向上斜的牆孔洞道。

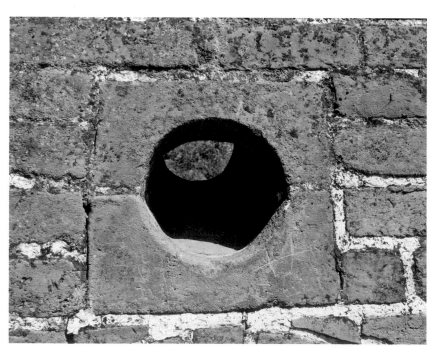

▶ 北京直壁錐洞道垛孔內口　黃東暉 攝

北京市懷柔區慕田峪長城，垛牆上的垛孔內口用七塊磚搭砌，與「土」字相似。垛孔外口用五塊磚搭砌，比內口矮一層磚；洞道的底面平，兩壁直；洞道的頂面不成平面。構成一種垛孔兩壁平直、底面平的錐洞道。

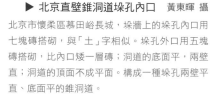

▼ 北京直壁斜洞道垛孔內口　黃東暉 攝

北京市懷柔區慕田峪長城，垛牆上的垛孔內口用五塊磚搭砌，垛孔外口用七塊磚搭砌，比內口矮兩層磚。洞道的底面斜平，兩壁直，洞道的頂面不成平面。構成一種垛孔兩壁平直、頂底兩面斜的斜洞道。

◀ 北京直壁斜洞道垛孔外口　黃東暉 攝

北京市懷柔區慕田峪長城，垛牆上的垛孔外口用七塊磚搭砌，比內口矮兩層磚。洞道的底面斜平，兩壁直，洞道的頂面不成平面。構成一種垛孔兩壁平直、頂底兩面斜的斜洞道。

▶ 北京直壁錐洞道垛孔內口　黃東暉 攝

北京市懷柔區箭扣長城，垛牆上的垛孔內口用五塊磚搭砌，垛孔頂磚下的四塊磚都修去一角，使垛孔兩壁多了外闊的小斜面。外口比內口矮了兩層磚，洞道頂面因磚搭含有拐角。洞道的底面斜平。構成一種垛孔兩壁小斜面平直、洞頂拐角的斜洞道。

▼ 甘肅嘉峪關羅城垛牆垛孔外口

甘肅省嘉峪關城南、北、東三面垛牆，垛孔分佈以在垛牙高開為主，但嘉峪關城西面和羅城垛牆上的垛孔分佈以緊臨牆頭磚棱線分佈。這是區別嘉峪關的城牆方位最簡便有效的特徵。

◀ 甘肅直壁斜洞道垛孔外口

甘肅省嘉峪關城西面垛牆上的垛孔用七塊磚搭砌。垛孔內外口型一樣。洞道兩壁平直，垛孔外口比內口低兩層磚，洞道頂面因磚搭含有拐角。洞道的底面斜平。構成一種洞道兩壁平直、洞頂拐角的斜洞道。

◀ 北京錐壁洞道垛孔內口　李玉暉 攝

北京市懷柔區撞道口長城，垛牆上的垛孔內口用
五塊磚搭砌。垛孔頂磚下的四塊磚都修去一角，
使垛孔兩壁多了外闊的長斜面。內口底磚上挖一
向外無沿的方形淺窩，在垛孔洞道內口底磚很少
見到。

▼ 河北錐壁洞道垛孔內口　張 驊 攝

河北省遵化市後杖子長城，垛孔內外口都是用九
塊磚搭砌。外口與內口同高。洞道的底頂面水
平。內口形同一極寬的「由」字，外口形同一極
窄的「由」字。洞道兩壁的六塊磚都切去一角，
使垛孔洞道兩壁前直後斜。孔口內大外小，構成
一種洞道水平指向。洞道前段直窄後段斜闊。

▶ 河北錐壁洞道垛孔內口　宇 鳴 攝

河北省金山嶺長城垛牆上的垛孔內口用五塊磚
搭砌。垛孔頂磚下的四塊磚都切去一角，使垛孔
洞道兩壁前直後斜。外口與內口同高，孔口內大
外小。洞道的底頂面水平，構成一種洞道水平指
向。洞道前段直窄後段斜闊。

▲ 北京錐壁拐彎洞道垛孔內口　李玉維 攝

北京市懷柔區鐵礦峪長城，垛牆上的垛孔內口用
五塊磚搭砌。垛孔頂磚下的四塊磚都修去一角，
使垛孔兩壁多了外闊的小斜面。垛孔外口低於內
口三層磚，洞道頂面在頂磚下拐了個彎。洞道底
面為裡高外低的斜面。

第3節　垛孔大小的形態

本章第1節在介紹垛孔口型的形態時，借用了平面幾何的概念以描述其形態的豐富。但僅借用數學概念仍難以做到細緻無遺，且從條理上說還有欠缺，還需要理性的說明。

豐富的垛孔形態多數存留於長城的磚砌垛牆上。垛孔是由磚塊搭接組成的，一個垛孔用了幾塊磚搭建？磚塊數量的多少，會給垛孔帶來哪些不同的樣貌？同樣數量的磚塊搭接出的垛孔形態可產生哪些變化？本節試借助簡明的數字順序，梳理垛孔形態的豐富，垛孔形態的多樣就有了一個清晰理性的關係。

長城磚砌垛牆上的垛孔是留空砌出來的。最簡單的垛孔是一塊中心掏洞的方磚或方石。把兩塊磚各挖去半邊，對接起來，也可拼成一個垛孔。三塊磚的垛孔多是兩磚之間留空，空檔上搭住一塊眉磚。依此類推，奇數塊磚組成的垛孔是眉磚下的垛孔壁磚依次遞增。垛孔眉磚若是兩塊被加工後對接的形磚，就有了偶數塊磚的垛孔的排序。用磚數多少來分類可進一步了解垛孔形態的豐富。

◀ 河北兼具兩種垛孔的垛牆　張　驊　攝

河北省遵化市後杖子長城，磚垛牆上垛孔有兩種：一種為垛牆根開，垛孔內外口都是用九塊磚搭砌。一種為垛牆頭開，垛孔內外口都是用五塊磚搭砌。

▲ 河北垛牆上的特殊形態垛孔　閆允捷　攝

河北省遵化市後杖子長城垛牆，垛孔分高開和低開兩種。在牆根低開垛孔中，還發現有一個內外口都是用八塊磚搭砌的、口型為半圓形的垛孔，非常寶貴。

第1目·A　一塊磚構成的垛孔

　　一塊磚構成的垛孔在長城上分佈非常少。只在北京密雲古北口至河北灤平金山嶺一帶，河北遷安縣董家口、河流口、無名口以及撫寧縣黃土嶺長城上有存留。單磚築成的垛孔用磚特殊，其長寬不同於一般牆磚的長寬比例，而是接近正方形。製造磚坯時，在方磚一邊留出缺口，成磚後以有缺口的邊為底側，砌在垛牆上成為垛孔。方磚預留出的缺口大小形狀似乎沒有一定之規，因而砌成的垛孔形態也呈現出微妙的差異。這種單磚成孔的垛孔磚又叫垛孔護口磚。

◀ 平弧頂小尖角的單磚垛孔　呂　軍 攝
河北省遷安市董家口長城的垛牆上，垛孔內口用一塊方磚做護口磚，方磚底邊開一方形豁洞，圓角的垛孔平頂中間加小尖角。

▲ 平直口頂的單磚垛孔　嚴共明 攝
北京市司馬臺長城東破單邊石牆的垛孔內口大，外口小。垛孔外口用一塊方磚做護口磚，方磚底邊開一方形豁洞成為垛孔。

▶ 圓弧口頂的單磚垛孔　黃東暉 攝
河北省金山嶺長城的垛牆上，垛孔外口用一塊方磚做護口磚，方磚底邊開一方形豁洞，豁洞頂為半圓弧形。

▲ 圓弧口頂的單磚垛孔　山雪峰 攝
河北省金山嶺長城龍峪口東的垛牆上，垛孔外口用一塊方磚做護口磚，方磚底邊開一方形豁洞，豁洞頂為半圓弧形。

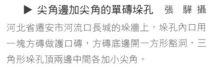

▶ 圓弧頂加圓突的單磚垛孔　黃東暉 攝
河北省遷安市河流口長城的垛牆上，垛孔外口用一塊方磚做護口磚，方磚底邊開一方形豁洞，半圓弧形垛孔頂中間還加小半圓豁洞。

▶ 尖角邊加尖角的單磚垛孔　張　驊 攝
河北省遷安市河流口長城的垛牆上，垛孔內口用一塊方磚做護口磚，方磚底邊開一方形豁洞，三角形垛孔頂兩邊中間各加小尖角。

◀ **圓弧口頂的單磚垛孔**　嚴共明 攝

北京市司馬臺長城聚仙樓東的垛牆上，垛孔外口用一塊達四層磚高的方磚做護口磚，方磚底邊開一方形豁洞，豁洞頂為平直頂。

◀ **圓弧口頂的單磚垛孔**　宇 鳴 攝

河北省遷安市白羊峪長城的垛牆上，垛孔內口用一塊達三層磚高的方磚做護口磚，方磚底邊開一方形豁洞。圓角的垛孔頂略呈鈍三角形，垛孔頂中間加了一小尖角。

▶ **圓肩平頂尖角的單磚垛孔**　呂 軍 攝

河北省撫寧縣黃土嶺長城的垛牆上，垛孔內口用一塊達三層磚高的塊方磚做護口磚，方磚底邊開一方形豁洞，豁洞頂為半圓弧形。

▶ **圓肩平頂加圓弧的單磚垛孔**　張 驊 攝

河北省遷安市河流口長城的垛牆上，垛孔內口用一塊達四層磚高的方磚做護口磚，方磚底邊開一方形豁洞，圓肩平頂中間加一圓弧豁。

◀ **四個小圓弧頂的單磚垛孔**　李玉暉 攝

河北省遷安市河流口長城的垛牆上，垛孔內口用一塊達三層磚高的方磚做護口磚，方磚底邊開一方形豁洞。垛孔頂為凹個小圓組成的圓肩梯形。

◀ **三個小圓弧頂的單磚垛孔**　張 驊 攝

河北省遷安市河流口長城的垛牆上，垛孔外口用一塊達四層磚高的方磚做護口磚，方磚底邊開一方形豁洞，垛孔頂水平排三個小圓弧。

▼ **圓肩平頂尖角的單磚垛孔**　張 驊 攝

河北省遷安市河流口長城的垛牆上，垛孔內口用一塊達四層磚高的方磚做護口磚，方磚底邊開一方形豁洞，圓角的垛孔平頂中間加小角豁。

▲ **圓肩平頂尖角的單磚垛孔**　呂 軍 攝

河北省遷安市無名口長城的垛牆上，垛孔內口用一塊達四層磚高的方磚做護口磚，方磚底邊開一方形豁洞。垛孔頂為圓角的垛孔平頂中間加三角豁。

第1目．B　一塊石構成的垛孔

　　一塊石構成的垛孔多是在長城敵樓垛牆禦敵面上發現的，其存留分佈地段比一塊磚構成的垛孔多了四處，以河北省撫寧縣長城敵樓垛牆的石垛孔存留最多。垛孔石料的外形接近正方形，四層磚厚，近一磚長。垛孔石料材質各地亦不統一。用石材加工成的垛孔肯定比磚垛孔結實耐用。在石板中心挖出一個垛孔，取料、加工都比用燒磚的工作量多了不少。即使如此，現存於世的石垛孔造形多多少少都有不同，令後人感歎古代工匠的心血。

◀ 中開弧頂方洞的單石窗下孔　鄭　嚴　攝

北京市門頭溝區洪水口長城沿字拾貳號敵樓的樓窗下孔外口用石護口。護口石外有四層磚高，一塊磚長。護口石的方洞，頂邊為中間帶尖，兩頭向內掐尖弧線形。護口石外邊和洞孔外邊細刻着粗線凸邊。

▶ 中開圓洞的單石垛孔　龔建中　攝

河北省盧龍縣劉家口長城的敵樓垛牆上開一排垛孔，垛孔的外口砌有護口石。護口石外有五層磚高，一磚半磚長。護口石於石板正中間開一小於兩層磚高的圓洞。圓洞外口小裡口大，洞道呈錐狀，與五層磚砌的左右斜面銜接。

▶ 中開弧頂方洞的單石垛孔　閆允傑　攝

北京市門頭溝區沿河口長城沿字叄號敵樓垛牆上開兩排垛孔，垛孔的內外口均有護口石。護口石有四層磚高，一塊磚長。外口護口石於石板正中間開一方洞。護口石的方洞頂邊為中間帶尖的弧線形。護口石外邊和洞孔外邊粗刻着細線凸邊。

◀ 中開弧頂方洞的單石窗下孔　張　驊　攝

北京市門頭溝區沿河口長城沿字肆號敵樓的樓窗下孔內外口均有護口石。護口石有四層磚高，一塊磚長。外口護口石於石板正中間開一方洞。護口石的方洞頂邊有五個小尖的弧線形。護口石外邊和洞孔外邊細刻着細線凸邊。

◀ 底開半圓洞的單石窗下孔　都　東　攝

河北省遷安市冷口長城敵樓的樓窗下孔外口用石護口。護口石外有五層磚高，一塊磚長。於護口石底邊開一半圓豁洞。豁洞大小達兩層磚高。

▼ 中開圓洞的單石垛孔　閆允傑　攝

北京市門頭溝區沿河口長城敵樓垛牆上開兩排垛孔，垛孔的內外口均有護口石。護口石外有四層磚高，一塊磚長。內口護口石於石板正中間開一圓洞。豁洞大小達兩層磚高。

◀ 中開弧線方洞的單石垛孔　張 驊 攝

河北省撫寧縣董子峪長城，敵樓的樓窗下孔，外口的護口石多數丟失。僅存的這塊護口石正中間開一弧線頂方洞。石質加工粗糙，弧線頂方洞外有一圈淺線描邊刻。

◀ 中開圓洞的單石垛孔　馬 駿 攝

河北省撫寧縣撫寧梁家灣長城的敵樓垛牆上殘留的垛孔石。外口小內口大，洞道呈錐面。

▲ 底開弧線頂長方洞單石垛孔　呂 軍 攝

河北省撫寧縣義院口長城，敵樓的樓窗下孔，外口護口石多數不存。護口石高達五層磚，中間開一弧頂通底豁洞。其上為一搭樓窗兩壁的石窗臺。護口石的外沿和洞邊刻有凸棱。

▶ 中開尖角方洞的單石垛孔　呂 軍 攝

河北省撫寧縣無名口長城，敵樓垛牆上的垛孔外口有護口石。護口石小於四層磚高。垛孔口型為加尖角方形。洞口外面有一圈方形淺線描邊刻。

▲ 底開拱門形單石垛孔　嚴共明 攝

河北省撫寧縣板廠峪長城的敵樓窗下孔外口護口石，與義院口長城敵樓窗下護口石相同。護口石高達五層磚，弧頂通底豁洞有二層磚高。護口石的外沿和洞邊刻亦有凸棱。

◀ 中開三弧頂方洞的單石垛孔　黃東暉 攝

河北省撫寧縣花場峪長城敵樓垛牆破損嚴重。垛牆上的垛孔外口護口石極為罕見。護口石上開的方洞頂由二個小弧線組成。護口石的外沿和洞邊刻亦有凸棱。

▼ 中開圓洞的單石垛孔　張翅飛 攝

北京市懷柔區河防口長城新近修復的敵樓，垛牆上的垛孔基本保持了歷史原貌。

▶ 中開圓洞的單石垛孔　劉玉奎 攝

北京市懷柔區河防口長城，新近修復敵樓垛牆上保留了舊有的石垛孔。石垛孔高達五層磚，外口小內口大，保持着滄桑原貌。

第 2 目　兩塊磚構成的垛孔

　　兩塊磚構成的垛孔在長城地段分佈上比一塊磚構成的垛孔多幾處。這種垛孔均是用兩塊磚拼成垛孔護口，其拼接方式可分上下對接與左右對接兩類。上下拼接類的垛孔是在城磚長邊挖去一半圓，再用兩個半圓上下砌疊出一個圓形垛孔。河北省淶源縣長城敵樓垛牆上仍有存留。左右拼接類的兩塊磚垛孔是把城磚從短邊挖去一角，順勢把城磚的長邊挖去一條，使磚成瓦刀狀。兩磚左右刀頭對接，刀柄之間空出一孔。此類形垛孔在北京市慕田峪長城垛牆上隨處可見。

◀ **兩塊磚構成的圓形垛孔**　羅　宏　攝

陝西省府谷縣新民鎮守口墩敵樓垛牆上的垛孔，是陝西省長城唯一遺存。垛孔內口由上下兩塊磚拼構成一圓孔。

▲ **兩塊磚構成的圓形垛孔**　劉　萌　攝

河北省淶源縣白石山長城，敵樓垛牆上的垛孔結構自有特點。垛孔外口以兩磚左右拼成一圓孔。

▶ **兩塊磚構成的圓形垛孔**　山雪峰　攝

河北省淶源縣隋家莊長城，敵樓垛牆上的垛孔分高低開。低開垛孔緊靠垛牆根，高開垛孔在垛牙中間。高開垛孔的外口由上下兩塊磚構成圓形垛孔。

▶ **兩塊磚構成的圓形牆孔**　呂　軍　攝

河北省撫寧縣羅漢洞長城的束架牆孔內口大外口小。牆孔內口由四塊磚拼接，外口由上下兩塊磚構成。

▶ **兩塊磚構成的圓形垛孔**　王　虎　攝

河北省撫寧縣小河口長城，敵樓垛牆上的垛孔由上下兩塊磚構成。垛孔的內口大外口小，上下兩塊垛孔磚的圓形缺口均為同軸斜曲面，觀察其曲面之順滑，古人加工技藝令人歎服。

◀ **兩塊磚構成的菱形垛孔**　嚴共明　攝

北京市懷柔區箭扣長城垛牆上的垛孔有三種樣式，菱形垛孔為箭扣長城垛牆上獨有。垛孔內外口一樣大，用挖空三角的型磚上下拼構成一菱形孔。

◀ **兩塊磚構成的拱門形垛孔**　張　驊　攝

北京市懷柔區旺泉峪長城，垛牆上的垛孔內口由左右兩塊磚構成，垛磚長邊半挖去一條，垛磚短邊兩頭一長一短，兩塊垛磚短邊對頭接，留出一圓弧頂拱門式垛孔。

▶ **兩塊磚構成的拱門形垛孔** 陳元志 攝
北京市懷柔區旺泉峪長城宇牆上的垛孔內口也由左右兩塊磚構成。垛牆上垛孔內口的左右磚高佔四層磚，宇牆上垛孔內口的左右磚高佔三層磚。同是圓弧頂拱門式垛孔，卻有高矮的不同。

▶ **兩塊磚構成的拱門形垛孔** 龔建中 攝
河北省盧龍縣劉家口長城垛牆上的垛孔內口的外高佔 3.5 層磚，由兩塊磚構成的直邊方角頂拱門式垛孔。

◀ **兩塊磚構成的拱門形垛孔** 錢其紅 攝
北京市密雲區古北口長城，垛牆上的垛孔內口磚的外高佔 3.5 層。垛孔磚為正方形。各挖去一角，兩塊磚構成的扁圓弧頂式垛孔。

◀ **兩塊磚構成的拱門形垛孔** 山雪峰 攝
北京市密雲區蟠龍山長城，宇牆上的垛孔內口磚的外高佔 3.5 層。垛孔磚為正方形。各挖去一角，兩塊磚構成的尖圓弧頂式垛孔。

▲ **兩塊磚構成的拱門形垛孔** 張 和 攝
北京市懷柔區旺泉峪長城，垛牆上的垛孔分佈在垛牙中間。垛孔內口由左右兩塊磚構成。磚長邊半挖去一條多一曲線，兩塊磚短邊對頭接。圓弧頂多一尖角，做成了帶尖角拱門式垛孔。

◀ **兩塊磚構成的拱門形垛孔** 田麗華 攝
北京市懷柔區旺泉峪長城，垛牆上的垛孔分佈在垛牙中間。垛孔內口距垛牆根六層磚。由左右兩塊磚構成。

▶ **兩塊磚構成的拱門形垛孔** 姚磊 攝
北京市密雲區司馬臺長城，宇牆上的垛孔開在牆根。垛孔內口由左右兩塊磚構成。磚塊的外高佔四層磚。垛孔內口磚為正方形。各挖去一角，兩塊磚構成的尖圓弧頂式垛孔。

▶ **兩塊磚構成的拱門形垛孔** 呂 軍 攝
天津市太平寨長城垛牆上的垛孔，一看就是新近修復的。垛孔內口由左右兩塊磚構成，為保持長城垛牆垛孔的原貌做了努力。

第3目　三塊磚構成的垛孔

　　三塊磚構成的垛孔數量不多，分佈地段也有限。這種垛孔通常是由兩塊磚留空，再架起一塊垛孔眉磚。雖數量有限，但三塊磚構成垛孔的模式成了單數磚構成垛孔的基礎模式。五、七、九、十一塊磚構成的垛孔，都是在其基礎上加碼而成。三塊磚構成的垛孔，垛孔的眉磚有大有小。從磚外邊高占四層磚的方形眉磚，到外高占 3.5 層的方形眉磚都有發現。垛孔封頂的眉磚底邊都有挖刻。現在看到的三塊磚構成的垛孔眉磚挖刻樣式很少重複。

◀ 三塊磚構成的垛孔　呂　軍　攝
河北省撫寧縣董子峪長城垛孔的內口用三塊磚構成。垛孔眉磚側立。磚脊挖出粗看為一個圓弧，細看為四個小圓弧，和一個小尖角造型。

▶ 三塊磚構成的垛孔　呂　軍　攝
河北省撫寧縣董家口長城垛孔的內口用三塊磚構成。垛孔的眉磚為方形。外高佔 3.5 層磚。眉磚底邊挖一長方豁口，口頂平兩頭小圓拐角。中間有尖角槽。

▲ 三塊磚構成的垛孔　呂　軍　攝
河北省撫寧縣葦子峪長城垛孔的內口用三塊磚構成。垛孔眉磚側立。磚脊挖出三個小圓弧水平並立的造型。細看小圓弧外還有描沿淺細線刻。

▶ 三塊磚構成的垛孔　呂　軍　攝
河北省撫寧縣董家口長城垛孔的外口用三塊磚構成。垛孔眉磚側立。磚脊挖出遠看為一個圓弧，近看為四個小圓弧，和一個小鈍角造型。

▲ 三塊磚構成的垛孔　王獻武　攝
河北省撫寧縣小河口長城垛孔的內口用三塊磚構成。垛孔眉磚側立。磚脊挖出的圓弧不大規範。近看小圓弧和小鈍角邊上還有描沿淺細線刻。

▶ 垛牆根的三塊磚構成的垛孔　山雲峰　攝
北京市密雲區古北口臥虎山長城，垛牆開高低兩排垛孔。低排垛孔緊靠着牆頂磚棱線，由三塊磚構成。高排垛孔開在垛牙中間，由五塊磚構成。

◀ 三塊磚構成的垛孔　山雪峰 攝

北京市密雲區古北口臥虎山長城，垛牆的低開垛孔內口用三塊磚構成。垛孔的眉磚是方形，外高佔四層磚。方磚底邊挖去半圓。在三塊磚構成的垛孔中，臥虎山長城垛孔的眉磚面積最大，樣式奇特。

◀ 三塊磚構成的垛孔　王獻武 攝

河北省撫寧縣小河口長城，垛孔的內口用三塊磚構成。垛孔眉磚側立。磚脊挖出豁口，遠看為一個三角形，近看為四個小圓弧和一個小鈍角造型。還有描沿淺細線刻。

▲ 三塊磚構成的垛孔　呂 軍 攝

河北省撫寧縣董家口長城，垛孔的內口用三塊磚構成。垛孔眉磚側立。磚脊挖出的曲線頂，遠看為深口曲線形頂，近看由兩個小圓弧三個小波折組成。排列對稱。

◀ 三塊磚構成的垛孔　呂 軍 攝

河北省撫寧縣董家口長城，垛孔的內口用三塊磚構成。垛孔眉磚側立。磚脊挖出的圓弧不大規範，遠看為半個圓弧形，近看為五個小波折，帶有對稱的佈局。

▲ 三塊磚構成的垛孔　田麗華 攝

河北省撫寧縣九門口長城垛牆為新近修復。垛牆有方牙形和鋸齒形。垛牆內口有圓形和方形。這幾個開在齒形垛牆上的垛孔內外口都是由左右三塊磚構成。

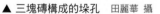

▶ 三塊磚構成的垛孔　龔建忠 攝

河北省遷安縣大龍廟長城垛孔的內口由三塊磚構成。垛孔眉磚側立，挖出的圓弧接近三角形。垛孔口頂有一小尖角，左右各為三個小波弧。垛孔口型沿邊有一道淺刻裝飾線。

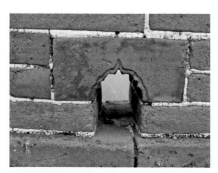

第4目　四塊磚構成的垛孔

　　用四塊磚構成的垛孔存留數量比三塊磚構成的垛孔存留數量要多一些，樣式也比三塊磚構成的垛孔多一些。構成方式以保持二塊磚構成的垛孔的左右對接的樣式為基礎，在對接的兩磚之下各多一磚墊腳，就成了四塊磚構成的垛孔。還有另一種複雜的樣式：垛孔左右對接的去角方磚下亦是左右對接的去角方磚，但上下也對接。因各去一角，四塊磚拼成的外邊為方形四塊磚，空出的垛孔呈菱形。雙數磚構成的垛孔都是用兩塊眉磚對接出垛孔的頂口。

◀ **四塊磚構成的垛孔**　丁　欣 攝
北京市密雲區古北口蟠龍山長城，垛牆的低開垛孔內口用四塊磚構成。其實與兩塊磚構成的垛孔有相似之處，垛孔頂磚為兩塊正方形各挖去一角拼搭尖弧頂式。與兩塊磚構成的垛孔不同的地方是兩塊方磚下各有一塊墊腳磚。

▲ **四塊磚構成的垛孔**　錢琪紅 攝
北京市密雲區古北口蟠龍山長城，垛牆的四塊磚構成的垛孔內口大外口小，孔道呈錐狀。施工時垛孔頂磚與墊腳磚對齊是個規劃計算很精細的技術。

▲ **四塊磚構成的牆孔**　呂　軍 攝
河北撫寧程山長城東架牆的牆孔內口用四塊各挖去一圓弧角的方磚拼成。牆孔達七層牆磚高。其內口為五層磚高的大圓洞。外口用兩塊各挖去半圓的磚拼合成兩層磚高的小圓洞。洞道用磚拼合成一錐洞。

▶ **四塊磚構成的垛孔**　史　強 攝
箭扣長城垛牆上有垛孔內口用四塊挖去一曲邊的方磚拼成。垛孔達四層磚高，內口遠看近似菱形。

▶ **四塊磚構成的垛孔**　張翅飛 攝
懷柔箭扣長城宇牆亦設垛牙，垛牙中間亦開垛孔。垛孔的內口和外口都用四塊方磚拼成，外口內口一樣大，垛孔洞道平直。

▶ **四塊磚構成的垛孔**　張　驊 攝

河北省遷安市河流口長城，從塌垮的磚包牆裡可以看到早期完整的石砌牆。殘存的磚包牆上大多磚垛牆無存。僅存的磚垛牆根有完整的一塊磚構成的垛孔和四塊磚構成的垛孔，兩種構成的垛孔交替分佈。

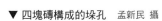

▼ **四塊磚構成的垛孔**　孟新民 攝

河北省遷安市河流口長城垛牆，四塊磚構成的垛孔。外口內口同樣大，垛孔洞道平直。是四塊磚構成的垛孔中最簡單的。

◀ **四塊磚構成的牆孔**　史　強 攝

河北省遷安市董家口長城只有兩座敵樓外配備了垛牆，可惜多半毀垮。垛牆上的牆孔按高低兩排分佈，高排牆孔與低排牆孔左右相鄰接。全部由四塊磚構成。

▶ **四塊磚構成的垛孔**　呂　軍 攝

本書在描述垛孔時本不把垛孔的底磚計算在內，但對於河北省撫寧縣破城子長城的垛孔卻把底磚包括進來，因為其他垛孔的底磚都是長城垛牆的垛磚，而破城子長城的垛孔的底磚不同於垛牆的垛磚：一，其尺寸要大得多；二，其形態也很特別，所以按四塊磚構成的垛孔歸類。

▲ **四塊磚構成的垛牆牆孔**　嚴共明 攝

河北省撫寧縣板廠峪長城只有一座敵樓外配建了垛牆，現在僅存四分之一。牆孔亦按高低兩排分佈，全部由四塊磚構成。牆孔內口大外口小，沒有一個完好。這是其中最完整的四塊磚構成的牆孔。

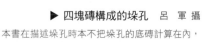

◀ **四塊磚構成的垛孔**　熊啟瑞 攝

河北省撫寧縣破城子長城垛牆的垛孔用四塊大方磚構成。每塊大方磚加工成梯形，四塊磚的寬邊搭成垛孔的內口，窄邊相攏聚搭成垛孔的外口，然後再封一開了圓洞的護口方磚。

▶ **四塊磚構成的垛孔**　方　明 攝

北京市懷柔區蓮花池長城，垛牆的垛孔內口多數為二塊磚構成。不經意發現還有四塊磚構成的垛孔內口，應是從二塊磚構成的垛孔內口衍展出來的。

第5目 五塊磚構成的垛孔

　　五塊磚構成的垛孔是長城牆頂垛牆和樓頂垛牆普遍採用的樣式，存留數量幾乎比其它所有垛孔存留數量總和還多。五塊磚構成的垛孔和三塊、七塊、九塊、十一磚垛孔結構形式相同，用磚數量上有遞進的關係。磚數多少與垛孔大小成正比。五塊磚垛孔眉磚分成橫着伏砌及立砌兩類。眉磚的磚刻又有磚脊角刻與磚面刻之分。由於刻鑿多樣細節豐富，需要本書單列一項，給予專項介紹。

◀ **五塊磚構成的垛孔　王　虎　攝**
北京懷柔旺泉峪長城的垛牆垛孔內口多以五塊磚構成。這類垛孔頂磚側立，脊邊挖塑波形凹口。垛孔兩壁垂直，孔道向外下傾。

▶ **五塊磚構成的垛孔　王宗藩　攝**
北京懷柔黃花城長城垛牆因順山勢砌築，每個垛牙的坡度都有微調，其下的垛孔都是五塊磚構成。垛孔頂磚側立，脊邊挖塑角形凹口。垛孔壁垂直，孔道下傾。垛孔內外口頂磚凹形不一致。

◀ **五塊磚構成的垛孔　姚　磊　攝**
北京市懷柔區慕田峪長城，修復地段垛牆垛孔內口為兩塊磚構成，未修復地段垛牆垛孔內口為五塊磚構成。垛孔頂磚側立，頂磚脊邊挖塑弧形凹口。垛孔兩壁垂直，孔道向外下傾。垛孔位置因坡度小有變化。

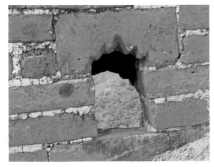

◀ **五塊磚構成的垛孔　宇　鳴　攝**
北京延慶花家窯長城垛牆半數完好。禦敵面垛孔內口都是五塊磚構成。這個垛孔頂磚為側立，脊邊挖塑的凹口變化豐富，由四個小圓弧和一小尖角組成波形凹口，垛孔內口頂磚也有類似凹形。

▶ **五塊磚構成的垛孔　李玉暉　攝**
在北京懷柔慕田峪大角樓南的支線牆體上，垛牆垛孔內口為五塊磚構成。垛孔頂磚都是側立，其脊邊挖塑三個帶內低外高的斜面尖角形的凹口。

▲ **五塊磚構成的垛孔　嚴共明　攝**
北京市密雲區古北口臥虎山長城垛牆保存下來的不到十分之一。垛牆面對長城外的垛孔都是五塊磚構成，面對長城內的垛孔有三塊磚和五塊磚構成兩種。此為面對長城內五塊磚構成的垛孔內口。頂磚脊邊挖塑角形凹口，細看由五個小尖角組成一個角形凹口。

▶ 五塊磚構成的垛孔　山雪峰 攝

北京市延慶區石峽長城面對長城外的垛孔內口都是五塊磚構成。垛孔頂磚有側立砌，也有平伏砌。側立砌頂磚脊邊挖塑的凹口較深，平伏砌頂磚脊棱挖塑的凹口略淺。細看這個頂磚是由四個小波弧和一小尖角組成一個波形凹口。

▼ 五塊磚構成的垛孔　王京秋 攝

北京市懷柔區撞道口長城垛牆垛孔內口為五塊磚構成。垛孔內口頂磚為平伏砌，兩壁略微擴展，孔道向外下傾，垛孔頂磚是由六個小波弧和一小尖角組成一個淺弧形凹口。

▶ 五塊磚構成的垛孔　錢琪紅 攝
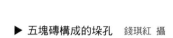

山西省代縣白草口長城垛牆垛孔內口為五塊磚構成。垛孔內口頂磚為平伏砌，垛磚未做任何加工。垛孔兩壁垂直，孔道水平。這是構造最簡單的垛孔。

▼ 五塊磚構成的垛孔　李玉暉 攝

北京市延慶區石峽古長城，垛牆垛孔為五塊磚構成。垛孔內門頂磚為平伏砌，兩壁垂直，孔道向外下傾。垛孔頂磚是由兩個小圓弧和一小尖角組成一個淺波形凹口，凹口上有裝飾性淺線刻。

◀ 五塊磚構成的垛孔　宇 鳴 攝

北京市延慶區石峽古長城，垛牆垛孔為五塊磚構成。垛孔內口頂磚為平伏砌，垛孔兩壁垂直，孔道向外下傾。垛孔頂磚是由兩個淺弧和一小尖角組成一個淺波形凹口，凹口上有裝飾性淺線刻，線條流暢。

▼ 五塊磚構成的垛孔　呂 軍 攝

河北省淶源縣石城安長城，敵樓垛牆垛孔為五塊磚構成。垛孔頂磚為平伏砌，垛磚未做任何加工。垛孔兩壁垂直，孔道水平。這是最容易搭建的垛孔。

▼ 五塊磚構成的垛孔　馬 駿 攝

河北省撫寧縣車場峪長城，敵樓垛牆垛孔為五塊磚構成。垛孔頂磚為平伏砌，垛孔兩壁垂直，孔道向外下傾。垛孔頂磚是由兩個淺弧組成的淺波形凹口，凹口上有簡單的裝飾性淺線刻。

第6目　六塊磚構成的垛孔

　　六塊磚構成的垛孔在北京市八達嶺長城左右的敵樓垛牆上集中遇到過，另外的都是在野長城斷壁上零星意外發現。六塊磚的垛孔實際存留數量比四塊磚的垛孔存留數量還要少，而結構形式上與四塊磚的相同。垛孔洞口頂本可由一塊眉磚當頂，但施工中改由兩塊去角的磚對接拼成尖角形孔頂。六塊磚垛孔的存在，可能是施工人員對垛孔用磚數字有興趣，但更可能是明代工匠在建造長城過程中，對垛孔適宜樣式的探索與嘗試。

◀ **六塊磚構成的垛孔**　黃東暉 攝

河北盧龍東風口只有一座敵樓垛牆的垛孔由六塊磚構成，此六塊磚構成的垛孔頂由兩塊修成圓弧的磚對接出弧形空尖，空尖上有裝飾性淺線刻。

▶ **六塊磚構成的垛孔**　唐少文 攝

北京延慶水關長城敵樓垛牆的垛孔為六塊磚構成。此類垛孔為八達嶺到水關長城特有。垛孔兩壁向孔洞中心突出，呈半圓形。垛孔頂由兩垛磚搭出弧形空尖。垛孔共有五個空尖。

▶ **六塊磚構成的垛孔**　宇鳴 攝

河北省撫寧縣無名口長城的六塊磚構成的垛孔。垛孔內口頂由兩塊抹去頭角的磚對接，垛孔洞道平直，是六塊磚構成的垛孔中最簡單的。

▼ **六塊磚構成的垛孔**　史強 攝

北京市延慶區八達嶺水關長城樓臺垛牆的垛孔為六塊磚構成。此敵臺垛牆每個垛牙設三垛孔，垛孔兩壁平直，頂由兩個抹去頭角的磚對接，拼成一個方形尖頂孔洞。

▶ **六塊磚構成的垛孔**　嚴共明 攝

河北省撫寧縣板廠峪長城楊來樓東有一段殘磚垛牆，垛孔為六塊磚構成。此垛孔頂由兩塊修成凹弧的磚對接，拼出圓弧形頂的方垛孔。

▼ **六塊磚構成的垛孔**　李玉暉 攝

河北省撫寧縣程山長城的六塊磚構成的垛孔。垛孔頂磚頭角抹去的斜度略大，兩磚對接拼成一鈍角孔頂，垛孔兩壁洞道平直。

▶ 七塊磚構成的垛孔　郭　峰　攝

河北省撫寧縣葦子峪長城的七塊磚構成的垛孔。垛孔內口頂磚下由兩個抹去頭角的磚出頭托接，出頭托接磚下的壁磚去內角，孔壁外闊裡窄，洞道對外下傾。是七塊磚構成的垛孔中最複雜的。

◀ 七塊磚構成的垛孔　呂　軍　攝

河北省山海關角山長城殘存的七塊磚構成的垛孔。垛孔內口頂磚脊有兩淺弧一小尖角刻。垛孔頂磚下的壁磚對齊，垛孔內外口同大，洞道平直。是七塊磚構成的垛孔中最簡單的。

▼ 七塊磚構成的垛孔　呂　軍　攝

北京市懷柔區大榛峪長城，垛牆垛孔內口為七塊磚構成。垛孔內口頂磚脊有五個小圓弧刻。垛孔兩壁平齊，洞道對外下傾。

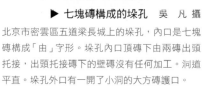

第7目　七塊磚構成的垛孔

初看七塊磚構成的垛孔，只覺得比五塊磚垛孔高了一層磚。在更多的地方看到七塊磚構成的垛孔後，才發現七塊磚構成的垛孔形態另創了一套模式。其垛孔眉磚下的兩磚之間留空，從半磚寬到三分一磚寬、四分一磚寬。這使得垛孔眉磚下掛着一小缺口。缺口粗細在不長城不同地段上有變化，但在相鄰幾公里的空間內則是統一的。另外垛孔眉磚下的兩磚還有留角、圓角、修薄去角等幾種加工手法。使七塊磚構成垛孔的口型多出了很多樣式。

◀ 七塊磚構成的垛孔　丁　岩　攝

河北省金山嶺長城，塢牆殘存的內口是正方形七塊磚構成的垛孔。垛孔內口頂磚脊沒有任何加工。垛孔頂磚下的壁磚修去內角，孔壁外闊裡窄。垛孔內口大外口小，洞道平直。垛孔樣式簡潔，施工時並不省事。

▶ 七塊磚構成的垛孔　吳　凡　攝

北京市密雲區五道梁長城上的垛孔，內口是七塊磚構成「由」字形。垛孔內口頂磚下由兩磚出頭托接，出頭托接磚下的壁磚沒有任何加工。洞道平直。垛孔外口有一開了小洞的大方磚護口。

▼ 七塊磚構成的垛孔　丁　欣　攝

北京市懷柔區箭扣長城，垛牆垛孔內口為七塊磚構成。垛孔內口頂磚下由兩塊修成曲面的磚出頭托接，出頭托接磚下的壁磚沒有任何加工。洞道平直。垛孔內口呈曲肩「由」字形。

▶ 七塊磚構成的垛孔　方　明　攝

北京市密雲區牆子路長城上的垛孔，內口為七塊磚構成，呈「由」字形。垛孔內口頂磚下由兩未加工過的磚出頭托接，出頭托接磚下的壁磚也沒有任何加工。洞道平直，垛孔內外口同大。是七塊磚構成的「由」字形垛孔中最簡單的。

第 8 目　八塊磚構成的垛孔

　　八塊磚構成的垛孔從存留數量和分佈地段上都低於二、四、六塊磚的垛孔，其結構形式與其他雙數磚構成的垛孔有相同之處。八塊磚構成的垛孔因眉磚形態不同又可分為兩類。一類的垛孔眉磚只利用了四塊長城垛牆牆磚，把牆磚頭修成突起的圓角，用四條鼓突的圓弧組成垛口的頂邊，圓弧磚之下各有兩層去角的牆磚。另一類的垛孔眉磚是利用兩塊各挖去四分之一窪圓的方磚對接，組成一半圓形頂的垛孔，兩塊眉磚之下各有三層長城牆磚。

▲ ▶ 八塊磚構成的垛孔　馬　駿　攝

河北省遷安縣大龍廟長城，垛牆根的垛孔為八塊磚構成。垛孔頂由四塊去角的牆磚依次對接，配合下方兩側壁磚修成斜面。垛孔內口底部較寬，外口為長方形。這是八塊磚垛孔中結構比較複雜的。

◀ 八塊磚構成的垛孔　翟東風　攝

河北省遷西縣潘家口長城垛牆垛孔為八塊磚構成，此垛孔結構與下圖金山嶺長城上的八塊磚垛孔如出一轍。

◀ 八塊磚構成的垛孔　吳　凡　攝

河北省金山嶺長城垛牆根的垛孔多由六塊磚構成，也有一些八塊磚的。垛孔頂由兩塊修出曲邊的磚對接，兩塊頂磚下各有三塊壁磚托接。垛孔外口都有一凹砌在牆體上的上深下淺的溜槽。

▼ 八塊磚構成的垛孔　張　驊　攝

河北省遷西縣潘家口長城垛牆垛孔為八塊磚構成。垛孔內口頂部由兩塊挖去一角修成弧邊的方磚對接。垛孔兩側壁磚平直，垛孔內口大外口小。

第9目　九塊磚構成的垛孔

　　五塊磚垛孔內口基本為正方形。因眉磚是橫着伏砌、橫着立砌分成兩類。七塊磚垛孔內口基本為長方形，比五塊磚垛孔多了一種，是在正方形的口頂上冒出一小口，垛孔口型與「由」字的外邊相似，又因其小口寬窄，「由」字兩肩是平是溜又可細分出三種。九塊磚構成的垛孔存留數量不及七塊磚垛孔多，但結構形式變化比七塊磚垛孔還多了一種。這多出的一類口型，是正方形口上兩側牆磚依次前伸，使垛孔逐漸縮窄，構成一個塔臺形垛孔。

◀ 九塊磚構成的垛孔　閆允傑 攝

河北遵化後杖子長城有九塊磚構成的垛孔。其內口頂磚下有兩塊垛磚留空出頭托接。壁磚去內角，呈外闊裡窄的斜面。孔內口呈寬「由」字形，外口呈長「由」字形狀。

▼ 九塊磚構成的垛孔　錢琪紅 攝

北京懷柔箭扣長城垛牆上獨有的九塊磚垛孔。頂磚下由兩塊磚留一小空出頭托接，其下再續兩塊磚留一中空，出頭托接。垛孔內高外低。

▲ 九塊磚構成的垛孔　王　虎 攝

北京市慕田峪長城，垛牆垛孔內口為九塊磚構成。垛孔內口頂磚下由兩塊垛磚留空出頭托接，出頭托接磚下的壁磚沒有任何加工。洞道平直。垛孔內口呈長「由」字形。是九塊磚構成的垛孔中結構比較簡單的。

◀ 九塊磚構成的垛孔　嚴共明 攝

河北撫寧板廠峪長城垛牆獨有的九塊磚垛孔。其頂磚脊有四個帶寬棱邊的小圓弧凹刻。壁磚對齊。垛孔內大外小。洞道底砌一石槽。

▼ 九塊磚構成的垛孔　馬　駿 攝

山西靈丘蕎麥茬長城敵樓垛牆的垛孔由九塊磚構成。其外口頂磚脊有兩圓弧一尖角凹帶細線描邊刻，頂磚下由兩塊抹去頭角的磚出頭托接。壁磚去小角，築成外闊裡窄的斜面，結構比較簡單。

▲ 九塊磚構成的垛孔　張　驊 攝

河北省遷安市馬井子長城九塊磚構成的垛孔。垛孔內口頂磚脊有兩圓弧一尖角帶粗糙的細線描邊刻。垛孔頂磚下的壁磚對齊，垛孔內口高外口底。是九塊磚構成的垛孔中比較簡單的。

◀ 九塊磚構成的垛孔　呂　軍 攝

河北省撫寧縣無名口長城殘存的九塊磚構成的垛孔。垛孔內口頂磚下由兩塊垛磚留空出頭托接，出頭托接磚下的壁磚壁磚對齊。洞道底平。垛孔外口加一底邊開有尖方口的護口蓋磚。

第 10 目　十塊磚構成的垛孔

　　十塊磚構成的垛孔不是在長城上現場發現的，而是因為整理垛孔形態的圖片，核查八塊磚構成的垛孔時竟數出了幾張十塊磚構成的垛孔。罕見的存留數量說明，十塊磚構成的垛孔絕非制度規定，而是一種補救措施。當年建長城時，長城垛牆頂線與垛牆上的垛孔分佈有一個平行的關係，垛孔想排列整齊，實際會遇到一些困難。要解決類似問題，個別垛孔就得底層再加一層磚，使得大段採用八塊磚垛孔的垛牆中混進了幾個由十塊磚構成的垛孔。

▲ **十塊磚構成的垛孔**　呂　軍　攝

河北省金山嶺長城垛牆根的垛孔六塊磚構成的居多，也有不少八塊磚構成的。垛孔頂由兩塊修成曲邊的磚對接成頂，兩塊頂磚下各有四塊壁磚托接，垛孔外口頂用形磚護頂。這是在麒麟樓東長城垛牆根的垛孔。

▲ **十塊磚構成的垛孔**　都　東　攝

河北省金山嶺長城於 1983 年得到維修。這個垛牆根上十塊磚構成的垛孔是歷史遺留下來的舊物，在沙嶺口過牆洞西邊的垛牆根發現。

▶ **十塊磚構成的垛孔**　孫國勇　攝

河北省金山嶺長城從 1983 年開始大維修有四次，小修不斷，在長城「修舊如舊」比較到位。這個十塊磚構成的垛孔由新舊磚構成，保持了歷史原貌。此孔在小金山樓東邊的垛牆根看到。

第 11 目　十一塊磚構成的垛孔

按着有三、五、七、九塊磚垛孔的數理順序推理，十一塊磚構成的垛孔也可能存在。經過在電腦圖庫中查找，才發現不僅僅是有，十一塊磚的垛孔樣式還達五種之多，並且是在一處長城上連續出現。

在長城垛孔形態構成中，憑用磚數量多少就可分列出十一個級別，若再把每個級別中包含的多種不同的樣式統算起來，長城垛牆垛孔樣式之豐富可謂不言而喻。

▲ 十一塊磚構成的垛孔　王盛宇　攝

河北遷安馬井子長城殘存的垛牆垛孔由十一塊磚構成。其內口頂磚脊有兩圓弧一尖角的凹刻。頂磚下的壁磚對齊，垛孔內高外低。外口卜有一凹砌在牆體上深下淺的溜槽。

▼ 十一塊磚構成的垛孔　嚴共明　攝

由十一塊磚構成長城敵臺塢牆的圓形垛孔，保留至今的非常少見。此孔位於河北撫寧板廠峪「楊來樓」東的 2×6 眼樓北塢牆上。

▲ 十一塊磚構成的垛孔　黃東暉　攝

河北淶源七畝地敵樓垛牆垛孔由十一塊磚構成。其外口頂磚下由兩塊抹去頭角的磚出頭托接。托接磚下的壁磚去外角，孔壁裡窄外闊帶斜面。

▼ 十一塊磚構成的垛孔　田麗華　攝

河北山海關角山長城敵臺垛牆的垛孔都由十一塊磚構成。其內口頂磚頭下由兩塊頭角內凹的磚出頭托接，托接磚下再續兩塊磚頭角凸圓的磚出頭托接。再下的壁磚去外角，孔壁裡窄外闊帶斜面。

▲ 十一塊磚構成的垛孔　王虎　攝

河北山海關角山長城敵臺垛牆的垛孔由十一塊磚構成。垛孔,內口磚略有磨搨，但仍可看出兩層共四塊托接磚的結構。托接磚下，去外角的壁磚使孔壁裡窄外闊帶斜面。

▼ 十一塊磚構成的垛孔　都束　攝

河北撫寧板廠峪長城敵樓塢牆的垛孔外口為圓形，由十一塊底脊厚頭脊薄，兩面斜的形磚拼成一小圓洞。這種垛孔只在板廠峪長城殘存。

第12目　不好歸類的垛孔

實際考察中，我們還領略過一些不在前面涉及的所有樣式內的長城垛牆垛孔。因其形態特殊，甚至找不出合適詞語來對其進行描述和歸類。本書中提到的僅是我們與朋友在過去三十餘年間發現的長城垛孔。我們還沒有徹底走遍長城，必定有遺漏錯過的垛孔形態。而已經塌垮消失的垛孔又有多少？沒有任何記錄，也無法想像。希望這本書對長城垛孔的歸納可以令更多熱愛長城的朋友發現並認識長城垛孔，並將我們還未囊括的垛孔類型展示給大家，留給後人。

▲ 不好歸類的垛孔　王　虎　攝

這個垛孔在北京市密雲區司馬臺長城東十二號樓東邊。從垛孔內口沿數為十四塊磚構成。從垛孔外口看是五塊磚構成。拱券三面砌成半圓弧面。拱券內高五層磚，深不足半米。垛孔底面水平。可置放小型金屬火器。此樣完整的垛孔在這段單邊牆上還有三十個。

▲ 不好歸類的垛孔　嚴共明　攝

這個垛孔在北京市密雲區司馬臺長城東十三號樓西邊。從垛孔內口沿數為二十四塊磚構成。從垛孔外口看是五塊磚構成。以垛孔外口說肯定是個垛孔。以垛孔內口說更似一拱券。拱券高七層磚，深不足 1 米。人除了蜷縮坐，怎麼待着都不舒服。若以置放小型金屬火炮，牢固的空間不是問題。所以推測這是一含有置物功能的大垛孔。

▶ 不好歸類的垛孔　呂　軍　攝

從遼寧省綏中縣錐子山與河北省撫寧縣大毛山長城接點向東，第三個敵樓南面存留着保存極好的樓頂垛牆，五個垛牙下設有四個垛孔。從垛孔內口觀察，可見上大下小的「子母洞口」，但垛孔的整體形態難以描述且不好歸類。

▲ 不好歸類的垛孔　山雪峰　攝

在河北省撫寧縣花場峪溝北的第二個敵樓上，殘存垛牆有兩牙，基本接近原高。垛口下的垛孔磨損嚴重。從垛孔外口觀察，很難判斷垛口原始構成，導致歸類困難。

◀ 不好歸類的垛孔　張 驊 攝

河北省遷西縣榆木嶺長城的敵樓樓室多數還在，樓頂垛牆卻損壞嚴重。圖中敵樓殘垛牆能看出有垛孔的殘跡，垛孔的形狀卻無法識別。榆木嶺長城的垛孔就談不上歸類了。

◀ 不好歸類的垛孔　張 驊 攝

這是河北省淶源縣烏字叄拾柒號敵樓的垛牆垛孔。垛孔口型是長方形，垛孔的內外口頂、底側、兩壁四個方向都是裡小外大的斜面。論磚數是十四塊磚構成。目前為止，此敵樓垛牆的垛孔樣式屬於孤例，不便再歸出一類。

▲ 不好歸類的垛孔　王 虎 攝

河北省淶源縣烏字叄拾壹號敵樓的垛牆垛孔幾乎與烏字叄拾柒號敵樓的口型相同。若仔細觀察，則會發現烏字叄拾壹號敵樓垛孔底是垛牆水平砌磚，不是斜面，以此與烏字叄拾柒號敵樓相區別。

▲ 不好歸類的垛孔　羅 宏 攝

陝西省府谷縣守口墩是陝西省明長城唯一保留了樓頂垛牆的敵樓。垛牆垛牙上的垛孔內口為圓形，外口還加了一鏤空紋磚。在明長城的敵樓裡，只有這個敵樓垛牆的垛孔保存如此，極寶貴卻無法歸類。

▼ 不好歸類的垛孔　呂 軍 攝

河北省撫寧縣板廠峪長城上，有個村民稱呼為「媳婦樓」的敵樓。其樓頂垛牆的垛孔內口頂由十塊磚拼成半圓形，左右各有兩層斜面磚。外口是一塊挖一小洞的方形護口石。因存留甚少，也不便再歸出一類。

◀ 不好歸類的垛孔　馬 駿 攝

河北省遷安市馬井子長城，只在山頂部分存留了一段磚包牆。這段長城牆頂垛牆上的垛孔有三種以上的構成方式。其中還保留着一個斜垛孔，其眉磚下左邊有三塊磚，右邊四塊磚。這種稀罕的樣式也令其難以歸類。

第五篇　長城的石刻磚雕

◀ **河北撫寧敵樓門框石刻** 呂 軍 攝

河北省撫寧縣黃土嶺長城敵樓門框的拱券石、壓柱石、門柱石上都有花紋石刻。其壓柱石的石刻別具特色。凸刻邊框內橫貫一凸刻波棱，每個波灣裡凸刻兩個卷紋，完全是抽象裝飾花紋。

▶ **河北撫寧敵樓門框石刻** 呂 軍 攝

河北省撫寧縣板廠峪長城敵樓門框的壓柱石沒有裝飾石刻。拱券石、門柱石上有具象的花紋石刻。拱券石上凸刻有七朵西番蓮花，兩頭各一捲口葫蘆立在抽象式海波紋上。其門柱石各凸刻有七朵石榴花從一開口葫蘆冒出，喻意多子多福連綿不斷。

▲ **河北撫寧敵樓門框石刻** 呂 軍 攝

長城敵樓門框石刻多分佈在門拱券石、壓柱石、門柱石的對外面上。在河北撫寧葦子峪，這座敵樓門框壓柱石的內側面也用雕刻作了裝飾。一隻前腿高抬、後腿下坐、回頭立耳的小獸似在等待主人的指令。出入敵樓門的軍士看到小獸的配合，必定心情愉快。這是充滿生活情趣的石刻裝飾紋樣。

▲ **河北淶源長城堡門石刻** 黃東暉 攝

河北省淶源縣烏龍溝長城堡南門的門券由九塊型石拼成。其正中間的型石上凸刻一朵蓮花，花梗與花瓣曲線協調，形式優美。為出此門者抬頭見喜，寓意吉祥。

▲ **北京密雲長城水門石刻** 黃東暉 攝

北京市密雲區長城的五虎水門是由兩個石砌的大門洞組成。門洞南北石拱券上各凸刻一獸頭，在明代長城水關刻此物有鎮嚇水怪之意。獸頭蹙眉瞪眼，獸頭左右刻有獸爪。石刻塑造一欲撲出狀，造型簡練，技法傳神。此獸是否嚴格似虎，已經不再重要。

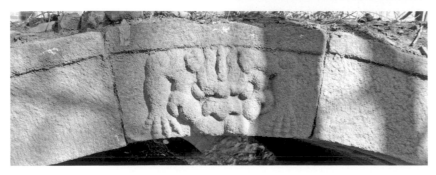

◀ **河北易縣長城水門石刻** 黃東暉 攝

河北省易縣紫荊關有兩個保存下來的水門，但只見到一個鎮水獸石刻。石刻着意表現鎮水獸的肌肉。浮雕的獸眉、獸鼻、獸臉、獸臂都突出飽滿。此鎮水獸完全是石刻工匠心目中最厲害的樣子。

▶ **北京昌平明代以前的石刻** 黃東暉 攝

北京市昌平區居庸關在秦、漢、唐、遼、金、元、明、清各代都是軍事重鎮。居庸關現存的城防是明代為修長城遺留的建築。居庸關雲臺本是元代皇帝下令建造的一個過街塔臺座，臺座門洞石刻是元代現存石刻的精品。明長城的關防保存了元代石刻精品。

第一章 長城的石刻

用石頭壘築長城，從石料的開採、加工、搬運到長城所需地點，還要在限定的工期內構建完成，實在已是非常辛苦勞累的事情。令人驚訝的是，在長城的門洞石券上，敵樓的門框石柱上，牆頭排水的石槽外，還能看到各種裝飾性的花紋石刻。在城門洞上的石門匾和敵樓的石匾上，也雕刻有不同風格的書法，令人注目痴迷。上述新奇和感動促使我們記下所見到的長城石刻。

長城的建造者在繁重的體力勞動外，還對構成長城的石材做了美化加工，用石刻裝飾表達他們的思緒，傳遞對農耕文明的自信，並賦予這些石頭藝術的生命，體現出人類精神的力量。

長城的石刻花紋是長城建造者踏實和耐心的證明，是民間勞動大眾對生活樸素情感的真實流露，也是長城建造工匠石刻技藝和審美能力的充分展現。本書僅從長城的石匾題字石刻、長城的水嘴造形石刻、長城敵樓的門框裝飾石刻這三個部分對其進行介紹。

◀ 河北山海關東門城樓木匾

「天下第一關」傳說是明代成化八年（公元1472年）進士蕭顯所書，民國九年（公元1920年）楊寶清勾摹複製。最奇特的是，懸掛於山海關城東門城樓二層樓檐上是面對城裡方向。這是塊抒懷木匾。

▶ 山西雁門關東門城樓木匾　山雪峰 攝

「中華第一關」，當代長城專家羅哲文先生題。懸掛於雁門關東門城樓二層面向長城內的樓檐上。是塊抒懷木匾。

◀ 山西代縣「靖邊樓」木匾　呂 軍 攝

山西省代縣靖邊樓建於明代洪武十年（公元1374年），遭焚後於成化十二年（公元1476年）重建。「威鎮三關」為清代雍正十一年（公元1733年）清代知州事楊弘志題，懸掛於邊靖樓北面三層樓檐上。是塊抒懷木匾。

▶ 甘肅嘉峪關東門城樓木匾　呂 軍 攝

甘肅省嘉峪關東門城樓，面南三層樓檐下，掛一當代傑出書法家趙樸初先生題的「天下第一雄關」木匾。

▶ 山西代縣「靖邊樓」木匾　呂 軍 攝

山西省代縣「靖邊樓」面北二層樓檐上，當代長城專家羅哲文先生題的「萬里長城第一樓」木匾。羅哲文先生是想強調靖邊樓在萬里長城的鼓樓中排第一。

第 1 節　長城的石匾刻字

「字匾」是伴隨着中華文明發展而產生的一種特有文化。「字匾」的內容有告誡昭示、逞顯炫耀、奉迎吹捧的官場智慧，也有引經據典的奇思妙想，抒發感慨的文人情懷。「字匾」以木製為主，多懸掛在廳堂樓亭頂樑處。明長城因所經地域萬里，關堡眾多，為石刻「字匾」提供了充分的展示場地。

正規的長城門洞上都會有一塊石質門匾。「門匾」以功能可分「定名匾」和「抒懷匾」兩大類。長城上的「定名匾」又可分「關堡名匾」、「城門名匾」兩小類。

以門匾在城門安置的位置則可分門洞上的「城門匾」和城門樓上的「城樓匾」兩種。長城的墩臺和敵樓也都有各自的「定名匾」，可惜存留不多。

門匾題字多先由官員或書法高手題寫。刻字工匠再運用智慧和技術給原稿注入定力以使其達到不朽，相關的刻匾技巧可稱為「門匾題字石刻藝術」。歸納實際存留的門匾，具體刻法包括「單線描邊刻」、「鯰魚背描邊刻」、「鑿毛描邊刻」、「凹字刻」以及「凸字陽刻」等類別。

◀ 山西代縣雁門關西門及甕門　山雪峰 攝

山西代縣雁門關東門無甕城，東門洞上有一石匾刻着「天險」兩字，據說為武則天賜名。雁門關西門外有一甕城，甕城門上無門樓，門洞亦無門臺。修復後的甕門洞上嵌有「雁門關」石匾一塊。甕門內的雁門關西門建有巨大的城門臺，西門洞外口上方留有一塊石匾。西門經修復後，重建了兩層高的門樓。

▲ 山西代縣雁門關西門石匾　山雪峰 攝

雁門關西門洞上的石匾刻有「地利」兩字。此門建有甕城和甕門，從設置規格看，比雁門關東門重要。東門是唐代女皇武則天所題「天險」，西門題「地利」兩字，既彼此呼應，又不搶風頭，其措詞巧妙可以看出古時官員的智慧。西門因此石匾，又稱為「地利」門。

第1目　單線描邊刻

明朝的石匠對題字雕刻技法一般多稱之為「鯰魚背刻」，即題字筆道兩邊修成圓角，中間略微鼓起。筆道的拐、撇、捺、如同捻魚背般靈活。

實際上，「鯰魚背刻」只是長城石匾所用的眾多刻字方法中的一種。若以技巧的難易程度論，最簡單的當屬「單線描邊刻」。以細線描出題字輪廓，而不對字面進行任何修飾，線內字體和線外的匾面同樣平整。只要描邊線條清晰連貫，這種刻法既可突出題字，又相對省時省力。

▶ 河北遷安「神威樓」　黃東暉 攝

河北省遷安市白羊峪長城的神威樓樣式獨特。按敵樓樣式說它有樓座、樓室、樓門、樓窗，但無樓室頂垛牆和哨房。按樓頂哨房樣式說它有鋪瓦屋頂，但無環繞樓頂哨房的樓頂垛牆。唯一的樓門上有一石匾砌在磚牆內。

▼ 河北遷安「神威樓」石門匾　黃東暉 攝

在河北省遷安市長城敵樓裡，除了神威樓，再找不到第二個保留住了石匾的。石匾上「神威樓」三個大字描邊淺刻，描邊題字筆劃沒有倒角，粗細一致的刻槽勾描出三個字的筆墨外形，用描字邊的方法表現了書法的形態。

◀ 山西靈丘敵樓石門匾　山雪峰 攝

山西靈丘蕎麥茬村南有五座敵樓，其中三個保有以「插字」為頭的樓匾。「插字」樓匾中，只有「插字肆拾玖號臺」、「插字伍拾貳號臺」很明顯地採用了平底平字細線描邊刻，其它「插字」臺匾雖是細線描刻，但字內筆道中心微微鼓起，斷面呈曲線，這種匾刻技法稱為「鮎魚背刻」。

▼ 山西朔州敵樓「洞門」石匾　錢琪紅 攝

「徐氏樓」位於山西朔州蔣家坪鄉新墩村。開在樓根的樓門上有條石圍成的匾框，其中嵌有一塊紅色石匾。磨平的匾面上有細線描邊陰刻「洞門」二字。兩字只沿字跡外邊刻下深淺粗細　致的邊緣線。筆道內未做任何加工。從雕刻技法看，是一塊最單純的字內字外齊平的細線描邊刻。

▲ 山西朔州「徐氏樓」外貌　錢琪紅 攝

山西外長城上的敵樓存留極少，朔州蔣家坪的新墩村有兩座保存相對較好，其中一座 3×3 眼樓當地人稱「徐氏樓」。敵樓所騎夯土長城殘破，敵樓在長城內有兩重圍牆。樓座下部為 3 米石砌，上為 7 米磚砌。樓室東面存一門，西面存三窗。南北面室牆毀平。樓東面牆根另開有一樓門，門內有上為磚拱券頂下為條石砌的階梯直通樓頂。

◀ 山西山陰敵樓石門匾　錢琪紅 攝

在山西省代縣的白草口到山陰新廣武長城敵樓上的樓匾不是編號排序，而是以兩個字來命名。在仿垂花門的磚雕裝飾之下，敵樓門洞之上，嵌有石樓匾，石匾大面找平，磨光，把題的字以細線描刻在石匾上。這種細線描邊刻的有五塊，其內容有「天山」「雄皋」「壯魯」「控扼」「鍼局」。在白草口的關門洞上的石匾「容民畜眾」也是用這種方法刻鑿的石匾。

▲ 河北易縣紫荊關北門

河北易縣紫荊關位於太行八陘第七陘「蒲陰陘」的地勢高點，是著名的軍事重地。紫荊關是明長城內三關之一，又是真保鎮紫荊關路的重要關城。其關城北門洞上的兩重石匾是所有長城關城洞上唯一的特例，使「紫荊關」在明長城所有的關門裡獨具一格。

▲ 河北易縣紫荊關北門石匾　張玉鳳 攝

河北省易縣紫荊關近年有所修復。關城北門洞上有兩重石匾。高匾用八塊石板拼接，刻有「河山帶礪」四個大字，右款「萬曆丁亥夏」（公元 1587年），左款為「聊城傅光宅書」。低匾用三塊石板拼接，刻有「紫荊關」三個大字。石板面找平磨光，採用了筆道內外同樣平整的細線描邊刻。

▶ 河北易縣紫荊關關門石匾　黃東暉 攝

紫荊關城南有一個東西開的城門，門洞西面有一個六塊石板拼接的石匾，刻有「紫塞金城」四個大字，落款為「萬曆十七年歲次乙丑孟秋吉旦立」（公元 1589 年）。四個大字為字內字外齊平的細線描邊刻。

◀ 河北淶源烏龍溝西甕門石匾　嚴共明 攝

河北省淶源縣烏龍溝長城堡西甕門上有兩米多寬的門匾，款識為萬曆甲午（公元 1594 年）上刻「鎮朔門」三個大字，也是用細線描邊刻來表現深厚有力的書法。此片於 1994 年用彩色膠片拍攝，沒過多久就聽說此匾被盜，這張相片就成了我見過此匾的回憶了。

▶ 山西山陰敵樓石門匾 黃東暉 攝

山西省山陰縣的新廣武長城敵樓上的「天山」匾
有磚雕的匾框。石匾大面找平磨光，以細線描刻
題字。

▼ 河北淶源狼牙關外石匾 都 東 攝

河北省淶源縣狼牙口長城關門洞裡外各有一石
匾。外匾刻有「狼牙口」三個大字，裡匾刻有「狼
牙險道」四個大字。匾右題頭為「欽差整飭井陘
等處兵備馬政驛傳 山西提刑按察司副使喬嚴
寫」匾左題尾為「萬曆十三年歲次乙酉中秋吉旦
立」。「狼牙險道」四個大字也是在磨平的石匾上
用細線描邊刻。

▶ 從河北省地界望狼牙口門洞 張 驊攝

狼牙口至今仍是河北淶源與山西靈丘之間的民間
通道。狼牙口門洞的外匾比內匾小，又無題款。
內匾不僅用石巨大，題款也十分詳細。從內外石
匾的不同，可見狼牙口關的正面在長城內。建
城時，對內一側的外觀更需重視，於是從門匾大
小、刻字多少上都作了突出。

▶ 北京懷柔敵樓石門匾 鄭 嚴攝

北京長城在修復時只有慕田峪的敵樓補上了樓
匾，並且選用上好的漢白玉石料。所有新補的樓
匾的上款都是「公元一九八四年重修」九個尖槽
凹刻小字，而大字則用描邊線刻，描邊線是尖槽
線，大字的筆道沒有再加工倒角處理。

▶ 河北盧龍劉家口關石匾　孟新民 攝

河北省盧龍縣劉家口長城有一在山溝底的 2×6
眼大敵樓。敵樓頂哨房僅存山牆，垛牆只有東北
和西北兩牙。樓窗均豁破為門狀。敵樓根正中有
一四順四伏磚券大門洞。門洞南口券上有一石
匾，刻有「劉家口關」四個大字。石匾質地不甚
細密，但描邊刻細線還清楚。把一個關的定名匾
安在敵樓狀的門洞上可謂絕無僅有。

第 2 目　鯰魚背描邊刻

「鯰魚背描邊刻」是長城區刻最常用的石刻方法（其實木區額也多採用這種雕刻方法）。若用單純細線在平面上描邊刻，站在城門下遠觀或仰視，不足以令人感受題字字體筆道之粗。把刻鑿細線筆道內的立角斜着磨圓，使鑿線外直內斜，或磨成弧面，這樣題字筆道的平面會呈圓弧面，這種浮雕感可以使門區題字遠觀依舊醒目。因石刻題字筆道外邊磨圓，書寫的墨跡從平面被加工突起，書寫運筆字跡如同鯰魚脊背順滑，石刻區字「鯰魚背刻」這個生動形像的稱謂便代代相傳。

雖然石區刻字上多採用「鯰魚背」描邊刻技法，但具體到每個工匠做出的石區，又因人而異了。這也和建長城的地段附近可獲得的石材質地有關，細密的大理石、粗糙的沙岩、雜質混合的火成岩，加工出的效果大相逕庭。

從現有描邊鯰魚背刻門區可以看到原字題寫的書法風格豐富多樣。有的字架穩健，運筆厚重，有的字架內秀，運筆含蓄。有的筆力遲鈍，有的筆力瀟灑。有的筆劃圓潤漂亮，有的筆劃方硬有力。石刻工匠通過自身高超的技法，展現書法的魅力和境界。其鑿刻不僅準確傳達了題字的內容，展示了區文書寫者的才華，還蘊含了工匠們自身對書法乃至藝術的領悟與詮釋。

▲ 河北洗馬林墩臺石門區　黃東暉 攝

河北省萬全縣洗馬林長城有八個墩臺保留着原來的石區。石區的材質都較粗糙。可貴的是石區刻字方法不盡相同。描邊刻「永安東臺」效果可辨。石區左款「萬曆三十三年六月口口日吉旦立」。鯰魚背的效果因石質粗糙而大打折扣。

▲ 山西平定固關新區　山雪峰 攝

山西省平定縣長城的固關有新舊兩處。舊固關城門為給高速公路讓地而拆遷重建，沿着高速公路很容易看到。「古固關」門區題字是現代新作，書法瀟脫。鯰魚背描邊石刻表現出書法的活力。

▶ 甘肅嘉峪關的東門石區

嘉峪關在 1372 年開始建土城，1495 年修建城門，1539 年加築羅城、敵樓、角樓。關城有東西二門。東門區刻「光化門」三個大字，門區右款「乾隆歲次辛亥孟夏月吉旦」，是 1791 年刻的門區。大字描邊刻線，大字筆道線內磨成圓弧面，使字跡產生亮暗面，塑造出體積感，達到突出字體的效果。

▶ 河北赤城鼓樓石匾　馬　駿　攝

河北省赤城縣是明長城京北軍防重鎮。古城中心的鼓樓有南北兩塊石匾，南匾新補，北匾為舊物。石匾風蝕斑駁，描邊鯰魚背刻「控馭」兩個大字。雖無左右款，充滿指揮意念的題字與歷史心態合拍。此題字書寫拙鈍，石刻工匠的鑿刻時缺乏補救，把原稿的敗筆如實展示。這種如實展示拙字的抒懷石匾實不多見。

◀ 河北張家口小北門石匾　張　驊　攝

河北省張家口市老城小北門的石門匾因無題款，搞不清是新是舊。「小北門」三個大字鯰魚背描邊刻的效果因石質細密而表現的最到位。

▼ 河北宣化小白陽堡石匾　陳曉虹　攝

河北省宣化市小白陽堡南門有一塊極精美的石門匾。上有鯰魚背描邊刻「朝陽門」三個大字。石匾右款「大明萬曆二十四年歲次丙申仲秋吉日」。石匾左款「欽差宣府中路副總兵都指揮劉乘恩建」。從宣化市到張家口市的長城定名石門匾當年有幾塊是大理石的史無記載，現在能見到的就這一塊了。

▲ 河北赤城玉泉堡石匾　呂　軍　攝

河北省赤城縣玉泉堡南門的定名石門匾保存完好。石匾四周線刻卷草花紋，「玉泉堡」三個描邊刻大字清晰，鯰魚背效果不太突出。石匾右款「欽差整飭赤城兵備分巡口北道參議劉　崇禎柒年歲次甲戌孟夏月」。石匾左款「宣府中路糧儲餉府　王　口口口口路城守備武都指揮李」。此石匾刻製後十年明朝滅亡。

▼ 河北阜平「茨」字敵樓石匾　呂　軍　攝

「茨字拾伍號臺」定名石匾躺在河北省阜平縣吳王口鄉木家溝村老鄉家的院子裡。石匾完好，無年月款，鯰魚背描邊刻「茨字拾伍號臺」六個大字極清晰，石匾四周線刻花朵組合花紋。刻字工匠把題字筆劃順序作了迭壓處理（拾字「扌」的三筆），這是很少見到的刻字技法。

▲ 河北赤城金家莊堡南墩石匾　馬　駿 攝

河北省赤城縣金家莊堡南墩的定名石匾左頭有一大裂縫。「城南新墩」四個大字為鯰魚背描邊刻。石匾右款「萬曆歲次丙午年八月修」，石匾左款「防守金家莊堡趙應寅使」。石匾四周線刻波浪花紋。2018 年再去尋看，石匾已不存。

▼ 北京門頭溝「沿」字敵樓石匾　吳　凡 攝

北京市門頭溝區沿河口村的山溝裡有一個小 4×4 眼敵樓。此樓一直為村委會佔用，村民從未動過取磚的念頭，故保存完好。樓門上有石刻定名樓匾從右向左橫排「沿字叁號臺」五個大字。石匾題字間架勻稱，鯰魚背描邊刻跡清晰。石匾是大理石漢白玉材料，無年月款，四周線刻曲線花紋完好。

▲ 北京昌平居庸關北甕門石匾　姚泉龍 攝

北京市居庸關長城在 1992 年修復一新。關城北門的甕城門沒有大改動，門洞上的定名石匾萬幸保留。石匾巨大，上刻「居庸關」三個大字，佈局飽滿，題字粗壯有力，鯰魚背描邊刻使題寫效果得到充分發揮。石匾左款「景泰五年十二月吉日立」，表明此匾是在土木之變明英宗被俘、英宗的弟弟明代宗景泰帝執政時加固居庸關留下的痕跡。景泰帝執政實際等於救了他哥哥一命，在搶修加固居庸關兩年後又被他哥哥奪回皇位。此匾是景泰帝悲劇的佐證。

◀ 北京懷柔「慕」字敵樓石匾　嚴共明 攝

北京市慕田峪長城的敵樓修復時補上了樓匾，全部選用上好的漢白玉石料。新補的定名樓匾的上款是「公元一九八四年重修」九個尖槽凹刻小字。「慕字貳臺」四個大字描邊線刻，描邊線是尖槽線，大字的筆道做了部分倒角加工處理。石匾四周採用浮雕曲線花紋。

第3目　字內鑿毛描邊刻

　　長城石匾在平底平字描邊線刻與鯰魚背描邊刻之外，還有一種描邊刻，是在磨平的石匾上將題字的筆墨沿外邊描下，用鐵鑿刻下深淺一致的細線，再將題字筆墨的部分均勻鑿毛，使着墨處字跡與無墨的空白達到反差效果，凸顯題字。這種把字內鑿毛的工藝對石料要求極高，石料必需材質均勻，鑿毛石面時效果才統一，不至於出現大小不一的坑。同時這對工匠的技藝要求也極高，統篇鑿毛，着力要一致，石匾才能體現有題字應有的效果。

▶ 陝西神木解家堡堡門　呂　軍　攝

在陝西省神木縣解家堡鄉的長城上有一廢棄的古圍堡。堡還保留一個石砌的城門洞，門洞上有一極完好的石匾，石匾上面刻着「臥虎寨」三個大字。

▼ 陝西神木解家堡石匾　呂　軍　攝

此匾上的大字是描邊刻字形，字的筆道內處理不同於石匾的淨面，而是使之毛糙，又不是用很大的力氣去鑿毛刻出鑿痕。這塊石匾有款識是萬曆三年（公元 1574 年）所製，在描邊字內鑿毛刻的定名門匾中是年代最早的一塊。從效果看匾書粗壯有力，刻字石匠努力表現了書法的味道和水平，是一塊具有石刻藝術水平的石匾。

▶ 山西大同得勝堡南門石匾　孟新民 攝

在山西省大同市的得勝堡有六塊石門匾完整的保存下來，實在是很稀罕的事。得勝堡只有一個堡南門。城門洞南面石匾尺寸最大，因找不到合適的石料，結果用兩塊石板拼接成一個門匾，上刻「保障」二字。匾有款識為萬曆丙午（公元1606年）。此石匾上題字的筆道內鑿毛，題字外匾面平整，使書寫效果醒目。

▼ 山西大同得勝堡南門北石匾　山雪峰 攝

得勝堡南門洞內口面北的石匾上刻「得勝」二字。這塊石匾石料、顏色都與「保障」石匾不一樣，但刻匾的技術方法相同，都是描邊刻字形，字跡筆道內鑿刻毛點。「得勝」石匾上有十五個大口徑子彈擊痕，是歷史動盪、古跡難保的佐證。

◀ 山西左雲「鎮寧樓」石匾　呂朝華 攝

在山西省左雲縣八臺子村北有一座此縣唯一殘存的大敵樓，最近剛剛被修整一新。此樓的入門開在樓根，進門後正對一道樓梯直通樓頂室。樓根門券上有一石門匾，刻字跡仍清晰，上面用描邊的辦法刻出「鎮寧」兩個大字。題字筆道內用鑿毛的方法區別筆道內外，使題字格外醒目。由於此匾的題字，此樓自然就稱「鎮寧樓」，但樓西山口稱「馬市口」，又有人說此樓為馬市口關樓。石匾右上部有兩處子彈擊痕。

▼ 八達嶺東門上的石匾　嚴共明 攝

北京市的八達嶺關城東門洞外有一塊門匾，刻有「居庸外鎮」四個大字。西門洞外也有一塊門匾。刻有「北門鎖鑰」四個大字。從門匾題字落款上看，東門匾比西門匾還早了 43 年。八達嶺景區對長城維修工作非常努力。東門洞外的「居庸外鎮」四個大字近年被刷上了綠色油漆。

▶「居庸外鎮」石匾局部　嚴共明 攝

北京八達嶺關城東門上有一門匾，上刻「居庸外鎮」四個大字。匾款小字為「嘉靖已亥年」（公元 1539 年）。八達嶺為京城北大門，門匾採用上好漢白玉材料，為表現門匾題字提供了最好的基礎。四個大字用描邊刻鑿，字筆道內用細斜線鑿毛。因此匾位於交通要道之上，文物盜賊不易盜取，給我們留下了一個描邊字內鑿毛刻的精品。

第4目　字外鑿毛描邊刻

　　字外鑿毛描邊的匾刻技法與字內鑿毛刻方法一樣，只是加工的部分從字內改到了字外。應該說麻煩又多了一些。石匾在刻字前要找平磨光。貼上「粉稿」（從原題字稿上勾線描下的字形稿），描邊陰刻出字形後，要保持刻字內筆劃光潔，並把字外統一鑿成為糙面，還要保持毛糙面基本平整，鑿毛的程度基本相同。使題字的平整光潔與無字處的毛糙形成反差，用無墨跡處的灰暗襯托題字的光亮。

◀ 河北萬全「平虜東空臺」　李　炬　攝

河北萬全洗馬林長城有三十多座墩臺。從材料構成上分，有土築、石砌、磚包三類。形態則按截面分為方、圓兩種。其中保有定名石匾的墩臺有八座。這座方形磚臺門上有一塊定名石匾，刻着「平虜東空臺」。臺頂垛牆有殘，哨房無存。

▲ 河北萬全「平虜東空臺」石匾

洗馬林長城上有匾的八個墩臺中，石匾刻字方法並不統一。此石匾上五個字筆道面平整光亮，而字外石匾的底面似乎沙眼多多，其實是字形描邊字外鑿毛刻的辦法。只是刻的力度較小，鑿毛很淺，因此只在光線最合適的時候才能看出來。

▶ 山西天鎮保平堡石匾　龔建中　攝

山西天鎮保平堡門洞上的抒懷匾粗看是描邊刻，細看會發現字跡筆劃平整，字形外的石匾屬於鑿毛刻。門匾上字面平整，門匾底面的粗糙肉眼可辨，字外部分鑿刻豎道細線。石匾四周線刻曲線花紋框。

第5目　尖槽凹字刻

在明長城的石匾刻字技法裡，不僅有描邊刻，還有一種尖槽凹刻。在中國漢字石刻中，文人以字突起稱為「陽」刻，字凹下稱為「陰」刻。民間則俗稱「凸」刻和「凹」刻。中國歷史上，刻字多的石碑刻字都是採用凹刻技法。凹刻字中又以凹槽底形分為尖槽刻和圓槽刻。尖槽刻以字跡筆劃邊為槽沿，向筆道中心線斜刻，尖槽斷面為三角形。這是石材凹刻字裡最常見的技法，也是刻字效率最高的技法。這類字刻每筆都有亮暗兩個面，使得字跡清楚。

◀ 山西左權黃澤關北門石匾　熊啟瑞 攝
晉冀交界处的黃澤關現存一北門。門洞壁為石砌，洞券為磚砌，門樓和垛牆均毀而門匾尚存。有報道說門匾已被當地老鄉收藏。

▼ 黃澤關「飛磴盤雲」石匾　王獻武 攝
黃澤關北門的門匾右款刻有「大明嘉靖二十二年季春吉旦」，中刻「飛磴盤雲」。此匾石材是粗糙的火成岩。工匠磨平匾面後採用尖槽刻法，弱化了石材平面顏色花駁的缺陷。

▲ 河北涿鹿「龍」字敵樓石匾　方 明 攝
羊圈村龍字臺長城是河北省涿鹿縣保存完好的地段，六個敵樓都在，三個敵樓的樓匾還嵌在樓門上。「龍字貳號臺」樓匾邊框和匾芯是用一塊石頭鑿成的，邊框上還刻有蓮花瓣的花紋。費如此巨大工夫做樓匾，全國的長城敵樓上只有龍字臺這麼幾塊，非常罕見。龍字貳號臺有南北兩個樓門，每個門上都有一匾，這是北門上的。

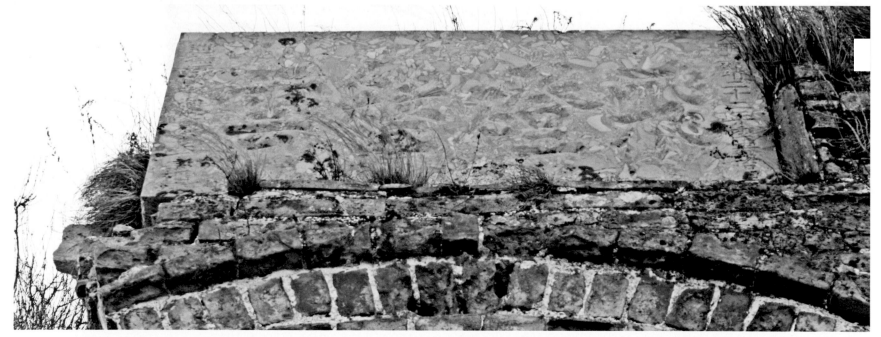

▶ 陝西榆林城南甕門石匾

陝西省榆林古城南門甕城門是近年新修過的。面向西的門洞上有個近兩米寬的門匾，上刻「鎮遠門」三個大字，字體形應是隸書風格。字每筆中心為尖槽，中心線隨筆劃而行，三個大字有了亮暗面，遠看突出醒目。

▶ 山西靈丘「茨」字敵樓石匾　王盛宇 攝

茨字叄號臺位於山西省靈丘縣狼牙溝鄉龍鬚臺村山梁上。現在以茨字排序的樓匾能見到茨字貳拾陸號臺，但樓匾已丟失或毀壞的佔一多半，我只找到十二塊。這十二塊石匾中尖槽刻的就這一塊，其餘刻字方法各有不同。

▶ 河北鹿泉西土門堡西門石匾　張玉鳳 攝

山西省與河北省交界的太行八陘中的井陘東口是土門關。有東西兩個城堡，把守山口的東西兩側，分稱東、西土門。在西土門堡的西門洞向外的門券之上，石匾刻着「山陝通衢」。此匾所刻四個字，實話說不夠書法精品。題字用的筆細小了些，用細毛筆寫大字，筆劃纖細瘦弱了。但刻匾的工匠，用字劃運筆中線為尖槽，筆劃雖然較細，由於是尖槽，匾字的間架和佈局表現出書寫者功力。筆雖小，但字的架子搭起來了，筆劃細了，但四個字佈局還勻稱，效果舒服。這是刻匾工匠採用了補拙的辦法，成就了這個書法不夠精到的字稿。

◀ 河北涿鹿「龍」字敵樓石匾　方　明 攝
龍字壹號臺敵樓有南北兩個樓門，南北樓門上各
有一塊定名樓匾，都寫的是「龍字壹號臺」。區別
的方法是南匾刻字是尖槽凹字刻，北匾刻字是平
槽描邊刻。

▶ 遼寧綏中「石黃」字敵樓石匾　熊啟瑞 攝
在九門口東山，當地人稱青臺樓。此樓有兩個樓
門，門上各有一塊樓匾。南門樓匾風化嚴重。
西門樓匾上有「石黃第拾壹號」六字，為尖槽凹
字刻。

◀ 河北涿鹿「龍」字敵樓石匾　楊健武 攝
龍字貳號臺敵樓也有南北兩個樓門，敵樓南門和
北門上的定名樓匾刻字都是「龍字貳號臺」。兩
塊匾都是採用了尖槽凹字刻，區別的方法是南匾
框下沿被撬掉了，缺了下匾框，而北匾因高高在
上厚厚的石匾還完好無損。

第6目　圓槽凹字刻

在河北淶源獨山城的城門洞上，存留着一塊與眾不同的長城石匾，全因這塊石匾刻字使用了圓槽凹字刻的技法。在北京故宮午門的左右掖門石匾上，也能尋到圓槽凹字刻的痕跡。圓槽凹刻的明暗、交接比尖槽凹刻的匾字更為柔和，匾刻更能展示出書法穩重的氣勢。圓槽凹刻因需把字跡凹槽磨圓，會比尖槽凹刻耗費更多氣力和工時。一般的石匠都不願意採用圓槽凹刻去刻匾，這可能是明代圓槽凹刻石匾存留極少的原因之一。

▲ **北京懷柔河防口堡新匾**　張翅飛　攝

北京市懷柔區河防口長城 2015 年修復。新建的河防口堡南門裡外各有一塊石門匾，兩塊門匾完全一樣，完全出自同一字稿，這樣安置在明長城上不曾見過。「河防口」三個大字，字體是行楷，筆劃變化，粗細隨意。刻字工匠在細筆劃時用尖槽刻，粗筆劃時用圓槽刻。門匾刻字技術也與時俱進。

▶ **北京故宮「右掖門」石匾**　丁人人　攝

故宮午門始建於明朝永樂帝朱棣遷都北京，時為永樂十八年（公元 1420 年）。可稱城門中規格最高者。午門開五個方門，中間為帝門，在皇帝出入時打開。兩側為王門，供王公出入。這三個門上都無匾。三個門外側還有兩門供品官出入，門上有定名門匾。向東開的匾刻「右掖門」，向西開的匾刻「左掖門」。「右掖門」為整塊漢白玉大理石製成，三個大字用凹字圓槽刻方法挖成，是石門匾凹字圓槽刻裡最大、等級最高的一個。

◀ **河北淶源獨山城石匾**　馬　駿　攝

在河北省淶源縣唐河東岸有一古城堡，現存一西門。門洞上有一塊寬一米多、高 0.4 米的花崗岩石匾，上刻「獨山城」三個大字。刻字以筆劃邊緣向下挖刻，挖成半圓的凹槽。字槽比尖角刻在表現書法的力度方面更顯厚重。此石刻技術屬表現書法藝術中的特有的一種手法，達到了追求厚重的藝術效果。

第7目　平槽凹字刻

　　這種刻字的方法等於把書法家題寫的字深刻進石匾。石匾在刻字前已經找平磨光。工匠先將拓描好的字稿粘在石匾上，把題寫的字跡垂直的鑿刻下去，鑿刻深度基本一致，然後再把凹下去的字槽底鑿平磨光。這種刻法雖然較前面幾種更難更費工，但在甘肅、山西、河北長城沿線的都有樣本可尋，並非最罕見的。每每見到平槽凹字刻的門匾，都令我肅然起敬。唯有不怕困難、敬業且有追求的工匠才能刻出這樣的門匾來。

▲ 甘肅嘉峪關西甕門石匾　張　驊　攝

嘉峪關內城西門外有甕城，甕城有門，開在西門外南邊，門洞南北向。此門洞上亦有石匾，但不稱「關」也不標「門」，只題「會極」二字。這在等級繁複的封建社會是一種講究。「會極」取於韓非子的「解老」一篇中「其智深則其會遠，其會遠眾人莫能見其所極」。門匾亦是極平整光滑，所刻兩個字亦是淺刻磨光，字面低於匾面。

◀ 甘肅嘉峪關西門石匾　都　東　攝

嘉峪關是明長城西端最大的關城，關城大小有六個城門洞，每個門洞上都有門匾。刻着「嘉峪關」三個大字的石門匾是嵌在西羅城門洞上。據考察此匾是清代乾隆皇帝所題寫。三個字的筆劃要比石匾面略深一些，三字筆劃面還磨光，使字面低於匾面，這個功夫可是費大了。

▶ 山西平順虹梯關石匾　王獻武　攝

山西省平順縣的太行山峽谷中有一明代古關「虹梯關」。河流可順山崖落下流淌，古道不可能沿河谷順水跌落而下，只能向山崖山梁可行處盤繞。古道在登臨山崖最險要處有一石砌關門城臺，城臺上有垛牆，城臺開一券門洞。門洞上有一石匾，上刻三個大字「虹梯關」。從字面理解，雨後彩虹構成的天梯路，此處為天梯的關口，形像且富有詩意。關門洞上的門匾三個字是鑿深凹字，但沒有再把字跡面磨平，從藝術效果上看石匾的平面，與凹字的平面是光潔與毛糙的質感對比，格外醒目。

▲ 山西偏關滑石澗堡石匾　　郭茂德 攝

山西省偏關縣黃龍池鄉長城內有個滑石澗堡，現在還保留着唯一的堡南門。雖然城門頂垛牆垮完了，門洞上的石匾還完好。這塊石匾從題款可以看出是萬曆八年（公元 1580 年）所置。門匾上下款均為中號字（八位官員姓名和官職）。中間為兩個榜書大字「鎮寧」，筆劃粗壯。刻字工匠把大字安排頂天立地，按字形描邊立槽凹刻。書法上的乾筆，書寫收筆時筆峰飛尖都照單描刻。因為筆劃寬粗，石刻時全部磨平，找光。這塊凹字的平槽刻技術水平很高，對原字稿的表現也很傳神。在石刻匾額中是亟待得到保護的珍品。

▶ **河北涿鹿「馬」字敵樓石匾**　方　明　攝

河北省涿鹿縣馬水長城敵樓有十多座，但敵樓上的樓匾就只有這一塊了。「馬字拾號臺」這塊匾石材質量極好，是上等的漢白玉，為表現書法藝術提供了基礎。此匾的字是楷書最規矩的寫法，一筆一劃都符合書法規範。工匠把書法如實地表現在了石匾上。雕刻的筆劃深度一致，字邊工整，字面平滑。這種拘謹的風格是明朝官場最合適上級需要的。

◀ **河北遷西漢兒莊堡石匾**　黃東暉　攝

在河北省遷西縣漢兒莊古堡的南門上有一定名門匾，上刻「帶川門」三個大字。門匾石材極好，是漢白玉，可惜被拓碑帖愛好者弄得墨跡斑斑，污垢垂淌。匾上所刻三個字的字面略低於石匾的平面，字面的光潔程度極高。三個字原來題寫時的字形、用筆的功夫都表現得到位。石匾左款立匾人第一位署名「戚繼光」。在這麼多石匾裡很難遇到。

第 8 目　凸字陽刻

　　從技術角度講，把字或物形以凸起的形式刻出來，比凹下去刻難度更大一些。凹刻時，即使因石材質地不均導致失誤，只需把凹刻稍微加大，便可彌補。而凸刻時若失手，就不易補救，只能把凸刻再縮小一點。其次，在凸刻起題字後，無字跡的凹下部分還要加工平整，因此比凹刻又多了找平的工作。因此，在門匾刻法裡廣泛採用的是陰刻，而只有很少的門匾採用凸字陽刻。筆者猜測這是凸字陽刻的門匾更為罕見的主因。

◀ 松樹堡北門　黃東暉 攝

▼ 河北赤城松樹堡石匾　馬 駿 攝

在河北省赤城縣的松樹堡唯一的北門洞上，現還保存着明朝的石門匾，上面凸刻「松樹堡」二個大字。石匾左邊凸刻一行小字：「嘉靖丙午年肆月吉日立」（公元 1546 年），距今已 470 年，在 55 年之後，此堡的守衛官員、龍門衛指揮使張國恩在這個石匾的框邊上加刻一竪行小字，表明「萬曆二十九年」復建。這塊匾從款識上證明它的資格是最老的之一，因為別的門匾大部分是萬曆年間的。此門匾字書寫飽滿有力，刻匾時亦努力精心。這塊陽刻凸起的門匾成了本書中唯一的一塊陽刻且品相良好的精品。

◀ 河北鹿泉西土門關東門石匾　張玉鳳 攝

太行山八陘中的井陘，山西省一邊的關卡為娘子關，河北省一邊的關防為土門關。土門關在山谷兩邊各築一關堡，稱東、西土門堡。西土門堡的東門洞券上有一抒懷石門匾，上面四個凸起的刻字「山輝川媚」。據考證此匾為清代乾隆二十二年所嵌，至今也有二百多年的歷史了。匾材選石為上等青石，匾書工整，刻工精細，至今仍完整清楚，為門匾中的上品之作。

▼ 北京延慶九眼樓西堡石匾　嚴秋白 攝

九眼樓位於北京延慶與懷柔交界處，因四面各設了九個樓窗而得名，此樓西南還有一座設在山梁上的兵堡。近年文物部門考察修復了兵堡唯一的西門，挖出一塊砸碎的抒懷石匾，現在拼合復安在門洞之上。此門匾陽刻凸起「威嚴」兩字，下款有小字「萬曆戊午」（公元 1618 年）。此匾石材上等，刻字技藝高超，可惜被毀。

第 2 節　長城的水嘴石刻

水嘴原本是長城的建築構件,是用來排瀉長城牆頂、臺頂、敵樓垛牆內積水的設施。水嘴安裝應在長城向內的一側,通常從石水嘴指向即可判斷長城的內外。

水嘴在甘肅、青海、寧夏、陝西、遼寧長城上幾乎無存,在山西長城上也僅剩幾處遺存,而在河北、北京長城保存完整的地段,則還容易看到。但水嘴能以連續完好、大小一致排成氣勢的地段已經不多。

水嘴本是敵樓的必需配置,但經實際野外考察發現,即便在同一地區,安裝在敵樓的背面、正面、側面垛牆根的水嘴位置都有差異。從審美角度看,完好的石水嘴可以令一座完整的敵樓錦上添花,也可以令一座殘破敵樓保持倔強的尊嚴。

受材料限制,在不同地段的長城上,石水嘴長短粗細變化很大,其造型亦因製造工匠能力與趣味不同而差別多多。石水嘴上珍貴的石刻裝飾反映出長城建造者藝術追求的不同,及其為長城傾注的心血。

▲ 河北淶源塘子溝敵樓水嘴　田 野 攝

河北省淶源縣塘子溝長城敵樓還保有樓頂垛牆很少見,樓頂垛牆下還有石水嘴的就更少見。塘子溝長城敵樓的水嘴有單雙之分,此敵樓垛牆下的水嘴不光對內有兩個,對外也有兩個。雖然對外的兩個殘了一個,也還是非常寶貴的遺存。

◀ 北京懷柔旺泉峪的城牆水嘴　黃東暉 攝

北京市懷柔區旺泉峪長城磚石牆上,不光頂垛牆完整,垛牆下的石水嘴也多數保留。石水嘴伸出長度1米左右,緊接着牆頂磚棱線,相互之間間隔20米左右。是石水嘴最有氣勢的一處。

◀ 河北易縣紫荊關北門水嘴　山雪峰 攝

長城的內三關中，倒馬關毀後近年才補修，居庸
關老城門臺的水嘴不如紫荊關北們老城門臺的
水嘴醒目有氣勢。長城關城門臺的水嘴以紫荊關北
門為最突出。

▼ 北京延慶八達嶺的城牆水嘴　黃東暉 攝

長城石砌牆的水嘴在八達嶺長城一帶保存較完
整。自西向東，帶水嘴的石砌牆以八達嶺古長城
為起點。這一段長城上的水嘴都是歷史原物。

▶ 北京懷柔慕田峪的城牆水嘴　王　虎攝
北京市懷柔區慕田峪長城對內的垛牆與對外的垛
牆一樣。慕田峪長城的水嘴多數完好，證明牆頭
的排水有效，長城牆體和垛牆因此受益。

◀ 北京延慶八達嶺的城牆水嘴　姚　磊攝
八達嶺長城宇牆下的水嘴並不是遊客觀賞的對
象，但要了解觀察長城石砌牆上的水嘴，還是去
八達嶺長城方便。因為八達嶺長城所在地區開採
石材便利，對長柱形水嘴石材需求可充分滿足，
這是八達嶺長城獨有的優勢。

▼ 河北山海關新修城牆水嘴　張　鵬攝
河北省對山海關長城的修復是非常盡心和努力
的。修復後的城牆平均高 10 米，牆基寬 17 米，
牆頂平均寬 12 米。牆頂外沿有高 1.7 米的垛牆，
內沿有高 1.5 米的宇牆。宇牆根處，每隔 10 米
還嵌設長達 1.8 米的花崗岩石水嘴。這在單一地
段的長城保護中，屬於修復石水嘴數量最多的，
所刻製的石水嘴長度也是最長的。

▲ 北京懷柔黃花城的城牆水嘴　黃東暉 攝
北京市懷柔區黃花城長城對內的垛牆是牙形垛
牆，垛牆根磚棱線下的水嘴間隔 20 米，是水嘴
完好並且密集的地段。

▶ 北京懷柔撞道口的城牆水嘴　王貴亮 攝
北京市懷柔區撞道口長城對內的垛牆是牙形垛
牆，垛牆根的磚棱線十分規整，磚棱線下的水嘴
造型修長，水嘴的凹槽比較到位。

▼ 北京懷柔大榛峪的城牆水嘴　黃東暉 攝
北京市懷柔區西大樓長城對內的垛牆是齒形垛
牆，垛牆根的磚棱線改為齒尖式。垛牆下的水嘴
間隔比較靈活，水嘴造型不太規範統一。

▶ **河北萬全舊堡的敵臺水嘴** 黃東暉 攝

河北省萬全縣舊堡長城敵臺也是個有門無窗的敵臺。臺門上無臺區，臺門內垛牆下有一木頂無窗小室。臺頂每面有三個垛牙，垛牙毀壞，垛牙下的垛孔完好。臺門下因踏軟梯磨出的踏痕十分清楚。此敵臺唯一的水嘴安在敵臺側面。

◀ **河北懷安趙家窯的敵臺水嘴** 岳 華 攝

河北省懷安縣趙家窯長城敵臺是個無窗有門的敵臺。敵臺頂每面有四個垛牙，每個垛牙下的垛孔完好。臺門內有一木頂無窗小室，臺門洞上有一字跡不清的石匾。臺門左上垛牆下有一水嘴，是臺頂排水和臺頂面的水平標識。

▶ **北京密雲黃岩口的敵樓水嘴** 黃東暉 攝

北京市密雲區黃岩口長城在溝口有兩個有門無窗的敵臺。敵臺接長城牆處有臺門，臺門內左邊是登臺頂梯道。兩個敵臺都在對內的垛牆下安了兩個水嘴，因是新補上的，用料十分講究，造型簡單。

▲ 河北淶源潘家鋪的敵樓水嘴　山雪峰 攝

河北省淶源縣潘家鋪這個正 4×4 眼敵樓四面門窗總數為十六個。此敵樓最明顯的特點是對外垜牆只存有兩垜牙。敵樓的樓門偏靠在長城內側垮塌，僅存三樓窗。三樓窗上的樓頂磚稜線下有一個水嘴，與之對應敵樓的另一面也有一個水嘴。

▼ 河北淶源潘家鋪的敵樓水嘴　黃東暉 攝

河北省淶源縣潘家鋪長城有兩個探出長城外的小 4×4 眼敵樓，四面門窗總數為十五個。此敵樓最明顯的特點是南面僅有一樓窗完整，另三樓窗垮成一大豁口。此敵樓頂對外存有兩個水嘴，與之對應敵樓的另一面也應有兩個水嘴，但現在只剩下一個了。

▶ 河北淶源石城安的敵樓水嘴　山雪峰 攝

河北省淶源縣石城安村東山坡有兩座帶水嘴的敵樓。一座偏北一些立在長城之外，敵樓三個面各有四個券窗。從長城內看此樓，敵樓南面唯一的樓門居兩窗中，樓門上有石匾一塊上刻「插字貳拾玖號臺」。此樓東西兩面垜牆磚稜線下各有一個水嘴。

◀ 河北淶源潘家舖的敵樓水嘴　山雪峰 攝

河北省淶源縣潘家舖長城正 4×4 眼敵樓有十多座，其中還保留着樓頂垛牆的只有五座。這幾座保留了樓頂垛牆的，垛牆下對外和對內都各有兩個水嘴，但有的水嘴被齊根斷去，能看到一面有兩個完整水嘴的不多。

▲ 北京門頭溝沿河城敵樓水嘴　黃東暉 攝

北京市門頭溝區沿河口村溝口東西各有一座小 4×4 眼樓，溝口東樓之完好為北京長城少見。東樓有石匾，刻有「沿字肆號臺」；溝口西樓亦有石匾，刻有「沿字伍號臺」。溝口西樓近幾年被修補了樓頂垛牆，只有兩個水嘴，都在南面新修的樓頂垛牆下。

▼ 北京門頭溝沿河城敵樓水嘴　黃東暉 攝

北京市門頭溝區沿河口村北溝裡東坡有一座小 4×4 眼樓。敵樓東面一樓門居兩樓窗中，樓門上石匾刻有「沿字叁號臺」，敵樓另外三面都是四個樓窗。敵樓共有四個水嘴，分佈在敵樓南北兩面樓頂垛牆下。

◀ 河北灤平金山嶺的敵樓水嘴　黃東暉 攝

河北省金山嶺長城敵樓的相同之處是樓座都是下石上磚砌，都沒有樓室下磚棱線，以及都保留着水嘴。這是金山嶺的「麒麟樓」，因樓頂哨房影壁用磚刻組拼出一隻神話瑞獸麒麟而得名。此樓外貌特點並不突出，樓頂南面垛牆完好，樓頂磚棱線有兩個粗糙的水嘴。

▶ 北京懷柔黃花城的敵樓水嘴　黃東暉 攝

北京市懷柔區黃花城長城西坡的 3×3 眼敵樓近年修補過。樓座為石砌。樓額有一個樓窗高。是座低額石座 3×3 眼敵樓。樓室下棱線為石料。樓頂水嘴和樓門下水嘴完好。

▼ 河北淶水蔡樹庵的敵樓水嘴　嚴共明 攝

河北省淶水縣蔡樹庵的 3×4 眼敵樓，南面有四個樓券窗，東西兩面各有三個樓券窗，北面是一樓門兩樓券窗。樓座全部為條石塊。樓頂面磚棱不全，樓頂垛牆亦無存。此敵樓最特別的是保留了三個高質量的水嘴，四個樓券窗上有兩個，東面有一個，西面的水嘴殘破了。

▶ 北京延慶石峽的敵樓水嘴　張　驊　攝

北京市延慶區石峽長城西的 1×4 眼敵樓東西面
各有一個樓門，樓門左右無樓窗，但敵樓南北面
各有四個樓窗。樓室下的樓座為塊石疊，樓額有
三個樓窗座高。樓頂垛牆幾近毀盡，只在樓四角
處殘留幾層磚。樓頂磚棱線中有一個此敵樓唯一
的短粗水嘴。

▼ 北京懷柔旺泉峪的敵樓水嘴　馬　駿　攝

北京市懷柔區旺泉峪最東頭的 3×5 眼樓。樓頂
垛牆完好，東西兩個樓梯口各保留了梯口小屋和
小券窗。敵樓的樓頂磚棱線和樓室地面磚棱都很
清楚。敵樓每個樓窗都有一個石窗臺。此樓最大
的特點是向南兩個巨長的水嘴，十分醒目。

◀ 北京密雲馮家峪的敵樓水嘴　呂　軍　攝

北京市密雲區馮家峪向黃峪口的這段長城穿越難度較大，有兩座較完好的 2×2 眼敵樓是這段長城的亮點。敵樓還有垛牆，僅有的水嘴還擔負着排水的功能。

▲ 北京密雲黃峪口的敵樓水嘴　呂　軍　攝

北京市密雲區黃峪口向馮家峪是北京市長城最荒僻的一段野長城。這座 3×3 眼敵樓垛牆完整。南北面各有一個石框樓門居兩樓窗中，東西面各有三個樓窗。樓室下的樓座為石砌壘，樓額有三個樓窗座高。敵樓的兩個水嘴都安在南面。

▼ **遼寧綏中錐子山的敵樓水嘴**

錐子山長城木柱結構的敵樓只有兩座，還都不完整。其一為 3×4 眼敵樓。敵樓的水嘴砌在對外的四個樓窗上的樓頂棱線中間。四個樓窗這面能保存下來，也許就是受益於這個水嘴，沒水嘴的敵樓牆面都有毀垮。

▶ **河北撫寧黃土嶺的敵樓水嘴**

河北省撫寧縣黃土嶺長城的 3×3 眼敵樓的樓門、窗臺、樓頂棱線都是石材料。樓頂垛牆的垛牙都毀垮，垛牆根完整。敵樓的水嘴順着長城的走向安放。敵樓北邊的水嘴還在原位，南邊的水嘴因樓塌，現在躺在山坡的草叢裡。

◀ **河北灤平金山嶺的敵樓水嘴**　黃東暉 攝

河北省金山嶺長城的敵樓在結構上分磚券結構和木柱結構兩種。木柱結構敵樓現在都未修復木柱棚頂。這座 3×4 眼敵樓只有樓室牆，無樓室頂，有雨水全都直接在樓室地面積存。樓頂垛牆下的兩個水嘴沒發揮作用，只是擺設。

▶ **河北遵化馬蹄峪的敵樓水嘴**　黃東暉 攝

河北省遵化市馬蹄峪長城的敵樓保存下來非常少，還都有一些破損。這座 3×3 眼敵樓的樓門上還有仿木結構垂花門磚雕，可惜破損嚴重。萬幸敵樓的水嘴還在，對內對外各一個，砌在三個樓窗上的樓頂棱線中間。

◀ **河北尚義敵樓的短水嘴**　黃東暉 攝

河北省尚義縣紅莊科長城敵樓，水嘴安在樓窗下。水嘴伸出的尺度很短，截面基本為 U 形。水嘴柱根到水嘴柱頭亦帶錐度。瀉水槽是方形槽。

▶ **河北淶源敵樓的半圓形水嘴**　呂 軍 攝

河北省淶源縣潘家鋪長城，每座正 4×4 眼敵樓配裝四個水嘴，每座 3×3 眼敵樓配裝兩個水嘴。水嘴截面基本為半圓形，水嘴根到水嘴頭略有錐度。瀉水槽是方形槽。

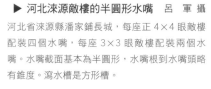

◀ **山西山陰新廣武的方形水嘴**　嚴共明 攝

山西省山陰縣長城水嘴保存下來的非常少，新廣武的堡牆上還有一個。水嘴截面為正方形，水嘴頭中間掏一方口瀉水，側面各掏一方口通風。這樣的方柱形水嘴只在山西省偏關縣老營堡還有。

▶ **河北涿鹿敵樓的殘水嘴**　嚴共明 攝

河北省淶水縣蔡樹庵長城有四座 3×4 眼敵樓，其中只有兩座敵樓保留着水嘴。其一還是只在敵樓北角剩個殘水嘴，半扁圓口水嘴的頭被砸去一塊，敵樓南面有兩個水嘴的斷根混在破磚中，很難辨認。

◀ 北京懷柔旺泉峪的城牆水嘴　任樹垠 攝

北京市懷柔區旺泉峪長城東坡垮了的磚棱線下的水嘴，截面為三角形，花崗岩石料鑿就。瀉水槽深度適中。水嘴頭略垂，水嘴頭底部有垂水鈍尖突。

▲ 北京懷柔的鈍三角形水嘴　嚴共明 攝

北京市懷柔區箭扣長城以敵樓、空心敵臺輪流配置為最大特色。牆頭水嘴保留下來的不少，大小樣式也挺多。此水嘴位於齒牙垛牆下，截面為鈍三角形，為黑色石料鑿就。水嘴頭略扁，水嘴初看象鴨嘴下半片。瀉水槽極淺。

▶ 北京懷柔的銳三角形水嘴　嚴共明 攝

北京市懷柔區箭扣長城水嘴不太講究統一，有的特下功夫。此水嘴位於牙形垛牆下，截面為銳三角形，花崗岩石料鑿就。水嘴柱身根寬頭窄，向頭部收攏。水嘴頭底部有垂水的尖突。

◀ 河北撫寧板廠峪的方槽水嘴

河北省撫寧縣板廠峪長城垛牆的完好程度超過鄰近地段長城。垛牆下的水嘴多數缺失。此水嘴截面為正方形，花崗岩石料鑿就。瀉水槽亦為方槽。水嘴根左右的磚已缺失，水嘴上的牆根孔極完好。

▶ 北京門頭溝沿河城敵樓水嘴　嚴共明 攝

北京門頭溝沿河城長城以敵樓完好為最大亮點。這是「沿字參號臺」的水嘴。耐風化的花崗岩水嘴至今保留著原樣，為後人了解標準的長城水嘴提供了寶貴的實物。

▶ 河北淶源的扁方形水嘴　山雪峰 攝

河北省淶源縣潘家鋪長城牆是縫不成行的石砌牆。因牆頭宇牆無存，宇牆下的水嘴亦非常罕見。這個水嘴截面為扁方形，體形較短且寬胖。瀉水槽又淺又寬。水嘴裸放在牆沿已起不到排水的作用。

▶ 河北撫寧的扁方形水嘴

河北省撫寧縣程山長城為石縫不成行的石砌牆。因牆頭有零星磚垛牆，在垛牆下還能看到完整的水嘴。與別處長城的水嘴指向長城內不同，程山長城的水嘴指向長城外。水嘴截面為扁寬方形，瀉水槽也是又淺又寬。水嘴外面加工粗糙，但瀉水槽加工精細。

◀ 河北撫寧黃土嶺的錐形水嘴

河北省撫寧縣黃土嶺長城一個從敵樓上垮落下來的水嘴，整體顯現。水嘴根寬方，水嘴頭錐窄。瀉水槽沿與接水槽沿聯接處有短橫沿。水嘴用料和加工都比較粗糙。

▲ 北京懷柔旺泉峪的城牆水嘴　任樹垠 攝

北京懷柔旺泉峪長城以磚垛牆和敵樓完整為最大特點。這是塌毀石牆上殘留的水嘴，該水嘴石料質量不夠理想，雖然尺寸達標，但口、頭、槽沿都有破缺。在大量的石水嘴中有不少這樣不完美的實物。

◀ 北京密雲吉家營的敵樓水嘴

北京市密雲區吉家營長城，關門堡東敵樓是個破3×3眼敵樓。敵樓防禦方向是南面，敵樓頂垛牆全無。敵樓頂北邊有一個水嘴，水嘴根埋在殘渣中。半圓的瀉水槽。水嘴石料粗糙。

▶ 北京延慶八達嶺的瀉水橫磚

北京市八達嶺古長城的牆頭宇牆大段完好，宇牆磚沿牆頭順坡砌。長城的牆頂為磚臺階，水嘴的根埋在牆頂磚下。牆頂磚裡專有一種半圓槽的瀉水磚橫攔在牆頂，以低的一頭指向水嘴根。此為歷史原狀。

▲ 河北懷安趙家窯的敵樓水嘴

河北省懷安縣趙家窯長城敵樓窗下的水嘴。水嘴後根整體顯現，水嘴根截面為正方形。水嘴頭在探出敵樓部分斷掉，能看到瀉水槽的根。設計為根重頭輕。可惜水嘴頭已毀壞。

▼ 北京懷柔箭扣的城牆水嘴　黃東暉 攝

北京市懷柔區箭扣長城，西大牆的水嘴因石質堅硬，加工不易，造型顯得粗笨。但根粗頭細、方形瀉水槽、水嘴頭下帶垂水突，這些基本要求都體現出來了。

▶ 北京門頭溝黃草梁敵樓水嘴　吳 凡 攝

北京市門頭溝區黃草梁長城的敵樓都是3×4眼敵樓。每個敵樓的樓頂對內和對外的垛牆下都有兩個水嘴，此為沿字陸號敵樓頂上的一個水嘴。敵樓頂垛牆已全無，水嘴根從樓頂面磚中露出大部分。水嘴根截面為扁方形，瀉水槽亦為扁方形。水嘴頭上面本是方頭，現已不規範，右角有損。

▲ 河北淶水蔡樹庵的敵樓水嘴　嚴共明 攝

河北省淶水縣蔡樹庵長城有座建在長城外的
3×4 眼敵樓。敵樓頂保留着四個水嘴，其中三
個完好。水嘴伸出樓頂的部分有 1 米多，截面基
本為 U 形。水嘴柱頭側面刻有凸起卷紋花邊，作
為美化裝飾，這是刻石工匠在水嘴裝飾上展示自
己的能力。

▶ 河北涿鹿羊圈的敵樓水嘴　方　明 攝

河北省涿鹿縣羊圈長城的三個敵樓有樓區，其中
「龍字伍號」的水嘴最完好。水嘴截面為半圓形，
體形粗壯。瀉水槽是上寬下窄的扁方槽。水嘴柱
頭側面刻有凸起倒卷紋花邊。水嘴頭正面極平
整，是反復研磨才能達到的效果。

◀ 河北淶水蔡樹庵的敵樓水嘴　李玉暉 攝

一般敵樓水嘴頭不論截面是方、半圓，水嘴頭面
都是平的。河北省淶水縣蔡樹庵長城敵樓的水嘴
頭正面多了個窩，極為罕見。此水嘴截面為長三
角形。瀉水槽為半圓槽。從水嘴頭側面看，下多
一垂水突尖。水嘴頭正面在瀉水槽口沿與垂水突
尖之間鑿一曲面窩，使下瀉的水多了個斜力。

▶ 北京懷柔旺泉峪的敵樓水嘴　任樹垠 攝

北京市懷柔區旺泉峪長城 3×5 眼敵樓有五座，保留着長水嘴的 3×5 眼敵樓只有一座。此敵樓每個樓窗都有一個石窗臺。敵樓的樓頂垜牆、樓頂磚棱線清楚完好。樓頂磚棱線下的水嘴長 1.2 米。水嘴頭正面研磨細密，水嘴頭側（剖）面上短下長，垂水突尖回彎，側看如猛禽老鷹的彎鈎嘴。

◀ 北京懷柔慕田峪的城牆水嘴　嚴共明 攝

北京市懷柔區慕田峪長城因 1986 年維修過，牆體、垜牆、敵樓都很完整。慕田峪長城牆體上的水嘴多數是老物件。此水嘴外形粗糙，根略粗，水嘴頭不方不圓，一點也不講究，但瀉水槽還是下了工夫，盡量平整。由此可以看出水嘴的要害是瀉水槽。水嘴別的部分可以粗糙，瀉水槽不可馬虎。

▶ 北京懷柔旺泉峪的城牆水嘴　張 和 攝

北京市懷柔區旺泉峪長城上完全裸露出來的水嘴不多。這個水嘴埋在牆頂的部分為方形，伸出牆沿的部分為三角形。水嘴刻平底淺槽。這種寬根尖頭淺槽的樣式少見。

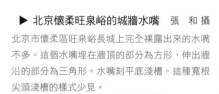

▶ 河北撫寧董家口的敵樓水嘴　馬 駿 攝

河北省撫寧縣董家口長城尚完整的五座敵樓，居然沒有一座保留着水嘴，但在唯一垮了的敵樓腳下有兩個遺棄的石頭水嘴構件。水嘴多數為短柱形，以根粗頭細、一面刻有瀉水槽為必須。董家口長城遺棄的水嘴柱身非一直線，水嘴頭與水嘴根有兩次下折，瀉水槽亦兩次下折，應是為加速排水。董家口長城的水嘴因此不同一般。

◀ 山西右玉右衛北甕門懸柱　張 驊 攝

山西省右玉縣右衛堡城近幾年得到維修，堡城北門的門臺、門樓、甕城煥然一新。甕城門內有兩個刻了瀉水孔的水嘴，但位置似乎有點問題。甕城門外有兩個沒有刻瀉水孔的獸形懸柱，石獸似龍非龍，似虎非虎，瞪眼咧嘴呲牙。本是懸掛燈籠、橫匾之建築構件，刻成獸形，有恐嚇震懾的裝飾之意。

▲ 山西代縣白草口的敵樓水嘴　山雪峰 攝

白草口長城敵樓的水嘴整體為方柱體。水嘴柱頭刻成大張的獸嘴，瀉水孔內含在大張的獸嘴裡。雖然只刻一口，沒有再刻別的獸類眼、耳、鼻等，但水嘴已從一個建築構件發出了似有生命力的信息，多了震懾之意。

▲ 山西大同得勝堡鼓樓南水嘴　山雪峰 攝

山西省大同長城得勝堡鼓樓剛剛修復。鼓樓四面各有兩水嘴，此為鼓樓南面靠東的水嘴。耳邊刻鬃毛、嘴後刻鱗片，都是龍頭的特徵。可惜龍的兩枚上牙缺失，下牙還在。龍頭形水嘴在明朝應為皇帝級別建築才可以使用，此水嘴是山西民間工匠的作品，非皇宮建築工匠的作品，所以保留了民間的審美取向。

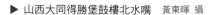

▶ 山西大同得勝堡鼓樓北水嘴　黃東暉 攝

山西省大同長城得勝堡修復的鼓樓四面各有兩水嘴，其東、西、南三面的水嘴是龍首形，唯鼓樓北面的水嘴是龍尾形。北面的龍尾與東面龍首相接，表示此處有全龍，以寄託龍可鎮水的寓意。這種一邊是龍首另一邊是龍尾的樣式，在規格講究的石拱橋橋券上也會採用。此龍尾形水嘴在磚棱線下有一長方形進水口，在盤捲的龍尾柱底面有一圓形瀉水孔與上進水口相通。

▶ 山西大同得勝堡門臺水嘴　呂　軍 攝

山西省大同長得勝堡唯一的南門臺 2016 年剛剛修復，門臺南北兩面垛牆下各復裝了兩水嘴。此為門臺北面東邊的水嘴，水嘴整體為方柱形，刻石者運用淺浮雕的手法在柱頭兩側面刻出獸鼻、獸眼、獸耳、獸嘴和獸牙。水嘴柱頭大形簡潔，細節圖案裝飾合適，具有現代大形抽象、細節圖案美化的感覺。

▼ 山西代縣白草口散落的水嘴　錢琪紅 攝

白草口長城牆外草叢中散落的水嘴。水嘴整體為方柱形，水嘴柱頭不光刻出大張的獸嘴，還刻出獸耳、獸眼，以誇張提煉的手法塑造出一個兇猛的獸頭。

▼ 山西大同得勝堡門臺水嘴　呂　軍 攝

此為得勝堡門臺南面東邊的水嘴。水嘴整體為方柱形，刻石者採用淺線雕刻的手法在水嘴柱頭側面刻出獸鼻、獸眼。獸耳、獸嘴和獸牙。水嘴柱頭大形十分簡潔。細節圖案因過淺不大醒目。

▶ 山西大同得勝堡門臺水嘴　張　驊 攝

得勝堡門臺南面西邊的水嘴，也是新裝上的，造型和雕刻技法與門臺新裝的其他水嘴大同小異。柱頭的獸形比前兩個僅僅多點突出，邊角鑿圖，獸形其他部位仍採用淺線雕刻，但獸形的歲月滄桑的感覺就出來了。

◀ 河北赤城長伸地的敵樓水嘴

河北省赤城縣長伸地堡西有座相當完好的敵樓，敵樓束面有一石匾刻着「鎮虜樓」，敵樓南面樓頂垛牆下有一個水嘴。與山西省大同長城的短脖水嘴不同，河北省赤城縣城的水嘴脖子特別長。在開挖方槽瀉水溝的柱頂頭刻成了一個張嘴的獸頭。鼻、眼、耳的形並不十分清楚，獸頭兇狠的感覺還是表現出來了。與多數獸頭水嘴的脖子佔半頭長相比，此獸頭水嘴的脖子佔四頭長，實在是少有。

▶ 河北萬全黑石堰堡門臺水嘴　黃東暉　攝

河北省萬全縣高廟堡鄉黑石堰堡北門基本完好。門臺、門洞、門樓都有破損，但架子沒垮。門臺南面垛牆下有兩個水嘴，應是被砸毀殘留下來的老物件。本文前面介紹刻成獸頭的水嘴有短脖和長脖之分，但都是伸着脖子的樣子，黑石堰堡的獸頭水嘴脖子刻成了挺立狀。獸嘴和獸鼻被砸掉又塗抹白灰。細看獸眼、獸眉、獸頭雕刻技術圓熟，雖然殘了但也還是件民間石刻藝術上乘之作。

▼ 山西朔州鼓樓水嘴

山西省朔州市鼓樓 2014 年剛剛修復。鼓樓臺座頂四面各有兩個水嘴，用大理石刻成龍頭形狀。眼、嘴、牙、鬃毛都以浮雕的方法表現。鼻形飽滿前突，鬃毛橫飄、動感十足。龍頭造形有元代龍頭形狀餘味，也和遠離京城不知皇家趣味變化有關。

▶ 北京天壇圜丘的水嘴

北京天壇是明清皇帝祭天的地方。以三層高臺組成的圜丘是皇帝與上天「對話」之處。圜丘每層欄桿下都有龍首形水嘴。既是排水構件，又以群龍來襯托圜丘。龍首形水嘴在皇家建築中被稱為「螭（音吃）首」，用漢白玉大理石刻成。「螭首」造型追求的是氣派和觀賞性，與長城沿線的獸形水嘴相比，少了些野蠻的色彩。

第3節　長城敵樓的門框石刻

建長城時肯定要設關口，而給關口定名後必然會在關城門洞上嵌匾留名。在關門石匾上刻字是長城管理的需要，亦是文化的需要。

同樣必不可缺的，還有築長城時為保護牆體，在牆頂、臺頂、樓頂安置的排水嘴。

部分地區長城敵樓的石門券上有石雕花紋。這就不是建築長城敵樓所必需的。敵樓屬於軍事建築，在上面飾刻花紋，是工匠們一份額外的熱情和創造。

石刻工匠是在風吹日曬的艱苦環境中靠人力與鐵器加工石頭，還常要拼命趕工期。必需先努力完成建築任務，才有可能發揮藝術熱情去刻些花紋。

從現存的敵樓門柱石、門券石、壓柱石上的花紋中，可以看出明代工匠期盼圓滿、渴望平安的追求。這些石刻花紋表面上只是建築裝飾，但在深層次上，它們是當年長城工匠精神世界的物化，是他們對美好世界的一種奉獻。這種堅硬的表達有時比文字記述更有藝術魅力。

▼ 河北涿鹿敵樓門券石刻　高光宇 攝

河北省涿鹿縣馬水長城有幾座敵樓保存完好。敵樓的樓門都是用石料做門柱門券，但只有三座敵樓把門券石和窗券石做了裝飾雕刻，而券石下的壓柱石、門柱石都未再雕刻。在河北省西部的長城上敵樓的樓門樓窗上很少看到有雕化。

◀ 河北涿鹿敵樓門券石刻　高光宇 攝

河北省涿鹿縣馬水長城敵樓的樓門券石做了裝飾雕刻。因為券石是花崗岩，石質粗糙，刻花只能追求大致效果明顯。券石花紋設計在邊框中滿盤佈局。凸刻的花枝在兩朵蓮花和花葉中纏繞，疏密有緻，圖案效果強烈。在涿鹿縣的長城上這座敵樓的樓門樓窗上的雕花是非常罕見的石刻佳作。

▶ 河北淶源敵樓「獸頭」門券　錢琪紅 攝

河北省淶源縣塘子溝長城有一 3×4 眼敵樓，敵樓南北各一樓門，門框的柱石、壓柱石，都沒有雕刻。南北門券石都是用三塊石拼成，門券石中間的石塊，淺浮雕刻了一個怪獸頭，頭有雙角，嘴有獠牙，頭後有獅鬃，獸眼的睫毛還有翻邊，十分新奇。兩獸不同之處是南獸頭的睫毛更多，頭後的獅鬃成團狀。這兩獸應是瑞獸，置於樓門能把陰間的鬼（一般夜晚才出來）嚇跑了。我是 1995 年去時看到的。到 2014 年再去時，兩塊刻有瑞獸的門券石已被文物販子挖走，門券破成了豁口。這是全國長城敵樓門券石唯一的瑞獸石雕。

◀ 河北淶源敵樓「獸頭」門券　王 虎 攝

塘子溝長城敵樓北門券石比南門券石完整。北門券石上的獸頭與南門獸頭略有不同，北獸頭的睫毛略少，南獸頭的獅鬃成團狀，而北獸頭的獅鬃彎少。這是長城沿線敵樓門券上唯一的瑞獸浮雕。兩塊浮雕如今均已被盜。

▶ 山西河曲「護城樓」門券石刻　孫國勇 攝

山西省河曲縣護城樓是座 5×5 眼敵樓。敵樓的樓門石雕是山西長城上敵樓石雕唯一的存留。左右門柱石的最下邊各有一個浮雕花瓶，花瓶上插一枝，浮雕四朵大花。門券石由五塊拼成，每塊均浮雕一花，每朵花瓣各不相同。這種花團錦簇，枝葉茂密是一種幸福、美好的象徵。

▶ **河北涿鹿敵樓門券石刻**　吳　凡　攝

河北省涿鹿縣的羊圈村長城上看到六個敵樓。在山谷最低處，垮了一半的樓門券石刻着寓意隱晦的花紋。券石中刻一小人，踏在曲線狀花梗上，花梗兩頭各為一盛開的花朵，有人說這是並蒂蓮，取其生生不息之意。

◀ **河北涿鹿敵樓窗券石刻**　王　虎　攝

此為敵樓北面樓門券石雕刻。券石花紋設計在邊框中三點佈局，採用了近似抽象的曲線，在門券石中間表現祥雲，而券石兩頭各為四旋花紋，是花是蝶由讀者自判，至少是吉祥紋樣。

▶ **北京懷柔敵樓門券石刻**　高光宇　攝

北京市長城上的敵樓以石造門券的很多，但很少看到在券石上刻花。這是北京市懷柔區莊戶長城的敵樓，門柱石用淺線刻滿了海水紋，壓柱石也鑿了淺花紋，三石拼成的門券上能看出來有初刻淺線。是因為工期太緊？還是工匠體力不濟放棄？這三塊券石鋪了淺線草稿，沒有深入完成，留在山上，由後人去猜想。

◀ 北京密雲敵樓門券石刻　吳　凡　攝

北京市密雲區司馬臺長城東坡有一座 3×5 眼敵樓。敵樓東門已破成大豁口。敵樓西門石券、石柱、壓柱石、門檻石都在。因門券石上有浮雕刻花（西番蓮），在司馬臺長城旅遊介紹裡成了一處美談。多數遊人不大注意，也不明白這塊門券石有什麼稀罕。在北京長城上敵樓有門券石雕花的不超過三座，所以尤為珍貴。

▶ 河北盧龍敵樓門柱石刻　張驊　攝

河北省盧龍縣桃林口長城西段有一敵樓，門框為五塊紅色的石材拼成。三塊形石拼成門券，上面只有鏨平的線紋。左右門柱上細看能發現有線刻人物，左右相向而立，身穿寬袖長袍，右邊人物帽後還有帽翅，身形也比左柱的人高大。一個敵樓門框上刻有兩個文職官員形象，似乎是説明此敵樓的駐守人員不同於別的敵樓。這種人物紋樣的石刻在別處均未見過，非常罕見。

◀ 河北撫寧敵樓門券刻字　呂　軍　攝

河北省撫寧縣長城敵樓，石頭造的門框上刻花紋有好幾處，刻文字的不多。在冷口關西的石碑溝一座敵樓，南門券石上豎刻四個字「天下太平」。東門券石躺在草叢裡，上面豎着四個字「人馬平安」。這都是當年建造長城工匠的一種期盼和祝願。字不大，刻工也簡單，但這八個字所反映的心態還是十分寶貴和耐人回味。

▲ 河北撫寧敵樓樓門石刻　呂　軍　攝

河北省撫寧縣花場峪北第六樓，門券石和門柱石的石刻質量和品相都很好。此樓東門與地面相接（照片中可見野草遮擋門檻）。門柱石上刻的花瓶小口，高肚小底。門券石刻的花瓶是寬口低肚小底，並且上有兩隻小鹿口啣蓮花。門券石上大大小小刻有九朵蓮花，這也是寓意吉祥豐富。兩個壓柱石頭各刻一朵蓮花。這組石雕在長城石刻應是品相最好的，真應該複製後收到長城的博物館。放在野外，保不準又被文物販子盜走，那就太可惜了。

▶ 河北撫寧敵樓門石刻　呂　軍　攝

「媳婦樓」在河北省撫寧縣拿了峪村幾乎無人不知，是這一帶保存最完整的一個敵樓。此樓南北面各有一個樓門。南門壓柱石無紋刻，門柱石上刻石榴花插在斜口花瓶裡。門券石兩頭各一方形海水紋，然後是葫蘆式花瓶插有蓮花。此樓最易識別的特點是門券石從中間已斷開了。此門券石已殘，文物販子不會惦記了。

◀ 河北撫寧敵樓門石刻　呂朝華　攝

在撫寧縣長城村西有一座敵樓，樓東、西面各有兩個樓窗，樓北面四個樓窗，樓南面一個樓門居兩窗中。組成樓南門的六塊石材沒有一點損壞，樓門的壓柱石上沒有雕刻花紋，門券石上有兩道凸棱，在棱邊內刻有纏枝花紋。兩個門柱上石刻花紋不對稱，左邊為瓶插兩團曲線纏枝荷花，右邊花瓶上只伸展出一朵荷花，左邊門柱右側面也做了刻花紋。這兩個門柱石品相不錯，為敵樓門柱石雕刻中的精品。

▲ 河北撫寧敵樓門券刻字　龔建中 攝

同是此敵樓的東門，門券石上沒刻一點花紋，而是陽刻「忠義報國」四個大字。描邊字筆劃凸起，筆劃外鑿低，使字形突出。這四個刻字的門券石還有一塊，我 2003 年在董家口長城敵樓看到過，後來再去就尋不到了。

▼ 河北撫寧敵樓門的壓柱石刻　馬 駿 攝

敵樓門的壓柱石上刻了四頭小獅子，只在河北撫寧董家口長城有一處。獅在民間傳說中為百獸之王，是權力和威嚴的象徵。刻獅有鎮百獸、辟邪之意。傳說若擲以球，獅子會很專心地轉弄不息。此寓一心一意，是一種可愛的忠誠。樓門左邊壓柱石上兩獅為站獅，在滾玩繡球，右邊兩獅為臥姿，表示玩累了爬着也還緊盯着繡球。門券石的花不是花瓶插枝，而是盆花長伸，以四朵蓮花佈局，花枝伸展纏繞。

▲ 河北撫寧敵樓門柱石刻　王 虎 攝

河北省撫寧縣小河口東坡第一個長城敵樓，有東、西兩個樓門。明顯可以看出，為了盜走門券石，兩個樓門的壓柱石托石券處都被撬壞。西門左門柱石已失，僅存右門柱石上淺刻一個盆栽水仙。這種圖形只此一處，非常稀罕。門券石正中間為一小人形。門券石左邊大葉小花，右邊小葉大花。

▲ 河北撫寧敵樓門券石刻　龔建中 攝

河北省撫寧縣城子峪東有兩座敵樓可以看到樓門的石刻雕花。這個樓再向東就是董家口堡了。此樓的西門杜石沒有刻花，壓柱石托石券處各刻一朵卷心花。壓柱石口裡面各刻一個「方勝」紋，門券石上也有兩個「方勝」紋，據說這是神鬼的統帥西王母首飾的紋樣。刻上「方勝」紋，表示西王母有首飾在此，眾鬼神都要小心不得隨便出入造次，否則讓西王母不悅，就會被捉來下酒。

▼ 河北撫寧敵樓門券石刻　呂 軍 攝

河北撫寧破城子村北山有一敵樓，當地人稱高樓。此樓為騎牆 3×3 眼敵樓，敵樓東、西兩面各有樓門，兩門都用有石臂門柱和門券。 束門券和壓柱石的石刻保存程度好於西門。東門石券中刻一銅錢狀的球，彩帶兩邊各是一獅，應是獅子滾繡球的裝飾紋樣。壓柱石刻為忍冬花草紋，取其耐寒、生命力頑強之意。在我到過兩年後，聽聞此樓垮了，令人擔心這個刻有獅子繡球的石門券去向。

▲ 花場峪敵樓門柱石雕刻　王 虎 攝

花場峪北坡第二個敵樓南北各一樓門。石門券、柱都有刻紋，南門的石門券紋刻風化嚴重，石面都已不完整。兩個門柱口裡側似刻有大屋頂紋樣，屋頂瓦壟都刻出來，屋頂下沒有刻窗柱，只刻了很多方格。可以看出工匠刻花的本事很熟練，但表現建築就有所不足，只是很努力地去做。至於為什麼要在石門柱側面刻建築紋樣，還沒有專家解釋過。

▶ 河北撫寧敵樓門石刻

緊鄰上述那座敵樓，再高處是座拐角樓。樓西南兩面無門，東面偏北一門，北面偏東一門。兩個樓門石框都有紋刻。東門左柱和壓柱石上石刻已全毀，右壓柱石兩面都刻了卷心花瓣紋，右壓柱石外側刻有寶瓶花卉，門券石刻海水纏枝蓮花。北門石刻保存比東門好一些，但門券石和右壓柱石都有裂紋。左右門柱石下刻大肚窄口花瓶，各插一葉茂盛盛開的花枝。門券石兩端各刻一寬口大底花瓶，以花蕾、花葉、彎枝相聯。左右壓柱石頭各刻一圓形卷心花紋。

撫寧縣葦子峪溝東第一座敵樓騎牆而建。此樓東門的石刻風化嚴重，壓柱石無紋刻，門券石中間斷裂。裂縫處原刻有一奔馬，馬頭向左，周圍似是祥雲，券石左還可以看出銜靈芝的小鹿，鹿腳下四棵羽狀樹枝，石券兩邊為海水紋。

◀ 遼寧綏中敵樓門石刻　黃東暉　攝

撫寧錐子山南有一 3×3 眼敵樓，北門靠西，南門居中。北門券石上一伏一順券磚完整，門券石兩端各刻一獸，右邊的看得出有牛角，做回頭屈腿狀，口吐雲和月，獸腳下是海水紋。壓柱石上端刻一團花。門柱石下刻一個有雙執耳圓肚花瓶。上刻的花形別處未見過，似是石榴花。右門柱石比左邊的保存好一些。從花紋樣式來看此門柱石有獨特價值。

▶ 山西偏關「虎頭墩」堡門磚雕　張 驊 攝

山西偏關「虎頭墩」在長城史料中赫赫有名，但在上世紀六十年代因修水利被拆毀，2010 年偏關縣政府投資重修並擴建。新建圍堡的堡門基座上嵌一黑石匾，刻有「虎頭墩」三個大字。堡門洞上有磚拼門匾，刻「護城樓」三個大字。門匾上有磚拼仿垂花門浮雕，其紋樣與新建的虎頭墩門洞上磚塑浮雕相同。

第二章　長城的磚雕

對磚進行藝術加工，起始於漢代，目前已發現的遺存集中於富豪的墓室。至於明長城的磚雕規模之大，形式之多樣，實在值得熱愛長城的朋友去關注。

明長城的磚雕可分兩大類，一類是對單塊牆磚的雕刻，操作空間比較有限。其下又可細分兩部，一部分是垛孔眉磚的雕刻，另一部分是長城牆磚上的紀年刻字。

明長城磚雕的第二類是運用大量經過雕刻的牆磚，組建出複雜的仿木垂花門建築裝飾，其展示範圍較大，細節豐富。此類磚雕也包含兩個子部。一部分是在敵樓門洞上的仿木垂花門磚雕，另一部分是在長城堡門洞上的仿木垂花門磚雕。

紀年文字磚刻傳遞着豐富的歷史信息，而長城的磚雕使長城散發出民間藝術的純樸的生命力。敵樓門和堡門洞上的仿垂花門雕刻更展示着建築工匠的才華與對生活的熱愛。

第 1 節　長城垜孔眉磚的雕刻

長城垜牆的垜孔大小，從由一塊磚到十一塊磚組成，可分單數和雙數兩類。在單數類型的三、五、七、九、十一塊磚構成的垜孔中，都是在垜孔頂部搭一塊孔口封頂眉磚，成為單數類垜孔頂一種固定的形式。

經過多年對長城的考察，我們發現長城垜牆垜孔口封頂眉磚，有眉磚「趴」著的平磚順砌和眉磚「側躺」著的順砌兩種。兩種砌法使垜孔眉磚有薄眉和厚眉兩種形態。同樣，在不斷積疊中，我們才發現垜孔眉磚的塑刻樣式也有抽象與具象之分，由此產生把垜孔眉磚雕刻歸為一節單獨向讀者介紹的願望。

必須承認的不足是，由於並非所有的單數類垜孔眉磚都被加工塑刻，而針對未加工塑刻與已加工塑刻過的垜孔眉磚，從分佈地段上，我們還未統計整理。為何會出現加工和不加工兩種處理效果？我們也未及進行優劣比較和探討。再一點是，對薄眉和厚眉兩種眉磚的分佈地段缺乏統計。為什麼會有薄厚眉兩種眉磚？其塑刻樣式對垜孔的實際使用有何影響也有待進一步探討。

▶ 河北淶源垜孔厚眉磚花紋刻　　山雪峰 攝
河北淶源石城庵長城的「插字貳拾玖號臺」上有垜孔眉磚雕刻。這座敵樓垜牆的每個垜牙上都有四個垜孔，其中高處三個由五塊磚構成，垜孔眉磚是平磚順砌，沒有雕刻花紋。低處的那個垜孔由七塊磚構成，眉磚是側躺著順砌，磚面有花草紋樣雕刻。

▲ 北京懷柔垜孔薄眉磚雕刻　　呂　軍 攝
北京懷柔大榛峪長城是垜牆保存較好的一段。這段垜牆上垜孔的眉磚都是平磚順砌。垜孔眉磚的塑刻多數不重複。貼近觀察，此垜孔眉磚在磚脊棱上挖了七個小弧形斜面，弧形斜面很粗糙，遠看則是一個由小曲線構成斜邊的鈍三角形。

◀ 北京密雲垜孔薄眉磚雕刻　　高光宇 攝
北京密雲白嶺關長城的垜牆大部分毀壞，僅存的垜牆上的垜孔眉磚似乎都是平磚順砌一種樣式。在磚脊棱上挖出五個弧形斜面，五個弧形外還有一道描邊細線刻槽裝飾。已發現的垜孔眉磚都有損壞，這是損壞最小的一塊。

第1目　垛孔薄眉磚脊的抽象雕刻

　　長城垛牆的垛孔眉磚有「趴」着的平磚順砌，與「側躺」着的順砌區別，我們根據厚度稱其垛孔薄眉磚。當年造磚工匠在垛孔眉磚的磚角棱上刻出抽象的斜面，從幾何學上可分為圓弧形、尖角形的斜面。圓弧形薄眉磚上，圓弧數量從一個到七個，充滿變化。至於尖角形薄眉磚，少則挖刻三個帶尖角的斜面，多的可有七個尖角，還有的是在兩個圓弧之間加挖一個尖角。垛孔薄眉磚抽象雕刻的特點是挖刻的深度較淺。

▲ 北京密雲垛孔薄眉磚塑刻　方　明　攝

北京密雲牆子路長城的垛牆上，有腰部開和腳部開兩種位置的垛孔。其腰部開垛孔的眉磚都是平磚順砌，可稱為薄眉式。牆子路長城垛孔薄眉磚塑刻又細分為三種形態。最簡單的是把眉磚脊棱挖個中間平、兩頭彎的斜面。這種眉磚在牆子路長城可連續數出十多個。

▲ 北京懷柔垛孔薄眉磚圓弧刻　劉青年　攝

北京懷柔莊戶長城的垛牆垛孔塑刻有平磚順砌和側磚順砌兩種。其中平磚順砌的眉磚塑刻採用了最簡單的作法，把磚脊棱挖出一弧形斜面。

▶ 北京懷柔垛孔薄眉磚圓弧刻　劉青年　攝

北京懷柔大榛峪西大樓長城的垛牆上，垛孔眉磚在磚脊棱挖出兩個圓弧形斜面。斜面外還多一道細線描邊，兩個弧曲之間尖角又刻了簡單刻線裝飾。

◀ 河北灤平垛孔薄眉磚圓弧刻　王宗藩　攝

河北灤平金山嶺長城的對內垛牆上有腰部開、膝部開和腳部開三種位置的垛孔。其中腰部開和膝部開垛孔的眉磚都是平磚順砌薄眉式。垛孔薄眉磚刻的樣式在金山嶺長城又有好幾種，在磚脊棱上挖三個弧形斜面是最簡單的。此垛孔眉磚脊面還塑有寬邊凸棱。凸棱眉磚在製作時是要多費些工夫的。

▶ 河北灤平垛孔薄眉磚圓弧刻　王宗藩　攝

河北灤平金山嶺長城的對內垛牆上的垛孔薄眉式刻樣式很豐富，例如在磚脊棱上挖六個小弧形斜面，這是弧形數量最多的。六個弧形以中間略高兩頭低排開。六個小弧形邊上還有一道淺刻細線。同是弧形斜面刻，在此處又通過弧形數量、磚脊面凸棱或凹刻來使眉磚塑刻產生變化。此磚的一個有趣之處在於其表面除圓弧刻外，還隱約可見壓字印記。

▲ 河北撫寧垛孔薄眉磚圓弧刻　呂　軍　攝

河北撫寧無名口長城的垛牆毀壞嚴重，保留着垛孔的垛牆寥寥無幾。這是扒開荒草找出來的一個完好垛孔。其眉磚為平磚順砌，在磚脊棱上挖四個弧形斜面。在四個小弧形上又塑出兩道順邊凸棱，這種四個小弧形上帶雙凸棱的眉磚，在別處還未見過。

◀ 河北撫寧垛孔薄眉磚尖角刻

河北省撫寧縣黃土嶺長城還有垛孔的垛牆不太多。殘存的垛孔眉磚樣式各不相同。這塊垛孔眉磚在磚脊棱挖三個大小一致尖角斜面。尖角上面還有一道描邊細線刻。塑刻效果規矩，可看出是很認真的成品。

▶ 北京懷柔垛孔薄眉磚尖角刻

北京懷柔箭扣長城垛牆的垛孔磚尖角塑刻還有一些樣式。此眉磚在磚脊棱上挖了四個不大規則的三角形斜面。尖角雖不規則，但其上還有一道裝飾性的描邊細線。在箭扣長城能零星見到這種不太規則的垛孔眉磚。

▲ 北京懷柔垛孔薄眉磚尖角刻　王宗藩 攝

北京懷柔箭扣長城是明長城全線中垛牆保存最好的一段。其垛牆垛孔的眉磚多是平磚順砌，且塑刻樣式多數不重複。此垛孔眉磚在磚脊棱上挖了三個尖角形斜面。細看斜面大小不太一致，應當是工匠很隨意地操作結果了。此處的尖角斜面效果與黃土嶺長城垛孔眉磚差別很大。

◀ 河北灤平垛孔薄眉磚尖角刻

河北灤平金山嶺長城經過認真修復，新補垛牆上的垛孔眉磚完全參照舊有的塑刻樣式製作。這塊新補的垛孔眉磚在磚脊棱上挖出五個小尖角斜面。中間的尖角略大，兩側尖角稍小。尖角上邊還有一道描邊細線刻裝飾。此處修復完美地做到了「修舊如舊」。

▼ 河北撫寧垛孔薄眉磚尖角刻　張 和 攝

河北撫寧葦子峪長城分溝北和溝南兩段，其磚垛牆大部分毀壞。溝南段殘存磚垛牆上有五塊磚構成的垛孔，眉磚為平磚順砌。此塊眉磚的磚脊棱上挖了三個相連的斜邊尖角。做工雖粗糙，卻在尖角上刻了幾道細線進行裝飾。

◀ 河北撫寧垛孔薄眉磚尖角刻

河北撫寧板廠峪長城的垛牆從「楊來樓」向東為石垛牆。「楊來樓」以西的第二個敵樓開始則是磚垛牆。這部分磚垛牆也有部分毀壞，但在撫寧長城中還是保存最好的地段。垛牆上的垛孔眉磚都是平磚順砌，而其中的眉磚塑刻有九種之多。此塊眉磚的磚脊棱上水平挖了五個互不相連的斜面尖角，中間的稍大，尖角上面還有幾道細線刻槽裝飾。

▶ 北京懷柔垛孔薄眉磚尖角刻　張 和 攝

北京懷柔箭扣長城垛牆上垛孔眉磚的塑刻多不重複。其中有些雕刻效果略顯隨意。遠看此垛孔眉磚在磚脊棱挖了一個三角形斜面，近看三角形不甚平直的斜邊上各有三個小尖角。是垛孔眉磚塑刻中罕見的造型。

第2目　垛孔厚眉磚面的抽象雕刻

　　厚眉磚面的抽象雕刻與薄眉磚脊的抽象雕刻方法相同：都是採用圓弧挖或尖角挖來改變垛孔眉磚頂沿的平直，從而使每個垛孔具有各自的外觀特點，甚至可作為線索便於守護者尋找戰位和觀察角度。厚眉磚的抽象雕刻與薄眉磚的抽象雕刻又有不同的地方：厚眉磚面的抽象雕刻比薄眉磚脊的在挖刻深度上要更深。用小圓弧小尖角組成更大的組合形狀。有大圓弧、大三角或是接近方形，因此厚眉磚雕刻的形態更加豐富。

▲ 北京延慶垛孔厚眉磚圓弧刻　張　和 攝

北京延慶花家窯長城垛牆上的垛孔眉磚有不少是側磚順砌的厚眉磚。磚面的抽象雕刻樣式都不相同。這塊眉磚的磚脊挖了兩個淺圓弧斜面，圓弧中間還挖了一個小尖角。兩個淺圓弧和小尖角上方有一道描邊細線刻裝飾。

▲ 北京延慶垛孔厚眉磚圓弧刻　工宗藩 攝

同是花家窯長城的垛孔厚眉磚，紋樣似乎相同，但圓弧弧度和尖角都比左圖的要深。

◀ 北京延慶垛孔厚眉磚圓弧刻

北京延慶八達嶺古長城垛牆上的垛孔厚眉磚比花家窯的多，樣式也都不重複。此眉磚挖了一個近似梯形的缺口，又在頂邊挖了三個小圓弧。

◀ 北京懷柔垛孔厚眉磚圓弧刻　郭　軼 攝

北京懷柔箭扣長城垛牆上垛孔厚眉磚完好的不多。此塊眉磚的磚脊上挖了三個圓弧，中間的圓弧最高。三個中圓弧組成了一個大半圓弧。

▶ 北京懷柔垛孔厚眉磚圓弧刻

北京懷柔箭扣西大牆長城垛牆上的垛孔厚眉磚挖了四個圓弧，中間有一小尖角。高處的兩圓弧略小，低處的兩圓弧略大，四個圓弧構成了一個梯形的空間。

◀ 北京延慶垛孔厚眉磚圓弧刻

北京延慶八達嶺古長城的垛孔厚眉磚挖了四個圓弧，中間有一尖角。兩個外圓弧略低。兩個內圓弧略高。圓弧左右對稱，挖刻工整。

▶ 北京懷柔垛孔厚眉磚圓弧刻

北京懷柔西大牆長城的垛孔遠看像是在厚眉磚上開了一方口槽，細看是在眉磚方口頂上是四個淺圓弧。四個淺弧頂部齊平，在圓弧塑刻裡獨具一格。

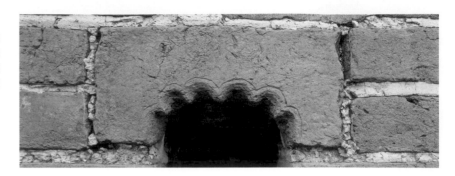

◀ 北京延慶垛孔厚眉磚圓弧刻　山雪峰 攝

北京延慶花家窯長城垛牆上的垛孔厚眉磚塑刻裡，還有一些不規矩的樣式。這塊厚眉磚的磚面挖了五個半圓弧，圓弧安排佈局歪斜不對稱，似是隨意而做。五個半圓弧上卻有一道描邊細線刻裝飾，又似乎在表示工匠構思之認真。

▶ 北京延慶垛孔厚眉磚圓弧刻　山雪峰 攝

北京延慶花家窯長城垛牆上的垛孔厚眉磚裡還有一些複雜的樣式。此塊厚眉磚的磚面上挖了六個半圓弧，中間帶一小尖角。六個半圓弧和小尖角組成了大的半圓弧，佈局嚴謹對稱。

▲ 北京懷柔垛孔厚眉磚圓弧刻　呂 軍 攝

北京懷柔箭扣長城垛牆上的垛孔厚眉磚還有一些複雜的樣式。此塊厚眉磚的磚脊上挖了六個半圓弧。六個半圓弧上還刻有一道描邊細線裝飾。六個半圓弧組成一個大的半圓弧，佈局比較嚴謹。

▼ 北京懷柔垛孔厚眉磚圓弧刻　呂 軍 攝

北京懷柔箭扣長城垛牆上，同樣由六個半圓弧組成一個半圓弧的垛孔厚眉磚，六個半圓弧有大有小，隨意而不夠嚴謹。半圓弧個數相同，也有一道描邊細線裝飾，但與上圖是兩個磚模的產品。

▼ 北京懷柔垛孔厚眉磚圓弧刻　黃東暉 攝

北京懷柔鐵礦峪長城垛牆上的垛孔厚眉磚挖了五個淺半圓弧。圓弧分佈在左右對稱的兩個斜邊上，此造型粗看似是個三角形。

▶ 北京懷柔垛孔厚眉磚圓弧刻　羅 宏 攝

北京懷柔大榛峪長城垛牆上的厚眉磚挖了七個淺圓弧。七個淺圓弧又組成個大的半圓弧。佈局不夠嚴謹對稱，圓弧大小也不夠一致。

◀ 北京懷柔垛孔厚眉磚尖角刻　姚　磊　攝
北京懷柔慕田峪禿尾巴邊長城垛牆上的垛孔眉磚中，有厚眉磚也有薄眉磚。此垛孔厚磚的塑刻採用了尖角塑刻。三個大尖角斜面的根幾乎與垛孔同寬。中間的尖角略高，佈局呈「山」字形。

◀ 北京懷柔垛孔厚眉磚尖角刻　吳　凡　攝
北京懷柔大榛峪長城垛牆上的垛孔眉磚面上挖了個正三角形豁口。三角形底角與垛孔同寬。在三角形的兩條斜邊上各挖了佔斜邊一半長度的三角豁。這三個尖角構成的造型與禿尾巴邊的三尖角塑刻構成又大不一樣。

◀ 北京延慶垛孔厚眉磚尖角刻　李玉暉　攝
北京延慶花家窰長城垛牆上的垛孔厚眉磚遠看有個淺圓弧，近看沿着淺圓弧的邊還挖了四個小尖角。這四個小尖角佈局既不居中，也不對稱，非常隨意，但小尖角上方加了一道描邊細線塑刻，又似乎頗為講究。

▲ 北京密雲垛孔厚眉磚尖角刻　山雪峰　攝
在北京密雲古北口臥虎山長城西段，垛牆上的垛孔厚眉磚遠看有個正三角形豁口，三角形底角與垛孔同寬。細看會發現三角形的兩條斜邊上各挖了小尖角豁。同是三個尖角構成，卻與左邊展示的尖角塑刻思路不同。

▶ 北京延慶垛孔厚眉磚尖角刻　李玉暉　攝
北京延慶花家窰長城垛牆上垛孔厚眉磚用的尖角塑刻最多。此垛孔內口厚眉磚面上挖了五個尖角形豁口。五個尖角形豁的底邊還不夠垛孔的寬度，於是右頭斜切一角。五個尖角形豁大小不同。五個尖排在同一水平線上，尖角上方有一道描邊裝飾邊線塑刻。

▲ 北京延慶垛孔厚眉磚面尖角刻　嚴共明 攝

同是用五個尖角形豁塑刻的垛孔眉磚。在北京延慶八達嶺古長城垛牆上，垛孔內口近乎長方形，五個尖角排在同一水平線上。

▶ 北京延慶垛孔厚眉磚尖角刻　山雪峰 攝

又是用五個角形豁刻的垛孔眉磚，還是在北京延慶花家窯長城垛牆上。五個大小不同的尖角以居中對稱佈局，卻排出個不平衡的梯形分佈。垛孔厚眉磚的塑刻裡，常可看到這類怪異的樣式。

▶ 北京延慶垛孔厚眉磚方角刻　山雪峰 攝

這是在北京市延慶區花家窯長城垛牆上，垛孔內口厚眉磚用了四方角加一尖角的挖刻。以對稱佈局，排成平衡的梯形分佈。垛孔外口眉磚也刻了四方一尖的五個角，卻顯得不及垛孔內口的眉磚刻得規矩。

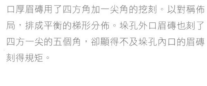

▶ 北京懷柔垛孔厚眉磚尖角刻　王 虎 攝

北京懷柔旺泉峪長城垛孔厚眉磚也有塑刻五個尖角的。五個大小差不多的尖角排在鈍三角形兩條斜邊上。這個鈍三角形底邊與垛孔同寬。

◀ 北京延慶垛孔厚眉磚尖角刻　嚴共明 攝

北京延慶花家窯長城的垛孔厚眉磚上，還有有塑刻六個尖角的遺存。六個小尖角分佈在淺圓弧的邊上。小尖角的位置分佈全憑工匠把握。尖角上方有一道描邊裝飾邊線塑刻。

▲ 北京延慶垛孔厚眉磚尖角刻　嚴共明 攝

垛孔厚眉磚塑刻尖角數量最多的能有七個，這在北京延慶八達嶺古長城的垛牆上看到。七個等大的尖角分佈在半圓弧形的邊上，尖角上有一道描邊裝飾淺線塑刻。淺線兩頭還多了個捲曲回彎，以此加大淺線裝飾的份量。

第3目　垛孔厚眉磚的裝飾花紋雕刻

　　長城垛牆垛孔厚眉磚塑刻，普遍是在眉磚側面用抽象方法塑刻，但在極個別的地方，敵樓垛牆上的垛孔口厚眉磚面也有具象塑刻的，例如以植物花朵和枝葉構成卷紋，以達到對垛孔厚眉磚的美觀裝飾。

　　厚眉磚面的裝飾花紋塑刻紋樣有繁有簡。每種紋樣的眉磚只刻做一塊。即便在同一座敵樓中，相鄰垛牆的眉磚塑刻也不同。這些珍稀的眉磚近年成了文物盜販的目標，由於保護不善，存留的實物極少。

◀ 河北淶源厚眉磚花枝卷紋刻　山雪峰 攝

河北淶源石城庵長城敵樓垛牆上的垛孔眉磚都是側磚順砌的厚眉磚，但垛孔眉磚面有花枝卷紋的塑刻只在「插字貳拾玖號臺」可看到。這足該樓垛牆垛孔內口的厚眉磚，圖案存留基本完好，因眉磚質量有欠缺，其花枝卷紋部分已風化。凹底突塑的花枝卷紋粗看左右對稱，細看左右不完全相同。

▲ 河北淶源厚眉磚花枝卷紋刻　呂 軍 攝

「插字貳拾玖號臺」垛牆外的垛孔厚眉磚比垛牆內的垛孔厚眉磚保存數量多些。這是該敵樓垛牆東面外側的垛孔厚眉磚。此厚眉磚圖案面積較大，內容也較複雜，使用的刻法更多些。其花枝卷紋左右對稱、主次分明，整體效果比下圖中的更好。

▶ 河北淶源厚眉磚花枝卷紋刻　呂 軍 攝

此厚眉磚卷紋塑刻位於「插字貳拾玖號臺」垛牆東面外邊，是該敵樓垛牆外眉磚卷紋圖案面積最大、內容最複雜的一塊。其花枝卷紋左右不對稱，設計和塑刻時難度都比較大。

▼ 河北淶源厚眉磚花枝卷紋刻　山雪峰 攝

「插字貳拾玖號臺」垛牆上有高低三排垛孔。高的兩排垛孔用薄眉磚，未做任何加工。低排垛孔，內外口都是厚眉磚。敵樓內外口存留的厚眉磚多達二十多塊，且每塊眉磚圖案各有特點。本圖和上圖的厚眉磚花枝卷紋刻是 2004 年在敵樓西邊垛牆裡面首次拍到的。2011 年再去時，品相較好的，包括這兩塊，已被盜走，只剩殘洞。

▲ 河北淶源厚眉磚花枝卷紋刻　山雪峰 攝

2004年5月3日首次從插箭嶺關沿長城向西爬到石城庵口，發現了匾刻「插字貳拾玖號臺」的敵樓，還首次發現敵樓垛牆垛孔厚眉磚有從未見過的花枝卷紋刻。這是敵樓南面垛牆垛孔厚眉磚的原況。因剛轉用數碼相機，還保持着控制膠片消耗的習慣，因而沒有細拍多拍。即便如此，單憑僅拍的這一張，也能判定此塑刻是該敵樓眉磚塑刻中最漂亮的一塊。

▼ 河北淶源厚眉磚花枝卷紋刻　呂　軍 攝

我們在2011年2月27日第三次去河北省淶源縣石城庵長城。彼時數碼相機內存已擴人充分，本想再細緻徹底地拍攝「插字貳拾玖號臺」的厚眉磚塑刻，其中敵樓南垛牆上的花枝卷紋塑刻仍是重點，但竟遺憾地沒照到！精美的眉磚被盜，其原本所在位置只剩豁口。

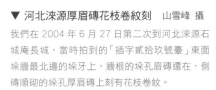

▼ 河北淶源厚眉磚花枝卷紋刻　山雪峰 攝

我們在2004年6月27日第二次到河北淶源石城庵長城，當時拍到的「插字貳拾玖號臺」東面垛牆最北邊的垛牙上，牆根的垛孔眉磚還在，側磚順砌的垛孔厚眉磚上刻有花枝卷紋。

▼ 河北淶源厚眉磚花枝卷紋刻　呂　軍 攝

我們於2011年2月27日第三次到河北淶源石城庵長城，再拍「插字貳拾玖號臺」東面垛牆最北邊的垛牙。當時垛牆根的垛孔眉磚已被挖走，只留下殘洞。從垛牆磚縫石灰紋路仍可辨識，這就是曾有精美磚刻的那個垛牙。

▲ 河北淶源敵樓垛孔眉磚 山雪峰 攝

這是 2004 年 6 月 27 日第二次拍的「插字貳拾玖號臺」西面垛牆偏北的兩個垛牙。低處的兩個垛孔厚眉磚都還在。

◀ 河北淶源垛孔厚眉磚塑刻 山雪峰 攝

2004 年 5 月 3 日第一次拍「插字貳拾玖號臺」西面垛牆偏北的垛牆根垛孔厚眉磚。當時只顧及拍攝光線是否合適,至於磚刻紋樣有何不同,保存品相哪個最好,完全沒有考慮。更沒想到日後有人會盜竊這些垛孔眉磚。

▶ 河北淶源垛孔眉磚保存現況

2011 年在淶源縣巧遇新春大雪,想藉機重拍「插字貳拾玖號臺」的垛孔眉磚。到現場後才發現物去樓空。2014 年夏天隨朋友再去這座敵樓時,在樓內荒草叢中,偶然發現了賊人幾年前盜竊失手摔碎丟棄的垛孔厚眉磚。這是我在 2004 年 5 月 3 日拍下的西面垛牆上的厚眉磚。

第4目　垛孔護口方磚面的裝飾花紋雕刻

　　用一塊方磚作垛孔護口磚，在北京密雲司馬臺、河北灤平金山嶺，以及遷
安、撫寧城等地的長城上多處可以見到，然而在護口方磚面上有裝飾花紋雕刻
的地段僅有兩處。製磚工匠在枯燥繁重的燒磚、質檢工作之餘，還能在磚面上
雕刻裝飾性的花紋，必定是投入了極大的熱情。幾百年後，這些古磚也因而具
有了藝術價值，甚至被文物盜販所窺窬。現今仍能遺留在長城垛牆上的，多是
有殘缺或品相一般的。

◀ 河北撫寧垛孔護口磚卷紋刻　孟新民 攝
河北撫寧程山長城的垛牆現在幾乎無存，僅存的
垛牆上可零星看到用一塊方磚作的垛孔護口。磚
面佈滿浮雕卷紋不帶邊框塑刻。卷紋左右對稱，
也是葉芽彎勾，細看一邊各有六個彎勾。這是程
山長城殘留的垛孔方磚裡品相最好的。

▲ 河北遷安垛孔護口磚卷紋刻　龔建中 攝
河北遷安大龍廟長城有很長一段垛牆垛孔內口
都用一塊方磚作護口。護口磚高有三層普通城
磚高。磚面佈滿浮雕卷紋刻，邊框內左右卷紋對
稱，都是葉芽彎勾，一邊各有五個彎勾。框頂還
塑有八個半圓弧波浪紋。這是垛孔方磚中品相最
好的一塊。

▼ 河北遷安垛孔護口磚卷紋刻　龔建中 攝
河北遷安大龍廟長城垛牆垛孔內口用一塊方磚作
護口。護口磚面框頂塑有三個半圓弧波紋，框角
各一佔角波紋，之下是四個圓捲心紋。左右大致
對稱。因長城馬道塌垮，垛孔位置升高，不易被
盜才保留下來。

▲ 河北撫寧氣孔護口磚卷紋刻　黃東暉 攝
這是在河北撫寧羅漢洞長城發現的有卷紋刻的護
口方磚。圖案紋樣與大龍廟的完全不同。

◀ 河北撫寧垛孔護口磚卷紋刻　孟新民 攝
這是河北撫寧程山長城垛牆上的磚刻。磚左邊的
蓮枝卷紋抒展優美，可惜右半邊毀壞殘缺，也正
因殘缺半邊才保留至今。

第 2 節　長城磚的刻字

明長城發現有文字磚的地區並不普遍。在長城經過的十多個省市中，只有河北撫寧、北京密雲、懷柔等地有發現，即便在這些縣界內，長城上的文字磚也只是零星分佈。比如密雲區長城，也只在牆子路、司馬臺、金山嶺、古北口等處看到有文字磚。而其左右如曹家路、石塘路長城就還沒有發現。

在有文字磚的地段，文字磚大量、密集出現，不僅垛牆上有，主牆立面、主牆頂面也能大量看到。文字磚的文字分佈，多數為細長的磚脊部位，少數在磚面分佈。

文字磚大部分為陰文，應是磚坯泥未乾硬之前按壓而成。在個別地點發現有陽文，字跡突起的文字磚，也應該是用字模按壓的效果。

文字磚的文字內容可分標識、紀年兩類。標識類文字磚上的字數較少，以標示為要。紀年類文字磚的字數多。以何帝、何年、何處，製造機構題寫。目前發現的紀年類文字磚所嵌印的年代從萬曆五年到十二年期間都採用磚坯壓字。

◀ 北京密雲紀年類文字磚　嚴共明 攝

北京密雲司馬臺長城上發現有大量的文字磚，其中標識、紀年兩類都有。紀年類文字磚都是將字模按在磚脊部位。從這段磚垛牆上可以看到的，都是「萬曆伍年山東左營造」這同一紀年印跡的文字磚。

▲ 北京懷柔標識類文字磚　黃東暉 攝

北京市懷柔區箭扣長城磚扣牆發現有壓「查收訖」的文字磚。應是製磚坯檢查驗收後才能使用的三個字，是磚坯質量通過鑒定的印跡。此印跡是在垛口的磚脊上，因光線合適才發現。

▲ 北京密雲標識類文字磚　嚴秋白 攝

北京市密雲區牆子路長城的敵樓和主牆上都可以
看到有標識類「河間營」文字磚，其文字都是按
在磚脊上。細看這塊「河間營」文字書寫工整，
字模雕刻規範，磚脊壓字清晰，是「河間營」文
字磚中保存較好的一塊磚。

▶ 北京懷柔標識類文字磚　姚泉龍 攝

北京市懷柔區大榛峪長城有一段磚垛牆，五十米
距離的磚脊上有兩種壓印的陰文文字磚，文字內
容都是「右部」二字。兩種壓印「右部」的陰文文
字磚都帶框邊，可以看出框邊有大小不同。

◀ 北京懷柔標識類文字磚　黃東暉 攝

北京市懷柔區箭扣長城磚垛牆還發現有壓「查收
訖」的文字磚，是在垛孔口內的頂磚面上發現的。
在長城磚坯檢查時合格印按在磚脊還是磚面？看
來都有，只是現存的太少了。

◀ 北京懷柔標識類文字磚　王 虎 攝

北京市懷柔區旺泉峪長城磚垛牆上，垛孔眉磚有
一些是側磚順砌。垛孔眉磚面上還發現有壓「右
部」的文字，應該是製磚單位的標識文字磚。在
垛孔眉磚面上成批量發現有文字的，只有這麼
一處。

▼ 北京密雲標識類文字磚　姚泉龍 攝
北京市密雲區牆子路長城垛牆上紀年類文字磚
多，標識類文字少，在磚脊上按「河間」兩字的
就更少。這是品相極好的一塊。

▲ 北京密雲標識類文字磚　孫國勇 攝
北京市密雲區牆子路長城塌垮的散磚堆上第三種
「右」字樣。可見壓磚模子多，還各有不同。

▲ 北京密雲標識類文字磚　姚松露 攝
在北京市密雲區牆子路長城塌垮的散磚堆上可以
發現標識類文字磚。散磚的磚面上豎排凸起「東
右」二字。有字的磚在磚堆上並不多，但能發現
同是「東右」的右字還不是一個模子壓出來的。

▶ 北京密雲標識類文字磚　孫國勇 攝
北京市密雲區牆子路長城的敵樓和主牆上都可以
看到有標識類「河間營」文字磚，其文字都是按
在磚脊上。若仔細看這兩塊「河間營」文字磚還
不是一個模子壓出來的磚。

443

◀ 北京密雲標識類文字磚　劉　萌　攝

北京市密雲區司馬臺長城垛牆上的「六甲」文字磚。在磚脊上，陰文挖刻隸書體字。字外沒有邊框。

◀ 北京密雲標識類文字磚　嚴共明　攝

北京市密雲區司馬臺長城垛牆上的「三等牆止」文字磚。八個字挖刻在兩塊磚上。楷書字體不夠規範，但挖刻注意表現了書寫筆法。字外沒有邊框。

▶ 北京密雲標識類文字磚　嚴共明　攝

司馬臺長城馬道在 1986 年修補過，新補的磚面上無字，原存舊磚面上個別有字。此磚為半塊，磚面陽文楷書「河大」兩字還可辨認。字外沒有邊框。「河大」應是「河大營」的縮寫。

▼ 北京密雲標識類文字磚　嚴共明　攝

司馬臺長城馬道面上的舊磚，若留心看，能發現有文字。磚縫間的荒草被踏平，陽文楷書字體亦有磨損，但「左前」兩字還能辨認。字外沒有邊框。

▶ 河北遷安標識類文字磚 都 東 攝

河北省遷安市白羊峪長城發現有零星文字磚。在牆磚的磚脊上，有陰文、楷體「右三司」三個字。三字外有邊框。如此品相好的文字磚極少見到。

▲ 河北盧龍標識類文字磚 龔建中 攝

河北省盧龍縣劉家口長城，在散落的城磚裡偶然發現垛牆垛口邊沿磚下有文字。陽文隸書體「右」字。字外沒有邊框。磚字為隸書，體架穩重，筆劃有力，可以看出為字模寫字的執筆者是位隸書高手。磚上的隸書字散發着書法的藝術魅力。

◀ 河北遷安標識類文字磚 張 驊 攝

河北省遷安市河流口長城垛牆殘磚面上有陽文「中」字。筆道清晰如同剛剛製作完成。

◀ 河北遷安標識類文字磚 都 東 攝

河北省遷安市冷口長城殘樓拱券裡，三塊伏磚面上各有一個陽文「中」字。三個「中」字三個字樣，證明在製文字磚時一個單位的工匠同時會有好幾個字模在使用，而且新舊字模還不是同一個人書寫和製作的。

445

▼ 河北灤平紀年類文字磚　黃東暉 攝

這塊在磚脊上印有「萬曆陸年鎮虜奇兵營造」的
文字磚，是在河北省金山嶺長城麒麟樓東邊垛牆
上。相同字跡印模的文字磚大量出現，但壓印有
淺有深，風化有輕有重。這是最好的一塊。

▲ 北京密雲紀年類文字磚　黃東暉 攝

北京市密雲區司馬臺長城有「「萬曆伍年古北路
造」文字磚。石塘路造的文字磚出現在司馬臺水
庫東，古北路造的文字磚出現在望京樓附近，二
者之間是「萬曆伍年山東左營造」。此磚字跡極
清晰，可惜缺了一個半字。

▲ 北京密雲紀年類文字磚　揚文宴 攝

還是密雲區司馬臺長城垛牆的紀年類文字磚，也
同樣是陰文細楷體「萬曆伍年石塘路造」。字外
有邊框。內容完全一樣，仔細看字的間架細微處
都不同，是兩次書寫製作。證明石塘路在萬曆五
年至少有兩個字模在使用。

▲ 北京密雲紀年類文字磚　揚文宴 攝

文字磚的年份顯示，北京市密雲區司馬臺長城是
在萬曆五年開始進行包磚。金山嶺長城包磚是從
西向東施工，時間延續到萬曆六年，用了兩年時
間。司馬臺長城包磚是萬曆五年從水庫東起始，
到望京樓再向東。一年後的萬曆六年就沒有遺存
了，並且在司馬臺東的白嶺關長城，大角峪長城
到黑谷關長城，都未發現文字磚。這個問題沒人
能解釋。

▲ 北京密雲紀年類文字磚　姚泉龍 攝

北京市密雲區司馬臺水庫東長城上的文字磚多是萬曆五年，單位有山東左營、古北路、河大營幾個單位。水庫西的文字磚是萬曆六年，單位是鎮虜奇兵營，振武營、延綏營、石塘嶺路幾個單位。此「萬曆伍年山東左營造」磚分佈在「仙女樓」外面樓座上。

▲ 北京密雲紀年類文字磚　姚泉龍 攝

同是司馬臺「萬曆伍年山東左營造」文字磚，從「山」字可看出筆法不同，是兩個字模。此類樣磚分佈在「仙女樓」西面垛牆上。

▼ 河北灤平紀年類文字磚　呂 軍 攝

「萬曆陸年鎮虜奇兵營造」文字磚，分佈在河北金山嶺地區長城上。證明了金山嶺長城包磚比司馬臺長城晚一年。此磚模字書寫筆劃飽滿，可當作書法欣賞。

▲ 北京密雲紀年類文字磚　鄭 嚴 攝

司馬臺長城「萬曆伍年古北路造」文字磚也有兩個字模在使用。從「古北」二字相比較就可以發現不同。

▲ 北京密雲紀年類文字磚　劉玉奎 攝

「萬曆柒年牆子路造」的文字磚，很少見到。這是熱愛長城的朋友在北京市密雲區蟠龍山長城發現，拍了送我的。可能因文字磚已殘斷，文物販子不再惦記才保存下來。

▲ 河北灤平紀年類文字磚　呂 軍 攝

金山嶺長城筆者前後造訪多次，但發現文字磚並非遍佈金山嶺長城，而是集中在東五眼樓到麒麟樓之間。「萬曆陸年振武營右造」文字磚分佈在麒麟樓東的長城垛牆上。

▲ 河北灤平紀年類文字磚　嚴共明 攝

「鎮虜奇兵營萬曆柒年造」文字磚，在金山嶺長城磚垛口附近發現。把製磚單位擺在紀年前，只此一例。因沒有品相更好的，再模糊也要留給大家。

▼ 河北遷西紀年類文字磚　孟新民 攝

「萬曆柒年河南車營造」文字磚，是熱愛長城的朋友在河北省遷西縣漢兒莊堡門磚券上發現，拍了送我的。砌築堡門用磚塊萬不止，有文字的磚就此一塊。可又是萬曆七年河南車營造。十分寶貴。

▼ 北京密雲紀年類文字磚　郭　軼　攝

「萬曆拾年瀋陽營造」文字磚，只在北京密雲與平谷長城相接的牆子路長城上出現。由紀年類文字磚可知牆子路長城的磚是瀋陽營造，時間比金山嶺長城司馬臺長城晚了四五年。

▲ 河北秦皇島紀年類文字磚　呂　軍　攝

此「萬曆拾貳年德州營造」文字磚，是在山海關的東羅城（近幾年剛補修過）城外的牆磚上看到。還見到萬曆十二年間灤州營、真定營造的文字磚。在山海關博物館陳列中，還看到被收藏的萬曆十二年遷安縣造、盧龍縣造、撫寧縣造、樂亭縣造、燕河路造、建昌營造的文字磚。

▲ 河北秦皇島紀年類文字磚　呂　軍　攝

在山海關的東羅城牆上還有「萬曆拾貳年灤州造」文字磚。磚都是同樣大小，看不出有任何區別。但磚上的文字「灤州造」與「德州營造」一看就能看出書寫風格、字模加工、磚坯壓印都不一樣。

▲ 紀年類文字磚　郭　軼　攝

「萬曆十年」文字磚已殘斷，但清晰的字跡可以看出，製作文字磚離不開對書法的研究和掌握。就這四個字已體現山楷體字類裡一種豎筆寬，橫筆寬中有細的變化楷體，顯示了書法藝術裡對規矩工整的追求。

在山海關長城博物館的陳列中可以看到在遷西發現的萬曆三年通津營、保河營、德州營造的文字磚。另外有萬曆四年，保河營、天津營、延綏營造的乂字磚，在灤平縣發現萬曆五千石塘路造、河大營造的文字磚。長城上的文字磚只有萬曆皇帝年代被堅持使用，現在我們只能看到萬曆五年、六年、七年、十年、十二年五個年代的文字磚，而八年、九年、十一午卻沒有實物遺存。估計中間不會停止使用，但還未見到實物，真是可惜。是因質量不好都沒保存下來？還是被後人給拆乾淨了？這些成了歷史之謎。

▶ 浙江台州紀年類文字磚　嚴共明 攝

浙江省臨海市台州古城建於宋。明代名將戚繼光曾守衛台州城，由此顯露出才能，後來更調任北邊，統率薊鎮長城防衛。台州古城於 1995 年以修復「江南長城」名義集資修繕，所用牆磚上有部分壓印了「公元一九九五年重修」字樣。字外有一邊框。

▲ 北京平谷紀年類文字磚　方 明 攝

此「公元二〇〇七年」文字磚是在北京平谷四座樓山長城的敵樓中見到的（由北京市文物局 2007 年撥款修補）。為修補敵樓特意製造的牆磚上部分壓印了「公元二〇〇七年」七個簡體字，字外有一邊框。除此處外，北京平谷將軍關、懷柔河防口、慕田峪、箭扣、黃花城長城都有用新磚修補的，但新磚用壓印文字的卻很少。

◀ 河北秦皇島紀年類文字磚　呂 軍 攝

山海關長城在新中國建立後經多次修補，但只見到「貳零零伍年山海關文物局監製」的文字磚。這在伏遠門甕城內多處可看到。山海關西門、南門、北門同樣都已復修，但均未見到新的文字磚。磚上紀年文字使用了正體字，而其他內容則用了簡體，也算是一種特色。

▲ 北京延慶紀年類文字磚　黃東暉 攝

北京昌平居庸關、延慶龍泉峪、八達嶺水關、八達嶺、花家窯長城等都大規模修復過，其中只在花家窯長城見到專門做的紀年類文字磚。這是在菱形敵樓的窗臺邊見到的。讓人不解的是，新製文字磚上 2014 年份前還有「雪山天成」四個字。是抒懷還是標識？比明萬曆年文字磚還複雜。

第3節　敵樓的仿木垂花門浮雕

　　垂花門是官宅、富戶內院第二道門特有的樣式。對外人和不熟悉的人有不開放的意思，除非主人邀請方可進入（這是特別友好的表示）。長城敵樓的出入門上並非都一定做垂花門浮雕裝飾，目前能看到這種裝飾的主要集中在山西長城敵樓的出入門上。敵樓上有垂花門樣式浮雕並不是表示這裡為第二道門，而是表示敵樓建造者的才華和非請莫入的含意。

　　在農業文明鼎盛的明朝，藝術分為宮庭和民間兩個分支，各自傳承。宮庭藝術追求奢靡極致，民間藝術多為簡樸生動。長城實為官府營造的建築，審美取向要迎合宮庭藝術，但長城的施工隊伍卻是大量的民間工匠。這些工匠脫離不開自身的成長條件，他們的審美取向擺脫不了民間百姓的愛好與習慣，所以長城上的建築裝飾，一方面有着追求繁複奢華的傾向，另一方面又處處表現出工匠各自不同的能力和多樣的特點。兩者的融合，展示了長城建築工匠對富足和美好的追求。

▲ 山西山陰仿木垂花門浮雕　錢琪紅 攝

山西省寧武縣陽方口長城現在只殘存了兩座敵樓，兩座敵樓的樓門上都有仿木垂花門浮雕。這是靠東邊的敵樓仿木垂花門浮雕，毀壞缺揭比較嚴重，只剩左垂柱、垂柱左邊的雀替和花板，及垂柱間的橫樑。磚塑垂花門的瓦脊、斗拱、斗拱之間的裝飾花磚全被挖去，樓門匾和門匾帶雕花的邊框只剩部分磚框。

◀ 山西山陰仿木垂花門磚浮雕　黃東暉 攝

從山西代縣白草口到山陰新廣武的長城上有八座敵樓的樓門保存了仿木垂花門磚浮雕，其中七座敵樓都是建立在長城外，唯有此樓是騎長城而建。敵樓南北各有一樓門。兩樓門上各一樓匾。南門上匾刻「雄皐」，北門匾刻「壯櫓」。樓匾上都有磚塑浮雕。圖為北門上的仿木垂花門浮雕，除了右垂柱右缺一塊花板，三組斗拱下的磚塑浮雕都還完整。

▲ 山西河曲仿木垂花門浮雕　山雪峰 攝

山西省河曲縣護城樓的仿木垂花門浮雕規模之大和完整，在山西敵樓仿木垂花門浮雕磚塑中可謂樣
本。仿木垂花門浮雕從屋脊開始向下是瓦壟、瓦壟頭的瓦當、椽頭、屋檐下的橫樑、斗拱、斗拱下的
刻花大額坊、兩垂柱、垂柱間的刻花小額坊、垂柱間的花板、花板之間的間柱、樑坊與垂柱交角的雀
替、垂柱的上下銷頭和末端的柱頭。細數有十四個基本部件。護城樓的浮雕斗拱有五組，兩垂柱內外
花板有八塊。花板之間的間柱都有紋刻。別處敵樓的仿木垂花門浮雕都沒它完整。

▶ 山西河曲「護城樓」　山雪峰 攝

山西省河曲縣長城上還保持着敵樓模樣的數不出
十個。河曲縣黃河邊的「護城樓」是河曲縣長城
中規模最大、最完好的敵樓。「護城樓」近年多
次修補，敵樓頂應建哨房的地方被擴建出廟宇和
遊廊，還加了鐘、鼓亭，成為河曲縣地界的名勝
古跡。

▼ 山西左雲八臺子「鎮寧」樓　岳　華　攝
山西省左雲縣八臺子村西北長城跨山谷溝口處
有一座大敵樓，三面各四個樓窗，南面樓根一樓
門，樓室南面一樓門兩個樓窗。是左雲縣長城裡
唯一保留着樓門樓窗的完好敵樓。此山谷溝口原
為鎮寧口，此敵樓有匾上刻「鎮寧」二字。新修
補敵樓垛牆下有磚塑浮雕斗拱痕跡，從未在別處
長城敵樓上見到過。此敵樓在 2003 年修補過。

▶「鎮寧」樓仿木斗拱浮雕　岳　華　攝
「鎮寧」樓磚塑浮雕不同山西省別處長城的仿木浮
雕，只有屋脊、瓦壟、椽頭和三組斗拱，而無樑
坊、花板。從殘存的匾框可看出磚塑的重點是匾
框。框高突起立體，框沿身面遍佈花紋。可惜殘
存不足二分之一，只能憑僅有的殘存估想當年的
繁華。

▲ 山西寧武仿木垂花門磚浮雕　錢琪紅 攝

山西寧武陽方口長城上殘存兩座敵樓。靠西的敵樓磚塑浮雕保存較完整，其中三組斗拱殘餘還可以辨認。斗拱間有裝飾花磚，垂柱間的樑坊、花板之間的間柱，都做了浮塑雕花。六塊花板上吉祥花樣都不相同。雀替上花紋茂密完好，可惜右垂柱被毀了半截。這兩個敵樓足以證明當年寧武長城上有磚塑垂花存在。

◀ 山西寧武保存較完整的敵樓　羅 宏 攝

山西省寧武縣陽方口長城現在只有兩個敵樓保留樓室。樓室三面各三個樓窗，樓室南面只一樓門無樓窗。樓頂垛牆全無。敵樓的樓門上都有仿木垂花門浮雕。這是靠西邊的敵樓全景。

▲ 山西代縣仿木垂花門浮雕　山雪峰　攝

樓門石券中間嵌有柱形獸樣龍口石，獸嘴內含一石球，為長城敵樓門中獨有的一種石刻裝飾。此樓門上有一石匾，字跡辨認困難，但石匾上下款與東山上幾個敵樓的一致。此樓門石匾上還有磚塑仿木垂花門浮雕。三組斗拱，兩垂柱及雀替塑磚都還在。無花板，斗拱之間有大塊花卉磚塑。仿木垂花門浮雕完整，可惜全都風化嚴重。

▶ 山西代縣保存較完整的敵樓　山雪峰　攝

山西省代縣白草口為雁門關北口。白草口現只存留一座溝底敵樓，是一座 3×3 眼敵樓。只有一個樓門開在敵樓西面。樓座有將近兩個半樓室高。樓頂垛牆全無。樓頂南北各設一個水嘴。敵樓西牆有一帶門匾的門洞，門洞外被塌土淤死。

▲ 山西代縣敵樓仿木垂花門雕　岳　華 攝
白草口東第四座還保存樓形的敵樓。磚塑浮雕垂
花裝飾基本完整，磚塑椽頭下有三組斗拱。兩垂
柱間有四塊花板，花板紋樣各不相同，花板間柱
上亦塑花飾。花板下的雀替風化模糊。只有垂柱
柱頭花蕾完好。

▶ 山西代縣保存較完整的敵樓　黃東暉 攝
山西代縣白草口東邊第四座還保存樓頂哨房的敵
樓。樓室對長城外三窗，左右各兩窗。向長城內
只設一樓門無樓窗，樓門上樓匾無存。樓頂垛牆
全無。樓頂有一個東西面各開一門的哨房。在哨
房東邊看房頂所剩無幾。

◀ 山西山陰舊廣武「天山」樓　錢琪紅 攝

山西省山陰縣舊廣武的「天山」樓是位於白草口村以東的第九樓。樓室對長城外三窗，左右各兩窗。向長城內樓室只設一樓門左右無樓窗。樓頂垛牆全無。樓頂哨房向東開一門左右各開一窗。其北窗豁破至房頂。

▼ 山西山陰敵樓仿木垂花門雕　黃東暉 攝

「天山」樓樓門上石匾尚在，匾上淺線描邊刻「天山」兩個大字。磚塑浮雕垂花門的三組斗拱破碎不全。四塊花板中間兩塊花板尚可，其他的都酥蝕無形了。磚塑裝飾雀替是「天山」樓的仿木垂化門浮雕中最好的部分，花紋抒展、浮雕磚質量品相完好。

▶ 山西山陰舊廣武「雄皋」樓　錢琪紅　攝

山西省山陰縣舊廣武「天山」樓再向北的敵樓是這一線長城上最獨特的敵樓。鄰近的幾個敵樓都是凸出在長城牆外，面向長城內一邊設一個樓門，樓門左右無窗。而此樓是沿着長城走向，騎在長城上。按長城的樓面各有一樓門，兩樓門上各一樓匾。樓門左右各一樓窗。南門上匾刻「雄皋」兩個大字。樓頂有一垮成矮牆的哨房。

▼「雄皋」樓仿木垂花門浮雕　錢琪紅　攝

「雄皋」樓的仿木垂花門浮雕是山陰縣廣武長城裡質量最好的一組。雖然屋脊、瓦壠、椽頭都已不全，三組斗拱有殘，但四塊花板、大額坊、雀替、垂柱柱頭花蕾的品相都耐住了風吹雨打，保持了磚塑浮雕的魅力。

▲「鍼局」樓仿木垂花門浮雕　黃東暉 攝

「鍼局」樓的磚塑浮雕垂花大都完整。三組斗拱下
五塊花板，比前幾個的花板多了一塊。花板兩頭
垂柱外各方磚刻一圓形圖案，似是一麒麟。此樓
磚塑雀替圖案用八個圓形捲花組成，與前述幾個
敵樓的都不一樣。

◀ 山西山陰舊廣武「鍼局」樓　黃東暉 攝

「鍼局」樓位於山西山陰舊廣武城東南。敵樓貼
在長城外面，樓室對長城外三窗，左右各三窗。
向長城內樓室只設一樓門左右無樓窗。樓頂垛牆
全無，樓頂哨房塌垮無痕跡。樓頂南磚棱線已殘
斷，樓門磚券尚完整。

▲ 新廣武敵樓仿木垂花門浮雕　山雪峰 攝

新廣武大北門敵樓的樓門上有一近兩米寬石圖，
所刻字跡已無法辨識。樓圖上及左右存有山陰長
城規模最大的磚塑浮雕。雖然瓦隴殘敗，五組斗
拱卻很明顯。花板為中間六塊，垂柱外各一塊，
刻塑間柱九根，雀替被額坊替代。其數都超過別
的敵樓。石圖兩旁還各有一個方形磚塑，塑刻一
對大頭麒麟，憨態可掬。

▶ 山西山陰新廣武大北門敵樓　黃東暉 攝

山西省山陰縣新廣武堡大北門，是座內帶城臺和
下開門洞的大敵樓。敵樓北面塌垮，露出敵樓
內券巷。敵樓南面附有一城臺，敵樓南門開在臺
上，樓門左右本來各是一樓窗，現在都被當地老
鄉擴展成出入門，裝上門板加上鎖，當庫房使用。

▲ 新廣武東樓浮木垂花門浮雕　錢琪紅 攝
山西省山陰縣新廣武堡東坡的敵樓西面樓門上圖框尚存。屋檐、斗拱、花板、雀替浮雕毀得乾乾淨淨。東門相反，垂柱、花板、雀替浮雕都還完整（三組斗拱毀壞），五塊花板中間是一個大尾祥獸。雀替改刻成額坊式花紋。垂柱外兩頭磚塑圖案為圓形，圓框內各刻一麒麟。證明當年此樓仿木垂花門浮雕是下了功夫的。

◀ 山西山陰新廣武東山坡敵樓　嚴共明 攝
山西省山陰縣新廣武堡東坡的敵樓。東、西樓門下各帶一門臺。對北開三窗，東西面各開一門一窗，對南無門無窗。敵樓位於東坡山崗北頭。東、西樓門下的門臺裡各有一券室。東、西樓門上各有一塊樓匾。樓頂垛牆和哨房全無。敵樓北面樓座基石全被掏空。

▶ 河北遵化有磚塑浮雕的敵樓 黃東暉 攝

河北省的長城，只見到一座敵樓上有磚塑仿木垂
花門浮雕，是在遵化縣的馬蹄峪。此處山頂完整
的敵樓有四五座，但只有這一座敵樓東西兩面的
樓門上做了磚塑浮雕垂花門。此敵樓對內對外各
是三個樓窗，東西面各是一個樓門居兩窗中。樓
頂磚棱線以上的垛牆、哨房蹤跡全無。樓南中窗
上塌開一豎狀豁口。

▼ 馬蹄峪敵樓西面的仿木垂花門浮雕

馬蹄峪有磚塑浮雕的敵樓，西樓門磚塑毀壞程度
超過東樓門。雖然屋脊磚塑殘跡還在，瓦簷、瓦
當、椽頭磚塑均被搗毀。花板、垂柱是風化的結
果。左垂柱根的大洞亦是人為的結果。這裡肯定
遭受過發洩式的毀壞活動。

▲ 河北遵化仿木垂花門磚浮雕

遵化馬蹄峪有一座帶磚塑浮雕的敵樓，其東門上磚塑毀壞程度略輕於西門。椽頭磚塑保留了六個。兩根垂柱內都有風化的磚塑。既使破敗不堪，但磚塑造就的生活氣息和建築藝術魅力仍引人注目。附近的敵樓都素面未妝，不知為何單此樓下了這般工夫？這在河北長城敵樓上屬於寶貴的遺存。

◄ 河北遵化有磚浮雕敵樓東面　黃東暉 攝

從《明長城考實》中得知遵化有此一樓。受交通工具限制，第一次找到時太陽即將落山，而第二次去又逢滿山大霧，十米外什麼也看不清。第三次去終於遇到了陽光，才能把敵樓東門上的仿木垂花門浮雕看清楚。相信每位看到這個敵樓磚塑浮雕垂花門的人都會暗暗驚奇。

▶ 山西偏關翻建的「虎頭墩」　張 驊 攝

山西省偏關縣「虎頭墩」是 2010 年為開發旅遊
又重新翻建的。為表示「修我長城」的熱情，修
復者把敵樓頂的小哨房擴建為雙檐、兩層十字歇
山頂、二層四面抱廈的豪華古建，把敵樓的樓室
擴建為兩層。好在樓窗每面都是三個，與老敵樓
的感覺差不多。

虎頭墩本是個有圍堡的敵樓。新建圍堡的堡門上
也有磚塑浮雕垂花，敵樓與堡門兩組磚塑設計注
意了大小規格的差別。堡門的斗拱少兩組，花板
少一塊，但垂柱、柱頭、都為一個模子翻製。實
話說重建虎頭墩能想到這些磚塑方法並且實施，
已很不容易了，應該充分肯定。

◀「虎頭墩」的仿木垂花門浮雕　張 驊 攝

「虎頭墩」的樓室門上有一磚匾，匾內題「曦月」
二字。磚匾上砌了全新的磚塑浮雕垂花。因徹底
重建，從屋脊、瓦壟、瓦當、椽頭，到屋檐下的
橫樑、斗拱、斗拱下的刻花大額坊、兩垂柱、
垂柱間的小額坊、花板、花板之間的間柱，以及
樑坊與垂柱交角的雀替、垂柱上下銷頭和末端柱
頭，一樣不缺。但新修的垂花與河曲縣的「護城
樓」一對照，就立刻看出新老不同。新磚塑強調
氣勢派頭，老磚塑體現着工匠的專注敬業。

第4節　堡門的仿木結構垂花門磚雕

只在山西省長城的堡門洞上看到有用城磚做出的仿木結構垂花門磚雕。堡門洞上的垂花門浮雕比敵樓門上的垂花門浮雕體量要大，浮雕內容比敵樓門上的垂花門浮雕要多。敵樓門上的垂花門浮雕只有駐守者去欣賞，而堡門洞上的垂花門磚雕能讓所有出入者，堡內軍民、外來商旅、內外官員們印象深刻。這是維護皇權，推崇農業文明的宣示。

若在城門洞上加裝個「真實的垂花門」，花銀子費力氣不說。如果發生戰事，緊急情況時守城的可能看不見、打不着「真垂花門」下的人。用城磚雕刻出浮雕垂花門比來真的省錢省力，在真要動刀槍時又不礙事。用藝術的形式表現出文明的光輝，又不妨礙戰鬥，可謂用心良苦。

仿木結構垂花門設計者的構思必需得到當年主管官員認可，還要與所裝飾的城門洞大小合適，又得達到一個不同於附近堡城門洞浮雕的新水平。這些裝飾使得長城在實用之餘，還展露出建造者超凡脫俗之處。

◀ 舊廣武西門仿木垂花門磚雕　　嚴共明 攝

在 2012 年時廣武堡西門就已重修好了（但沒加蓋門樓）。門洞上的石匾刻了「廣武」兩個大字，匾框完整。垂花門磚雕未見到修補。垂柱、垂柱頭原本完好，只是雀替、額坊、全都省略。有三組斗拱，磚雕斗拱做成二層跳五鋪作，斗拱之間有小塊花磚。屋脊、瓦壟、瓦當未修補，椽頭壞了一半。

▲ 山西山陰舊廣武堡西門　　嚴共明 攝

山西省山陰縣舊廣武為歷史遺留的老堡。近年為旅遊舊廣武堡修補了原有的東、西、南共三個城門臺。（到 2014 年，還未見到城臺上加蓋門樓。）按說三個城門中南門是正門，堡東西門是偏門。舊廣武的南門洞上沒有仿垂花磚雕，倒是在東西兩門上做了裝飾磚雕。

▶ 山西山陰舊廣武堡東門　孟新民 攝

山西省山陰縣舊廣武堡的東門大小和西門一樣，
但仿木結構垂花門磚雕從原件看就比西門略好，
保存也比西門垂花門磚雕好一些。

▼ 舊廣武東門仿木垂花門磚雕　嚴共明 攝

舊廣武堡東門門匾是用兩塊石板拼湊完成的。東
門仿垂花門磚雕規模比西門多了幾樣，垂柱兩邊
有小型雀替，斗拱中間磚面加刻了花紋。三個斗
拱中間有兩個「瓶花」磚雕，罕見且寶貴。

▲ 平集堡南門仿木垂花門磚雕　梁漢元 攝

平集堡門洞上石匾刻字完好，雀替花紋繁複，額坊比雀替薄。七塊花板的花紋各不相同，兩根垂柱外側各有變形的雀替，上下與垂柱同高，這樣的裝飾磚雕不多見。五組斗拱上的瓦當齊全，屋脊和兩頭的吻獸都是新補。因歷史存留的磚雕較完整和精彩，後補修的部分稍差一些人們也不會太在意。而堡西門和中門的翻建水平則讓人不敢恭維。

▶ 山西右玉平集堡南門　山雪峰 攝

山西省右玉縣殺虎口是長城景點中名字頗有血腥氣的一處。為了開發旅遊，關口已徹底復建，還蓋了個博物館。殺虎口關東的屯兵堡「平集堡」也被整修。「平集堡」有三個城門。其南門有仿垂花門磚雕花紋，垂花門屋脊瓦當、斗拱都修復了，使之成為長城堡門洞上仿垂花門磚雕最完整的一處。

467

◀ 山西大同助馬堡南門　錢琪紅 攝

山西省大同市助馬堡現在保留着東門和南門。東門的門臺垮得只存磚券洞和殘芯。南門的門臺還見方見角，只是沒垛牆和門樓。南門磚券洞外還保留着仿木結構垂花門磚雕。

▼ 鎮邊堡東門仿木垂花門磚雕　張翅飛 攝

鎮邊堡東門西面門洞上有仿垂花門的磚雕痕跡，仿垂花門的磚雕在堡門對內面上僅此一處。鎮邊堡東門內面門臉上斗拱五組，説明東門洞寬大。斗拱垂柱兩邊有極小的雀替，有垂柱額坊。東門門臺有兩道臺頂磚棱線殘跡，其棱線殘跡下還有磚面帶刻花的斗拱。若這些斗拱都完好，鎮邊堡東門的磚雕藝術排位就得另説了。聽説西門已開始修復，新修復的西門能否參照東門上的仿垂花門磚雕也複製一遍，把鎮邊堡有保留價值的東西為子孫後代保留下來，希望有心的讀者在探望鎮邊堡新貌時留意和關心一下。

◀ 助馬堡南門仿木垂花門磚雕　呂　軍 攝

山西省大同市助馬堡南門的仿木結構垂花門磚雕裝飾，是山西仿垂花門磚雕高寬比例最瘦的一處。此門洞上區額被糊了黃泥，嵌有木框，看不清門區原來的刻字。但額坊花板與雀替和門區距離都大一些。斗拱三組，之間有花磚裝飾，細看在仿垂花門磚雕的底磚上都有圖案紋刻，甚至在斗拱上的樓頭磚面上也有花紋雕刻，這是一處「遍地開花」，只是質量品相不如將軍會堡甕門和得勝堡南門的品質好。

▶ 山西大同鎮邊堡東門　黃東暉 攝

山西省大同市鎮邊堡只有東、西兩門。東門甕城土牆大形仍在，甕城門洞已成豁口，甕城內已被淤土堆成高地。東門外面殘破得難尋舊貌，東門內面還可看到一些遺存。

▲ 山西大同得勝堡南門

◀ 得勝堡仿木垂花垂花門磚雕　山雪峰　攝

山西省大同市得勝堡是長城沿線上位置很重要的據點。四方的堡子只有一個南門。南門外有甕城，現已三面豁破，甕城門全無。得勝堡南門近年得到維修，門臺重新包磚，砌上了垛牆。可是仿垂花門的斗拱以上部分，椽頭、瓦當、屋脊這三層在修復時全部捨棄了，這使得得勝堡南門磚雕不如平集堡南門磚雕完整。得勝堡門匾巨大，用兩塊石板拼成，上刻「保障」二字，障字刻在兩石之上。匾框三邊完整，可能用的是石料，一點風化的痕跡也沒有，花紋清晰。

門匾兩旁各有上下豎排方形磚雕，這四塊磚雕都有竹節式的邊框。偏下的方磚上各有一隻瑞獸——大頭麒麟。左右偏上的方磚上，左邊塑一女子身邊有一執琴女童，女子在捻香禱告祈盼。右邊方磚刻一男子身穿官服，男子身後一男童撐着一華蓋傘，男子身前有鹿，意在考取功名，衣錦還鄉，交華蓋運之意。石匾上額坊為三層磚厚，中間夾有兩層花板，上層為八塊下層為七塊，垂柱外還各有兩塊，總共十九塊花板。花板紋樣多為花卉，有兩塊為駿馬奔馳，似取馬到成功之意。垂柱花蕾柄的橫銷為虎頭紋，造型生動飽滿。額坊上有五組斗拱，斗拱構件上也刻有花紋。斗拱之間還有四塊方磚雕刻，方磚內用竹節框邊圍成圓形圖案，靠外的兩塊為花卉，靠內的兩塊又是人物。左邊為一女子，邊上有一仙鶴，和一執扇女童分立左右，取其吉祥如意；右邊為一男子手持一攏傘，左邊插把寶劍，取其有權有勢之意。上述人物磚雕表現的應是當時社會生活最幸福的模式典範，把這些羅列在城門之上，似有勸勉男子爭取功名、女子本分持家之意。在得勝堡門洞上所有的磚面上均刻有花紋，又是一處「花開遍地」。得勝堡南門的仿垂花磚雕不光有藝術水平，還有宣傳教化，在長城的城門裝飾中要算最華麗的一處，也是中國城防建築裝飾中極珍貴的一處。

471

◀ 山西大同鎮河堡東門　錢琪紅 攝
山西省大同市鎮河堡就一個東門。東門外甕城
的土牆部分仍與東門臺同高，甕城門洞已難尋蹤
跡。東門臺寬達七個門洞身，高有一個半門洞
高。東門臺內面、外面基本完整。無垛牆和門樓。
目前整個鎮河堡就這數個門臺最為體面高大。

◀ 鎮河堡仿木垂花門磚雕　梁漢元 攝

大同鎮河堡就一個東門，甕城早就垮完了。東門
外口上居然存留了仿垂花門磚雕。門洞上有石
匾一方，風化嚴重，匾框也殘破不堪。有意思的
是此仿垂花門的垂柱是四根，外側的兩根長，居
內的兩根短。四個柱頭都一樣，垂花蕾上還有葉
盤。四個垂柱間都是三塊花板，花板和雀替上沒
有繁雜花紋。五組斗拱兩邊是二層跳五鋪作。中
間的斗拱又多一些裝飾，可以看出是一個想要與
眾不同的設計。

▲ 山西朔州將軍會堡北甕門　羅 宏 攝

山西省朔州市將軍會堡位於長城內，坐守着一個
平坦的長川溝。全堡只有一個北門。從堡門設置
數量上應是個小堡子，規格不高，但「將軍會堡」
這名字倒很大。堡北門外有一甕城。將軍會堡為
磚包牆，塌垮嚴重，唯獨甕城門用方石包砌，還
在甕城外角砌一石包馬面。因石包砌質量較高，
得以存留。

▶ 將軍會堡北甕門外側　羅 宏 攝

山西省長城用城磚做出的仿木結構垂花門磚雕多
數是在堡城的正門。將軍會堡的正門裡外均損
毀，不見磚雕裝飾。在甕門外面做仿木結構垂花
門磚雕，在山西省長城存留下來的僅此一處。甕
門外面有仿木結構垂花門磚雕，實在是罕見寶貴。

▶ **將軍會堡仿木垂花門磚雕　羅　宏　攝**

將軍會堡的北甕門洞上有一巨大石匾，用淺線描邊刻「安攘門」三個大字。匾上雀替中間部分磚雕有缺失，但兩排花板都完好。上排十塊、下排十一塊的佈局也使之生動，不呆板。額坊之上的五組斗拱之間都還各有一塊大花磚雕，也都基本完好。將軍會堡北甕門外的磚雕還有一個特殊之處，就是城門洞之上磚雕垂花裝飾之處，所有的磚面都做了花紋飾刻，可用「遍地開花」來形容這種裝飾方法。此種裝飾方法還在得勝堡有存留。這麼下功夫的磚雕，實在是工程耗費巨大，在磚雕藝術中，獨具特色。

◀ 將軍會堡北甕門內側　羅　宏　攝

將軍會堡的甕城門東西向。東為內，西為外。不光甕門西面有仿木結構垂花門磚雕，東面也有仿木結構垂花門磚雕，可惜的是毀壞嚴重，除了兩根垂柱留存殘跡，其餘部分蹤跡全無。

▼ 山西偏關樺林堡南門　山雪峰　攝

山西省偏關縣樺林堡古時只有東、西、南三門，堡北面無門。目前西門已毀成大豁口，南門的門臺尚完整，南門的洞券兩邊被掏出窯洞住進人家。南門洞券上的石匾，由後人重刻了「樺林堡」（樺為簡化字）。石匾上本有仿木結構垂花門磚雕，現只有兩根垂柱和橫樑的殘跡，其它組件全部毀盡。

▲ 樺林堡東門仿木垂花門磚雕　呂　軍 攝

山西省偏關縣樺林堡東門的仿木結構垂花門磚
雕。雖然磚雕的屋脊、瓦壟、瓦當、椽頭全都無
存，但保留下來的磚雕品相基本完好。三組斗拱
及斗拱之間有花磚。垂柱的柱頭花蕾上還有葉
盤。九塊花板的紋樣各不相同。雀替的紋樣花葉
茂盛。花板上的橫樑每塊磚都刻了淺細線裝飾花
紋。這是山西省偏關縣長城唯一還能看到磚雕藝
術的門洞。

◀ 山西偏關樺林堡東門　張　驊 攝

山西省偏關縣樺林堡的東門位於堡東南角，規模
小於南門。東門外居民院牆把門洞外的通道堵
成窄巷。東門門臺無頂垛牆，門臺南邊磚大部脫
落，門洞券及門匾和仿木結構垂花門磚雕還完整。

◀ 山西大同復建的南城門「永和門」

山西大同的建城歷史可追溯到戰國時代，明朝時大同是長城九鎮之一的鎮城。由朱元璋第十三子朱桂鎮守。2008 年大同市復建古城時，僅南門就重築了一組「套城」，分別為甕城、羅城、月城、東西耳城，並設了八個城門。圖為月城南門「永和門」和月城西南角樓。「永和門」門臺上是一座正面開八窗，側面開三窗，單檐歇山頂的三層箭樓。

◀ 山西大同城南門的「永豐門」 嚴共明 攝

新復建的山西大同城南門按遺跡重建了一組「套城」。「套城」的外門有三座。主門是「永和門」。「套城」東西各設一門，西為「永豐門」，此門同時又是西耳城的外門。「永豐門」的門臺向東鼓突，從西邊看不出來。門樓亦是單檐歇山頂箭樓。樓高兩層，正面開七窗，側面開兩窗。「永豐門」的門之上刻有仿垂花門磚雕，和上圖的「永和門」仿垂花門磚雕樣式完全一樣。

▲ 大同南門的「迎暉門」磚雕 呂　軍 攝

山西大同城南的「迎暉門」在「套城」東，此門同時又是東耳城的外門。「迎暉門」坐落於東耳城的耳垂位置，與東耳城內門「含光門」成 90 度。「迎暉門」與西側「永豐門」在門臺、門洞大小以及箭樓形式上完全相同，包括門區上刻有仿垂花門磚雕，也和「永豐門」仿垂花門磚雕樣式完全一樣。

▲ 山西大同南門「永和門」磚雕　嚴共明 攝

重建的大同城南門由一組「套城」總共八座城門組成。八個城門門樓的形式、大小有不少差別，然而八座城門門洞上的仿垂門花門磚雕規格卻一模一樣，都是只做到斗拱這一層，再向上的椽頭、瓦當、屋脊三層都省略了。六組斗拱、無紋飾的額坊、四根垂柱、四塊雀替明顯都出自一套圖紙。從施工角度講，用一套磚模如有缺損，不愁補替，效率高還節約成本。

▶ 山西大同「和陽北門」磚雕　呂 軍 攝

因歷史演變緣故，大同城牆上開過不少豁口，2008 年復建古城時把這些豁口都建成了門洞，因此現在大同城牆上不只有四座明朝設立的城門。新建的豁口門洞沒有門臺和門樓，但門洞上都有門匾和仿木結構垂花門磚雕。只不過復建的大同古城門洞上，仿木結構垂花門磚雕用的都是同一套磚模。

第六篇　憂心回望

◀ 甘肅敦煌的殘墩臺

甘肅敦煌五墩村因有五個大土坯疊砌的墩臺而得名。其中兩座尚存門窗殘洞，一個垮得不見門窗，另兩個已垮成了土堆。

▶ 山西繁峙的殘敵樓　劉　鋼　攝

山西繁峙韓莊保留有三座帶雙匾的 3×4 眼敵樓，從北向南依次為「茨字貳拾肆號臺」至「茨字貳拾陸號臺」。三樓再南應為「茨字貳拾柒號臺」，但該樓已垮成碎磚堆狀。

▶ 河北淶源的殘敵樓　黃東暉　攝

河北省淶源縣獨山城長城還保留三個帶樓匾的敵樓。從東向西依次為「插字肆拾叁號」「插字肆拾肆號」「插字肆拾伍號」。三個敵樓都是中樓額磚石座的 3×4 眼敵樓。「插字肆拾伍號」敵樓再向西應該是「插字肆拾陸號」敵樓，現在的「插字肆拾陸號」敵樓只有敵樓石座部分和樓室的牆根。

▶ 陝西榆林的殘敵樓

陝西省長城遺留的土墩臺很多，但遺留的磚敵樓屈指可數。在榆林市水掌村長城的唯一的破敵樓東還有一座尚存包磚的墩臺。從形態大小、殘磚面的厚度可以推斷定此建築以前是座敵樓。

▲ 河北懷來的殘敵樓

河北懷來廟港村只有兩座敵樓還隱約有敵樓的輪廓，其餘全垮成了磚石堆。從堆頂的殘磚牆和堆外沿大量的碎磚塊可以斷定此磚石堆曾是座敵樓。

▼ 北京密雲的殘敵樓

北京密雲古北口臥虎山上有三座敵樓只存樓座，且樓座四面方石也已不完整。從殘樓座向東的潮河邊就是「姐妹樓」。而由殘樓座向西，臥虎山上都是帶樓窗的敵樓，故可推斷這也曾是敵樓。

▲ 河北赤城的殘敵樓

河北赤城大莊科長城只有「盤道界樓」大致完整，其餘全是形態各異的磚石堆。由此磚堆四面的殘磚牆和堆外大量的碎磚可知其曾為敵樓。

▶ 河北懷來的殘敵樓　黃東暉　攝

河北省懷來縣水頭村長城，在老照片裡可看到有四座完整的敵樓，現在已經全是殘石碎磚堆。從這個碎磚堆頂的殘磚牆和堆外沿大量的碎磚塊，可以斷定此磚石堆以前是座敵樓。

▶ 山西河曲保存完整的敵樓　山雪峰　攝

山西省河曲縣護城樓是山西長城設施裡唯一樓頂部分完整的敵樓。因護城樓現已位於居民區中，被當地居民利用修繕。樓頂哨房被改建成廟宇，廟南還建了鐘亭和鼓亭，兩亭之間有走廊相連。敵樓的中心樓室供有眾多神仙塑像。敵樓內的窗券被安上隔斷，盤了火炕供出家的和尚居住。一座古代的敵樓成了當地居民禮神拜佛之處。

第一章　有哨房或垛牆的敵樓（保存較好的敵樓）

2006 年中國國家測繪局和中國國家文物局聯合開展長城資源調查，組建了 51 支調查隊，共計隊員 448 人。在 2009 年 4 月聯合發佈：中國明長城總長度為 8851.8 千米。依據《長城資源保存程度評價標準》，其中保存較好的佔 5%，保存一般的佔 12.5%，保存較差的佔 16.6%，保存差的佔 12.5%，其餘已經地面無存了。

多數人就是看到了這個調查結果也不會寢食難安，畢竟只是個抽象的數字，沒有多少具體情況。大家心中的長城保存狀況依舊是八達嶺、金山嶺長城的樣子。而在過去三十多年了解長城的過程中，我們看到的長城保存現狀，特別是敵樓的保存情況，比起上述調查結果更令人憂心。

以文物保存的五類狀況評定長城是為保護長城確定依據，為保護長城確定有效的辦法。這五類狀況如何理解？如何認知？本應是文物工作部門掌握定奪。然而在實踐中，敵樓保存狀況用保存「較好」、「一般」、「較差」、「差」這類高度抽象的方法去分類，其標準含糊，界定困難。本書借助「形態觀察」的方法，依敵樓形態具體的變化為其保存程度評定標準作出具體的補充說明。

單就長城敵樓而言，不外乎樓座部分、樓室部分、樓頂哨房部分的保存狀況。我們把「仍有哨房或垛牆」的敵樓歸為保存較好類，以「樓室尚完整」的敵樓歸為保存一般類。以「樓室已有損壞」的敵樓歸為保存較差類，以「殘垣斷壁」的敵樓為保存差類，將「殘堆殘跡或徹底消失」歸為無存類。

每一座敵樓頂上原本是否都有哨房，可能會有爭論。陝西省、山西省、河北省以及京津地區的明長城敵樓頂上大都可以找到哨房的痕跡。樓頂哨房和樓頂垛牆是敵樓最易受損的部分，將仍保留樓頂哨房和樓頂垛牆的敵樓歸在保存較好類當無異議。

遊人在八達嶺長城、金山嶺長城、慕田峪等景區看到的完整無缺的敵樓樓頂哨房其實都是近年修復的。真正歷經幾百年風雨敵樓頂還有樓頂哨房的，基本上不是缺屋脊就是少房瓦，能保留哨房模樣已屬不易。樓頂垛牆完整的敵樓在明長城上也不多見。有些敵樓擁有完好的垛牆，但看不到完整的樓頂哨房。兩者均保存較好的敵樓更是鳳毛麟角。《長城資源調查報告》並沒有針對保存較好的敵樓進行統計。粗略估算，有哨房或垛牆的敵樓不足實存敵樓的 2%。

▲ 甘肅嘉峪關修復的角臺哨房

1989 年文物出版社的《嘉峪關及明長城》一書裡，高鳳山先生介紹嘉峪關城西羅城兩頭的墩臺為角臺。角臺上各建一有屋脊的房屋，為當年警戒哨所。高鳳山先生稱此為「箭樓」。這是甘肅省長城僅有的墩臺頂垛牆裡修復的哨房，以此可證明甘肅省長城墩臺頂若完好，垛牆裡應該有個哨房。可惜只有嘉峪關城修復了哨房。

◀ 山西山陰有樓頂哨房的敵樓　張　和　攝

這座敵樓在山西省代縣白草口長城東，敵樓突出於長城牆外。敵樓室西面開三個樓窗，南北面各兩個樓窗，東南只有一個樓門。上有一石樓匾，刻有「天山」兩個大字。樓匾上有磚塑仿木結構垂花門浮雕。此敵樓頂垛牆全無，但有樓頂哨房。哨房雖殘破無屋脊，屋裡磚券頂還可見到。是山西省長城中很少存有樓頂哨房的敵樓之一。

▶ 山西代縣有樓頂哨房的敵樓　張　和　攝

本書頁 239 介紹過「鳳回頭」東邊大形完整的敵樓，在山西省代縣白草口長城東。敵樓突出於長城牆外。此敵樓北面三樓窗，東西各有兩樓窗，樓室南面只有一個樓門。門上有磚塑仿木結構垂花門浮雕，樓匾現已失。此敵樓高大，敵樓立面收分明顯，樓頂十分狹窄，但還有一哨房。哨房北面有一券門，東西各有一窗破成大豁口。哨房屋脊散落，僅有磚券頂。這兩座敵樓是山西省長城樓頂哨房還完整的極寶貴的遺存。

▲ 北京延慶有樓頂哨房的敵樓　黃東暉 攝

北京市八達嶺長城景區內有二十多座修復後編號
敵樓，樓頂哨房被修復的卻只有兩座。這是南六
號，一座 2×4 眼敵樓。樓頂哨房屋頂為硬山頂，
還安了脊獸，這是樓頂哨房很講究的建築裝飾。

▶ 北京懷柔有樓頂哨房的敵樓　呂　軍 攝

北京市懷柔區旺泉峪長城有三座 3×5 眼敵樓，
這是保存最好的一座。樓頂哨房的木樑屋頂雖然
塌垮，哨房的山牆仍極完整。哨房兩邊各有一個
保留着兩窗的梯頂房。敵樓頂三間房如同四合
院佈局。殘存類似樓頂結構的敵樓，在北京僅此
一例。

▲ 北京密雲有樓頂哨房的敵樓　岳　華 攝

北京密雲馮家峪的北石片村東，有一座保留樓頂
哨房的 3×4 眼敵樓。其樓頂哨房為磚券結構硬
山頂。哨房向南的一門兩窗完整。

▶ 河北撫寧有樓頂哨房的敵樓　黃東暉 攝

河北撫寧平頂峪河溝西有三座仍保存有樓頂哨房
的敵樓，這是其中哨房最完整的一座。此樓樓頂
垛牆全垮，而哨房的房門結構完整，而其哨房屋
型也是未修復過的敵樓中完整程度最高的。

◀ 河北撫寧有樓頂哨房的敵樓　黃東暉 攝

河北省撫寧縣城子峪長城十五座敵樓中還保存樓頂哨房的只有兩座，這是位置偏東地勢略低的那座。雖然哨房屋頂有大洞，但磚砌山牆和屋門均完整。此敵樓的兩個樓室門券石都有刻花，樓頂垛牆所剩無幾，樓梯上口小室殘破，樓室門窗部分基本完好。樓頂哨房的門窗結構大形還完整，是其特別之處。

◀ 河北撫寧有樓頂哨房的敵樓

河北省撫寧縣駐操營鄉董家口長城的五座敵樓，都可以在敵樓頂看到哨房屋牆的殘跡，這是其中樓頂哨房最完整的那座 3×3 眼敵樓。此敵樓的樓頂垛牆大部分完好，哨房的屋頂全沒了，屋門垮成大豁口，兩個屋窗結構大形完整。是董家口長城能了解樓頂哨房原貌唯一的敵樓。

▲ 河北撫寧有樓頂哨房的敵樓　黃東暉 攝

河北省撫寧縣板廠峪長城的三十多座敵樓中，幾乎都看不到樓頂有哨房屋牆的殘跡，但是在板廠峪東山崖石叢中可看到一座樓頂哨房還完整的敵樓，當地人稱此樓為「穿心樓」，是座 2×3 眼敵樓。此敵樓的樓頂西垛牆大部分完好，沒有垛口和垛孔。樓頂哨房的犀頂垮了一個大洞。哨房東面只有一屋門。哨房西面一屋門兩個屋窗，結構大形完整。此敵樓哨房屋牆有四塊橫磚的厚度，屬於牆體極厚實的。「穿心樓」是板廠峪長城最完整的敵樓。

◀ 河北撫寧有樓頂哨房的敵樓

河北撫寧縣拿子峪長城保留着樓頂哨房的敵樓只有一座，被當地人稱為「媳婦樓」，是座 3×3 眼敵樓。媳婦樓的樓頂不光有哨房，哨房東邊的敵樓東北角和東南角各有一個梯口房。哨房屋頂有個大洞，東面一門兩窗，門為平樑頂。哨房西面只一門，門為磚券半圓頂。敵樓只有一個樓室南門，門券石、門券柱均有石刻花紋。因有樓頂哨房，以及其樓室門的石刻花紋，此敵樓在拿子峪長城最引人注目。

◀ 北京昌平有樓頂哨房的敵樓

1993 年居庸關長城重修時，敵樓採取多種樣式。敵樓頂的哨房有硬山頂，還有十字歇山頂，或把敵樓改成箭樓。這是居庸關旅遊地圖標識的五號敵樓，是座石座高額 3×3 眼敵樓。樓頂哨房的左邊有一磚券梯頂房。在北京市長城重修的敵樓中屬於複雜的。

▲ 北京懷柔有樓頂哨房的敵樓

北京市懷柔區莊戶長城在水庫大壩南重修了一座磚石座中額 3×3 眼敵樓，並且加蓋了樓頂哨房。哨房為硬山頂，木樑結構，向西一門兩邊為窗，佈局為一進三間房。在北京市長城重修復的敵樓裡，是儘量按老樣式做的一處。

◀ 北京懷柔有樓頂哨房的敵樓

北京市懷柔區慕田峪長城重修的二十座敵樓裡，只有五座重修了樓頂哨房。這是慕田峪長城東南起點大角樓，是石座低額 3×4 眼敵樓。敵樓中心室有一個通樓頂哨房的井口，無梯。哨房為木樑結構硬山頂。向北開一門，兩邊為欄窗。佈局為一進三間房。哨房南面無門無窗。慕田峪長城是北京市長城重修復的敵樓裡最早重修樓頂哨房的。

◄ 河北灤平有樓頂哨房的敵樓　郭　軼　攝

金山嶺長城長城重修的二十六座敵樓裡只有四座重修了樓頂哨房。這是小金山樓，磚石樓座中額 3×4 眼敵樓。敵樓中心券東有一個通樓頂哨房外邊的梯道，磚券梯頂房在哨房東邊。樓頂哨房為木樑結構硬山頂。向南開一門，兩邊為欄窗。佈局為一進三間房。哨房北面無門無窗。金山嶺長城存有樓頂哨房的敵樓都是磚券結構的，而木樑結構的敵樓樓室芯均已塌垮，僅保留着柱礎石。

▼ 天津薊縣有樓頂哨房的圓敵樓

天津市黃崖關長城重修的二十一座敵樓裡只有五座重修了樓頂哨房，其中關城北的圓敵樓最有特色。圓敵樓磚石樓座，樓室有一個樓門九個樓窗，高樓額。樓頂垛牆裡有一硬山頂哨房。

▲ 北京密雲有樓頂哨房的敵樓　黃東暉　攝

北京市密雲區不老屯鎮陳家峪村東有座保存特好的有樓頂哨房的敵樓，為磚石樓座中額 3×3 眼樓。敵樓的樓頂垛牆僅缺了半個，垛牆上有高低垛孔。在北京市長城中舊有樓頂哨房的敵樓僅存兩座，陳家峪村東敵樓是一座。此樓頂哨房近幾年被重修。

▲ 重建的山西偏關虎頭墩

山西省偏關縣城西南崗上的虎頭墩以明長城敵樓典型載入《中國古代建築史》。以書中所畫來看，大小和樣式與山西省代縣白草口長城的敵樓差不多，只是敵樓四周有一帶堡門的圍牆，敵樓樓頂也有一哨房。新修的虎頭墩敵樓樓室樣式似是按照 3×3 眼敵樓修建。個頭巨大，樓頂哨房為三層檐、明二暗四層樓閣。樓頂為十字脊歇山頂。二樓每面多一抱廈，抱廈上各有一歇山頂凸檐。全樓共有二十個飛檐角，四十八根明柱。在明長城墩臺、敵樓、甚至長城關城門樓中都沒如此豪華氣派的，是山西省長城樓頂哨房中的大手筆。

◀ 山西靈丘頂垛較完整的敵樓
山西省靈丘縣狼牙口鄉舊麥茬村插字伍拾號臺的樓頂哨房已全無，但垛牆大多完整。樓室部分門窗均完好。敵樓北門洞券上樓匾仍舊在，刻有「插字伍拾號臺」。樓座部分亦完好。山西省長城敵樓中有樓頂垛牆的敵樓非常罕見。

▶ 山西靈丘頂垛較完整的敵樓
山西省靈丘縣三樓鄉牛幫口長城敵樓的樓頂哨房已全無，但樓頂垛牆的垛牙大多完整，樓室門窗磚框亦完好。敵樓僅有的南門洞券上樓匾仍舊在，刻有「茨字拾捌號臺」。樓座部分亦完好。牛幫口的三座敵樓是山西省長城敵樓裡的寶貝。

◀ 山西靈丘頂垛較完整的敵樓　劉鋼攝
山西省靈丘縣狼牙口長城裡保存最好的敵樓是狼牙口關西的「茨字貳號臺」。敵樓的木樑結構樓室只存外牆，樓室的門窗磚框均完整。磚石樓座風化極輕。樓匾字跡清晰。樓頂垛牆的垛牙多數保持着原始高度。對了解山西省長城敵樓原貌極有幫助。

491

◀ 河北涿鹿頂垛較完整的敵樓　方 明 攝

河北省涿鹿縣謝家堡鄉羊圈村東的龍字臺長城，僅存的五座敵樓裡有三座還保留著樓匾。這五座敵樓的樓頂哨房全部徹底垮掉。樓頂垛牆只有龍字貳號存留程度好些。龍字貳號是中額石座 3×4 眼樓，樓座為十一層石塊。樓頂垛牆四面各是五個垛牙，至少有三個牙大形完整。另外四座敵樓的樓頂垛牆都毀壞嚴重。

◀ 河北淶源頂垛完整的敵樓　孟新民 攝

河北省淶源縣石城安長城十座敵樓裡兩座還保留着完好的樓頂垛牆，這兩座敵樓的樓匾分別刻有「插字貳拾捌號臺」和「插字貳拾玖號臺」。「插字貳拾玖號臺」是座磚石座高額小 4×4 眼樓，樓室為木樑迴廊中心室結構。樓頂哨房已毀，樓頂垛牆是石城安長城裡最完整的。

▶ 河北淶源頂垛完整的敵樓

河北省淶源縣菜村崗鄉白石山長城，二十二座敵樓裡只有一座還保留著較完整的樓頂垛牆。該樓為中額磚石座 3×4 眼樓，因樓頂垛牆較完整可看到垛牙有高低兩排垛孔，但樓頂哨房木結構的屋頂已無。這是白石山長城最完整的敵樓。

▼ 河北淶源頂垛完整的敵樓　山雪峰 攝

河北省淶源縣隋家莊南長城，十四座敵樓裡有七座還保留着樓頂垛牆，但其中六座的樓頂垛牆有或輕或重的毀壞。敵樓三面垛牆的垛牙都完整的只有這一座，此敵樓僅北面有兩個垛牙缺半，成為隋家莊長城最完整的敵樓。

▲ 河北淶源頂垛完整的敵樓　黃東暉 攝

河北省淶源縣煙煤洞鄉烏龍溝長城，十六座敵樓裡有八座還保留着完好樓的樓頂垛牆，但樓頂哨房的屋頂和屋門全部徹底毀掉。哨房平頭屋牆仍在的敵樓有四座。這是烏龍溝堡西邊第五座敵樓，遠處是第六座敵樓。

▲ 河北淶源頂垛完整的敵樓　黃東暉 攝

河北省淶源縣煤煤洞鄉碾子溝長城，十座敵樓裡有八座還保留着樓頂垛牆，其中三座敵樓的樓頂垛牆比較完整。最完整的是這個樓室門偏在靠長城內的中額磚石座 3×4 眼樓，其垛牆完整程度很高，垛牆頂的護頂分水磚居然都在。非常寶貴。

▶ 北京門頭溝頂垛完好的敵樓　徐寶生 攝

北京市門頭溝區長城壯觀的地段是黃草梁長城，有三座石臺和六座敵樓。若論完好，要數沿河口溝門的「沿字肆號臺」了，除了沒有樓頂哨房，其他樓座、樓室、樓頂垛牆都極完好。歷代當權者對這座敵樓的重視與充分利用，使之得以保存至今。

▲ 河北灤平頂垛完整的敵樓　黃東暉 攝

河北金山嶺長城從西五眼樓到東五眼樓，共二十五座臺樓，其中有九座樓室為木樑柱結構。樓室內間全都毀盡，但樓室四壁和垛牆各有不同程度的保存下來。其中垛牆最完整的是東五眼樓西邊的這座敵樓。此樓向東一樓門一樓窗。向北四樓窗。向南、向西均為三樓窗，三樓窗下有一樓門。垛牆完整，南北各七個垛牙，東西各四個垛牙，垛牙上有高低兩種位置的垛孔。

◀ 北京密雲頂垛完整的敵樓　呂朝華 攝

北京市密雲區白嶺關長城有兩座石臺和十三座磚敵樓。其中四座敵樓還有樓頂垛牆，是兩座 2×3 眼樓和兩座 3×3 眼樓，都在白嶺關門洞西邊的山脊上。這座磚石樓座 2×3 眼樓不光有樓頂垛牆，垛牆裡還有樓頂哨房的殘山牆。不足之處是個別垛牙有損傷，垛牆的垛口底分水磚有缺。但從這裡往東，北京市長城樓頂垛牆完整的敵樓都達不到這個程度。

◀ 河北赤城頂垛較完整的敵樓　黃東暉 攝

河北省赤城縣長城有完整樓頂垛牆的敵樓已找不到了。長伸地堡西的「鎮虜樓」在赤城縣長城完好程度可排第一。樓礎雖有殘缺，樓圖在，樓室、樓座都完整。樓頂垛牆的南北垛牙都全，只東西垛牙各殘了半個。

▶ 河北撫寧頂垛完整的敵樓　黃東暉 攝

河北省撫寧縣長城有完整樓頂垛牆的敵樓實在不多。平頂峪村北山坡上有座磚石座高額 3×3 眼樓，除了樓頂哨房的屋頂已毀，其他部分都在。樓頂垛牆除西面中間對著哨房的影壁垛少半截，敵樓東、南、北面垛牆的垛牙都還完整。這是撫寧縣頂垛最完整的敵樓。

▲ 河北遵化頂垛較完整的敵樓　黃東暉 攝

河北省遵化縣長城是敵樓毀壞最嚴重地段之一。完整的敵樓只有洪山口村北長城內小山頭上的這座磚石樓座高樓額 3×3 眼樓。唯一的樓門距地面 4 米多，樓門上無樓圖。樓室頂磚棱線完好。樓頂垛牆上完整的垛牙還有牆頂分水磚，但南北垛牆都缺兩個垛牙。敵樓表面無裂縫，樓磚酸蝕程度較輕。

◀ 河北盧龍頂垛較完整的敵樓　黃東暉 攝

河北盧龍長城敵樓大多毀壞嚴重。這座 3×3 眼樓在東風口東，其樓座用粗加工石塊碼砌，門窗皆有缺損，但頂垛垛牙無缺，只零散缺磚。

▶ 河北撫寧頂垛較完整的敵樓

河北撫寧有樓頂哨房的敵樓數量多於他處，但頂垛完整的敵樓卻屈指可數。此磚石樓座中樓額 3×3 眼樓的樓座樓窗券有破損，樓額磚面酥化嚴重，但頂垛每面的四個垛牙仍較完整。

▶ 陝西神木樓室完整的敵樓

明長城以甘肅嘉峪關為西端。甘肅明長城上現已找不到一座磚砌敵樓了，寧夏回族自治區的明長城也看不到磚砌敵樓。陝西明長城墩臺少說有幾百個，但磚砌敵樓，算上新修的也不超過二十座，神木縣大柏堡的敵樓是其中珍貴的遺存。該樓磚樓座在樓門下還有一座有梯道和梯口門的磚臺，樓室除中心室木頂不存，其他都完整，為了解陝西省明長城敵樓情況提供了實物證據。即便頂垛、哨房無存，只要樓室完整，敵樓主體就基本完整。

第二章　樓室完整的敵樓（保存一般的敵樓）

　　樓室完整的敵樓是指垛牆或哨房已垮完，但敵樓的樓室還完整。樓門可入、樓窗可數、樓額高低可辨、敵樓的基本特徵還可以判別。以長城保存程度評定五類標準排在第二類，歸為保存一般類。

　　以我們在求知長城的過程裡看到樓室完整的敵樓在所見敵樓裡仍是少數。甘肅省明長城上我們沒遇到過一個，陝西省明長城樓室完整的敵樓才七座，山西省明長城樓室完整的敵樓不到三十座。河北省明長城以北京市分河北省西部和河北省東部兩大段，河北省東部樓室完整的敵樓明顯多於河北省西部。北京市有明長城分佈的六個行政區中，密雲樓室完整的敵樓最多，但總體看樓室完整的敵樓在現存的敵樓裡比樓室損壞的敵樓少。

　　這些樓室完整的敵樓雖挺過了數百年風雨，但由於地處偏僻且沒有任何保護裝置，難免不會被損壞。有些敵樓樓室看似完整，然而樓體實則危機四伏。對任何古建築而言，沒有監測和修繕，愛護就是句空話。

▼ 陝西府谷樓室完整的敵樓　羅　宏攝

陝西省府谷縣新民鎮龍王廟村西有一座陝西省長城裡保存最好的敵樓。敵樓三面各四個樓窗，一面一樓門居兩樓窗中。樓座比樓門面寬出 3 米，寬出部分內有上下磚券梯道。樓室內開三個磚拱券，居中的拱券寬，兩側的拱券窄。樓室頂雖然垛牆無存，垛牆下每邊的五個凹槽全都保留。因為龍王廟敵樓樓室完整，陝西省長城敵樓的特點才得以保存。

▲ 陝西神木樓室完整的敵樓　呂　軍攝

陝西省神木縣水頭溝村長城東有一座敵樓。神木縣文物部門在敵樓旁立一石碑，稱此敵樓為「花墩」。此敵樓與龍王廟村西的敵樓大小制式完全一樣，不同的是圍堡殘牆高一些，樓門下的磚臺包磚全都被挖走，上下磚券梯道成了土溝。但此樓被神木縣文物部門立石碑保護，在神木縣長城有保護碑的敵樓就此一座。

▼ 陝西府谷樓室完整的敵樓　呂　軍攝

陝西省府谷縣大岔鄉轉角樓村公路邊有一座樓室還完整的敵樓。敵樓三面各四個樓窗，一面一樓門居兩樓窗中。2009 年去看時樓門那面的樓窗和樓座都有破損。樓室內部結構與龍王廟村西的敵樓相同，但樓門下不見磚臺的任何痕跡，也沒有圍堡。此敵樓南有一跨堡牆的土墩臺，從毀壞程度看資格比磚敵樓老。

◀ 山西繁峙樓室完整的敵樓　劉　鋼攝

山西省繁峙縣韓莊長城共有八座敵樓，樓室完整的敵樓才剩四座。因樓室完整，樓門上的匾亦保留，匾刻「茨字貳拾肆號臺」、「茨字貳拾伍號臺」、「茨字貳拾陸號臺」。圖為貳拾伍號，是磚石樓座低額 3×4 眼樓。樓室的中心室木頂板已無，磚券迴廊基本完好。樓室外有樓頂和樓室地面兩道磚棱線，是山西省長城敵樓也有磚棱線的寶貴實物。

◀ 山西代縣樓室完整的敵樓　黃東暉 攝

山西省代縣白草口村北邊有一座樓室完整的敵
樓。樓座為磚石材料，樓室為高樓額 3×3 眼樓。
唯一的樓門在敵樓西面。此樓門上有磚塑仿木垂
花門浮雕，可惜風化嚴重。樓頂垛牆全無，樓頂
南北各設一個似獸頭的石水嘴。因樓室完整才能
看到敵樓沒有樓室地面磚棱線，但有樓頂磚棱線
殘跡。

▲ 山西山陰樓室完整的敵樓　黃東暉 攝

這是山西省山陰縣舊廣武長城上的一座 3×3 眼
樓。此敵樓東面與長城相接，另三面都在長城
外。此敵樓唯一的樓門上有刻着「控扼」兩字的
門匾，門匾上有仿垂花門浮雕樓磚刻。敵樓頂已
無垛牆。樓座有兩個樓室高，磚石砌樓座，樓額
有兩個多樓窗高。沒有樓室地面磚棱。

◀ 山西山陰樓室完整的敵樓

山西省山陰縣新廣武堡東崗上的敵樓。因樓室完
整才可看到敵樓南面無門無窗，北面開三窗，東
西面各有一門一窗，各帶一個門臺。東、西樓門
上各有一塊樓匾的殘龕。樓頂垛牆和哨房全無。
沒有樓室地面磚棱。敵樓北面樓座基石全被挖走。

▲ 山西山陰樓室完整的敵樓

山西省山陰縣新廣武堡在舊廣武堡的東邊長城
內。新廣武堡東崗山上的第二座敵樓是中樓額
3×3 眼樓。此敵樓南面與長城相接，另三面都
在長城外。唯一的南樓門上的門匾已失，仿垂花
門浮雕樓磚刻被毀。敵樓頂已無垛牆。磚石砌樓
座有兩個樓室高。樓室西面靠南樓窗券頂豁破。
沒有樓室地面磚棱。

▲ 河北淶源樓室完整的敵樓　黃東暉 攝

河北省淶源縣湖海村西邊長城有十五座敵樓，其中八座敵樓樓室完整。因樓室完整，可看到湖海村西邊長城上 3×3 眼樓和 4×4 眼樓交替出現。這是西邊第六座敵樓。樓座為磚石材料，樓室為中樓額 3×3 眼樓。沒有樓室地面磚棱，有樓室頂磚棱殘跡。樓門為磚券砌，樓門上有門匾的殘磚龕，門匾丟失。敵樓北邊頂磚棱上還有一個石水嘴。

▶ 河北淶源樓室完整的敵樓　黃東暉 攝

河北省淶源縣唐子溝村西邊長城有十九座敵樓，只有三座的樓室有損壞，其他十六樓室都還完整。是淶源縣長城有完整樓室的敵樓分佈最密集的地段之一。這是溝西山梁上的第三座敵樓。3×4 眼樓室門窗均完整，樓門上有門匾的殘磚龕。磚石樓座無樓室地面磚棱線，有樓室頂磚棱殘跡。樓頂垛牆全無。基本體現淶源縣長城敵樓的樣式。

▲ 河北淶源樓室完整的敵樓　黃東暉 攝

河北省淶源縣潘家鋪村南邊長城有十四座敵樓，其中只有兩座敵樓樓室立面牆有損壞，兩座敵樓樓室頂有損傷，其他十二座敵樓樓室完整。因樓室完整，可看到潘家鋪長城有十一座 4×4 眼敵樓。4×4 眼敵樓如此密集，這是潘家鋪長城最大的亮點。

◀ 河北淶源樓室完整的敵樓　呂 軍 攝

河北省淶源縣邊根梁村西南邊長城有十九座敵樓，這是東溝第二座敵樓。敵樓南北樓門都小有破損，但樓室還完整。在邊根梁長城的十九座敵樓中只有四座樓室完整，都是 3×4 眼樓。樓室不完整的 3×4 眼敵樓和 4×4 眼敵樓有十五座。邊根梁長城敵樓保存程度較差。

▶ 河北淶水樓室完整的敵樓

河北省淶水縣蔡樹庵村西邊長城總共有六座
3×4 眼敵樓、三座石砌馬面，其中五座敵樓的
樓室保持完整。這是北端第一處敵樓。敵樓南北
樓門樓窗都用石頭造框，石樓座上有一圈石板拼
接的樓室地面石棱線。每個樓窗下有一小方孔。
高樓額、有樓頂磚棱線殘跡。樓頂垛牆毀壞無
存。因樓室完整，可看出河北省淶水縣長城敵樓
的特點。

▼ 河北涿鹿樓室完整的敵樓　黃東暉 攝

河北涿鹿羊圈村北有六座 3×4 眼樓，其中五個
的樓室完整，保留着樓匾的敵樓有三個。此敵樓
是「龍字叁號臺」。敵樓東西兩面各開四個券窗，
南北兩面各是一樓門兩樓窗。敵樓樓門採用石
券柱，樓門左右的樓窗亦是石券框，並且在券石
下橫一石帶，繞敵樓一圈，圈下樓室四角各一石
柱。樓座全部為方石塊。樓頂面磚棱還完整，無
樓室地面磚棱，樓頂垛牆全部無存。「龍」字長
城敵樓的特點完全因樓室完整而得以展現。

◀ 北京延慶樓室完整的敵樓

北京市延慶區石峽長城在八達嶺古長城西邊，
十二座敵樓中有六座樓室完整。這是在山谷溝
口長城內的 2×4 眼樓。因樓室完整，低樓額的
特點非常明顯，磚石樓座上的樓室地面石棱亦明
顯。雖然樓頂垛牆全部毀盡，樓頂面磚棱殘破，
石峽長城敵樓的特點大致仍能體現。

▼ 北京懷柔樓室完整的敵樓　黃東暉 攝

北京市懷柔區大榛峪長城的十九座敵樓裡有十三
座樓室完整。因而可看到有 2×2 眼、2×4 眼、
3×3 眼、3×4 眼、4×4 眼、3×5 眼六種大
小不同的敵樓。這是大榛峪長城的一座 3×3 眼
樓。東西兩面各是一樓門兩樓券窗，南面三個樓
券窗，北面四個樓券窗。樓室地面磚棱下的樓座
全部為石塊疊砌。樓頂面磚棱有殘破。樓頂垛牆
剩一圈垛牆根。樓額不到一個樓窗高。是懷柔長
城典型的低樓額石座 3×3 眼樓。

▲ 北京懷柔樓室完整的敵樓　呂　軍 攝

這是北京市懷柔區大榛峪長城偏東山腰的一座
2×4 眼樓。樓室東西兩面各是一樓門一樓券窗，
南面北面各有四個樓券窗。樓室地面磚棱下的樓
座全部為石塊壘砌。有樓頂面磚棱。樓頂垛牆殘
根還有垛孔。此敵樓的特點是樓門與樓窗距離
較大。

▼ 北京懷柔樓室完整的敵樓　黃東暉 攝

這是北京市懷柔區黃花城水庫東山梁的一座
2×4 眼樓。石塊壘砌的樓座，樓室接長城牆頭
面各是一樓門一樓券窗，樓室對長城外、長城內
各有四個樓券窗。樓額低至不及一樓券窗身高。
有樓頂面磚棱，樓頂垛牆全無。此敵樓的特點是
樓門與樓窗距離較近。同是懷柔區長城的 2×4
眼樓，樓門樓窗與大榛峪長城敵樓完全不同。

▼ 北京密雲樓室完整的敵樓　黃東暉 攝

北京市密雲區孟思良峪長城只有兩座敵樓，樓室
都還完整，兩座都是石樓座獨門 3×3 眼敵樓。
最大的特點是樓室門窗都用石頭做框。敵樓門窗
券石用一整石鑿成。樓窗的壓柱石、窗柱石、窗
臺石尺寸統一，顏色相同。用石頭造門窗框的敵
樓，北京市長城就這麼兩座。因為樓室完整，才
能看到敵樓的特點。

▼ 北京密雲樓室完整的敵樓

北京市密雲區古北口蟠龍山長城有二十座敵樓，
其中只有兩座敵樓的樓室完整。這座敵樓樓室
東西兩面各是一樓門一樓券窗，北面有五個樓券
窗，南面有兩個樓券窗。沒有樓室地面磚棱，磚
石樓座。有樓頂面磚棱和樓頂垛牆殘根。因為樓
室完整才展現出敵樓的特點。

▶ 北京懷柔樓室完整的敵樓

北京市懷柔區青龍峽長城東山坡的一座樓室完整的 3×3 眼樓。在明代這裡歸薊鎮石塘路轄管，敵樓的樣式與懷柔區長城小有不同，在明代懷柔區長城為昌鎮黃花路轄管。懷柔區長城敵樓的樓室有樓頂和樓室地面兩道磚棱，而薊鎮長城牆的敵樓，至少現存的密雲區長城樓室很少修室地面磚棱。兩個鎮長城敵樓變化在慕田峪長城的大角樓開始。青龍峽長城石塊壘砌的樓座上已沒有樓室地面磚棱。

▼ 北京密雲樓室完整的敵樓

北京市密雲區黑關北山上長城有二十六座敵樓，樓室還完整的才九座。最有特點的一座是敵樓北面窄南面寬、截面呈梯形的獨門高額 3×3 眼敵樓。敵樓為什麼要修造成這樣？史料無記載。考慮到山崖頂部形狀並不規則，此敵樓因地制宜，樓座佔盡崖頂的每寸空間，且無牆體相連，使其易守難攻。如此看來，建成梯形應是最合理的設計。若敵樓的樓室已毀誰能知道還有截面梯形的敵樓呢。

◀ 北京密雲樓室完整的敵樓　呂　軍攝

北京市密雲區大角峪長城西坡只有三座敵樓的樓室還完整。最靠西的是磚石樓座高額獨門 3×3 眼敵樓。這座敵樓最大的特點是所有樓窗的壁都砌成外大內小的斜面，與其臨近的幾座敵樓樓窗都未採用這種方法。因樓室完整，而證明當年敵樓的設計和施工是允許在局部有所不同。

◀ 北京平谷樓室完整的敵樓

北京市平谷區長城樓室完整的敵樓屈指可數。圖中敵樓位於鎮羅營鎮南的山坡上。敵樓的樓頂磚棱和垛牆毀壞徹底，每個樓窗下都開了豁口，但樓窗券還完整，使得 3×3 眼敵樓仍可判斷。以《明長城考實》記載平谷區長城曾有敵樓五十二座來看，樓室完整的敵樓不到十分之一。

▶ 河北遵化樓室完整的敵樓　黃東暉 攝

河北省遵化市長城，樓室完整的敵樓除了洪山口
有一座，再就是馬蹄峪山頂上還有兩座。其中一
座在本書頁 462 至 463 介紹過，是有磚塑浮雕
的敵樓。另一座是中額磚石樓座 2×3 眼敵樓，
位於有磚塑浮雕的敵樓西邊山頂上。此敵樓樓室
完整，卻未對敵樓的樓門上做磚塑浮雕裝飾，從
而證明長城敵樓的建築和裝修並不要求一致。

▼ 河北遷西樓室完整的敵樓　呂 軍 攝

河北省遷西縣潘家口長城，在水庫西岸的二十座
敵樓中，樓室完整的有十座。這座 3×3 眼樓東
邊是座 3×4 眼樓，西邊是座 2×5 眼樓。

▲ 河北遷西樓室完整的敵樓　呂 軍 攝

河北省遷西縣鐵門關西邊長城因樓室完整能看到
四座 2×5 眼樓。敵樓規格之高，2×5 眼樓之密
集，在其他地段長城不曾出現，也許與「鐵門關」
有些關係。此 2×5 眼敵樓的樓頂際磚棱線還完
整，樓頂垛牆和哨房已全無，長滿灌木。樓門洞
券上沒設置樓匾，樓室門窗亦還可辨。磚砌樓座
已有部分風化。

▶ 河北遷安樓室完整的敵樓　黃東暉 攝

河北省遷安縣冷口東長城的十餘座敵樓中，樓室
完整的敵樓才兩座。樓室有破損的敵樓七座，
僅剩石樓座的有七座。冷口東長城損壞屬嚴重
地段。此 3×3 眼樓磚石樓座上沒有修室地面磚
棱。樓頂垛牆和樓頂磚棱均毀壞。因樓室完整，
能看到樓室西門為石料砌。樓室西門位置並不居
兩樓窗中間，樓室東門居兩樓窗中間。

▶ **河北遷安樓室完整的敵樓**　呂　軍　攝

河北省遷安縣長城從紅山峪到白羊峪有四十多座敵樓，至少有二十多座敵樓的樓室還完整，其中 2×3 眼樓就有十四座，3×4 眼樓才兩座，這是其一。磚石樓座上沒有樓室地面磚棱。樓門和樓窗都用白石墊底。樓頂磚棱和樓頂垛牆部分毀壞。敵樓西門位置並不居兩樓窗中間。敵樓樣式比較特別。

▶ **河北遷安樓室完整的敵樓**　呂　軍　攝

河北省遷安縣長城從河流口到徐流口有二十六座敵樓，樓室還完整的才七座。此 2×3 眼樓地勢位置最高，向西可看到河流口和冷口，向東可看到徐流口和劉家口。因樓室完整，能看到是高額磚石樓座。無樓室地面磚棱，有樓頂磚棱。樓室東門有石框，無壓柱石。樓頂南垛牆是梯道房的壁牆。樓室東面比樓室西面完整。樓室西面牆有兩道雷電擊劈的裂縫。

▼ **河北撫寧樓室完整的敵樓**　呂　軍　攝

河北省撫寧縣長城從箭桿嶺堡到梁家灣至少有十七座敵樓，樓室還完整的敵樓不到一半。其中有一座敵樓在本書頁 292 介紹過。東北角度看，敵樓北面五個券窗，東面四個券窗，是一座 4×5 眼敵樓。但轉到敵樓西南角度看，就會發現此樓的南面是一門兩個券窗，西面是一門一窗。這座敵樓四面門窗總數才十四個，和 3×4 眼樓總數相等。只因為樓室完整，才會發現敵樓還可以這樣設計建造。

◀ **河北撫寧樓室完整的敵樓**

河北省撫寧縣長城從界嶺口到箭桿嶺堡至少有三十七座敵樓，敵樓的樓室還完整不到一半。其中 3×5 眼樓有一座，其樓室西牆塌垮成豁洞。還有一座 2×5 眼樓，雖然樓頂垛牆全無，樓室東面和南面的樓窗部分損壞，因樓室完整，使其在界嶺口到箭桿嶺堡的敵樓中獨一無二。若塌垮成片牆或磚堆，誰會想到三十七座敵樓中有一座 2×5 眼樓？

◀ 遼寧綏中樓室完整的敵樓　山雪峰 攝

遼寧綏中長城從小河口到錐子山敵樓和敵臺有十四座，樓室完整的敵樓有七座。此 2×3 眼樓樣式很奇特，敵樓東、北、西三面均設兩個券窗，南面有一樓門距樓根岩石 3 米多。樓門內牆壁裡左右各砌一登頂梯道，梯道南壁各有一個券窗。從樓外看券窗高懸樓門兩側，此券窗不是樓室通風券窗，而是梯道採光券窗。這在敵樓設窗中是少有的。

▶ 遼寧綏中樓室完整的敵樓

明代遼東鎮長城毀壞嚴重，其中樓室完整的敵樓只在遼寧省葫蘆島市綏中縣永安堡鄉蔓枝草村有幾座。這裏的敵樓和薊鎮敵樓外形差別不大，亦由樓座、樓室、樓頂垛牆和哨房構成，但無樓室地面磚棱和樓頂磚棱。另外，山西、河北長城敵樓的樓窗券都是以一順一伏或二順二伏齊平頭砌。遼東鎮僅存的敵樓窗券都是以二順無伏內順縮頭砌，而且每個樓窗都是雙券沿，好似雙眼皮。此特點乃遼東鎮長城敵樓獨有。

▲ 河北撫寧樓室完整的敵樓

河北省撫寧縣長城夕陽口向黃土嶺第九座敵樓。券窗位置與小河口敵樓樣式比較接近。東、南、西三面均設兩個券窗，北面有一樓門距樓根岩石 4 米多。樓門內牆壁裡左右各砌一登頂梯道，梯道北壁各有一個券窗。從樓外看兩券窗高懸樓門兩側，幾乎貼着樓頂磚棱。此券窗也是梯道採光券窗。這座敵樓還保留部分垛牆和垛牙，西面和南面樓設窗都有損壞，但樓室還完整。

▶ 河北撫寧樓室完整的敵樓

河北省撫寧縣長城黃土嶺向夕陽口數第八座敵樓，也是個東南西三面均設兩個券窗的敵樓。此樓北面有一樓門緊挨着樓根外的岩石。北門內牆壁裡左右各砌一登頂梯道，梯道北壁各開一窗。兩券窗高懸於樓頂磚棱下，實為梯道採光券窗。這個敵樓砌築在石崖斜坡邊，從北面看樓室門接地，似乎無樓座，從南面看樓座比樓室還高。

▶ 河北淶源樓室損毀的敵樓　黃東暉 攝

河北省淶源縣潘家鋪北溝是長城敵樓浮字號的起點。此樓如果有門匾應是浮字柒號。敵樓對內對外都是四個樓窗。東西為一樓門偏在三樓窗南邊。樓頂南垛牆還有殘垛牙。此樓樓室四面都遭雷擊的裂縫，以西面最重。西樓門被劈開，門券已成豁口。門下裂縫明顯超過另外七條雷擊的裂縫。敵樓的樓室已開始損壞。

第三章　樓室損壞的敵樓（保存較差的敵樓）

探索長城的過程中，最希望能遇到樓室完整的敵樓。這些敵樓向世人展示，敵樓因門窗數量組合至少有大小六類二十餘種樣子。歲月在敵樓上留下的種種痕跡，使很多敵樓樓室不再完整。如今，這些樓室損壞的敵樓如同受傷的戰士，堅守在烽煙已熄的戰地之上，靜待支援和救助。

把樓室損壞的敵樓歸為《長城資源保存程度評價標準》中的第三類，即「保存較差」的一類，是因為損壞已擴展至敵樓樓室。面對程度不同、大小各異的損壞，我們試着做了更細緻的梳理，用樓室損壞後的五種具體存留形態來闡釋「保存較差」所包括的具體內容。

根據可以觀察到的敵樓樓室外觀損傷情況，可歸納出：一、樓室外牆出現裂痕的敵樓。二、樓室芯或巷道尚存，但樓室頂垮塌的敵樓。三、樓室四壁尚存，室芯垮塌的敵樓。四、樓座完整，但樓室側垮的敵樓。五、因樓座散塌導致樓室側垮或多邊坍塌的敵樓。

第 1 節　樓體開裂的敵樓

　　古人將雨天電閃雷鳴以及地震等現象視為是天神發威。明成祖朱棣在北京建皇宮奉天殿，剛剛建成就被雷劈引發大火燒個乾淨，坊間便因其篡位而傳說這是天意。當年修長城的人並不具備相關的科學知識來應對此類自然災害，而位於地勢高處的長城敵樓，地震時常在劫難逃，雨季時更易遭雷擊。

　　頂不住雷擊與地震的敵樓早已塌垮。迄今屹立的敵樓，既是上天眷顧，也必是建築質量相當不錯。然而雷擊地震後的牆體裂縫久經雨水浸泡，蟲啃草嚙，牢固已無從談起，塌垮只是時間問題。

　　按理說，樓室樓座俱存，應視為「保存一般」的敵樓。然而這些敵樓看似完整，出現裂縫卻提示着樓體已進入危險狀態。如今人們對雷暴、地震災害有了科學的解釋，也掌握了防治的手段。有雷擊或地震裂縫的敵樓急需安裝置避雷設施並進行加固，而裂縫應用石灰膏填補。至於沒有裂縫的敵樓，條件許可的話，也應安裝避雷設施或檢查地基，防患於未然。

◀ 北京密雲樓體開裂的敵樓　嚴共明 攝

北京密雲蔡家店東溝長城上有二十二座敵樓，其中樓室完整的才四座，有十二座敵樓都只殘留樓座。這個樓室完整的敵樓西側可以見到三條貫穿樓室的裂縫，無論這些裂縫的出現是由於何種原因，安裝避雷裝備並對該樓進行加固顯然都具有迫切的必要。

▲ 北京懷柔樓體開裂的敵臺　黃東暉 攝

這是北京懷柔大榛峪長城西大樓到大榛峪口門之間的一座殘臺。殘臺南門尚完整，臺西邊已塌垮。南門外牆有三道雷擊裂縫，最大的一道裂縫不僅貫穿磚牆和基石，就連基石石塊都被劈開。從錯開的臺頂磚棱線可看出保留垛牆的一邊因基石破碎而下沉。破碎的牆體無言地證明着雷電巨大的摧殘能力。

▲ 河北赤城樓體開裂的敵樓　明曉東 攝

河北赤城大莊科長城上的「盤道界樓」因敵樓南面唯一的樓門上有一塊石匾上刻「盤道界樓」四個大字而得名。敵樓東西兩面各開四個樓窗，北面開五個樓窗，南面一門居四窗中，因樓室完整可看出門窗總數有十八個。讓人心痛的是敵樓東面偏北有一條上卜貫穿的狀似雷電擊劈的裂縫，敵樓西面偏北亦有兩條上下貫穿的裂縫。作為赤城唯一的 4×5 眼敵，這件長城珍品亟待防雷防震的保護性措施。

▲ 山西偏關樓體開裂的敵樓　羅　宏 攝

在山西偏關長城上，我們只看到五座存有樓窗的敵樓，但這些敵樓樓室都有部分損壞。其中體量最大的要算柏楊嶺村北邊的敵樓。此敵樓東、北、西三面都破垮，只有南立面還保持大體完整，四個樓窗中左邊兩個向下破豁，右邊兩個向上破豁。平整的石砌樓座上有兩條雷電擊劈的裂縫。在開闊的平緩山坡上，沒有避雷裝備大敵樓肯定還會被雷電擊劈。

◀ 山西山陰樓體開裂的敵樓　黃東暉 攝

山西代縣白草口向東到山陰新廣武的長城上有二十座敵樓，有六座樓室還完整，其中四座樓室門上有石匾，此為「天山」樓。因此樓地處位置高，被雷電擊劈的概率比低處敵樓要高。雷電從敵樓東面發威，穿牆到敵樓北面，將敵樓東北角劈開。敵樓北面左邊窗上邊還有一道擊劈裂縫。看似樓室完整的敵樓其實已被雷電切開多處，如不進行加固保護，毀壞塌垮只是早晚的問題。

▲ 山西山陰樓體開裂的敵樓　山雪峰 攝

山西山陰新廣武南門大關樓樓座下開有可三馬並行的大門洞。敵樓樓室北面外牆塌，垮露出樓室內券。樓室南面原為一門兩窗，東面、西面各設三窗。樓室東面左窗上下有條貫穿樓室及樓座立面的雷劈裂縫，其左還有一條稍短的裂縫。由於此樓高於周圍建築，易招雷電，可推測敵樓塌垮的北面外牆亦是雷電擊劈的結果。

▲ 山西靈丘樓體開裂的敵樓　山雪峰 攝

由山西靈丘狼牙口到繁峙的龍泉關長城上，敵樓以「茨字壹號」排到「茨字叁拾柒號」。其中樓室完整的敵樓有十二座。靈丘下關鄉銅錄崖村有兩座敵樓。溝東偏南，樓頂塌垮的 2×4 眼敵樓是「茨字柒號臺」。溝西偏北，樓頂還有殘存垛牆的 3×3 眼敵樓是「茨字捌號臺」。該敵樓只在西面有一樓門，門上有一樓匾，字跡模糊。門下有一貫穿樓座的裂縫。敵樓北面偏左還有一條上下貫穿並轉到東牆的裂縫。

◀ 河北淶源樓體開裂的敵樓　錢琪紅 攝

在河北淶源白石山長城上，從原共產主義青年團林場到石窩村的十一座 3×4 眼樓裡，只有兩座樓室塌垮過半。有一座是殘樓座，其餘八座的樓室都還完整，因此白石山是樓室完整的敵樓佔多數的地段。八座敵樓中，地勢越高的敵樓雷電擊劈的裂縫就越多。此樓東西兩面各有四條從樓頂磚棱向下的雷電擊劈裂縫，而其樓頂垛牆損毀也極可能與雷擊有關。

◀ 河北淶源樓體開裂的敵樓　山雪峰 攝

河北淶源潘家鋪北長城是敵樓門匾開始刻「浮」字號臺的起點。按位置判斷，此樓門匾上刻應是「浮字叁號臺」。在由此到「浮字拾叁號臺」的敵樓中，數這個敵樓保存最完整。該樓樓室四面樓頂垛牆還存有垛牙，但樓室南面有多處遭雷電擊劈的裂縫。雖然此樓所在地勢並不特別高，因其樓室完整到還有垛牙，又沒有避雷設備，敵樓就成了雷電展示威力的場所。

▼ 河北淶源樓體開裂的敵樓　嚴共明 攝

從河北淶源烏龍溝向西，長城敵樓門匾先以烏龍溝的「烏」字排序，此敵樓位於塘子溝村西山的探樓西側，是烏龍溝以西第四十一座敵樓。敵樓東面一門兩窗，北面一門三窗，南面西面都是四個樓窗。雖然樓頂磚棱已毀，樓室還完整。敵樓西南角樓室磚砌部分被雷電從上向下砍去一條。雷電擊掉一角的敵樓極難修復，而若安裝避雷設備，費用肯定比修復敵樓的費用少。

▼ 河北淶源樓體開裂的敵樓　黃東暉 攝

河北淶源塘子溝向西，長城敵樓從「烏字伍拾叁號臺」排到「烏字柒拾壹號臺」，有十五個樓室還完整，但其中七座敵樓的樓室都有雷電擊劈的裂縫。根據已發現的敵樓門匾推算，這是「烏字陸拾貳號臺」，是為數不多的還有樓頂垛牆券窗的敵樓之一。烏字陸拾貳號敵樓的雷擊裂痕是這七座敵樓中最重的。

▶ **河北懷來樓體開裂的敵樓**　山雪峰 攝

河北懷來橫嶺長城西與鎮邊城長城相接，東與昌平長峪城長城相接。這段長城的東頭高點是長峪城北山尖的高樓。橫嶺長城敵樓損毀嚴重，只在高樓西還可看到四個樓室殘破的敵樓。這是其中之一。該敵樓室頂已無。樓室西面雷電擊劈的裂縫大小可數出七條。

◀ **河北懷來樓體開裂的敵樓**　嚴秋白 攝

長城從河北懷來鎮邊城向西，以山險與北京市門頭溝沿河城長城相接。從鎮邊城向東，則是懷來縣橫嶺長城。這段長城上如今只能看到兩座還有樓室外牆的敵樓，其他都毀成殘樓座。僅存的兩座敵樓中，靠北的一座 2×4 眼樓的西面和北面都塌成磚堆，只有南面還保持着完整的垛牆。但分佈在南牆的雷電擊劈的裂縫預示着此敵樓南牆已危在旦夕。

◀ **北京延慶樓體開裂的敵樓**　黃東暉 攝

北京延慶石峽長城西接懷來陳家堡，東與北京市八達嶺古長城相接，這段長城的十二座敵樓中有六座樓室完整。這是在石峽山谷公路東的殘 2×4 眼樓。磚石樓座上的樓室地面磚棱只到樓門邊。樓門磚券上就是樓頂面磚棱，低樓額的特徵非常明顯。可惜敵樓只存東北兩面。東面樓窗下三條雷擊裂痕導致樓室東牆和北牆裂開，保護此敵樓的迫切需要是安裝避雷設備。

◀ 北京密雲樓體開裂的敵樓　王盛宇 攝

北京市密雲區高嶺鎮界碑峪長城西接水石滸長城，東與北京市密雲區古北口臥虎山長城相接。這段名氣最大的「八大樓子」中實際已沒有一個樓室完整。這是在界碑峪北山最高處的敵樓。樓室三券道只存東南邊的半個，敵樓西面有兩個窗券尚完整，其餘窗券均不同程度破損。

▶ 河北遷安樓體開裂的敵樓　劉民主 攝

長城從河北省遷安縣紅峪口經馬井子、石門到白羊峪。四十多座敵樓中，至少有二十多座敵樓的樓室還完整，其中 2×3 眼樓就有十四座，而 3×4 眼樓才兩座，此為其中一座。敵樓磚石樓座上沒有樓室地面磚棱。樓門用白石墊底。門離地面 5 米多。敵樓南面中窗上下有貫通的雷擊細縫，右窗上下貫通的雷擊裂痕比中窗的大，樓門左側的缺損應該也是雷電擊劈的結果。此樓所處地勢高峻陡峭，免不了成為雷電的目標。

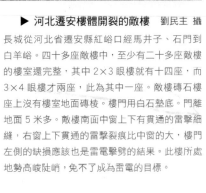

◀ 北京密雲樓體開裂的敵樓　馬 駿 攝

北京市密雲區黑關北山上有二十六座敵樓，而樓室完整的還有九座。此敵樓是從黑關北山數過來的第十五座敵樓。敵樓南北面都有雷擊裂痕，而北面尤甚。敵樓北面左窗上的一條上下貫通的雷痕還是條細縫，中窗上下貫通的雷擊則是直接劈開樓室，導致敵樓向四面已開始斜散，塌垮已成定局。

511

◀ 北京懷柔樓體開裂的敵樓 黃東暉 攝

北京市懷柔區大榛峪的十九座敵樓中有十三座樓室完整。在此段長城上可看到六種因樓窗多少而大小不同的敵樓。在樓室完整的敵樓上也發現了雷擊裂痕。這是其中一座 3×3 眼樓。樓南北兩面各是一樓門兩券窗。東西兩面各是三個樓窗。比此樓地勢高的鄰近敵樓已塌成磚堆，應與雷擊有關。而比此樓地勢低的鄰近 3×4 眼樓尚未發現有雷擊裂痕。此樓幾近好好的樓南垛牆也分佈着兩細一粗三道雷擊裂痕。此樓再遭雷擊的概率不低。

▲ 遼寧綏中樓體開裂的敵樓

遼寧省綏中縣錐子山向東第三座敵樓比第一座敵樓完好。敵樓東面、南面各開兩樓窗，西面只有一個樓門。北面設三個樓窗。2014 年遼寧省文物保護部門對二號和三號敵樓做了修復，敵樓西面樓門破損裂痕都給補平。每個樓窗的缺磚也都補齊，但樓室東外牆的多道雷擊裂痕卻置之不理，敵樓也沒安裝避雷設備。

▲ 遼寧綏中樓體開裂的敵樓 黃東暉 攝

遼寧綏中錐子山向東第一個敵樓的北面半個樓室已塌垮。樓南面有間砌在崖石頂的小院，院東開一小門。敵樓的東面有兩個樓窗，樓額正中有一石匾，因石質風化，所刻字跡已無法辨認。敵樓的左窗上、右窗下，磚面上分佈着多道雷擊裂痕。遼寧長城的磚砌敵樓所剩無幾，類似的損壞亟待文物保護部門重視。

▶ 河北撫寧樓體開裂的敵樓

從河北省撫寧縣夕陽口向黃土嶺的第五座敵樓是座殘破 3×3 眼樓。敵樓西面有一個垮了一半的樓門，東面偏南的兩個樓窗垮成了一個大洞。敵樓北與長城牆體相接。南面樓根下才是長城牆頭。敵樓南面分佈着多道雷擊裂痕。與樓西樓東塌垮成洞相比，敵樓南面還算完整。但再有雷電擊劈，這面分佈着裂痕的南牆又能挺立多久呢？

第 2 節　樓室頂垮的敵樓

敵樓樓室結構可按建築材料分為 A. 木柱樑架頂、B. 磚券頂、C. 木樑磚券結合頂三類。A 類可細分為 Aa 木柱木樑頂、Ab 磚砌樓中心室牆木樑頂。B 類可細分為 Ba 巷道磚券頂類和 Bb 中心室迴廊磚券頂類。C 類中又有 Ca 中心室木樑架頂與迴廊磚券頂結合、Cb 中心室木樑架頂與四伸磚券洞結合。

敵樓樓室頂塌垮是指敵樓頂垛牆和樓室樓窗以上部分因建築質量、自然因素、人為因素而垮掉。敵樓樓室頂垮失，常常使判斷敵樓內部結構類形缺少關鍵依據，也給了解長城敵樓造成了直接知識缺憾。但敵樓的樓礎、樓座以及樓室樓窗下半截都還完好，敵樓的樓窗樓門也還可查可數。

樓頂塌垮後，碎磚淤堆在樓室巷券裡，或者被人取走，但這在樓室損壞的敵樓裡尚屬狀況較輕的。從保護修復的角度看，類似的工程不必徹底復建敵樓，而是可以在清理淤土後，在現狀基礎上加固，不但工作量相對較小，也可達到「修舊如舊」的效果。

◀ **河北淶源樓室頂垮的敵樓**　王盛宇 攝

河北省淶源縣邊根梁南十九座敵樓裡有六座敵樓的樓室頂垮掉。這是南山梁上的第十八座敵樓。這座 3×4 眼樓的樓窗樓門都完好，但從樓頂磚棱線以上卻被拆去。敵樓迴廊和中心室拱券全無。樓面立面整齊，樓室磚面無風化雷擊痕跡。磚石座上無樓室地面磚棱線。這是樓室頂垮程度較輕的敵樓。

▲ **山西靈丘樓室頂垮的敵樓**　黃東暉 攝

山西長城在靈丘縣潘家鋪村南還保留三座敵樓。溝東的 3×4 眼樓樓芯垮。溝西北邊 3×4 眼樓的樓頂東南角破垮。溝西南邊的 3×4 眼樓磚石樓座和樓室地面磚棱都很完整，樓室頂卻已全垮。敵樓北面的四個樓窗磚券全豁開，初看以為是四個垛口。樓室窗內被碎磚堆滿。這是樓室頂垮程度比較嚴重的一座。

◀ 河北淶源樓室頂垮的敵樓　馬　駿 攝

以「插字」編序號的敵樓是從河北省淶源縣白石山開始，向西到山西省靈丘縣蕎麥莊村，樓區刻字排序到「插字伍拾貳號」。「插字參號」是二十八號以前唯一還有樓圖的敵樓。3×4眼樓的樓窗樓門都完好，但敵樓迴廊和中心室頂拱券全無。樓室地面磚棱線完好，樓室頂磚棱線磚有部分損壞。迴廊和中心室落磚堆的有半人高。這是樓室頂垮程度最輕的敵樓。

▶ 河北淶源樓室頂垮的敵樓　黃東暉 攝

河北省淶源縣楊家莊西山長城的十一座敵樓裡只有三座敵樓的樓室完整，另外八座敵樓殘破各異。這是從浮圖峪數過來第五座敵樓。敵樓樓室似乎被橫掃過，3×4眼樓的樓窗磚券大多開豁。敵樓券道磚拱頂全無，券道被落磚碎渣淤滿。這是樓室頂垮程度比較嚴重的敵樓。

◀ 河北淶源樓室頂垮的敵樓　馬　駿 攝

河北省淶源縣邊根梁南十九座敵樓裡有六座敵樓的樓室頂垮掉。這是南山梁上的第十六座敵樓。磚石座上無樓室地面磚棱線。4×4眼樓的樓窗磚券大多開豁，敵樓迴廊和中心室被落磚淤滿，敵樓從樓頂磚棱線以下被拆開。這是樓室頂垮程度比較嚴重的敵樓。

◀ 河北懷來樓室頂垮的敵樓　王　虎　攝

河北省懷來縣從水頭村圓城到黃臺子村高樓是內長城毀壞最嚴重的地段之一。這是高樓西的一座殘破 3×4 眼樓。敵樓內外四個樓窗磚券以上的磚被扒得坑坑凹凹，樓室頂全毀，樓窗南北外牆的磚被扒走。即便如此殘破的狀態，但在這段長城線上它還是有個殘樓室的敵樓呢。從此樓向西敵樓多為樓座的殘芯堆。當年樓座上是個什麼樣的敵樓，完全無法看出。

▼ 北京密雲樓室頂垮的敵樓　宇　鳴　攝

北京市密雲區營房臺長城的十五座敵樓裡只有一座敵樓樓室完整，餘下頂垮的敵樓有四座，其它都毀成石臺狀殘樓座了。這是從南大崗梁頂排序下來的第七座敵樓。能看到樓南是一門兩窗的殘痕，樓室頂從樓窗腰部垮掉，敵樓券道長滿荒草灌木。這是樓室頂垮程度最嚴重的敵樓。

▼ 河北遷西樓室頂垮的敵樓　黃東暉　攝

河北省遷西縣喜峰口水庫北岸長城唯一的 3×3 眼樓樓室頂垮得只差一層樓窗磚券就開豁了。樓室的三個巷道拱券頂被拆平。樓室巷道的落磚不多，應是被搬走它用。此敵樓的樓室頂垮盡，但四面各是幾個樓券窗還可辨認，敵樓的特徵還在，這是不幸中的萬幸了。

▼ 北京密雲樓室頂垮的敵樓　黃東暉　攝

標準的 1×2 眼樓我們只看到三座，都在北京市密雲區不老屯鎮。有一座在西駝谷村北山上，是座樓室頂垮的敵樓。從敵樓外看，樓窗都有些損壞，樓室還完整。從敵樓內看，中心券杜已無，樓室頂已垮成一個大洞。落磚從樓室裡堆到已破開為豁洞的樓門外。這座標準的 1×2 眼樓還能堅持多久？誰都不敢說。

▶ 河北遷安樓室頂垮的敵樓　山雪峰 攝
河北省遷安縣白羊峪長城南有一座樓室頂垮了的
2×5眼樓。樓室南北的五個樓窗都很完整，樓
室內巷牆還在，但兩個巷通道拱頂都垮完了。樓
室西面樓門已垮成一個大豁口，樓室東面也是一
個大豁口。白羊峪長城就這麼一座 2×5眼樓，
以其大小和位置都為了解長城敵樓設置提供了寶
貴的資料，可是以現在的狀況，這座敵樓還能保
持多久？誰也沒把握。

▲ 河北盧龍樓室頂垮的敵樓　孟新民 攝
在樓室頂垮垮的敵樓中，按巷道拱頂垮塌的不同
程度又可再細分。此 3×3眼樓位於河北盧龍大
石近，樓西面因保存完好，可發現三個樓窗中間
的大，兩邊的小。此樓南牆兩個樓窗破成一個大
豁口。南邊巷道拱頂垮塌，中券和北券巷道拱頂
還在，樓室頂垮了三分之一。是座樓室頂垮程度
較輕的敵樓。

▶ 河北遷西樓室頂垮的敵樓　黃東暉 攝
河北省遷西縣青山口長城以保留着一座完整的水
關，和兩個堡門的兵堡得到好評。青山口長城
頂垮了的敵樓以東坡第二座最典型。此 3×3眼
樓的三個巷道拱頂都垮塌了，三個巷道幾乎被落
磚淤滿。敵樓四面樓門樓窗均未損壞，從樓頂磚
棱線以上垮掉。四面破損較輕，但樓室的樓額缺
了一半。

◀ 河北撫寧樓室頂垮的敵樓　呂　軍 攝
河北省撫寧縣梁家灣北坡東頭樓室頂垮了的敵
樓，垮塌部分蔓延到三面的樓窗。本是座 3×3
眼樓，得根據殘窗根才能判斷。因巷道拱牆還
在，遠看敵樓如同一個碎磚堆。只因磚石樓座還
完整，整體損壞程度還劃分在樓室頂垮的敵樓一
類。是座樓室頂垮很嚴重的敵樓。

第3節　樓室芯垮的敵樓

樓室芯塌垮與樓室頂塌垮的敵樓都沒有樓頂哨房和樓室頂棚，只是前者塌垮的頂部垛牆還偶有存留。但若從內部來觀察的話，這兩類敵樓還是截然不同的。

樓室頂塌垮的敵樓最明顯的特點是樓室內還存有巷道殘牆。這類敵樓大多是磚券頂的，券頂塌落導致樓內巷道裡砟土碎磚淤積。從樓外低處仰看樓室頂塌垮的敵樓，仍可見樓窗內的殘牆結構。

樓室芯塌垮的敵樓內則不同。眾所周知，與外牆受到的侵蝕破壞相比，敵樓內部磚結構通常更易保存，所以樓體存而樓芯垮塌的多是樓內結構靠木柱木樑架頂的敵樓。木質柱樑容易焚毀朽爛，塌垮之後，敵樓內部就變成了「露天小院」，四面只見室牆和樓窗，結構單薄。因木構毀失，樓室內淤積不多。若是同樣從樓外低角度觀察樓室芯塌垮的敵樓，樓窗內常可見天空與陽光透射，顯得岌岌可危。

◀ 山西靈丘樓室芯垮的敵樓　山雪峰 攝

山西省靈丘縣狼牙口長城關門外有兩座敵樓。偏南的敵樓有匾，刻着「茨字貳號臺」五個字。偏北的敵樓唯一的東門破豁，石匾丟失。以茨字三號在更遠的南邊來判斷，此樓應是茨字一號。從敵樓西南外邊看是座樓室完整的 4×4 眼樓。從敵樓東北塌垮處看，樓室頂和樓室芯全無，敵樓裡如同是一間大屋，荒草遍地看不到柱礎，西面牆上有垛牆殘根。

▼ 山西靈丘樓室芯垮的敵樓　黃東暉 攝

山西省靈丘縣潘家鋪村南有三座敵樓。溝東的 3×4 眼樓不光樓室頂垮，樓室芯也垮得很徹底。敵樓東面唯一的東門和北邊樓窗垮成一豁缺，樓室內長滿荒草，樓門下的樓室地面磚棱線亦被挖斷。其毀壞程度超過狼牙口茨字壹號。

▲ 北京門頭溝樓室芯垮的敵樓　吳　凡　攝

在北京市門頭溝區洪水口村長城，沿山溝築有兩座小 4×4 眼敵樓。靠南邊的敵樓比較完整，不僅樓頂磚稜還在，樓室拱券都無缺，敵樓唯一的東門上有石匾，刻着「沿字拾貳號臺」六個字。靠北邊的敵樓則樓頂、樓室芯塌垮嚴重，敵樓三面的樓窗也被拆成大洞，只有石砌的樓座規整完好。同一座敵樓的下半樓座與上半樓室好壞對比反差強烈。

▶ 河北赤城樓室芯垮的敵樓　黃東暉　攝

河北省赤城縣後城鄉上堡村東有一座 6×8 眼敵樓。樓室上下二層，上層四面都是四個方樓窗。下層南有一樓門距地面近 3 米高，樓門左右各一方樓窗，東、西面各開兩個方樓窗，北面有四個方樓窗。樓室內為木樑、木柱結構，早已塌垮。在樓室內淤土碎磚裡生長的樹木已長成超過樓室頂垛牆的高樹。

▲ **北京懷柔樓室芯垮的敵樓** 黃東暉 攝

北京市懷柔區神堂峪村到蓮花池村長城上的敵樓
有十九座。其中樓頂垛牆大部分完好的有十座，
垮掉只剩石塊樓座的有三座，無樓頂、樓室芯
垮、敵樓側半垮的有六座。這是神堂峪村南路邊
第一座敵樓，樓頂、樓室芯塌垮，偏南的六個樓
窗尚未垮開，其他樓門樓窗都垮成豁口，樓室芯
拱券牆落磚被搬走。與臨近五座完好的敵樓相比
較，可判斷此敵樓塌垮是人為拆搬的結果。

▶ **北京密雲樓室芯垮的敵樓** 海長勇 攝

北京市長城 6×6 眼樓只有兩座，都在密雲區古北口附近。這是蟠龍山長城東的 6×6 眼樓。敵樓完整
的西面和南面各是六個樓窗，按上三下三佈設。雖然每面六個樓窗，敵樓實際樓寬與 3×3 眼樓差不
多。此樓現狀是樓北僅存靠西下邊一個券窗，樓東面僅存靠南上下兩窗。樓南面和樓西面垛牆的垛牙
都一點不缺。敵樓內部用木柱、木樑架設。現木結構已毀，樓室內已垮，只存樓外牆，看上出如同一
個少了兩面的空盒。現在此樓已被有關部門做了保護。焊了大鐵架，把樓室西牆南牆給銅上了，但沒
安避雷設備。當地居民稱此樓為「二十四眼樓」。

◀ 北京密雲樓室芯垮的敵樓　馬　駿　攝

北京市密雲區黑關北山上長城有二十六座敵樓，樓室還完整的才九座，樓室芯塌垮的的有兩座。位置靠東的是座 2×4 眼敵樓，不僅樓室芯塌垮，敵樓西面破成大豁口，北面只有兩個樓窗完好，另兩個也破豁。敵樓就像以天空為頂。碎磚堆滿樓室，野草灌木姿意搶佔地盤。

▲ 北京密雲樓室芯垮的敵樓

北京市密雲區從裡倉峪到東馱古長城有十五座敵樓，敵樓樓室完整的有八座，頂垮的敵樓有四座，其它都毀成墳堆狀殘樓座了。這是從東山梁頂排序下來的第六座 3×3 眼敵樓。敵樓南是一門兩窗，樓門右邊樓窗券小破，樓門左邊樓窗券破成大豁。樓室的三道拱券牆塌垮，敵樓內碎磚淤土堆滿拱道。巷道拱券在荒草裡露出券頂，淤土上灌木密集。敵樓從外面看還有個模樣，從裡面看是矮牆危壁。這也是樓室頂垮程度最嚴重的敵樓。

▶ 河北遷西樓室芯垮的敵樓　郭　軼　攝

河北省遷西縣青山口長城西坡高處的 2×4 眼敵樓不光頂垮芯塌，東西樓窗也破成豁口。因敵樓北四個樓窗完好才可辨認是座 2×4 眼樓。敵樓東門垮成大豁口，西門樓額雷擊裂痕數條。敵樓裡已無拱券痕跡，只存樓室斷壁殘垣。敵樓西面塌垮是早晚的事。

▲ 河北遷西樓室芯垮的敵樓

河北省遷西縣城子嶺長城在擦崖子長城和大嶺寨長城之間。城子嶺長城南有兩道牆，東一道石牆上無敵臺敵樓；西一道石牆上有七座敵樓，其中樓室完整的有兩座，樓室頂芯塌垮的有兩座，還有三座只存個殘樓座。這是城子嶺長城南道第二個敵樓。敵樓東西兩面各四個帶石窗臺的樓窗，南一門二窗，北一門三窗。北門石框缺了半個。樓室拱券塌垮，被落磚淤滿。南面門窗殘破無券頂，只存殘根。

▶ 河北遷西樓室芯垮的敵樓　呂　軍　攝

河北省遷西縣潘家口水庫西到爬虎堂村長城上的
敵樓有二十一座，其中保存樓頂垛牆、樓室頂和
樓室芯的敵樓有十二座；淹沒在水庫裡有兩座；
垮掉只剩石塊樓座的敵樓有三座；無樓頂、樓室
芯垮、敵樓側半垮的敵樓有三座。這是水庫西第
六座高額 2×3 眼敵樓。敵樓西南兩個樓窗到樓
頂垛牆垮成大豁口，樓室拱券塌成磚堆。遠看此
樓聳立在山崖尖，進到樓裡只見荒草亂磚，破敗
不堪。

▼ 河北遵化樓室芯垮的敵樓

河北省遵化縣後杖子口到羅文峪口長城上的敵樓
才有五座，全都樓室破損塌垮，沒有一座樓室完
整的敵樓了。其中以後杖子口東的 3×4 眼敵樓
最大，但是此樓無樓頂，樓室芯垮塌，被灌木擠
滿。只有敵樓西面三個完好的樓窗和一個破豁樓
窗還能拼湊出當年的姿態。

◀ 河北遷安樓室芯塌的敵樓　山雪峰 攝

河北省遷安縣冷口關堡向大龍廟村的長城上可數
出敵樓十二座。樓室頂完好的兩座；樓室頂塌、
樓室芯塌、樓室外牆塌的破敵樓四座；塌得難以
判斷有幾窗的殘敵樓四座；塌剩樓座殘堆的兩
座。此為從冷口關堡向西數第五座敵樓。敵樓南
面三樓窗，東西面各一樓門三樓窗。敵樓頂塌芯
塌，敵樓北面塌塌無窗，東面樓窗也破成豁口。
是座樓室芯塌塌的破敵樓。

◀ 河北撫寧樓室芯塌的敵樓　馬 駿 攝

河北省撫寧縣長城從青山口關溝向西的第六座敵
樓，是座無樓室頂、樓室芯塌塌的 3×4 眼敵樓。
敵樓西面已塌得門窗俱無；東面樓門有損壞，兩
個樓窗破塌成豁口；南面四個樓窗有三個完好；
北面四個樓窗上保留的兩個垛牆券眼為撫寧長城
唯一存留。是個保留獨特垛牆券眼、樓室芯塌塌
的破敵樓。

▼ 河北遷安樓室芯塌的敵樓　黃東暉 攝

河北省遷安縣白羊峪向紅峪口長城第七座敵樓，
也就是「神威樓」西邊高處的那座破敵樓，是座
樓室為木樑柱結構的 3×4 眼敵樓。雖然樓頂垛
牆全無，樓室木樑柱結構無存，東西樓門塌成大
豁。這樣破損程度的敵樓在白羊峪長城上還是個
有模樣的敵樓，比臨近白羊峪堡的四個毀壞成殘
堆狀的敵樓石座要好多了。

◀ 河北遷安樓室芯垮的敵樓　黃東暉　攝

河北省遷安縣白羊峪「神威樓」西邊高處的第三座破敵樓，是座樓室磚拱券結構的 2×4 眼敵樓。樓室頂拱券垮塌，樓室頂垛牆還存有西邊兩角，敵樓北面四個樓窗頂亦有損壞，東面垮塌全無。但以敵樓南面只有一樓門無樓窗、敵樓西面兩個樓窗用白色條石作樑來看，就憑這些獨特之處，足以證明白羊峪長城敵樓的形態多樣。

▶ 遼寧綏中樓室芯垮的敵樓

遼寧省綏中縣錐子山南到九門口，長城敵樓垛牆垛牙最整齊的是錐子山南第三座敵樓。可惜此樓無頂，樓室木樑柱結構芯塌垮。敵樓南北樓窗以上部分均破成大豁，西面一門兩窗。敵樓東面四個樓窗不水平，中間兩窗高，外側兩窗低。這種安排很少見到。破敵樓雖無頂無芯，保留的部分還能證明長城敵樓的形態豐富多樣。

▼ 河北灤平樓室芯垮的敵樓　黃東暉　攝

金山嶺長城木樑柱結構的敵樓少說也有十三座，目前修整了四座，但樓室木樑柱未復建。此敵樓是在西五眼樓西邊的 3×4 眼敵樓。垛牆的垛牙修補整齊，還安裝了監控設備，地面落磚被清掃歸堆。樓室木柱的柱礎、木柱在室牆上的窩槽都顯露清楚。空蕩的樓室也有一種滄桑的感覺。

第4節　樓室側垮的敵樓

評判「保存較差」的敵樓時，我們把樓室損壞的程度按「樓體出現裂縫——樓室頂塌——樓室芯塌垮」的順序排列，是以敵樓空間高度遞次損降。在前三種情況中，敵樓的空間寬度以及樓室的外牆四角尚存。

本節所述「保存較差」的第四種是樓室的空間寬度亦出現嚴重的毀塌。截面原為方形的敵樓，由於樓室一側塌垮，樓室原本的四個外角出現缺失。這樣的敵樓從一個角度看樓室還完整，樓額高低、樓窗數量均可辨認。但換個角度

看，樓室卻窗破牆塌，樓室像被斜着砍去了一半。

樓室一側塌垮的敵樓不在少數，雖歸為一類，其坍塌的形態與毀壞程度卻各不相同。可以肯定的是，這類敵樓的損毀程度肯定超過了前面三種敵樓。這類敵樓的存在也給長城保護提出了難題，是將其拆除重建？還是在現狀上加固，定格長城經歷了四百年風雨後的實際狀態？無論採用哪種方式，請別讓還未塌垮的樓室部分在不聞不問的擱置裡塌光垮完。

◀ **河北淶源樓室側垮的敵樓**　呂　軍　攝

河北省淶源縣口子溝在邊根梁東，長城上的六座敵樓位於南高北低的山梁上，位置最低的敵樓毀壞最嚴重。敵樓樓室東面三個樓窗完好，南面唯一的樓門和東邊樓窗亦完整。從樓門西邊樓窗到樓室西北兩面都塌垮成磚堆，樓室僅存東南半個角。敵樓毀壞程度要超過樓室芯塌垮的敵樓。但從樓室殘存部分還能看出是座高樓額 3×3 眼樓。

▲ **河北淶源樓室三面垮的危樓**

河北省淶源縣邊根梁長城上位置最高的敵樓毀壞最嚴重。敵樓樓室三面都塌垮，只敵樓南面牆保持完整。樓室南面四個樓窗都完好。敵樓中心室頂雖垮，四邊拱券還在。從樓室殘存拱券還能看出是座高樓額 4×4 眼樓。用極規矩的方石砌的石樓座被雷電劈開深深的裂痕。因石樓座的毀壞、敵樓繼續塌垮是早晚的事。

◀ 山西偏關樓室側垮的敵樓　　羅　宏　攝

在山西偏關長城上只見到五座磚樓，都是殘破的
敵樓。其中陽灣子西溝的破敵樓在《明長城考實》
一書 1986 年拍的照片裡還是座完好的敵樓。書
中介紹此樓有樓門磚雕花，有樓匾，刻有「平胡
墩」三個大字。我們 2005 年見到此樓時，敵樓
南面迴廊拱券已垮，樓門磚雕花亦被毀。樓匾破
碎落在地上，只有刻着「平」字的半塊。若不是
華夏子 1986 年拍的照片。誰會想到幾百年都挺
過來的敵樓，這近二十年卻堅持不住了。

▲ 山西偏關樓室三面垮的敵樓　　羅　宏　攝

山西省偏關縣長城的五座殘破敵樓裡，柏楊嶺的
破敵樓體積最大，是座高樓額 4×4 眼樓。敵樓
四面只南面損壞略小，但南面的四個樓窗都有破
損。敵樓北面殘存三個樓窗內券，東面殘存一個
樓窗外券，西面從窗內迴廊拱券齊根塌垮。此樓
本有個「九窯十八洞樓」的美名，垮成這樣就無
從揣摩美名的由來了。

◀ 河北淶源樓室三面垮的敵樓　　張玉鳳　攝

河北省淶源縣插箭嶺東長城上的六座敵樓裡，
只有一座樓室頂垮埩三面保留垛牆的敵樓，還有兩
座只保存一面樓室牆，其他三面各有殘破，這是
其中的一座。其最醒目的特點是位於一巨大的石
筍旁。敵樓本是座中樓額 3×4 眼樓。東面四個
樓窗完好，南面樓門破成大洞，南面中間樓窗完
好。西樓窗垮，樓室西面和北面牆均垮塌。雖然
破成這樣，也是插箭嶺東長城尚能識別的敵樓，
比另外三座只存殘樓座要好多了。

◀ 河北淶源樓室側垮的敵樓

河北省淶源縣湖海長城在邊根梁長城西頭。湖海長城自身又分溝東部分和溝西部分兩段，湖海長城溝東部分有八座敵樓。其中位置最低的敵樓毀壞最嚴重，僅為露着殘根大石的渣堆。第二座敵樓樓室完好只缺樓頂垛牆。其他六座都是樓室塌垮一半的敵樓。此為第三座敵樓，樓室南面三個樓窗完好，西面的樓門券破成大洞，樓室北半塌垮的磚堆上長滿了荒草。人為擾動痕跡較少。

▶ 河北淶源樓室三面垮的敵樓

河北省淶源縣邊根梁長城上位置最高的敵樓北邊，是座 3×4 眼樓，也是三面有塌垮，只有敵樓東面保持完整。敵樓中心室木頂雖垮，但四邊拱券牆還在。西拱券和西面樓窗都已垮掉。樓室地面平整，落磚清理得很徹底，有被當地人繼續使用的可能。

◀ 河北淶源樓室單面垮的敵樓

河北省淶源縣湖海長城西與白石山長城東頭相連。湖海長城溝西部分有十五座敵樓，其中八座敵樓中心室木板頂無存，樓室拱券完好；兩座僅存殘堆；另外五座各有不同損壞。臨溝的第二座敵樓樓室三面還完整，樓室南面三個樓窗完好，東面三個樓窗破成大洞，敵樓西面的樓門和樓窗和西拱券都垮掉，落磚淤土堆積有半個人高，未垮部分都搖搖欲墜。從敵樓外邊看只一面破損，在敵樓裡看塌垮隨時都有可能。

▲ 河北淶源樓室三面垮的敵樓　黃東暉 攝

河北省淶源縣湖海長城溝西第九座敵樓是座三面塌垮的的敵樓。敵樓東邊拱券和樓窗全垮完了，敵樓南北面都垮得只剩偏西的兩個樓窗。因樓室西面還完整，憑現存部分可判斷這是座中樓額 3×4 眼樓。敵樓雖破但還保留了最基本的信息。

▶ 河北懷來樓室三面垮的敵樓

河北省懷來縣陳家堡長城有座「鑼鍋城」是懷來縣長城裡最有特色的地點。「鑼鍋城」北邊第二座敵樓，其樓室從東面外看三個樓窗尚完好；樓室西面從中心室向外塌成斜坡；樓室北面有一樓門拱券；南面垮得只剩南門西牆。這是一個近幾年塌垮後無人再來取磚的狀態。

◀ 北京懷柔樓室單側垮的敵樓　黃東暉 攝

北京市懷柔區神堂峪村東長城上的敵樓有六座，其中四座為殘樓座，只有兩座有樓室。最高的第六座是 3×3 眼樓，低處的第三座是低樓額 3×4 眼樓，樓頂垛牆大部分存留完好，樓頂哨房還有部分屋牆。讓人揪心的是敵樓南面迴廊塌垮達兩個樓窗寬，東面樓室外牆已搖搖欲墜。這座有樓頂垛牆的敵樓還在塌垮，卻無人過問。

▶ 北京懷柔樓室單側垮的敵樓

北京市懷柔區莊戶村東長城南北走向。長城北高點是「九眼樓」，長城從「九眼樓」向赤城、張家口而去，稱「外長城」。長城南高點是「松樹頂」，長城從「松樹頂」向八達嶺、紫荊關而去，稱「內長城」。這是內長城的第二座敵樓。低樓額 3×3 眼樓的石樓座還完整，三通道拱券的北券西頭塌垮，未塌垮的部分連樓頂垛牆的垛牙都完好。以敵樓西面中樓窗的雷擊裂縫看，北券西頭塌垮是雷擊所致。

▶ 河北遷安樓室三側垮的敵樓　呂　軍攝

河北遷安河流口到徐流口的長城上有二十六座敵樓，其中樓室完整的才七座，塌成殘堆狀樓座有四處，其餘多數是樓室一側或是三面破損塌垮的。此為河流口村向東的第九座敵樓。該樓只剩樓室南面外牆。樓室南牆有垛牆的痕跡。從石砌樓座可看出樓室為兩通道拱券，北拱券已塌垮完，南拱券兩頭已有部分垮塌，未垮部分向北傾斜。從殘留的南牆和南拱券能看出是座高樓額2×3眼樓。

◀ 北京密雲樓室單側垮的敵樓　山雪峰攝

北京市密雲區古北口臥虎山長城有一向北分支。支線長城上有四座敵樓，只有這座高樓額3×3眼樓的樓室還在。此敵樓南面外牆已塌垮，三通道拱牆的中券拱牆南頭也塌垮。此敵樓拱券的高度大大超過懷柔莊戶低樓額的拱券，以此可知曉樓額的高低透露了敵樓拱券的高低。塌垮的高拱券敵樓修復難度大大超過塌垮的低拱券敵樓。

◀ 河北遷西樓室單側垮的敵樓　劉民主攝

河北省遷西縣榆木嶺長城分村南和村北兩段。村北段長城上有座號稱「七十二券樓」，為河北省長城敵樓一絕。村南段十四座敵樓有七座樓室完整，在別處長城上少見。此敵樓是從榆木嶺村向南數過來的第十座敵樓。敵樓樓室南牆有四個樓窗，北牆有三個樓窗，最東的一個樓窗和樓室東牆全都塌垮。樓室有兩個南北向拱券，西拱券完好，東拱券無頂。磚石砌樓座東面磚砌部分有損壞，石砌部分還十分完好。東拱券兩頭樓窗未垮部分上下都有雷擊裂痕，繼續塌垮已沒有懸念。

529

▶ 河北遷西樓室三側垮的敵樓　孟新民 攝

河北省遷西縣西城峪長城上三面塌垮的 2×2 眼樓。看不到有樓室地面磚棱，磚石樓座的石料採用精細加工的石塊砌，敵樓僅一面未塌垮。憑磚石砌樓座判斷已垮的無樓窗殘面原有兩窗。只要樓座還完整，對了解敵樓寬窄還是有幫助的。

◀ 河北遷西樓室三側垮的敵樓　孟新民 攝

河北省遷西縣西城峪長城在潘家口長城西邊，遵化洪山口長城東邊。此高樓額 3×3 眼樓只有東面完整，西面樓窗以上垮塌。南面東窗在、西窗無、中窗豁，樓窗用石料做的窗臺還在。樓頂磚棱有部分保留，不設樓室地面磚棱。磚石砌樓座的石料採用大小不等外形不同的石塊。敵樓雖然三面破損塌垮，基本建築特徵還能看到。

◀ 河北遵化樓室三側垮的敵樓　孟新民 攝

河北省遵化長城樓室完整的敵樓不超過十六座，樓室殘破的敵樓也不多。沙坡峪三面塌垮的敵樓在遵化長城能算是寶貴的財富了。敵樓三面塌垮，只對長城外的一面完整。因敵樓側面塌垮，側面門窗無法判斷。不過若根據敵樓橫拱券牆殘留判斷，樓內沒有三個通道，因此這應該是座 2×3 眼敵樓。採用粗加工石塊砌的石樓座雖然完整，但施工水平不精。石砌的樓座透露出當年工匠的水平，展示出工匠技能的不同。

第5節　樓座側垮的敵樓

敵樓破損通常應該是從樓頂開始，向下垮塌。不過，探索長城的日子久了，危樓見多了，便發現敵樓的破損隱患，其實從什麼位置、向什麼方向的都有。有的敵樓因牆磚酥化，導致樓室拱券坍塌。有的敵樓因石砌樓座承受不住樓室重壓而散垮。有的敵樓因樓基山崖地質變化，樓座一側失去立足之處而墜垮。

敵樓的樓室頂、樓室芯以及樓室側垮塌還是局限在樓座部分，畢竟樓室下的磚石樓座還未損壞，尚可根據完整的樓座估算出樓室原本的整體模樣。但如果是樓座一側發生垮毀，就會使敵樓原有的尺度變得難以估算，直接影響對敵樓樓室結構和原來外形的判斷。此種損毀狀態比前三種樓室損毀塌垮的情況又嚴重了一些。

樓座側垮，也給長城敵樓的維護帶來了更多的難題。尤其是因山崖塌陷、地貌變動造成的樓座石開散落，想修復維護這類敵樓，常常是連施工的「基礎」都蕩然無存了。

◀ 陝西府谷樓座塌垮的敵樓　羅　宏　攝

陝西省長城明代遺留的敵樓筆者才尋到七座。府谷縣守口墩村有座陝西省長城唯一保留了樓頂垛牆的敵樓。以敵樓完整的北面四個樓窗、西面的兩個樓窗來看，此樓原來可能是座 4×4 眼樓，可惜樓室南半邊和樓室下的磚石樓座都已經垮掉。要命的是此危樓沒有一點保護措施，很可能在某年夏季連續的暴雨中徹底垮完。

▲ 山西山陰樓座塌垮的敵樓　呂朝華　攝

山西省代縣白草口東坡長城的七座敵樓中只有兩座樓室完整，另外五座殘破嚴重。這是山梁最高處的第七座敵樓。敵樓西面因樓座塌垮，樓室磚結構西南角整體下坐。樓室南券窗躺在長城牆頂下邊。樓室北側未下坐，北樓窗並無拱券頂，被近代人改造成射界開闊的軍事工事。射擊方向對着西北面山下。這種軍事改造史無記載，卻確實遺留在白草口長城東坡。

531

▲ 河北淶源樓座塌垮的敵樓 黃東暉 攝

河北省淶源縣天橋村北有十座正 4×4 眼敵樓連
續屹立在長城上，成了河北省長城最壯觀的一
處。但天橋村北還有一個損壞嚴重的破敵樓，不
光是樓室三面塌垮，樓室下的磚石樓座已經破垮
散落。以露出的樓室下的石坡看，石樓座太薄，
承受不住敵樓重量而滑坡塌垮了。

▶ 山西靈丘樓座塌垮的敵樓 馬 駿 攝

山西省靈丘縣狼牙溝鄉蕎麥茬村南有五座敵樓，
其中四座為中額磚石座 3×4 眼敵樓。這四座敵
樓不光樓室完整，其中三座敵樓的樓門上有樓
匾，刻着插字肆拾玖號到伍拾壹號臺。以樓匾順
序這座敵樓應是插字肆拾柒號。是五座敵樓中
唯一的破敵樓，敵樓東面和北面樓室部分門窗完
好，西面全垮完。南面樓室部分只存東窗。樓門
以西和樓室西牆和樓室座全塌垮，樓室芯也因樓
座塌垮成了磚堆，現在長滿荒草。

▲ 河北淶源樓座塌垮的敵樓

河北省淶源縣烏龍溝長城共有十七座敵樓，樓室完整的有十五座，樓室殘破的才兩座，這是溝東第二座敵樓。敵樓的東面和北面都完整，西面樓門和北窗在，南窗以上塌垮。敵樓南面不光樓室牆全無，樓座南面也塌垮。從敵樓的東門內向下看，斜坡直到溝底，四十多米沒有停腳的地方。這是樓礎承受不住樓座而塌垮的結果。

▶ 河北淶源樓座塌垮的敵樓

河北省淶源縣邊根梁村西南邊長城有十九座敵樓。這是東溝位置最低的那座。敵樓只有一南樓門，小有破損。東面完整。西面樓室全垮但樓座還完整。北面僅餘東北角室牆，三個樓窗和窗下的石砌樓座都垮沒了。北面如同樓室內向外傾倒碎磚的斜坡。在邊根梁長城的十九座敵樓中只有這個敵樓座損壞塌垮。

◀ 北京延慶樓座塌垮的敵樓　黃東暉 攝

北京市延慶區石峽長城在八達嶺古長城西邊，2018年部分修復，在長城外有北京市文物局 2016 年立的文物保護碑，標示為「花家窯子段」。保護碑以西的第三座殘敵樓至今未修。原本是座 2×4 眼樓，現在敵樓北面和西面從樓室牆到石座全部塌垮完。樓室南牆有一樓門，樓室束牆外面有損壞。整個樓室束牆向西傾斜，如果塌垮將沒有任何防護。

▼ 北京延慶樓座塌垮的敵樓　海長勇 攝

北京市延慶區花家窯子長城。保護碑西有七座敵樓，只有一個樓室完整。這是經修補前的第二座殘敵樓。敵樓原狀本是 2×4 眼樓，現在只樓室東面完整。樓室南面雖有破損，南樓門和南樓窗拱券還在。敵樓北面和西面全無。以樓室束牆根為高點向西向北塌垮成大斜坡。敵樓石座北面西面徹底塌垮，沒留一點痕跡。

▲ 北京延慶樓座塌垮的敵樓　海長勇 攝

北京市延慶區有三個以八達嶺長城命名的長城遊覽景區。外國元首參觀的是「八達嶺長城景區」；在「八達嶺長城」東南有一個「八達嶺水關長城景區」；在「八達嶺長城」西南有一個「八達嶺古長城景區」。這是「八達嶺古長城景區」入口東邊第三座敵樓。敵樓原本是座 2×4 眼樓，現在只樓室南面殘存四個樓窗，樓室東面和西面破豁。敵樓北面樓室地面磚棱線以下的樓座被山洪衝垮，散石碎磚鋪成斜坡，任由雨水從垮樓座石坡裡向下流淌。

▶ 北京密雲樓座塌垮的敵樓　劉民主 攝

北京市密雲區白嶺關長城東為蔡家店長城。此為從白嶺關門洞向東數第十一座敵樓。敵樓座落於山梁崖石上，原本是座 3×3 眼樓。敵樓南面、西面都完好，東面因樓座下的崖石不支而大部分塌垮，僅存敵樓東面樓座和樓室東券的南頭。敵樓東券地面成了斷崖邊緣，從山崖對面遠看，敵樓被從上到下切了個剖面。

▶ 北京密雲樓座塌垮的敵樓　劉建光　攝

北京市密雲區的白嶺關長城，從西石臺到東石臺其間有十四座敵樓，其中九座敵樓的樓室完整，五座敵樓的樓室塌垮殘破。樓座塌垮的敵樓只有一處，是白嶺關門洞向東數第三座敵樓。敵樓東面和北面還都完整，西面存北角，南面還存一窗。敵樓西南從樓基開始塌垮，樓座和樓室均受其害。樓中心室地面塌垮的斜度與山坡斜度一致，直通谷底。樓座因樓基崩塌而塌垮，樓室斜着垮去一半。

▼ 遼寧綏中樓座塌垮的敵樓　孟新民　攝

遼寧省綏中縣錐子山東金家溝南邊長城有三座敵樓。這是遼寧省長城西頭第一座敵樓。敵樓南面一門兩窗均好，南門外山崖頂被砌成窄院，院東有一券門通長城。敵樓東面有兩個樓窗，樓額有一塊石匾，風化無字。敵樓北面因石砌樓座從中間向西頭塌垮，致使北面三窗均毀塌，露出中心室及西迴廊殘頭。敵樓北面石砌樓座根基部還完整，樓室北面塌垮是因樓座石鬆散崩解所致。

▶ 河北遷西樓座塌垮的敵樓　鄭　嚴　攝

河北遷西大嶺寨長城總體為南北走向，以大嶺寨山溝分為南北坡。大嶺寨南坡有七座敵樓，其中僅兩座樓室完整。有四座的樓室殘破，還有一座只剩下殘破的樓座。這是四個樓室殘破中最嚴重的那個。敵樓的東西兩面垮盡，只剩樓室南面半邊牆和北面一個柱狀牆角。敵樓樓室的結構已不明確。殘存的室牆四面無支撐，亟待保護。

第四章　即將垮盡的敵樓（保存極差的敵樓）

古時長城上的狼煙只在危機來臨時才會燃起。如今長城內外已是一家，鐵蹄下的流血撕殺都已成為歷史，我們也衷心希望長城上再無狼煙燃起。

斗轉星移，人類已從修建長城的鐵器時代，穿越了蒸汽、電氣時代，邁入了信息時代。長城的防禦功能消失殆盡，而雄偉綿延的長城已昇華為新的民族精神。關注並保護長城，也日益成為國之大計。

在開放的景區裡，長城有專門的管理機構在維護，當然一時無虞。但在偏遠地區或非開放景區內的長城保存情況，就實在令人揪心。破損的牆體、即將消失的敵樓無人過問，發生急迫的險情該向誰報警告急？臨危的長城敵樓是不會自己放出告急的狼煙的。

每次尋訪長城時，我們最不忍心去看那些殘破的敵樓。他們如同孤獨彌留的老人。每一個經過他們面前的心靈，想必都能感受到殘樓裡縈繞着的不甘和留戀。我們只能用照片留住危樓，希望能引起更廣泛的關注。

▶ **山西河曲垮塌近半的敵樓**　呂朝華 攝

在山西省河曲縣境內，只尋到三座磚砌敵樓，四
旦坪村（又名石坡子村）此的這座是其中最破的
一個。敵樓的垛牆和樓頂哨房全無，西面四個樓
窗全在，樓座被挖空一半。敵樓北面存有三個樓
窗，敵樓室東北角塌。東面四個樓窗僅剩一個。
南面樓座塌垮，南面的樓窗和樓門隨樓座一同塌
垮了。

◀ **陝西榆林不斷垮塌的敵樓**　羅　宏 攝

這座敵樓是從威廉・林塞的長城畫冊裡知道的，
也是威廉・林塞告訴我確切位置後才找到的。敵
樓位於陝西省榆林市東北邊四無人煙的沙漠裡。
威廉・林塞説他幾年前看到的比現在完整。敵樓
西北角幾年前有幾道大裂縫，現在敵樓北面磚牆
整體大塊脫落坐沉。幾百年風雨都扛過來的敵
樓，現在不行了，再不保護還要繼續塌垮。

▼ **山西繁峙即將垮盡的敵樓**　呂　軍 攝

山西省繁峙縣韓莊長城曾建有十一座敵樓，如今
樓室完整但無完整垛牆的尚有四座，其中三座還
有雙樓圖，另外樓室塌垮樓座完整的有兩座，而
樓室不存樓座殘破的有五座。圖為「茨字貳拾叄
號臺」，是根據相鄰敵樓有圖「茨字貳拾肆號臺」
及「茨字貳拾伍號臺」推測出來。此樓只在東北
角有破成大洞的券窗，券窗左上還有一截樓頂垛
牆角，是十一座敵樓裡的獨存。敵樓西南角已有
開裂的大縫，樓室裡落磚堆積有半人高。

◀ 山西渾源即將垮盡的敵樓　黃東暉 攝

據《明長城考實》介紹，山西省渾源縣長城存留狀態是最差地段之一，沒有一段象樣的牆和一個完整的墩臺，更別提完整的敵樓了。在王莊堡鎮村邊一個有磚券拱門的高大土墩臺是渾源縣長城最象樣的遺存了。磚券拱門裡有空間但無拱券。土墩臺四面原來肯定有包磚，現在雖然沒有了，也還不失當年的威風。渾源縣現在還沒發現自己地界內長城的寶貴價值，這個墩臺即便算不上是個寶貝，也沒有得到應有的保護。

▼ 山西偏關即將垮盡的敵樓　錢琪紅 攝

山西省偏關縣長城明代遺留的敵樓筆者才尋到五座，草垛山堡的敵樓是其一。此敵樓位居堡西土崗最高處，偏關縣北部長城從滑石堡到水泉堡盡在其視野之內，是個了解軍事情報、聯繫各處的重要關鍵。然而此樓現狀是樓座垮破，僅一樓中心室頂着厚拱芯立在四米高的樓座土芯上。偏關縣長城的這座中樞敵樓已耐不住風吹雨打了。

▶ 山西代縣樓座塌垮的敵樓　黃東暉 攝

山西代縣白草口東山坡有一座即將垮盡的危樓，被長城攝影愛好者送了個雅名叫「鳳回頭樓」。該樓北面、西面因樓座塌垮，樓室磚結構一並塌垮，僅存樓室東南一角。據說 2021 年 8 月國家投資六百餘萬元，當地籌資一百餘萬元對這段長城進行了維修，當時在「鳳回頭樓」西北角磚堆裡挖出一塊「白草口長城鼎建碑」，已被山西省代縣博物館保管。

▶ 山西偏關即將垮盡的敵樓　羅宏攝

山西省偏關縣長城從水泉堡到老營堡墩臺林立，而敵樓筆者才尋到兩座，小元峁的殘敵樓算其一。從此敵樓的樓基殘存看原來是座 3×4 眼樓，現在敵樓北面四窗僅存兩窗，東面一門兩窗僅存兩窗，樓門部分和樓座南面整個碎垮，很明顯是受敵樓南山坡水土流失的推動而破垮。若敵樓南山坡水土流失加劇，小元峁的敵樓能否躲過災難就很難說了。

▲ 河北淶源即將垮盡的敵樓　錢琪紅　攝

河北省淶源縣白石山長城從原共青團林場到石窩村的十一座 3×4 眼樓裡，八座樓室都還完整，一座是殘樓座，還有兩座樓室塌垮過半。此樓的樓座塌垮，樓室開裂，樓頂殘破。以修舊如舊說，舊全、舊破、舊殘、舊危都是舊，而其中以當以舊危樓的修補為最難。

▼ 河北遷安樓座塌垮的敵樓　山雪峰　攝

河北遷安大龍廟長城在白羊峪長城東，這段長城上，樓座塌垮的敵樓有三座。這是地勢位置最高的那座。敵樓只有東面保存着三個樓窗，南北兩面都只剩個靠東的樓門。敵樓西面從樓座開始塌垮，連帶樓室西牆垮成磚堆，散佈在山坡上。不知敵樓僅存的東面三個樓窗還能經受住幾次雷雨。

▶ 河北淶源即將垮盡的敵樓　黃東暉　攝

河北省淶源縣瓦窯梁在塘子溝村到煤窯村最高處。最高處的敵樓毀壞最奇怪，敵樓南面樓室一門兩窗都完整，敵樓的東面和西面向北依次垮。敵樓的北邊與山坡構成一個大斜面。敵樓殘留下來的是比較堅固難拆的部分，大斜面的落磚是經過挑揀後的廢棄。此敵樓現在的狀況已經脫離揀磚群眾的視野，但還躲不過雷電的擊劈。

▶ **河北淶源即將垮盡的敵樓**　黃東暉 攝

河北省淶源縣湖海長城在邊根梁長城西頭。湖海長城自身又分溝東部分和溝西部分兩段。湖海長城溝西部分有十五座敵樓，樓室完整的有八座，垮成渣石堆的有一座，樓室塌垮一半的有六座，此為其一。敵樓樓室北面外牆破垮，四個樓窗留存三個拱券，樓室頂塌垮成磚堆狀。敵樓好壞完全放任不管。

▼ **河北淶源即將垮盡的敵樓**　馬 駿 攝

河北省淶源縣邊根梁南十九座敵樓裡有一座垮得只剩樓座，還有兩座樓室保留有樓室窗根。這是南山梁上的第十八座敵樓。敵樓樓室四面外牆還平整。樓室東北存一牆角，樓窗券以上部分被拆盡。磚石座上無樓室地面磚棱線。4×4 眼樓的樓窗痕跡還可辨認。這是樓室頂垮程度比較嚴重的敵樓。

▶ **歷史經典「歡呼東團堡勝利」**　沙 飛 攝

▶ **河北淶源即將垮盡的敵樓**　嚴共明 攝

河北省淶源縣楊家莊長城是抗日戰爭年代攝影家沙飛出作品的地方。抗日戰爭歷史經典照片「歡呼東團堡勝利」就是在這座敵樓前拍攝的。當年敵樓樓室十分完整，八路軍戰士站在敵樓上舉槍歡呼。現在敵樓樓室塌垮過半，我們是憑着磚石樓座的紋路對照吻合而確認的。這座拍過歷史經典照片的敵樓塌垮成這樣，原因、責任不好追究，但任其自生自滅，面對歷史經典實在讓我們有些不好意思。

▲ 河北懷安即將垮盡的敵樓　郭　峰　攝

河北省懷安縣長城敵樓我們才看到四座。有把樓門開在樓根的，進樓根門後有梯道上到樓室。此敵樓東邊磚室已全垮無，南面和北面都垮得剩西角。因敵樓西面還未垮，可看到樓室西有三窗，樓西牆根有一券門。其他三面殘毀無跡。如果敵樓西面再垮了，懷安縣長城又多了個無法辨識的遺跡。

▼ 河北萬全即將垮盡的敵樓　李　炬　攝

河北萬全西部長城上還有一座保留了樓窗痕跡的敵樓。此樓在一個刻有「沙嶺兒臺」石匾的低開門空心臺南邊。敵樓西面最完整，一個樓窗和兩邊的豎排兩方洞都在。樓室北面以樓窗為界，東半邊全垮塌了。樓南的一個樓窗券頂已開裂，窗左邊豎排兩方洞破成了一個。樓窗右邊的方洞還在。樓根開的樓門和敵樓東面整體塌垮。樓門後的登樓梯道底口亦完整。敵樓南面分佈着數道雷擊裂縫，顯示南牆也已不牢固。

◀ 河北萬全即將垮盡的敵樓　呂　軍　攝

河北省萬全縣長城基本可分縣北和縣西兩部分。縣北長城沒敵樓，全是巨大的碎石堆和垮成石壘的牆。縣西長城沒有完整的敵樓，保留了樓窗痕跡的敵樓我們才看到兩座，都在洗馬林鄉西山上。此敵樓只保留了樓室南面的一個樓窗和左邊豎排兩方洞，樓窗右邊相對部分已垮。樓根處的樓門兩邊完整。樓室的東北西三面都塌垮。樓座四面都完整。樓根門後上樓室的梯道亦完整。萬全縣長城保存最好的敵樓就是這個樣子。

▼ 河北懷安即將垮盡的敵樓　李玉暉　攝

河北省懷安縣長城僅有的四座敵樓裡有兩座樓門開在樓室層，上下敵樓要靠樓門外的懸梯。此樓西邊和北邊磚室和包磚樓座全垮塌，南面垮剩樓門東壁。因敵樓東面還未垮，可看到樓室東有三窗，推測可能是座 3×3 眼樓。敵樓垮露出方形樓座土芯。這種土芯在河北省長城多處可見，其它僅存樓座土芯的敵樓曾經是什麼樣，就不如這座危樓還有些依據。

◀ 河北懷來即將垮盡的敵樓　馬 駿 攝
河北省懷來縣陳家堡長城有兩座 3×6 眼樓。一座樓室樓座四面都還完整，另一座樓室樓座對外面完整，但對內面樓室樓座都破垮。一個敵樓兩面存留差別如此巨大，非常少見。長城敵樓的損壞原因很多，長城敵樓的保護一定得根據問題着手。明朝人有能力建修長城，我們理應有能力保護好這珍貴的遺產。

▲ 北京昌平即將垮盡的敵樓　吳 凡 攝
北京市昌平區黃樓院長城西頭，是地圖標識為高樓的一個腰開臺門的包磚臺，東頭是懷來縣陳家堡長城。這是從東邊數第六座敵樓。按相臨敵樓殘存樓窗看，它也應是座 2×4 眼樓，可惜敵樓對外對內兩面樓窗都破垮，不好辨認。敵樓較完整的南面樓券窗豁破，樓門券頂也豁破，樓室南面牆斷裂多處已是危牆。這座敵樓的命運全憑大自然來安排了。

▲ 河北懷來即將垮盡的敵樓　孟新民 攝
河北省懷來縣陳家堡長城有一座樓室樓座四面都完整的 3×6 眼樓。其北相臨的敵樓樓座完整，樓室破垮。再向北的一座敵樓樓座完整，樓室只剩東門拱券，另外三面皆無，樓磚被搬走他用。這種被拆毀搬剩個拱券的敵樓陳家堡長城還有三座。

▲ 河北遷安樓座垮塌的敵樓　都　東　攝

河北遷安冷口長城在小龍廟長城東。冷口長城分
溝東、溝西兩段。溝西段山勢地形起伏較大。溝
西段第三座敵樓從東南西三面看，都是座 3×3
眼樓。進到樓內才發現敵樓已無北牆，敵樓踞山
崖邊而立，敵樓樓座北面已隨碎崖墜塌。敵樓還
能撐多久要看山崖地質是否繼續變化。

◀ 北京懷柔即將垮盡的敵樓　黃東暉　攝

北京市懷柔區撞道口長城在 2007 年得到修補，
修到撞道口鎮虜關門洞西第一座敵樓東根邊，因
為棘手，修補就此停止。敵樓原狀本是 3×4 眼
樓。樓室東面樓門和樓門北邊樓窗垮成一個大
洞，洞左是東樓門南壁，洞頂是樓室頂方磚，樓
門拱券磚已全垮失。洞頂的樓室頂方磚還能保持
多久，真不好說。這種程度的塌垮最不容易修補。

▲ 北京延慶即將垮盡的敵樓　山雪峰　攝

北京市延慶區八達嶺水關長城在 1993 年得到修
補，向青龍橋方向修補了五座敵樓，向水關東南
方向修補了一座敵樓。修補過的第一座敵樓是
3×6 眼樓，未修補的第二座敵樓是 3×4 眼樓。
這是水關東南方向的第二座敵樓，敵樓僅存的樓
室南面有大小三道雷擊裂縫，石砌樓座被劈裂。
樓室另外三面塌垮的落磚被搬運乾淨。這是自然
和人力共同損壞後的樣子。

▼ 北京密雲即將垮盡的敵樓　錢琪紅 攝

北京市密雲區古北口蟠龍山長城在 1993 年得到修補開放。蟠龍山長城有兩座敵樓名聲響亮。一是以建築不凡、總計樓門樓窗達二十四個而得名的「二十四眼樓」，另一座是以當年駐守過高級武官而得名的「將軍樓」。此樓在「將軍樓」東邊，原本也不會太小，現在垮得只剩南面東樓窗拱券。此樓窗下的樓座芯基開裂，殘存樓窗如同一片船帆，挺肚仰首默默哀歎。時光雕鑿，給保護長城技術出了個難題。

▶ 北京懷柔修補過的敵樓　黃東暉 攝

北京市懷柔黃花城長城在 2007 年得到修補。黃花城關門洞西第三座敵樓因塌垮嚴重，修補時以維持現狀為主，僅加固了殘存的樓門和唯一的垛牙，樓室地面石塊用水泥漫抹，糊成個大石堆。這原來是個敵樓？還是個敵臺？重修補過後反而說不清了。

▼ 北京懷柔即將垮盡的敵樓　嚴共明 攝

北京市懷柔區慕田峪長城西北的牛角邊長城，因沿地勢起伏勾畫出一個大牛角形狀而得名。此大牛角尖有一敵樓。從殘存樓西面還能看出一門兩窗，北面有四個樓窗，東面和南面殘塌得不可判斷。現在西面樓門拱券尚好，樓頂還有一角垛牙，但門右的樓窗及樓額已裂縫多道，敵樓好壞完全聽天由命。我們怎麼保護它？

▼ 北京密雲即將垮盡的敵樓　龔建中 攝

北京密雲境內霧靈山北麓的長城不知為何光建敵樓不修牆。從五虎水門到吉家營的關門堡山梁上，敵樓只要塌垮就會被三十年以上樹齡的樹木掩蓋。這是遙橋峪東南，因兩座比較完整的敵樓間隔太長有些不合理，冬季去仔細查看才發現的。敵樓只存一開在北牆的樓門，東西南三面均毀垮，樓室位置被碎磚荒草佔據。這段長城敵樓有大有小，從 1×2 眼樓到 3×3 眼樓都有。這是座多大的敵樓？現在已不好判斷。

▼ 河北盧龍即將垮盡的敵樓　張 驊 攝

河北省盧龍縣桃林口堡西邊長城有十一座敵樓。僅有兩座是樓室樓座四面都還完整，破樓、危樓有九座。這是九座破樓危樓裡最糟糕的一座。敵樓的樓座已散垮，長滿荒草的巨大堆坡上躺着破碎的磚牆。堆坡東根聳立着一段樓室東牆，牆頂還有樓頂磚線。牆腰左右的樓窗券殘根證明這原本是一面有過兩個樓窗的樓室外牆。這個墓碑式的殘存已四面受風，朝不保夕，苦撐着在為垮成墳堆狀的敵樓招魂。

▶ 河北遷安即將垮盡的敵樓　呂 軍 攝

河流口村在河北省遷安縣長城東頭。河流口村的東山上敵樓可數出十六座之多。樓室完整的才有四座，破樓、危樓有六座，殘堆狀樓座兩座。這是從河流口村向東數的第九座敵樓，是六座破樓危樓其中之一。敵樓座北面破垮，樓室東西向的北拱券因腳下無根已塌垮，南拱券東西兩頭各垮到樓窗內的橫通道。僅存的南面樓額已斷裂斜依着南拱券，已破的南拱券暫時還能扛住斜樓額。也許還能堅持一會，也許挺不過下次的雷雨。

▲ 河北遷安即將垮盡的敵樓　都 東 攝

小龍廟村長城在河北省遷安縣冷口長城西。十二座敵樓裡只有兩座樓室完整，其餘都或多或少地塌垮了。這是從冷口關城向西數的第十二座敵樓，座落在東高西低的山坡上。條石砌樓座西北角塌垮，樓室南面、西面、北面外牆已垮得看不出原來各有幾個樓窗。但樓室東西向三個磚券拱還存留着東頭，券拱裡被淤土落磚堆滿。唯一殘存的樓室東牆有兩個樓窗。中券拱東頭在樓室東牆上無樓窗。這種券拱頭在樓室牆上無樓窗的敵樓在冷口長城還有幾座，但都殘破，使敵樓建築形式的研究缺少完整樣本。

◀ 河北盧龍即將垮盡的敵樓　呂 軍 攝

河北盧龍桃林口堡西邊的長城上，破樓、危樓共有九座。這是從低向高數的第八座敵樓。樓室南北兩面都破垮，而東西兩面部分完整。殘存樓室展示出獨特的樓室結構。拱券洞道式的敵樓通常有橫拱券結合縱向洞道或縱向拱券結合橫洞道兩種分佈，而這個敵樓內部設橫縱拱券兼備。一座縱向拱券兩邊各開三洞道，三座橫拱券（一座已垮）兩邊各開兩洞道。這種混搭的內部結構賦予此樓很高的研究價值，但願它的保存狀況能得到重視。

◀ 河北撫寧即將垮盡的敵樓　黃東暉 攝

這是河北省撫寧縣界嶺口堡西月城向西數殘破敵樓的第十座。敵樓原本是座低額 3×4 眼樓，現在只剩樓室南兩窗和北四窗。其北面左二窗券磚散落垮成大洞，敵樓北牆即將垮斷。以牆壁的柱窩可知此敵樓為木柱樑結構。因落磚較少，荒草長滿樓室地面。

◀ 河北撫寧即將垮盡的敵樓　孟新民 攝

河北省撫寧縣板廠峪「穿心樓」向東南的第二座敵樓。敵樓原本是座高樓額 2×5 眼樓，現在樓室西、南兩側樓窗及樓門尚全，北邊存兩窗，東邊樓窗則垮成了上豁下墜的深溝。東邊樓門開裂的樓額頂還存有一段樓頂磚稜線。樓室內斷牆落磚擠靠危機四伏，樓室南壁搖搖欲墜。這座板廠峪長城最大的 2×5 眼樓危在旦夕。

▶ 河北撫寧即將垮盡的敵樓　山雪峰 攝

由河北撫寧董家口至遼寧綏中大甸子的翻山公路在埡口與長城相交，此為公路邊位於高處的敵樓。河北省撫寧縣把董家口北山上長城修補了，遼寧省綏中縣把董家口長城到小河口長城上長城的旅遊路修好了。這座這個既將垮盡的長城敵樓應該歸誰管？歸誰保護？修要花錢，管理很費事。只能在熱鬧的停車場邊聽憑風雨。

▲ 河北撫寧即將垮盡的敵樓　呂　軍 攝

河北省撫寧縣界嶺口堡到箭桿嶺堡的長城上共有三十七座敵樓。樓室樓座四面都還完整的敵樓有十五座，垮成堆狀的敵樓有七座，破樓、危樓有九座，垮成單片狀的危樓有六座。此敵樓的樓座還完整，樓室西、南、北牆全垮沒了。僅存的東牆上，三個樓窗中間的樓窗也破成大洞。樓頂垛牆還有保留，垛牆偏南的兩個垛牙和垛根的四個垛孔也都保留。從東牆可看出樓內原有拱券的痕跡。此牆若垮，這座敵樓的歷史信息就難尋了。

▼ 河北撫寧即將垮盡的敵樓　王 虎 攝

河北撫寧板廠峪長城樓室完整的敵樓中,有1×3、1×4、2×2、2×4、3×3幾種窗數組合,而在樓室殘破的敵樓裡,還有幾個比較特殊的組合,例如拿子峪村北第二樓。樓室南北已塌成磚堆,遍佈荒草,東側殘牆只剩一窗。樓室西面相對完整,可看出上三下四七個小窗。有趣的是外看是七窗,若站在裡面看,卻只有上三下二五個樓窗。下排中間的兩窗內側被砌成牆。樓窗外多內少的案例本就不多,外七內五的更是罕見。

▶ 河北撫寧即將垮盡的敵樓　黃東暉 攝

河北撫寧界嶺口堡到羅漢洞堡的長城上,敵樓墩臺共四十三座,其中殘破的二十二座。這是從界嶺口堡向西數,殘破敵樓的第十三座。該樓原本是座低額3×4眼樓,如今只剩樓室有牆角的半面北牆。北牆存留的兩窗中,一個已通頂豁破,另一窗內券完整、外口殘破。敵樓西面樓座塌散。東、南兩面樓座樓室磚結構蕩然無存。樓室地面已垮成與山勢相同的陡坡。這裡曾是1933年長城抗戰的戰場。此樓是那段歷史的見證,亟待保護。

◀ 河北撫寧即將垮盡的敵樓　王 虎 攝

河北省撫寧縣花場峪河溝裡有兩道牆、兩個墩臺和一個石樓座。溝北可見四座敵樓。高處兩座都是樓室完整的3×3眼樓,最低處的敵樓毀得只剩個禿樓座。從河溝向高排第二的敵樓樓室只保留東面偏北的門券和部分樓室北牆。樓室北牆的兩個樓窗已破成大洞。珍貴的是樓室北牆上還有垛牆,和一個保留著垛孔的垛牙。垛牙中心垛孔是方形,垛牆根的垛孔是長方形。這是花場峪長城垛牆唯一保留高低垛孔的敵樓。敵樓只剩這部分北牆沒垮了。

◀ 河北撫寧即將垮盡的敵樓　黃東暉 攝

這是2016年4月9日再去河北省撫寧縣時所見的拿子峪村北第二敵樓。敵樓樓室西面殘存的垛牙又有缺失,樓室西面南頭牆頂裂縫又有加大。這十多年人為毀壞的因素已停止了,因風吹雨打自然損壞的因素卻無法停止。長城需要保護的地方太多了。

▲ 河北撫寧即將垮盡的敵樓　龔建中 攝

河北撫寧平頂峪長城西與板廠峪相接，東與撫寧城子峪相連。平頂峪長城分河谷東西兩段。河西段有十一座敵樓。樓室完整的敵樓有六座，其中三座樓頂垛牆仍十分完整。此為河西第二樓，是五座殘破的敵樓中的一座。敵樓樓室西南北三面均垮。樓室落磚被搬得乾淨。樓室東牆亦破垮，只存南北兩牆角。寶貴的是未垮部分的垛牆極完好，僅存的兩個垛口底的垛口石還在。這是平頂峪長城唯一有垛口石的敵樓。

▼ 河北撫寧即將垮盡的敵樓　黃東暉 攝

河北省撫寧縣破城子長城在小河口長城西，董家口長城東。有六百多米磚包牆上的磚垛牆都還完整，是撫寧縣長城少有的。破城子長城的敵樓不少，保存狀態卻較差。十二座敵樓只有兩座樓室完整，一個只存樓座，其他都是破垮殘危。此樓是從董家口長城翻山公路東開始數的第六座敵樓。樓室結構為中心小室迴廊券。這是 2018 年 10 月中心小室塌垮後的狀態，樓室只剩中心小室的南迴廊殘券。殘券還能站多久聽天由命了。

▲ 河北撫寧即將垮盡的敵樓　呂 軍 攝

本圖攝於 2010 年 5 月，此樓是從董家口長城翻山公路向東數的第六座敵樓。樓室中心小室還在，小室北迴廊拱券已塌掉。當時看中心小室牆腳比南迴廊拱券牆腳粗不少，以為南迴廊拱券危險了。不料 2018 年 10 月再去，看到的是中心小室先塌垮了，世事難料。殘危敵樓沒有保護措施，只能任其自然。

▲ 河北撫寧即將垮盡的敵樓　黃東暉 攝
河北撫寧界嶺口到箭桿嶺口的長城上有座 2×6
眼的大敵樓，在羅家溝村東。敵樓只存樓室東牆
北角，樓座東南角碎垮。本圖攝於 2013 年 11 月。

▶ 河北撫寧即將垮盡的敵樓
這是 2012 年 1 月看到的上圖中同一座敵樓，可
見當時敵樓樓室東牆北端還保留着兩窗，窗下還
可見一排共計五個小孔。憑着殘存樓窗以及小孔
到南、北兩側的距離推斷，此樓原為 2×6 眼樓。

◀ 河北撫寧即將垮盡的敵樓　黃東暉 攝
河北省撫寧縣羅家溝村東最大的 2×6 眼敵樓南
是座樓室完整的 2×5 眼敵樓，其後是個堆狀石
墩臺，石墩臺再東是座東西塌垮、北面半垮、南
有三窗的破敵樓。樓室落磚堆積如山，荒草灌木
叢生。僅存的樓室南牆內無拱券支撐，已經向北
傾斜，離塌垮不遠。

▲ 河北撫寧即將垮盡的敵樓　梁漢元 攝
這是 2012 年 1 月看到的羅家溝村東 2×6 眼
樓東南的殘 2×3 眼敵樓，比左圖早不到兩年時
間。敵樓的樓室南牆樓頂磚棱線完整，五個垛根
小孔俱在，垛牆西頭還有一較完好的垛牙。樓室
南牆無雷擊裂痕，似乎結實。誰能想到兩年後樓
室南牆西頭就垮掉。以此推斷長城上敵樓的塌垮
還在不斷發生。

▶ 河北撫寧即將垮盡的敵樓　王 虎 攝

河北省撫寧縣拿子峪長城最著名的敵樓是村南的「媳婦樓」，到了這裡拿子峪長城全景就可盡收眼界。其實「媳婦樓」西邊更高的山崖尖敵樓才是統攬全局的制高點。可惜的是山崖尖敵樓已三面塌垮，只剩敵樓北一門一窗和門內拱券。門內拱券南邊西邊樓座均隨山石塌墜散成磚坡。門內拱券牆根有通道券洞，使殘存的敵樓遠看像個四面有洞的磚堆。此敵樓何時可以得到重視和維護，很難回答。

◀ 河北撫寧即將垮盡的敵樓　黃東暉 攝

河北省撫寧縣箭桿嶺村現在還有明萬曆年間修的堡西門。當年箭桿嶺村有箭桿嶺口關的稱呼。箭桿嶺村長城分村北山和村南山兩部分，牆為石壘砌，敵樓大多樓宰完整有形，少數殘塌。此為村南的第二座敵樓。樓座砌石現在還完整，樓座磚砌部分被扒毀。樓座殘芯長年被雨水浸蝕流散，逐漸縮小，而樓室磚砌地面相比較結實，散垮較慢。垮得快的樓座殘芯頂著垮得慢的樓室磚砌地面，行成個蘑菇狀的殘跡，為曾經有過的敵樓作最後的證明。

▶ 遼寧綏中即將垮盡的敵樓　黃東暉 攝

遼寧省綏中縣錐子山向西是小河口長城，向東是遼東鎮長城的遼西段，向南是通到九門口的長城。錐子山南的第二座敵樓三面塌垮，被樹木荒草取代。敵樓僅存北牆，牆根邊有走長城驢友踩出的小路。北牆有五個樓窗，西邊兩個樓窗通頂豁破，東邊三個樓窗高規格的兩順兩伏窗券完整，以此判斷這是座五眼樓。好友黃東暉用飛行器航拍，敵樓東在草木中有石座殘跡。以樓東石座殘跡看北牆，五個樓窗東還有一個隨牆垮沒的樓窗。以敵樓橫排六個樓窗，錐子山南到山海關老龍頭此樓都排第一寬。可惜是個殘片狀，並且還在繼續塌垮，沒有得到任何保護。

▶ 河北遷安即將垮盡的敵樓　張　驊　攝

河北遷安白羊峪長城最有特點的地方要算村東長
城內仍保留拱券門的屯兵堡，以及村北長城上保
留着樓匾但沒有樓頂垛牆的「神威樓」。在「神威
樓」西北山頂有一座敵樓，樓室、樓座、樓基均
大部分垮塌，但仍有部分樓室及樓頂垛牆存留。
這也是白羊峪長城保存狀況最令人擔憂的垮樓。

▲ 河北遷西即將垮盡的敵樓　黃東暉　攝

河北遷西榆木嶺長城分溝南、溝北兩段。溝北段
長城的殘破敵樓比溝南段多。圖中的殘敵樓是溝
北段裡最亟需維護的一座。該樓樓室已垮成了磚
堆，掩埋了樓座。殘存的含有一個樓窗的樓室南
牆還保留着樓頂磚棱線和一個帶有根開垛孔的殘
垛牆。這面殘存的南牆有如敵樓的紀念碑。

▲ 河北撫寧即將垮盡的敵樓　張　驊　攝

河北撫寧長城的最西段是河口村長城。這段長城
上的敵樓多數是 3×3 眼樓，但也有這樣一個即
將垮盡的敵樓。憑樓室殘存的一個半樓窗以及其
它三面的荒草高度可以判斷出來這座敵樓曾經也
一座 3×3 眼樓。

◀ 河北遷安即將垮盡的敵樓　山雪峰　攝

河北遷安大龍廟村長城在白羊峪以東。由此地再
向東就是冷口長城。大龍廟村長城上即將垮盡
的敵樓不多，這座是離村子最近、位置最低的敵
樓。該樓僅對長城外的一面樓室牆上存有兩個樓
窗，而樓室另外三面均已塌塌。土紅色石塊疊砌
的樓座南角亦塌垮。樓窗上方到樓頂磚棱線這部
分磚牆也搖搖欲墜。

▲ 河北撫寧即將垮盡的敵樓　呂 軍 攝
背牛頂長城位於河北撫寧祖山的平市莊林場與青龍縣的老嶺林場的分界線上。因山高林密，此地是撫寧長城中最難通過的一段。背牛頂長城的敵樓多數殘破。圖中敵樓只存留樓室西面，樓室東面樓座已散垮成坡。從樓室南面看，敵樓外形變成了直角三角形。石門框樓門只剩半邊，樓宰已成磚堆，敵樓原狀已很難判斷。

◀ 河北撫寧即將垮盡的敵樓　黃東暉 攝
在河北撫寧黃土嶺隘口南，第三個敵樓從西北角度看已「開膛破肚」。敵樓的北面基座垮塌。一直垮到了樓室南牆內面，露出了砌在東牆內的梯道殘券口。敵樓西面的樓室外牆攔腰垮斷，比塌成陡坡的座芯略高。已塌盡的北牆和垮掉過半的西牆使樓室東牆、南牆內側無任何支撐和依靠。

▲ 河北遷安即將垮盡的敵樓
冷口是河北遷安長城中最易於通行的山口。冷口長城溝西段的山勢地形比東段起伏更劇烈。溝西段第四座敵樓破垮極其嚴重，東面僅存的外牆如同人類的兩個半手指，西面只存半個樓門，北面已碎垮成堆，幾乎和山坡混成一片斜坡。殘存的三段磚牆柱向上的方向因樓座開裂而分散。

致謝

長城綿延萬里的分佈，使得極少有人能不間斷地沿着它走下來。對於有工作、學業的我們父子二人，只能靠業餘時間一點一處地「撿拾」寶貴的長城遺存。在三十多年求知長城的過程中，常常是缺乏便捷的交通工具，或是定下了目的地卻不知路在何方。多虧好友相伴相助相互鼓勵，我們才得以西出陽關，南下太行，北上黃河，東臨鴨綠。

關於長城的知識浩瀚無邊，有如一本翻不到盡頭的巨著。也因為身邊有朋友，有他們提供的信息與建議，大大擴展了我們的眼界，使我們對長城有了更全面的認知。而單憑父子二人的力量將知識系統化並非易事。正是朋友們的熱情鼓勵，推動我們動筆寫書並付印，將願望最終轉化為了現實。

這本書中對長城的每點認知，都凝聚了朋友們的心血和汗水。在我們求知長城的路上，永遠感謝他們。

（以在長城上結識後便開始為我們提供幫助的時間排序，不論社會名望大小或行政職務高低。）

◀ 周幼馬（右）、馬駿（左）父子

於 1987 年 11 月 13 日在北京懷柔西柵子開始結伴爬長城。1990 年 6 月 20 日，當時已是著名長城攝影專家的幼馬，引薦我父子二人加入中國長城學會。到 2010 年他共帶着我們爬長城 146 次。其中河北懷來、赤城、淶源、遷安、撫寧等縣的長城，當年因交通不便，若沒有周幼馬父子協調引領，極難到達。可以説他們為我父子二人三十八年的長城之旅打下了堅實的基礎。

◀ 劉建光

1988 年 3 月 27 日劉建光邀請我父子二人參加她組織的走金山嶺長城活動。經由她組織的爬長城活動，還陸續結識了李玉暉、宇鳴、劉青年等十多位熱愛長城的朋友。她熱心組建了一個關注求知長城的團隊，得空就去長城上走走，也為我們求知長城提供了很多方便。劉建光幫我們了解了北京密雲山區一些偏僻難去的長城地段，功不可沒。

▶ 吳凡

1988 年 11 月 13 日在北京市懷柔區箭扣束的正北樓開始結伴爬長城。陪伴我們共同經過了 5 次失敗，才弄清楚如何從山下四個不同方向登上北京門頭溝黃草梁長城。他是我們爬長城頭七八年裡最熱心的支持者之一。作為駕駛員，他不怕麻煩，專撿難去的地方幫助我們實現接近長城的願望。

▶ 錢琪紅

於 1989 年 9 月 3 日在北京市懷柔區大榛峪開始結伴爬長城。在我們爬長城的早期活動中，很多艱苦之處都有她與女兒古遠的身影與幫助。受經濟能力制約，我靠帶一幫孩子上長城分攤爬長城的出行成本，而錢琪紅則高瞻遠矚，堅信爬長城對孩子身心成長有宜。她是我們爬長城頭二十年裡最堅定的支持者。

◀ 姚泉龍

於 1995 年 4 月 15 日在北京市密雲區小黃岩口開始結伴爬長城。雖然共同爬長城次數不多，但他為我們結識當代長城攝影專家翟東風以及長城攝影愛好者王盛宇創造了條件。為我們結識長城探險專家呂朝華，為結識長城愛好者方明提供了機會。

◀ 翟東風

著名的長城攝影專家。於 1995 年 4 月 15 日一起爬北京市密雲區小黃岩口牆子路長城。在 1998 年 5 月兩次帶我們到遷西縣潘家口領略喜峰口長城風貌。這可是他辛苦努力探尋的成果，如此無私讓我們敬佩。他對長城攝影的理解使我們很受啟發。

▶ 王盛宇

王盛宇是周幼馬的朋友，對長城攝影極度愛好。1995 年 4 月在北京市密雲區小黃岩口長城結識。1997 年春節我們一起到河北省淶源縣尋找出沙飛的紅色經典老照片拍攝地點。山西省天鎮縣沙屯堡、河北省撫寧縣義院口、界嶺口、萬全縣廟兒溝、阜平縣龍泉關、吳王口都是他帶領我去的。

▶ 高光宇（右）、任樹垠（左）

二位在 1995 年 6 月 17 日一起爬北京市密雲區仙女樓到望京樓時結識。二位有幾年對爬長城十分癡迷。河北省涿鹿縣馬水長城是高光宇、任樹垠二位冒着危險帶我們去的。任樹垠為我們爬北京市密雲區馮家峪西北 42 號臺、孟思良峪、轉山子等處的長城，吃了不少苦。

◀ 呂朝華

長城探險專家，於 1995 年 8 月 13 日在淶源烏龍溝長城遇見。呂朝華和朋友之前走過不少長城。他以能吃苦受累在徒步長城的圈子裡獨豎一幟。自結識以後，呂朝華就把他爬過的長城地點都向我們敞開分享，例如把他了解的山西省偏關縣長城悉數相告，這對我們細緻了解該段長城幫助很大。

◀ 王虎

他把爬長城和攝影長城當作最大的快樂。1996 年 5 月 25 日爬北京市懷柔區蓮花池長城東段的高樓時結識。河北省淶源縣寨子清長城敵樓門框上曾有的避邪石刻就是他先發現告訴我們的。從 1996 年 5 月到 2010 年 4 月我們一起爬長城 75 次。他也是我們後來爬長城活動中最可靠的夥伴之一。

▶ 方明

在 1996 年 5 月 25 日爬北京懷柔蓮花池東段高樓時結識。有八年時間他被長城吸引，經常參加我們求知長城的活動。1997 年我們一起到河北省淶源縣楊家莊尋到沙飛紅色經典老照片拍攝地點。北京市平谷區四座樓山長城是方明帶領我去的。方明還曾帶着同學寒冬時節從古北口沿長城走到金山嶺長城，風夜中困守 24 眼樓，其毅力讓我望塵莫及。

◀ 董耀會

當代著名的長城專家。我們 1988 年就開始拜讀有他參與合著的大作《明長城考實》，從書中吸取了大量營養。在 1998 年 4 月 19 日是他帶我們第一次到河北省易縣紫荊關，考察一個剛剛出土的過牆門。在 2003 年 10 月我們一起爬山西省天鎮縣、陽高縣、代縣長城時，他一路給予了很多指導和幫助。他主持料理長城學會日常工作時曾幾次組織會員到長城考察。對我們求知長城幫助很大。

◀ 李少白

當代著名的長城攝影專家，在 1996 年 6 月 20 日爬北京市懷柔區正北樓長城時結識。是李少白把尋覓確定沙飛的紅色經典長城老照片拍攝地點的光榮使命放到我們的肩上。讓我們在求知長城時找到了高度和方向。他是我們求知長城確立思序時最熱情的鼓勵者，也是我們在長城攝影領域裡的學習榜樣。

◀ 黃東暉

於 1998 年 5 月 23 日爬北京市密雲區蔡家店西長城時結識。從 1998 年 5 月到 2014 年 10 月我們一起爬長城 222 次。黃東暉拍攝長城已有二十多年，累計三百多次。他把爬長城、攝影長城、求知長城當作最大的快樂。在使用數碼相機後，他的辛勤成果全都無償地供我們在本書中使用，對我們了解長城、介紹長城、構思完成本書幫助極大。

▶ 張驊

清華大學的長城攝影專家，於 1998 年 5 月 1 日在北京市懷柔區正北樓偶遇結識。從 1996 年 5 月到 2015 年 6 月我們一起爬長城 143 次。山西偏關縣虎頭墩是張驊於 2007 年 7 月領我去的，山西河北交界處的狼牙口關、井陘縣東天門古關、河北盧龍縣燕河營重峪口長城也都是張驊帶領我去的。

▶ 焦維

焦維是張驊爬長城的鐵哥們。同樣是於 1998 年 5 月 1 日在北京市懷柔區正北樓偶遇結識。1999 年 4 月 25 日河北省懷來縣大營盤長城是焦維帶領我們第一次去的。焦維工作繁忙卻能抓住機會幫助我們接近長城。他對長城樸實的熱愛令人難忘。

▶ 張俊（左）、曾傲雪（右）伉儷

我們於 1999 年 9 月 25 日在北京市懷柔區旺泉峪長城上結識。他們發起組辦了「長城小站」這一公益網站，旨在宣傳並保護長城。他們在網站建設上傾注的對長城的熱愛和關注讓我們敬佩。通過「長城小站」網站，我們結識了很多熱愛長城的朋友，也借助「長城小站」的網頁獲得了很多知識和資訊，例如河北懷來大營盤長城獨特的水關就是他們發現並告訴我們的。

▶ 山雪峰

他把爬長城和攝影長城當作最快樂有意義的活動。在 2001 年 6 月 9 日爬北京市懷柔區正北樓長城時結識。是他幫助我們把了解長城的視野擴大到山西天鎮、陽高、偏關、河曲、山陰、靈丘等縣。由於他的執着努力，我們才在太行山深處找到了「岸底關」、「古榆樹關」。求知長城時尋找最困難最偏僻的地點，山雪峰給予的幫助最大。

致謝

▶ 李玉暉

原解放軍飛行員。通過劉建光在 2001 年 6 月 9 日爬北京市懷柔區正北樓長城時結識。對我們爬長城和攝影長城活動做很多奉獻。從河北撫寧黃土嶺長城到北京密雲路南大崗長城，從河北懷來坊口長城的殘圖樓，到懷安縣總鎮臺長城。李玉暉的幹練、準確使我們求知長城的效率大大提高。

◀ 宇鳴

原解放軍海軍軍官。也是通過劉建光在 2001 年 6 月 9 日爬北京市懷柔區正北樓長城時結識。宇鳴對長城的熱愛出於軍人與長城的不解情懷。他與劉青年、李玉暉兩人在爬長城和攝影長城的志趣相投，結為夥伴。爬長城時邀請我們參加。為我們更多地發現和了解長城提供了方便。從河北遷安冷口長城到白羊峪長城，從北京密雲平谷交界的長城到古北口西八大樓子長城，這些都為我們求知長城填補了關鍵的空缺。

◀ 高玉梅

通過劉建光在 2001 年 6 月 9 日在爬北京市懷柔區正北樓長城時結識。她在長城攝影上有追求、有熱情，並幫助我們在求知長城時填補了一些難度較大地點，其中河北撫寧大石窟的八角樓、竭家溝長城、羅漢洞長城、北京密雲新城子北溝長城，都是她幫助我們找到並共同實地查看的。

▶ 孫國勇

在 2002 年 5 月 18 日北京平谷四座樓山長城上結識。後來一起結伴到河北淶源白石山長城、赤城獨石口長城、宣化常峪口長城、山西天鎮、河曲、偏關多處長城上考察。他多次表示對我爬長城的故事有興趣，一直支持我們寫一本考察長城的書。對書的立意、書的框架結構，讓我們充分發揮所想，也對我們反復的修改給予寬容理解。是本書成形的關鍵推動者。

◀ 劉民主

劉民主是周幼馬的好朋友。於 2002 年 9 月 14 日在河北省懷來縣大營盤長城上結識。他對長城的熱愛之踏實和認真讓我們由衷敬佩。他在長城攝影活動時十分努力。在有危險或困難的情況時是個可以信任的朋友。他在考察了解長城時有公安辦案的嚴謹，總以細緻全面了解長城為要。是他帶我們到河北遷西榆木嶺關看到那個僅存的過牆殘門洞。

◀ 鄭嚴

於 2003 年 7 月 19 日通過中國長城學會活動在爬遼寧九門口長城時結識。他是中國長城學會兩刊編輯部主任，又是「長城小站」最鐵杆的網友。在他經手的兩刊長城雜誌裡，我們獲得了很多長城的知識和資訊。他曾多次為我們爬長城提供便利，例如 2011 年 9 月 17 日把我帶到河北張北的鎮虎臺長城。

▶ 龔建中

也是 2003 年 7 月 19 日通過中國長城學會活動爬遼寧九門口長城時開始結伴。他是個非常低調踏實的長城志願者，曾相約探求長城多次，是他帶我到山西天鎮的保平堡、樺門堡、李二口長城。河北撫寧城子峪東長城、平頂峪北長城也都是龔建中帶領我去的。

◀ 王宗藩

同是 2003 年 7 月 19 日中國長城學會組織活動爬遼寧九門口長城時結識。他也是李少白的朋友，又是「長城小站」資深網友。經他組織安排到河北赤城，我才第一次看到獨石口長城，並且由此結識了「長城小站」在赤城的鐵杆網友——長城志願者明曉東。他耗費多時特意為本書刻了一方銅印，篆體陽文「萬里長城飲馬歸」，以示關切鼓勵。

◀ 岳華

本是鄭嚴的朋友，在 2003 年 12 月 13 日爬北京密雲水石滸長城時結識，隨後立刻成為熱愛長城的朋友，曾多次為我們爬長城提供便利。由於他的努力，我們才得意近距離觀察到北京密雲新城子鎮白嶺關西大石溝山崖尖上的 2×2 眼殘樓。

▶ 明曉東

在 2005 年 8 月 13 日跟着李少白、王宗藩同爬赤城縣獨石口長城時結識。他是河北省赤城縣知名的長城攝影專家，也是「長城小站」在赤城長城領域最深入的研究者。是他帶我到河北省赤城縣獨石口東的「盤道溝長」，還把青泉堡村南坡天啟六年的「永照樓」介紹給我們。

◀ 威廉・林賽

英國作家兼攝影師，國際長城之友協會主席。於 2005 年 12 月 4 日他請我帶他到河北省淶源縣楊家莊長城複拍沙飛的老照片。我們有寒夜同宿一帳、哈氣在帳篷頂即刻結冰的經歷。威廉・林賽把瑪約里・黑塞爾・笛爾曼女士贈他 1909 出版的英文書，威廉・蓋爾所著的《中國長城》，慷慨地借給嚴共明閱讀，對我們了解長城，尤其是將長城老照片的辨識與複拍作為一個保護長城的重要手段，幫助很大。

◀ 劉鋼

「長城小站」資深網友，長城老照片收集與鑒定專家。在「長城小站」無私地提供長城老照片，為愛護長城盡心盡力。在 2006 年 4 月 11 日河北省淶源縣浮圖峪長城相遇。是他帶我到山西靈丘牛邦口長城，複拍了沙飛的「挺進敵後」八路軍騎兵過長城的紅色經典老照片。山西省靈丘茨溝營和韓莊長城也是劉鋼領我去的。

▶ 朱民

熱情執着的長城發燒友，於 2007 年 5 月 6 日一起爬北京市懷柔區西大樓長城時結識。我們還曾十多次一起爬長城。他和他的同事們對長城的熱愛對我是一種激勵。他與同事們把接近長城視為生活中的一種美好，這讓我實在敬佩。

▶ 張翅飛

「長城小站」早期網友，多年來一直熱愛長城，自 1984 年起就和我們一起爬長城。2007 年 10 月 14 日他領我從北京市門頭溝區柏峪村經天津關到黃草梁長城，後來還領我到山西省陽高縣長城鄉鎮邊堡、鎮宏堡看過他喜歡的山西省外長城。

▶ 呂軍

呂軍與熊啟瑞二位於 2008 年 3 月 7 日一起爬遼寧省九門口長城時結識。他們幫我把太行山長城上的黃澤關、峻極關、支鍋嶺關、黃榆關、娘子關、鶴度嶺關、固關、神堂口關、古關逐個找到。其中呂軍幫我遠征嘉峪關、玉門關，領我見識了陝西、甘肅省長城的風貌。呂軍還把自己的長城照片毫無保留的供我編纂本書選用，為本書編輯提供了有力的支援。

◀ 王獻武

王獻武與郭茂德二位是 2008 年 4 月 5 日一起爬北京市密雲區龍王峪口東長城時結識的。王獻武幫我領略了太行山長城上的虹梯關、數道岩關、大領口關、馬嶺口關。尋找這幾個長城古關難度很大，王獻武憑他對長城熱愛，助我實現了多年的夢想。

◀ 郭峰

「長城小站」用畫筆讚美長城的畫家。於 2010 年 5 月 29 日一起爬北京密雲蔡家店長城時，才切身領會他對長城的熱愛。是他幫我到河北省懷安縣總鎮臺長城找到兩個尚存石匾的墩臺，由此彌補了對總鎮臺長城了解的空缺。

◀ 李炬

「長城小站」研究長城老照片的專家，在中外文化交流方面做了很多有益的工作。在 2011 年 6 月 18 日是他幫我們到河北省萬全縣洗馬林長城，看到了七座存有石匾，且匾上還有着清晰刻字的墩臺。

◀ 羅宏

是呂軍的朋友。於 2013 年 10 月他和呂軍帶我一起去爬陝西省府谷縣引正通的守口墩以及神木縣的五龍口樓，幫我清點了陝西長城上有窗的敵樓。2014 年 6 月他和呂軍又帶我一起到山西省朔州將軍會堡、偏關縣黃龍池堡、草垛山堡，還從偏關縣的水泉堡沿小元峁岢越到柏楊嶺，這些都是含金量極高的長城考察。

▶ 嚴欣強的妻子赤囡

最艱苦的初探，例如河北省淶源縣烏龍溝長城，沿着最危險的單邊牆頭從仙女樓爬到望京樓，還有在北京懷柔箭扣長城沿着牆頭爬鷹飛倒仰，都是她陪着我。這麼多年只要在家整理爬長城的照片或思索爬長城文字，都是她默默地為我提供支援。憑藉赤囡的幫助我才走到今天。